Dieses Buch
ist ein Geschenk des Verlages
an Mitarbeiter/-innen
der Deutsche Nestlé AG

Den Verfasser
verbinden mit diesem Unternehmen
30 Jahre seines Berufslebens
Verkauf, Marketing, Personal-Entwicklung
und viele sehr gute Erinnerungen

www.paddel-buecher.de

Otto v. Stritzky

Exotische Ziele

für Boot und Zelt

Bali's Küste
Philippinen Inseln
Südsee Atolle
Kiribati

Wandertouren zum Nach(er)fahren

Verlag Otto v. Stritzky, Kelkheim - Eppenhain

in Zusammenarbeit mit dem Deutschen Kanu-Verband

Dank

allen denen, die uns unterwegs halfen zurecht zu kommen, die von ihrem Land erzählten, Anregungen und Hinweise gaben, manchmal besorgt abrieten oder ermutigten. Oft haben wir ihre Erfahrungen nutzen können. Wir beide, Marja und ich, sind vor allem aber dankbar dafür, daß wir diese Fahrten zusammen erleben durften.

Buch

Layout, Satz, PC-Grafik, Fotos und Fehler: Otto v. Stritzky, Kelkheim
Umschlag und Illustrationen: Marja de Pree, Kelkheim
Gesamtherstellung: Societätsdruck, Frankfurt am Main

CIP-Titelaufnahme der Deutschen Bibliothek

Stritzky, Otto v.:
Exotische Ziele für Boot und Zelt : Bali's Küste, Philippinen-Inseln, Südsee-Atolle, Kiribati ; Wandertouren zum Nach(er)fahren / Otto v. Stritzky. In Zusammenarbeit mit dem Deutschen Kanu-Verband. - Kelkheim-Eppenhain : v. Stritzky, 1994
ISBN 3-9801220-4-2

Printed in Germany 1994

Im Birkenfeld 13 A • D 65779 Kelkheim - Eppenhain
✆ 06198-8657

ISBN 3 - 9801220 4 - 2

Exotische Ziele

meist sind tropische damit gemeint. Obwohl das Wort, sowohl aus dem Griechischen wie aus dem Lateinischen ableitbar, lediglich ausländisch meint. Warum aber in die Tropen? Nun, obwohl wir heute, dank der rasant fortschreitenden Kommunikation, immer mehr über fremde Länder erfahren und wissen - die eigene Reise dorthin bedeutet einzutauchen in eine völlig andere Welt. Schon beim Lesen des Buches werden Ihnen Menschen, Mentalitäten und Meinungen begegnen, die, ja, die wirklich exotisch sind. Wenn Sie aber erst selbst dort sind ...

Wo? Fast überall zwischen 23° 27' nördlicher und südlicher Breite, diesseits und jenseits des Äquators, finden sich exotische Ziele. Vorausgesetzt es gibt dort Wasser - fürs Boot und zum Trinken. Die hier beschriebenen sind nur wenige - stellvertretend für andere die Sie finden können. Diese Beispiele sollen dazu anregen solch eine Fahrt anzupeilen, eine die das eigene Bild von dieser Erde bereichert. Daß Wanderfahrten mit Boot und Zelt in den Tropen anders sind, das versteht sich von selbst. Aber was ist anders? Und lauern dort nicht Gefahren, deren Umfang gar nicht abzuschätzen ist? Das mögen die Entdecker der vergangenen Jahrhunderte gedacht haben, die mutig ins Ungewisse segelten. Heute gibt es kaum ein Stückchen Welt ohne Informationen, die vor der Reise ein Abwägen zwischen Reiz und Risiko ermöglichen.

Vom Boot aus allerdings sieht dann manches schon wieder anders aus. Nein, nicht gefährlicher, vom Erleben her jedoch interessanter und intensiver: Die Wärme, die Gerüche, Stimmen und Laute der fremden Natur, das Leben am tropischen Meer. Unsere Fahrten führten an seinen Küsten entlang, teilweise von einer Insel zu anderen.

Das nachzuerfahren bedeutet für Sie ein gewisses Maß an Erfahrung mit Seegang und Dünung zu haben, über längere Distanzen paddeln zu können. Ein Experte dafür aber müssen Sie nicht sein. Vor allem dann nicht, wenn Sie sich unterwegs Zeit lassen, aus der täglichen Erfahrung lernen und keine unnötigen Risiken eingehen.

Exotischen Ziele sind weit weg, mit dem Flugzeug jedoch in vertretbarer Zeit erreichbar. Ihr Boot reist mit - viele Airlines transportieren das Faltboot als Sportgepäck heute bereits gratis oder zu geringen Mehrkosten. Und wenn Sie erstmal in einem der tropischen Länder sind, dann haben Sie den weitaus größten Brocken der Kosten hinter sich - den Flug. Denn nun ersetzt Ihnen während der meisten Zeit das Zelt ein Hotel und Ihr Kocher das Restaurant. Und einen zu bezahlenden Führer brauchen Sie nicht - den Weg auf eigene Faust zu finden ist nicht nur billiger, sondern auch sehr viel reizvoller: Unerwartete Begegnungen und viele Erlebnisse, die man sein Leben lang nicht mehr vergißt.

Ob solche exotischen Ziele die nicht mehr zu übertreffenden Höhepunkte eines Paddlerlebens sind? Zurück von einer dieser Tropenfahrten dachten wir das und stiegen im Sommer darauf skeptisch und auf Enttäuschungen gefaßt ins Boot - in Skandinavien. Um dann dort überrascht die Vorteile unserer Breiten zu erleben, die langen Tage, die frischenTemperaturen und manche anderen Pluspunkte. Aber weiß man das ohne „Tropenerfahrung"?

Holen Sie sich die, ziehen Sie los. Bald ...

MALAYSIA
Südchinesisches
Meer
Singapur
Sarawak
KALIMANTAN
SULAWESI
SUMATRA
Javasee
Jakarta
JAVA
BALI
SUMBAVA
FLORES
LOMBOK
SUMBA
0
400 km
INDONESIEN

Bali's Küste

Seite und dort . . .

Geister und Dämonen

mehr als hunderttausend Opferschreine soll es auf Bali geben um die Unsichtbaren friedlich zu stimmen und zu versöhnen. Auch die des Wassers und des Windes. Werden sie es zulassen, daß ein fremdes Boot an der Nordküste ihrer Insel entlang paddelt? Für uns sollte es die erste Wanderfahrt in den Tropen sein. Eine, so versicherten die Offiziere des Hydrographischen Institutes der Marine in Jakarta in ihren Antwortbriefen auf unsere Fragen, die sicher möglich sein würde, jedoch recht ungewöhnlich. Ob wir nicht besser ein größeres Fahrzeug chartern sollten?

Bali wird jährlich von einer Million und mehr Touristen besucht. Sie kommen um die Kunstschätze einer alten Kultur zu bewundern, um an den seit vielen Generationen überlieferten Traditionen der Inselbewohner teilzuhaben. Wir wollten das auch - und vorher ein Stück der Inselküste vom Boot aus sehen, das am weitesten von der Hauptstadt und den umliegenden Gästezentren entfernte. So starteten wir eines Tages bei einem Affentempel und beendeten die Fahrt neben Chinesengräbern. Eine Fahrt die ein anderes Bali zeigte. Beispiel auch für sicher viele andere Wanderfahrten, die Sie im indonesischen Archipel unternehmen könnten. Schauen Sie auf die Karte - Inseln gibt es da genug - 13.677 sind es genau.

Indonesien - vor etwa 2500 Jahren entdeckten Seefahrer aus Indien die Inseln. Sie brachten die Hindukultur ins Land, andere Einwanderer aus dem asiatischen Raum später den Buddhismus. Erst sehr viel später, im 15. Jahrhundert, kam der Glaube an Allah dazu - heute sind 87% der Bevölkerung Muslime und nur noch 2% Hindus. Ein großer Teil von diesen lebt auf Bali. Für die Europäer wurden die Inseln zunächst vor allem wegen ihrer aromatischen Gewürze attraktiv: Im 16. Jahrhundert erschienen Portugiesen - sie bleiben nicht lange. Im 17. und 18. Jahrhundert folgten die Holländer und Indonesien wurde ihre Kolonie. Sie blieb das bis 1949 - während des zweiten Weltkrieges hielten die Japaner das Land besetzt. Durch Ölförderung, durch den Anbau von Reis, Tee, Kaffee, Tabak und von Gewürzen, versucht Indonesien mit aus dem Bevölkerungswachstum herrührenden wirtschaftlichen Problemen fertig zu werden. Es wird durch einen Präsidenten mit weitreichenden Befugnissen regiert.

Bevölkerung - 200 Millionen Einwohner oder mehr. Denn innerhalb von nur 39 Jahren verdoppelt sich die Bevölkerung Indonesiens - in Deutschland sind dafür 174 Jahre veranschlagt. 25% der Bewohner sind jünger als 20 Jahre - bei uns nicht einmal halb so viele. Land für so viele Menschen wird dementsprechend knapp und der Lebensraum immer enger. Umsiedeln, aus Ballungsgebieten wie Java und Bali, zu Inseln auf denen noch etwas mehr Platz ist, das ist eine Alternative. Geburtenkontrolle eine andere. Der Staat fördert beides, mit wenig sichtbarem Erfolg. Die Hauptstadt Jakarta, heute etwa 6,5 Mio Einwohner, wächst weiter, ebenso wie andere Städte, vor allem auf Java. Eine Flut von Problemen erwächst daraus.Das Adat, das ungeschriebene traditionelle Gesetz, das Verhalten und Beziehungen der Menschen untereinander bestimmt, verhindert bisher die Aggression als übliche Folge. Nur gegen die Chinesen im Land entlud sie sich einmal gewaltsam und blutig. Offiziell wird diese Bevölkerungsgruppe zwar nicht registriert - sie gelten als Indonesier. Tatsächlich jedoch bleiben die Nachkommen früher einmal eingewanderter Chinesen, ihr Anteil an der Gesamtbevölkerung liegt bei ca. 3%, unter sich, sie haben Einfluß und machen als tüchtige Kaufleute viele, für die Einheimischen vielleicht zu viele, gute Geschäfte.

Sprache: In den Schulen lernen Kinder Bahasa Indonesia, die zwischen vielen regionalen Idiomen verbindende Landessprache. Englisch und Niederländisch werden häufig verstanden. Hilfreich ist das kleine Buch „point it“, dessen Bilder in fast allen Situationen eine wortlose Verständigung ermöglichen. (Buchhandel - ISBN-3-9803130-1-8)

Bali - mit rund 5.600 qkm etwa doppelt so groß wie Luxemburg, etwa zwei Millionen Einwohner - in Luxemburg sind's keine 400.000. Seit dem 10.Jahrhundert bestanden kleinere Königreiche auf der Insel, gemeinsame Dynastien mit Java. Von dort flieht 1478 der letzte hinduistische Herrscher nach Bali, zusammen mit der geistlichen, intellektuellen und künstlerischen Elite. Womit das entstand, was Bali bis heute von den anderen Inseln des Landes unterscheidet: Die Hindu-Religion. Zusammen mit ursprünglichen animistischen Sitten und Bräuche bestimmt sie das Leben der Bewohner. Viele von ihnen sehen ihre Aufgabe darin auszugleichen in der Welt aus Gut und Böse, zwischen Hoffnung und Verzweiflung, zwischen Göttern und Dämonen. Ihnen gelten tägliche Opfergaben. Der Glaube an die Beseeltheit der Natur blieb ebenso lebendig, wie der an die Wanderung der Seele nach dem Tod, an die Wiedergeburt. Totenverbrennungen sind darum auf Bali Freudenfeste.

Daß Touristen in Massen den traditionellen Tänzen zur Gamelan-Musik, dem künstlerisches Schaffen und religiösen Ritualen zuschauen, stört viele Einheimische. Andererseits bringen diese Fremden das Geld und nicht wenige Feste werden speziell für sie veranstaltet. Doch es passiert schon mal, daß ihre Busse vorfahren, wenn die Zeremonie gerade beendet oder an einen unbekannten Ort verlegt wurde: Die Götter wollten es dann so ...

Klima: Die Temperaturen bleiben ausgeglichen, das ganze Jahr über der Statistik nach zwischen 29° und 31° im Tageshoch und bei 23 als Niedrigwert. Daß höhere und, seltener, niedrigere Grade von dem Durchschnitt abweichen, gehört zu solchen Berechnungen. Interessanter ist die Niederschlagsverteilung nach Monaten in mm.

1	2	3	4	5	6	7	8	9	10	11	12
300	300	211	147	114	97	64	43	66	112	142	203

Deutlich zu erkennen sind die Übergänge zwischen der Regen- und der Trockenzeit. Was, die Zahlen zeigen es, Niederschlag während der trockenen Periode nicht ausschließt. So wenig wie den Sonnenschein in der regenreichen. Hoch bleibt immer die Luftfeuchtigkeit, über 90%. Sie gehört zu den Tropen und macht einem anfangs zu schaffen.

Wie kommen Sie hin?

Flug: Von Frankfurt aus sind es, Luftlinie, 13.000 km, Flugzeit bis zu 20 Stunden, die Unterbrechungen unterwegs mitgerechnet. Doch die Zeiten variieren nach Airlines. Ihre Uhr stellen Sie während des Fluges um insgesamt 6 Stunden vor, die Sommerzeit nicht mit berücksichtigt. Angeflogen wird Denpasar auf Bali von einigen Gesellschaften direkt, sonst erreichen Sie die Insel mit Umsteigen in Jakarta. Was billiger ist - fragen Sie Ihr Reisebüro, Agenturen, die sich auf Südostasien spezialisiert haben oder Globetrotter-Reisen-Anbieter. Klären Sie dabei auch, welche Gesellschaft Ihr Faltboot gratis oder zu geringem Aufschlag hin- und zurück befördert.

Schiff - wenn Sie viel Zeit haben. Einige Frachtdampfer, die unterwegs in vielen Häfen Ladung löschen und laden, nehmen Passagiere mit. Oder Sie buchen auf einem Kreuzfahrtschiff die Teilstrecke bis Bali.

Bahn - von Jakarta aus: Mit dem Zug erreichen Sie auf Java über Surabaya die Hafenstadt Banyuwangi und dort die Fähre nach Bali. Wir nahmen den Nachtexpress mit Schlafwagen, den BIMA, Abkürzung für bila malam, Blaue Nacht. Rechtzeitige Vorbuchung ist empfehlenswert. Das Faltboot ins Abteil mitzunehmen: kein Problem.

Wer hilft Ihnen bei den Vorbereitungen?

Zunächst natürlich mal Ihr Reisebüro. Was es eventuell nicht weiß erfahren Sie bei der indonesischen Tourismus-Vertretung für Europa:

> Indonesisches Fremdenverkehrsamt
> Wiesenhüttenstr. 17
> Tel. 069-233677
> Fax 069-230840

Es informiert Sie und schickt Ihnen Prospekte. Wir bekamen über Nord-Bali zusätzliche Auskünfte vom

Local Government of Buleleng
Tourist Information Service
Jalan Veteran 1
Singaraja, Bali

Denen hatten wir eine Liste unserer Fragen geschickt, Duplikat zum Ausfüllen und Zurücksenden, internationaler Antwortschein dabei.

Karten kaufen Sie am besten vor der Reise. Topografische über den Buchhandel oder auch beim Geo-Center ILH, siehe unter 2 im Adressen-Anhang. Erhältlich sind u.a. „Indonesien 3, Bali 1", 1:180.000, (Nelles Verlag) und ev. TPC-Karten (Tactical Pilot Charts), 1:500.000, Nr. N 12 A.

Seekarten: Die holländischen, Nr. 290 und 291, decken Balis Nordküste ab. Ihr Maßstab 1.200.000 reicht um sich zurechtzufinden. Die jeweils neuesten Seekarten erhalten Sie u.a. bei den im Adressen-Anhang unter 3 und 4 genannten Firmen.

Literatur: Sowohl über Indonesien als auch speziell über Bali gibt es eine Flut von Büchern. Immer neue erscheinen. Einige zur Auswahl

„Indonesien-Handbuch" (Cummings/Forsyth/Wheeler).
„Indonesia Handbook" (B. Dalton)
„Indonesien selbst entdecken (M. Möbius)
„Bali & Lombok" (Urban/Rump)
„Bali Unterwasser" (K. Muller)

Und zur Vorbereitung unter anderen

„Tropische Meerestiere" (D. Eichler)
„Pflanzen der Tropen" (Lötschert/Beese)
„Das Tropenbuch" (Hanewald)
„Paddel-Handbuch, Wandern auf Salz- und Süßwasser" (BLV-Verlag)

Ihre Wanderfahrt

Route: In der Wasserstraße zwischen Java und Bali läuft Tidenstrom. Bereits auf Java das Boot einzusetzen ist deshalb problematisch. Vom

Fährhafen Gilimanuk, auf Bali, aus jedoch kann gestartet werden, wenn die Tide nach Norden läuft. Da wir dort nicht nicht auf den Tidenwechsel warten wollten begannen wir die Fahrt am nordwestlichen Zipfel der Insel (mit dem Taxi dorthin) und beendeten sie bei Singaraja. Weniger als 100 km Weg - die ganze Insel ist nur etwa 150 km lang und maximal 80 km breit. Bei mehr Zeit und günstigen Windverhältnissen läßt sich weiterfahren. Die mehr nach Süden gelegene Küste hat jedoch mehr Brandung.

Das Besondere der Fahrt: Balis Landschaft vom Wasser aus. Bis zu 3.000 m hohe Berge, Vulkane, Palmen und Strände. Begegnungen mit Menschen die noch wenig bis keinen „Umgang" mit Fremden hatten und schon gar nicht mit Leuten in solch einem kleinen Boot. Etwas Einblick in ihr Leben. Und die Erfahrung des Wanderns mit Boot und Zelt in den Tropen.

Was erwartet Sie?

Eine Küste die mehr strukturiert ist, als die Karte es vermuten läßt. Die von West nach Ost verläuft und an der es nur am Anfang etwas Schutz durch vorgelagerte Inseln und Riffe gibt.

Wind: Von ihm getriebene Wellen können also frei laufen. Wobei die Windstärken in der Regel 4 Bf nicht überschreiten. Anfang August hatten wir meist vormittags einsetzenden Seewind als Folge der über dem Land aufsteigenden Luftmassen, der abends wieder einschlief. Länger anhaltende Winde kamen vorwiegend aus O/NO, typisch für die Zeit von Juni bis November, mit etwa 5 Bf. Während der anderen Zeit des Jahres wehen sie, oft kräftiger, aus der Gegenrichtung.

Gezeiten: Tidenhub unter einem Meter, nahe der Küste wenig Einfluß des Gezeitenstroms. Vorsicht beim Überfahren der Riffe und dort, wo der Strand aus zerkleinertem Korallengestein besteht: Die Faltboothaut mag beides nicht besonders gern.

Zelten: Nahezu überall längs der Küste finden Sie gute Möglichkeiten zum Landen und zum Zelten. Kampieren Sie in der Nähe eines Kampong, eines Dorfes, so fragen Sie den Perbekel, das Oberhaupt, um Erlaubnis. Und was Sie dann so an Land erwartet, steht in unserem Bericht.

Risiken: Außer den bereits erwähnten Riffen mit scharfen Korallen gehört zu denen das feucht-heiße Klima. Auf dem Wasser wird seine Einwirkung vom etwas kühlenden Wind gemildert. Bedrohlich können Seeschlangen und Haifische sein - beide nicht fürs Boot aber beim Baden bzw. Tauchen

Was brauchen Sie?

Ausrüstung: Der Transport eines festen Bootes nach Indonesien ist möglich. Entweder per Schiff, im Container verpackt, oder im Flugzeug. Beides kostet ziemlich viel Geld während ein Faltboot oft als Sportgepäck gratis mitfliegt. Zum Boot brauchen Sie eine dicht schließender Spritzdecke und Auftriebskörper, ein Steuer ist beim Paddeln auf dem Meer vorteilhaft. Moskitonetze am Zelt sind kein Luxus. Die warmen Schlafsäcke können daheim bleiben - ein einfaches Bettlaken genügt. Dazu dann noch die üblichen Dinge für das Leben unterwegs. Für eine warme und feuchte Zeit. Dementsprechend braucht die Verpflegung gute Behälter und Ihre Filme eine isolierte Behausung in der sie unbeschädigt überleben. Ein Segel werden Sie, je nachdem wann und in welcher Richtung Sie fahren, ev. nutzen können - siehe unter „Wind". Keinesfalls vergessen: Tauchmaske, Schnorchel, Flossen. Und: Da der Äquator nur 8 Breitengrade entfernt ist, wird es abends früh dunkel - die Nacht ist rund 12 Stunden lang. Nehmen Sie also eine gute Lampe mit.

Versorgung - längs der Küste sind genug Dörfer mit kleinen Tokos, Läden. Mit jedoch wenig Auswahl an Lebensmitteln. So ist es besser von der letzten Stadt aus einen Vorrat von dem mitzunehmen, was nicht auch zum normalen Essen der Einheimischen gehört. Durch Angeln könnten Sie Ihren Speiseplan erweitern. Einfacher jedoch ist es, den Fischern etwas von ihrem Fang abzukaufen. Die können den Erlös brauchen.Trinkwasser: Rechnen Sie mit einem Verbrauch von drei Litern pro Person und Tag. Vorrat im Boot für 2 - 3 Tage. Innerhalb dieser Zeit werden Sie auf jeden Fall nachtanken können - die Küste ist dicht besiedelt. Tabletten bzw. Tropfen zum Entkeimen sind ebenso notwendig wie ein Tuch zum Herausfiltern von Fremdkörpern. Denn nicht alles, was Ihnen als Trinkwasser angeboten wird ist besonders rein und bekömmlich.

Vorsorge: Vor der Reise sollten Sie gegen Tetanus und Diphterie sowie gegen Polio geimpft sein. Ihren Arzt fragen Sie ob in Ihrem Fall auch ein Schutz gegen Typhus/Paratyphus, Hepatitis A und Tuberkulose sinnvoll ist. Er, oder die Tropenabteilung einer Universitätsklinik kann auch sagen, ob und welche Vorsorge wegen Malaria notwendig ist. Da die Gefahr diese Krankheit zu bekommen in der Trockenzeit und bei ausreichend Schutz gegen Moskitos relativ gering ist, genügt unter Umständen das Mitnehmen eines Medikamentes zur eventuellen Therapie. Was in Ihren „Medizinkasten" gehört und wie Sie mit gesundheitlichen Problemen unterwegs fertig werden, wissen Sie. Wenn nicht: Auch im oben genannten Paddel-Handbuch finden Sie dazu Einzelheiten.

Wieviel Zeit haben Sie?

Die Wanderfahrt mit dem Boot wird nur ein Teil Ihrer Zeit in Indonesien sein - ein Kontrastprogramm zum Erleben der alten Kulturen und Traditionen des Landes. Da die Strecke nicht lang ist, können Sie sich Zeit lassen. 10 - 20 km wären nach unseren Erfahrungen bei den angetroffenen Klima- und Windverhältnissen zwar täglich zu paddeln gewesen - meistens aber waren es weniger. Denn diese Küste ist zu reizvoll, um sie im Eiltempo „abzufahren".

Alternativ-Planungen?

Im Inselland Indonesien gibt es viele, sehr viele Paddelwege. Die Nordküste von Sulawesi zum Beispiel wurde uns genannt und das Riau-Archipel und Flüsse auf Borneo. Wenn Sie darüber mehr wissen wollen, fragen Sie das genannte Indonesien-Büro nach Adressen bei denen Sie sich regional erkundigen können. Ihr Brief, auf Englisch, wird sicher beantwortet werden.

Und nun unsere erste Wanderfahrt in den Tropen...

1. Tag

Es regnet, warm und naß. Aus wolkenlosem, blauem Himmel. Wieso eigentlich? Die Leute, die um uns herumstehen, lachen. „Da oben", deuten sie, „über euch auf dem Baum ..." Affen hocken da, die uns von ihrem heiligen Tempel her gefolgt waren. Eine ganze Herde. „Müssen" die ausgerechnet hier? Einer der Zuschauer wirft einen Knüppel zu ihnen hinauf und schnatternd turnen sie ein Stück weiter.

Unter dem schattigen Waringinbaum sind wir dabei unser Boot aufzubauen. Zuschauer, wenige zuerst, dann immer mehr. Männer in langen Sarongs, die mit Hacken und Schaufeln vom Feld kommen, harte und ernste Gesichter. Frauen, Körbe auf dem Kopf, Wasserbüffel an der Leine. Und Kinder, Kinder, Kinder. Einige versuchen aus dem Berg unseres „Inventars" Teile heraus zu grabschen. Was ist das, was die Fremden da auspacken? Ein Mann, seinem Gehabe nach irgend ein Oberer, will es genau wissen: Zelt, Luftmatratzen, wenig Kleidung und viel Essen, Trinkwasser, Kocher und Töpfe, Tauchmasken und Schnorchel, Medizinkasten, Reparaturbeutel und Fotoausrüstung. Doch viel kann er mit unseren Pantomime-Erklärungen kaum anfangen, er scheint eher verwirrt. Die Bratpfanne geht inzwischen von Hand zu Hand. Wird sie auf Nimmerwiedersehen verschwinden? Keine Sorge: „baik" - gut, sagt der letzte Bewunderer bei Rückgabe und lächelt schüchtern, amüsiert. Als wir dann die

Bootshaut ausrollen, Stangen und Spanten zum Gerüst zusammenfügen und hineinstecken, da ist aus dem vielstimmigen Gemurmel heraus zu hören „sampan - Boot“. Und dann laut und immer wieder „beee“. Ein Wort das im Wörterbuch nachzutragen wäre: Toll?! Klasse?! Die ersten befühlen das Stoffdeck und schauen skeptisch, die nächsten diskutieren über den Gummirumpf. Und der Fischer mit dem schönen aus Reisstroh geflochtenen Hut auf dem Kopf zeigt uns das abgebrochene Stück einer Koralle. So scharf sei die, demonstriert er an einem Holzbrett, den Boden unseres Bootes würde sie glatt durchschneiden. Glücklicherweise probiert er es nicht gleich an der Bootshaut aus.

Das alles ist so ganz anders als wir es uns vorgestellt, als wir es erwartet hatten. Denn beinahe hätten wir die Reise hierher schon daheim wieder abgesagt. „Da könnt Ihr lesen, was Euch erwartet“, der Freund, der uns das „Insiderbuch“ über Indonesien gab, grinste. Und wirklich - eine „anregende“ Lektüre: Überall Diebe, auf der Straße, im Hotel, in Bahn und Bus. Wahre Künstler im Taschenaufschlitzen und beim Trickbetrug. Krankheiten, von tödlicher Malaria bis zu Würmern die unbemerkt durch Fußsohlen einwandern und Organe zerstören. Übles Getier, vor allem dort, wo wir jetzt sind, bissige Schlangen, giftige Spinnen, Fische deren Stacheln lähmen. Und Tiger. Bekannt sei, daß die schwimmen könnten und ab und zu auf Bali landeten, „... vielleicht dann da, wo wir gerade zelten?! Wollen wir überhaupt - und warum eigentlich?“ Nein, sehr verlockend fanden wir diese Aussichten nicht. Umso mehr aber die, eines Tages auf Java zu sein. Denn von dort gab es alte Fotos: Bilder aus Marjas ersten Kinderjahren - ihr Vater war während der holländischen Zeit Indonesiens Pfarrer in Madioen, heute Madiun, gewesen. Und diese Bilder wurden dort zur Sensation! Wo wir die Aufnahmen von Häusern und Straßen mit dem Heute der inzwischen 2-Millionen-Stadt verglichen, da umringten uns die Passanten: „Das da ist mein Haus...“ und „Nanu? Hier standen Bäume? Wo sind die jetzt?“ Nette Menschen, fröhlich, freundlich, hilfsbereit. Auch die indonesische Familie, die uns Marjas Geburtshaus von innen zeigte: „Wollen Sie nicht bleiben? Aber wiederkommen, nach der Reise!“

In Banjuwangi, drüben auf Java, hatten wir mit dem Gedanken gespielt das Boot schon dort aufzubauen. Denn Bali lag zum Greifen nah vor uns. Hohe Berge, weißer Strand. Durch nur etwa 10 km Wasser getrennt. Keine Wellen. „Zwei Stunden paddeln und..." Nein, da lief Strömung, Gezeitenstrom, mit bis zu 8 Knoten. Das Stauwasser abwarten? Zu kurz, um während dieser Pause zwischen Ebbe und Flut rüberzukommen. Also nahmen wir das Fährschiff. Einen uralten Kasten mit vom Rost abgefressenen Aufbauten. Eigentlich wider Erwarten brachte er uns, ohne unterwegs abzusaufen, hierher. Ja und nun soll es losgehen, unsere erste Paddelfahrt in den Tropen. Ganz schön aufregend. Und schon am Start fühlen wir uns „überfordert". Denn ein immer breiter werdender Streifen Ufer ist bei ablaufendem Wasser trocken gefallen: Schleppen? Bei der Hitze ...?! Mit muskulösen Armen fassen vier Männer in den Süllrand, mehrere Kinder stellen sich unter Bug und Heck und gefolgt von der inzwischen mittleren Menschenmenge zieht die Prozession ins Wasser. Soweit hinein, bis unser Faltboot frei schwimmt. Händeschütteln, ein richtiger Abschied. „Terima kasih" - danke, wir nehmen die Paddel, steigen ein und: „S'lamat jalan" - gute Reise, klingt es noch eine ganze Weile hinter uns her übers Wasser.

Rasch sind wir draußen, einige hundert Meter vom Ufer entfernt. Wolken segeln über den Himmel. Um uns herum das tiefe Blau der Javanischen See. Wo sind die gefährlichen Riffe mit den scharfen Korallen die der Mann uns zeigte? Da, weiter draußen - weiß gischtend brechende Wellen zeigen ihre Bänke an. Unser Kurs führt an ihnen vorbei und gerade so weit vom Land abgesetzt, daß uns die Reflexwellen der hier lang rollenden Dünung nicht erreichen. Stetig und gemächlich hebt und senkt sich das Boot. Eine fast wohlige Schaukelei. Gingen anfangs die Paddel noch ab und zu stützend aufs Wasser, bald fühlen wir uns wieder „wie zu Hause". Aus den Hüften heraus folgt der Körper den Bewegungen der Wellen, durch die schwere Beladung passen sich die über 5 m Bootslänge dem etwa gleich langen Auf und Ab des Seeganges an. Langsam paddeln wir an der Küste entlang. Dunkelviolette Vulkanberge, grünblauer Urwald an ihren Hängen. Darunter ein breiter Saum dekorativer Palmen. Dann ein Dorf voraus, das erste. Kleine Häuser auf Pfählen, geflochtene Wände, die Dächer mit Blättern gedeckt. Bunt bemalte Auslegerboote liegen am Strand, nackte Kinder toben zwischen ihnen herum. Geschrei, als sie uns sehen. Erwachsene kommen gelaufen, winken, rufen, gestikulieren. Reichlich wild scheint es und Geschichten von Kopfjägern und Menschenfressern sind plötzlich parat. Unsinn natürlich, denn die gibts hier nicht. Hat uns das daheim gelesene Buch diese Angst mitgegeben? Oder ist's einfach die Unsicherheit in der fremden Umgebung? Jedenfalls - sicher unhöflich den einladenden Gesten nicht zu folgen, fahren wir vorbei und weiter.

Vor uns nun wieder eine einsame, bis zum Ufer zugewachsene Küstenlandschaft. Nur ab und zu ein Haus. Dann sehr schmale Sandstreifen, zu schmal um dort zu zelten. Daran müssen wir jetzt denken, denn schon gegen 18 Uhr wird es dunkel sein. Was wir wollen? Möglichst wenig Brandung beim Landen, ungestört und ruhig schlafen. Aber nichts als Stachelbüsche wo wir zuerst schauen. An der zweiten Stelle ein Dorf, durch den dichten, grünen Vorhang hatten wir es vom Wasser aus nicht gesehen. Weiter. Dann schließlich ein Stück Sandstrand hinter dem das Buschmesser Platz fürs Zelt schaffen kann - fort mit den Kriechpflanzen und ihren ekelhaft stachligen Ballen. Es bleiben Sträucher mit hübschen blauen Blumen neben uns. Ganz versteckt wohnen wir hier. Die vordere Zeltleine hängt an einem tief eingegrabenen Brett genau dort, wo angeschwemmtes Strandgut die Hochwasserlinie anzeigt. Drei Schritte nur und wir sind im Wasser...

Hier sind wir allein. Allein bis - ja, bis wir unsere Sachen ins Zelt geräumt und gebadet haben. Da trotten zwei Mädchen am Strand entlang. Erstaunt und schüchtern schauen sie sich Zelt und Boot an, wollen nicht reden und verschwinden wieder. Um, wie sich rasch zeigt, im Hinterland mobil zu machen: Bis zum späten Abend erscheinen in loser Folge Einzelgänger, Gruppen, Familien, Kinderscharen. So als hätten sie sich über die „Besichtigungszeiten" in der Reihenfolge abgesprochen. Sie bleiben stehen, stellen Fragen, die wir nur zum kleinsten Teil verstehen, freuen sich über die paar Worte Bahasa Indonesia, die wir inzwischen wissen, schauen ins Zelt, klopfen ans umgedreht liegende Boot, reden miteinander darüber und machen der nächsten „Führung“ Platz. Ruhige, freundliche Leute, Fischer und Bauern. Ihr Wunsch für einen guten Abend, ihr „s'lamat malaaaam“, geschrieben wie gesprochen, erwidern wir mit dem unvollkommenen Versuch, den gleichen melodischen Singsang hineinzulegen. Die letzten Besucher wandern zu ihren Dörfern erst zurück, als die Sonne bereits wie ein langsam fallender roter Ball hinter dem Horizont verschwindet. Und etwas erschöpft von dieser Publizität fragen wir uns: Wird das jeden Abend so sein?

Innerhalb von Minuten ist es dunkel geworden. Zum Kochen haben wir keine Lust mehr - Kekse und Zitronentee tun's auch. Vor uns das Meer. Fischerboote mit hellen Lichtern dümpeln draußen in den Wellen. Graue, fast durchsichtige Wolken treiben am Mond vorbei. Unzählige Sterne. Durch die Luftfeuchtigkeit funkeln und glitzern sie viel heller als bei uns aus nicht vorstellbarer Ferne. Zikaden tschilpen, Schatten huschen ums Zelt - Fledermäuse, auf der Suche nach Futter. Zwischen Agaven raschelt eine Eidechse, ein Gecko wahrscheinlich. Und da ist auch schon sein Ruf, „gecko, gecko“ - fünfmal.
„Das bedeutet Glück, sagen die Leute hier; zweimal mehr wäre Wohlstand. Und wenn ein Gecko häufiger als siebenmal hintereinander ruft, dann hat der, der zuletzt sprach, gelogen.“
Schwerer, süßer Geruch von Pflanzen und Kräutern weht zu uns. Palmen zeichnen Scherenschnittbilder gegen den Himmel - der ganze exotische Zauber einer warmen Tropennacht.
„Ist das nicht genau das, was wir wollten?“

2. Tag

Wird es in den Tropen nahe dem Äquator abends gegen 18 Uhr dunkel, so erscheint die Sonne pünktlich 12 Stunden später wieder über dem Horizont. Das ganze Jahr über, auch heute. Leise Stimmen vor dem Zelt. Ein Kind: „Tuan, Tuan“. Das heißt „Herr“. Also ist „Er“ gemeint. Raus - und da hat sich schon die erste Besuchergruppe des neuen Tages malerisch im Halbkreis ums Zelt postiert: Männer in der einen Reihe, nackte Kinder davor, Frauen auf Sitzplätzen im vorderen

Rang, ihre Babys im Slendang, im Umhängetuch. Eines trinkt gerade, ein anderes schaut erschrocken zu dem weißen Mann, der da aus dem Zelt kriecht. Zum morgendlichen Geschäft möchte er in die Büsche und dort allein sein, aber - die Kinder kommen mit und schauen zu. Wegscheuchen? Sie reagieren erstaunt, ungläubig und bleiben. Nichts zu machen.
„An Zuschauer bei diesen Gelegenheiten gewöhnen?"
„Oder nur nachts gehen ..."
„Nachts? Im Dunklen? Und was ist dann mit Schlangen und mit was-weiß-ich für giftigen Viechern?"
„Abwarten, wird nicht immer so sein."

Nette Kinder. Während ihre Eltern zur Arbeit gehen, sitzen sie vor dem Zelt, beobachten wie wir Haferflocken rösten, diese mit etwas Zucker dazu auf der Pfanne karamelisieren lassen - Reis, wie hier üblich zum Frühstück, steht noch nicht auf dem Plan. Ob die aus Pulver angerührte Milch schmeckt? Die Augen fragen, aber niemand wagt zu probieren. Voressen und anpreisen helfen nichts. Der Bann, der über unserer Fremdheit liegt, ist noch nicht gebrochen.

Dann aber zeigt ein kleiner Junge vorsichtig und fast ängstlich die Muschel, die er irgendwo am Strand fand. „Bagus" sagen wir, „schön". Und das wirkt wie ein Signal. Im Nu ist die ganze Bande auf den Beinen und unterwegs: Muscheln suchen. Immer neue, immer andere bringen sie von ihren Streifzügen zurück. Mit verschmitztem Lächeln öffnen sie die Hände, zeigen den Fund als Überraschung und warten auf unsere erstaunten Gesichter, auf unsere Kommentare. Deutsche Worte, wie „groß", versuchen sie nachzusprechen, zu lernen: „groß - besar, besar - groß". Bald liegt auf dem Boot ein buntes Häufchen schöner Muscheln und Schneckenhäuser. Flache, in sich gedrehte, Kugeln. Und kegelförmige, die gefährlich sein können. Denn, solange lebendig und aktiv, schießen sie aus der Spitze mit giftigem Stachel auf Beute. In der Hosentasche ...

Aus einer bisher unauffälligen Muschel strekken sich behaarte Beine und sie beginnt davonzulaufen.
„Ein Einsiedlerkrebs."
„Ein Hausbesetzer. Die Wohnung stand leer und er zog einfach ein. Wenn jemand mit dem Räumungsbefehl kommt, verschließt er mit seinen Scheren die Tür. Und weiteren Maßnahmen entzieht er sich so wie hier - nimmt das Haus auf den Rücken und haut ab."
„Klingt ziemlich zeitgemäß. Bis auf den Abgang. Den schaffen die bei uns noch nicht so."
„Und wahrscheinlich hatte dieser, im Gegensatz zu unseren Gesetzen, sogar das Recht ein unbewohntes Haus zu okkupieren."

Mit der Zeit werden wir den Besuchern langweilig. Winkend ziehen sie davon und wir haben nun Zeit um unser gestern etwas hastig eingeräumtes Gepäck zu ordnen. Beim Sortieren der in Banjuwangi eingekauften Verpflegung entdecken wir Mäusedreck zwischen den Nudeln. Einen großen Löffel voll „filtern" wir heraus. Und als wir den Ketchup aus der Glas- in unsere leichtere Plastikflasche gießen, da ist der dünn, sehr dünn: „... mit Wasser angereichert - Halunken!" Nachdem Mehl, Reis, Kaffee, Milchpulver, Zucker, Rosinen, Nüsse, Speiseöl, Marmelade und anderes aus ihren Original-Verpackungen in unsere für unterwegs umgefüllt sind, bleibt ein ganzer Haufen Müll zu verbrennen: Weniger Gewicht, weniger Stauraum im Boot - außer den Schraubdeckelflaschen werden die beschrifteten Stoffsäckchen mit der Zeit schrumpfen. „Nach Bedarf" ist die Verpflegung in wasserdichten Säcken „gebündelt": Abend, Frühstück und Zwischendurch. Eier pakken wir in kleine Plastikbehälter die wiederum in einer größeren Schachtel stecken - so bleiben sie, meistens jedenfalls, heil. Und wir füllen den Kocher mit Benzin auf, das wir gestern von einem Autofahrer bekamen. Der eine Liter wird für zwei Wochen reichen.

Soweit die Arbeit an diesem Ruhetag - im Zelt, in dem die Temperatur trotz Belüftung zwischen Über- und Innendach stetig weiter steigt. Draußen weitermachen? Besser nicht. Denn je mehr es für die immer mal wieder vorbei flanierenden „Touristen" zu sehen gibt, desto länger bleiben sie, stehen, starren und machen Bemerkungen untereinander.

„So wie wir also fühlen sich Leute im 'exotischen' Land, wenn ganze Bus- oder Schiffsladungen Fremder sie überfallen und ihnen ausdauernd auf die Finger schauen: wie sie arbeiten, kochen, haushalten, spazieren, und, und, und."
„Mit dem Unterschied, daß unsere Besucher noch keine Fotoapparate und Filmkameras zücken. Denen wären wir, wie die, die wir knipsen, hilflos ausgeliefert. Ganz gut, die Situation mal von der anderen Seite zu erleben."
„Also nicht mehr hinschauen, nicht mehr fotografieren?"
„Hm - doch. Hast ja bisher erlebt, wie die sich drum drängeln aufs Bild zu kommen. Andere Mentalität hier."
„Obwohl das auf Java hauptsächlich Muslime waren."
„... die ihre Religion nicht so wie in arabischen Ländern praktizieren. Oder hast Du irgendwo verschleierte Frauen gesehen?"

Nicht weit entfernt finden wir beim Schwimmen ein kleines Riff nicht tief unterm Wasser. Und was wir da durch die Tauchmasken beim Schnorcheln sehen, das läßt Zeit, Hunger und etwaige Gefahren vergessen. Große Schwärme kleiner, bunter Fische stehen absolut still zwischen den Korallenstöcken. Wie auf ein Kommando wenden sie dann um 180 Grad und stieben davon, wechseln unterwegs gemeinsam den Kurs und stehen erneut. Wer kommandiert sie, wie und wodurch? „Solange kleinere Fische sich unbesorgt in ihrem Revier tummeln, ist kein Räuber in der Nähe", hatten wir irgendwo gelesen. Hier ist das so. Gestreifte, gefleckte und gescheckte, karierte und einfarbige Unterwasserbewohner führen ihr gewohntes friedliches Leben. Die Zuschauer, die still über ihnen auf dem Wasser liegen, beachten sie nicht. Bis auf den kleinen gelben, der allein durch die Gegend trudelt. Neugierig: Was ist das da für ein Gewächs? Vorsichtig nähert er sich dem Finger, knabbert an ihm herum und schwimmt enttäuscht davon - ungenießbar. Dann plötzliche Aufregung. Aus dem Dunkel einer Grotte erscheint, groß und schwarz, ein offensichtlich gefürchteter Herr. „Abstand halten", heißt nun die Parole unter den kleineren Bewohnern des Reviers. Sollten auch wir Respekt haben? Vielleicht besser, solange wir ihn nicht genauer kennen. Zurück also. Inzwischen hat Wind eingesetzt und in den Wellen ist es weniger einfach zu „navigieren". Folge: Ein Knie kollidiert mit Korallen. Und an Land zeigt sich nun, wie recht der Fischer mit seiner Warnung hatte - mehrere scharfe Schnitte sind zu verpflastern. „Die kleinste Verletzung entzündet sich in den Tropen rasch“, stand im Handbuch, „unseren Körpern fehlen, im Gegensatz zu denen der Einheimischen, wirksame Antistoffe. Nur bei längerem Aufenthalt...“ Da der nicht zutrifft, werden wir täglich neu verbinden müssen.

3. Tag

Weit draußen hat es wohl einen Sturm gegeben. Denn die ganze Nacht über liefen Wellen bis nahe vor das Zelt. Jetzt, am Morgen, brechen sie über dem flachen Strand. So nah, daß wir nicht vom Ufer aus durch sie hindurch starten können. Also müssen wir, bis zum Bauch im Wasser, einpacken. Zwei Stunden nach Sonnenaufgang, und schon ist das trotz Badewannentemperatur „Abkühlung“. Dieser Tag wird, nein ist heiß. Langsame Fahrt gen Osten. Kurz sehen wir eine Straße und Autos, dann schieben sich die Hänge der grün, gelb und rötlich leuchtenden Berge bis direkt ins Wasser hinunter. Erst Kilometer weiter wieder ein kleines Dorf. Dicht am Strand die Häuser unter palmblattgedeckten Dächern. Einige Kinder winken, keine Aufregung, kein Geschrei: „ ... hier würde ich unbesorgt an Land gehen.“ Nicht möglich, die Dünungswellen fabrizieren zu viel Brandung. Perahus, formschöne, wie große Kanus gebaute Auslegerboote voraus. Unter ihren hohen, dreieckigen, buntgestreiften Segeln ziehen sie raus zum Fischen. Vor Jahrhunderten bereits waren sie unterwegs, die einzige Verbindung zwischen den Inseln. Und seitdem hat sich an ihrer Bauweise kaum etwas verändert. Auch heute noch alles aus nichtrostendem Naturmaterial.

20 m querab drei Delphine. Im fast gleichen Rhythmus mit unserem Boot, nein schneller, gehen sie auf die Wellenberge, schauen herüber und tauchen dann, anders als wir, ganz in bzw. unter die Täler. Zu schnell für ein Gruppenbild. „Bis zu Tempo 60 kriegen die drauf. Und

haben, behaupten jedenfalls die Forscher, nie Streit untereinander." „Ihr Gehirn soll ja auch viermal so groß wie das der Menschen sein - vielleicht darum?"

Gleichmäßig tauchen die Paddel ein, halten das Boot auf Kurs. Im Gegensatz zu heimischen Gewässern fahren wir hier keine 3 Knoten, 5 bis 6 Kilometer in der Stunde. Viel häufiger liegen die Paddel auf dem Süllrand, lassen wir uns schaukeln. Die Flasche mit Zitronentee wandert von vorn nach achtern und wieder nach vorn. Das hält auf. Drei Liter Flüssigkeit pro Kopf und Tag verordnen Tropenmediziner, die konsumieren wir bei der Hitze heute mindestens. Blick auf die Karte: Kaum 10 km gefahren? Weiter. Doch schon wieder stop: Wie eine silberne Wand steigt ein Schwarm fliegender Fische knapp vor dem Boot auf, segelt mit lautem, sirrenden Geräusch ein, zwei Meter und taucht in geschlossener Formation unter. Ein „Seitenaussteiger" hat sich verschätzt. Er landet auf der Spritzdecke und schaut verstört in die Kamera. Ob er, wieder im Wasser, sein Rudel noch einholen kann? Nach weiteren Kilometern rückt die Brandungszone ein wenig vom Strand ab. Da durch und landen? Spritzdecke zu, vorsichtig ran und auf einer der niedrigeren Wellen „rutschen" wir ans Ufer. An ein miserables: Morastiger Boden hinter dem Sand, stinkig - nichts zum Zelten. Und ohne Wind blödsinnig heiß. Kehrt und wieder aufs Wasser. Das ist gar nicht so einfach. Schon das Wenden des Bootes bringt Probleme. Und dann einsteigen „unter verschärften Bedingungen" - eine ganze Menge Wasser kippt Poseidon uns ins Boot. Es wird wirklich Zeit, daß wir an Land kommen. Wo? Da sind zwei kleine Hütten unter Palmen, unbewohnte. Und bei denen mündet ein Fluß. Sein Wasser hat eine Sandbank ins Meer gebaut, um die herum paddeln wir in ruhiges Wasser. Von Korallenstücken durchsetzter Strand, nicht gerade ideal für 'ne in der Brandung hart aufgesetzte Faltboothaut. Aber so ...

Jungen laufen uns entgegen. „Tidak bolè?" Ja, wir könnten hier zelten. Der Platz da, sie zeigen ihn uns, sei am besten. Sie helfen ausladen und tragen - mühelos, während wir bei der Hitze stöhnen und schwitzen. Der kleinste von ihnen klettert auf die nächste Palme - mit bloßen Füssen, ohne Steighilfe, sein Buschmesser im Gürtel. Unter der Blätterkrone zieht er es und schlägt mehrere Kokosnüsse vom Baum. Mit dumpfem Aufprall fallen sie in den Sand - zwei bis drei Kilos, eine ganz schöne Wucht. Der Junge turnt runter und bringt eine. Als er merkt, daß wir das zum ersten Mal sehen, da gibt er eine „presentation“ - er spricht ganz gut Englisch. Zuerst weg mit der oberen Kappe, zeigt er, dann mit den Seitenteilen der dicken, grünen Außenschale. So lange, bis etwa eine Hälfte geschält ist und die behaarte, braune Nuß zum Vorschein kommt. Und nun her mit einem kleinen angespitzten Stock, eine bestimmte, weiche Stelle suchen, hineinstechen und „minum“, trinken. Kühl, herrlich erfrischend das Fruchtwasser. Nahrhaft, reich an Nährstoffen und Mineralien. Nur die noch unreifen Kokosnüsse hätten viel Saft, erklärt uns Muhamed, der Demonstrator. Sein Freund Danu öffnet eine zweite Nuß, trinkt das Wasser und halbiert sie. Eine dünne, weiße Schicht ist drin. Er schnitzt ein kleines Messer und zeigt wie wir mit diesem das cremige Fruchtfleisch herausschaben. Lecker ist es, süß und viel besser als das, was wir von den bei uns verkauften reifen Kokosnüssen her kennen.

Immer mehr Menschen sind inzwischen aus dem Dorf gekommen, in dem Muhamed und sein Freund zu Hause sind. Männer in karierten Sarongs, bis über die Knie reichenden Hüftröcken, die sie ab und zu zum Lüften über den Kopf schwingen. Die gebatikten Sarongs der Frauen zeigen Blumenmuster, viele tragen lose Jacken über bunten Oberteilen. Kinder, bis zu einem Jahr alt, werden an der Brust gefüttert, ältere spielen nackt, in Lumpen oder ordentlich mit Turnhosen und T-shirts gekleidet, ums Zelt. Ein Gefälle zwischen arm und reich im Dorf? Unterschiedlich jedenfalls das Verhalten unserer Zuschauer. Einige bleiben wortlos, stehen herum, starren und spucken vor sich hin. Andere schauen interessiert, trauen sich aber nicht etwas zu fragen, machen Älteren respektvoll Platz. Insbesondere jüngere Männer fassen alles was sie sehen ohne Scheu an, zeigen es den Umstehenden. Kommentare die heißen könnten „... das da ist läppisches Gummi, kein gutes Holz“ oder „viel zu niedrig gebaut das Boot ...“. Einer fragt wieso denn das Stoffdeck kein Wasser durchlasse - die Erklärung fällt für ihn so unbefriedigend aus, daß er gar nicht erst versucht zu übersetzen. Die Paddel werden mit den aus Palmenholz selbstgefertigten verglichen und für - zu? - leicht befunden. Das Steuer schließlich: keiner, der es nicht bewegt um herauszufinden, wie es beim Paddeln mit zwei Händen funktioniert. Mit den Füßen? Tolle Idee - was die Faust mit dem Daumen nach oben bestätigt.

30, 40, vielleicht 60 Personen stehen mittlerweile ums Zelt. Unser Bewegungsspielraum wird immer enger. Und als alle Fragen beantwortet sind, bleiben sie, eine schweigende uns zuschauende Mauer. Was tun? Muhamed hilft. Wir seien müde, erklärt er der Versammlung, wir wollten schlafen gehen, „tidur“. Das wirkt. Mit gemurmelten Abschiedsworten wandern sie zurück in ihr Dorf.
„2.000 Bewohner hat es, erzählte Danu. Schöne Aussichten.“
„Aber freundliche Leute. Nur das dauernde Ausspucken - ohne Sandalen geh' ich nicht mehr vors Zelt.“
„Scheint hier normal zu sein. Vielleicht würden die bestimmte Verhaltensweisen bei uns unangenehm finden?“

4. Tag

„Tuan, tuan ...“ als es gerade wieder hell geworden ist. Ein Junge hockt vor dem Zelt mit einem Teller Erdnüsse. Dicht am Boden wachsen die hier, unscheinbar, klein und weich, eher wie Bohnen. Diese sind ungeröstet, schmecken ein wenig säuerlich. Aber gut. Gespannt beobachtet der Kleine, ob wir auch mögen, was er so früh schon gepflückt hat. Nach und nach erscheinen Dorfbewohner, lassen sich im Halbkreis vor dem Zelteingang nieder und versuchen eine Unterhaltung. „Wir kennen uns doch schon von gestern“, beginnt sie, soweit wir es Worten und Gesten entnehmen. Will einer wissen, wieviele Kinder, anak-anak, wir hätten, so fragt dernächste nach unserem Alter. Zusammen etliches über 100 Jahre? Das ist der Witz des Tages und „das“ Thema nun untereinander: Wer wie alt? Die Durchschnittszahl von mehr als 50 scheint sie zu erstaunen. Weil die Lebenserwartung für Indonesier bei nur 49 Jahren liegt? Weil es weit mehr junge als alte Menschen gibt? Jedenfalls aber bringt uns das „hohe“ Alter mehr Ansehen. Denn ganz im Gegensatz zu unserer Gesellschaft gelten in dieser Lebenserfahrung und Rat der Alten.

Jungen begleiten uns ins Wasser. Zwei haben selbstgefertigte Taucherbrillen - aus Holz geschnitzt, Glasscherben eingefügt und gedichtet. Wir schwimmen weit hinaus. Zu einem Wrack irgendwo unten auf Grund. Aus dem Sand ragen seine Spanten, um zerbrochene Planken huschen bunte Fische. Viel besser und ausdauernder als wir mit Masken und Schnorcheln tauchen die Jungen, zeigen zwei große, schwarze Fische, die sie ikan banu nennen. Räuber? Ja, Vorsicht. Ihr Versuch, einen mit dem mitgenommenen Speer zu erwischen, mißlingt. Etwas enttäuscht schwimmen sie zurück: „Aber morgen kriegen wir den“, bedeuten ihre Gesten. Sie bringen uns zum etwas abseits vom Dorf gelegenen Brunnen. Rund, die Mauer aus Korallensteinen so abgeschrägt, daß verschüttetes Wasser ab- und zurück läuft. Am oben abgesägten Palmenstamm ein Schwingarm, an dem Leine und Wassereimer hängen. Ähnlich wie in Ungarns Pußta. Etwa 2 m unter Bodenniveau nur wenig Wasser. Leicht salzig schmeckt es und ist nicht ganz sauber. Darin schwimmende Insekten, Larven und Pflanzenteilchen werden später im Taschentuchfilter hängen bleiben. Gegen Bakterien in ihnen hilft die Tabletten-Desinfektion nicht genügend.

Einkaufen. Trampelpfad zwischen hohen Kokospalmen. Vorbei an Wohnhäusern, aus und auf Pfählen gebaut. In verschiedenen Mustern geflochtene Wände, überdachte Veranden auf denen nachts geschlafen wird. Bananenbäume neben dem Haus geben Schatten. Kinder toben herum - „niemand schimpft mit ihnen. Überhaupt: Hast Du hier schon jemand erlebt, der auf den anderen böse ist?“ Kleine Kinder schleppen noch kleinere auf dem Rücken umher. Frauen balancieren Lasten auf dem Kopf, fegen die Lehmböden ihrer Häuser, scheuchen Hühner hinaus, beruhigen uns anblaffende Hunde.

Die Männer? Drei sitzen im Toko, im Laden, auf einer Bank vor der Verkaufstheke, essen Reis von Bananenblättern und trinken Coca Cola. Hinter ihnen stehen Gläser mit bunten Bonbons, mit Reisstangen und Krupuk, den aus Krabbenmehl im heißen Fett fritierten rosa Snacks. Säcke mit Reiskörnern, Zucker, Mehl und Nüssen neben Kästen voller Mangos, Bananen und Papayas. Fische und Krabben in Körben - ihr Geruch bereichert die penetrante Duftnote aus dem inzwischen vergammelten Angebot vergangener Tage oder Wochen. Eine Limonade? Sie erfrischt einen der Männer - mit Überdruck zischt der Inhalt aus der Flasche auf sein Hemd. Gelächter, kein Ärger. Wir kaufen Reis, Ananas, Grapefruit, Bananen sowie Bonbons für die zwei Dutzend zuschauender Kinder und wollen bezahlen.

„Komisch, für die Frau kostet beim Zusammenrechnen alles ratus, hundert, egal, was es ist."

„Preise für Fremde - dagegen wehren?"

„Lassen wir's - macht für uns nicht viel aus. Und billig ist's immer noch, die Ananas zum Beispiel."

Dann aber der alte Trick: Beim Herausgeben von Wechselgeld viele kleine Scheine im Bündel. Und der noch fehlende große? Erst nach beharrlichem Reklamieren wird der unter Murren und ohne Entschuldigung nachgereicht. Etwas verlegen hatte Cronjo, der uns begleitete, zugeschaut, nicht aber eingegriffen.

„... weil es seine Leute waren?"

„Weil wir nicht richtig reagiert haben. Hätten lächeln, auf ein Versehen anspielen und dieses vorweg entschuldigen müssen - so wie es im Buch empfohlen wurde. Damit in diesem Fall die Frau nicht ihr Gesicht verliert."

„Aber es bleibt doch ein übler Trick. Und da dann noch freundlich bleiben? Diese alte Gaunerin ..."

„Bei einem Mann, der so bloß gestellt wird, hätte das zu unüberlegten Reaktionen führen können. Besser nicht stur aufs Recht pochen - steht auch im Buch."

Am Weg zurück an einer Schule vorbei. Auf dem Hof marschieren Kinder in Uniformen zum Takt einer Trillerpfeife. „Die üben für das nächste Schulfest mit Parade“, erläutert Cronjo. Zwischen hohen Palmenstämmen dann die silberne Kuppel einer Moschee. Ein einziger Raum unter ihr, mit Fenstern nach allen Seiten offen und luftig. Teppiche auf dem Boden, eine Standuhr aus holländischer Zeit gegenüber dem Eingang. Über dem Platz des Mullah eine Art Baldachin. Keine Gläubigen, die sonst in den Moscheen um diese Tageszeit beten. „Nein“, sagt unser Begleiter, „wir haben hier nur wenige Moslems. Die bekommen Geld von der Regierung. Ziemlich viel Geld. Damit haben sie diese Moschee gebaut. Die meisten Leute bei uns finden das nicht gut.“ Bekehrung zur „Staatsreligion“, dem Islam?

Nur vier Kindern begleiten uns nachmittags zum Hindutempel, einige hundert Meter weiter am Strand. Im Gegensatz zur Moschee ist er verfallen. Wo früher verwinkelte Steinmauern den bösen Geistern, die aus dem Meer kamen, das Eindringen schwer machen sollten, haben Pflanzen des angrenzenden Urwaldes alles bereits dicht überwuchert. Kaum noch zu sehen sind die Opferschalen und die zu Ehren bestimmter Gottheiten errichteten verzierten Steine. Auf einer der Mauern sitzen wir, schauen zu den bunten Segeln auf dem Meer.
„Mein Onkel, der lange auf den Inseln lebte, war davon überzeugt, daß es Geister gäbe. Er erzählte von ihnen, wie sie manchmal für oder auch gegen ihn waren.“
„Wer weiß das Gegenteil schon genau? Und wenn sie da sind, dann meinen es die hier jedenfalls gut mit uns.“

Durch den Fluß, dessen Wasser in Reisfeldern am Berg aufgeheizt und dabei heißer wurde als Europäerfüße es mögen, zurück zum Zelt. Da ist Muhamed wieder. In den Sand zeichnet er ein Quadrat, zeigt in Richtung Dorf, sagt „Tie-Pie - Tie-Pie“,und daß er uns nach Sonnenuntergang im Ort erwarte. „Tie-Pie? Was meint er?“

Während leiser Regen aufs Zeltdach trommelt, erscheinen zwei Männer die sich unsere draußen stehenden Sandalen schnappen und damit einige Runden drehen ...

Abkürzungsweg durch eine Palmenplantage zum Kampong, zum Dorf. Aber da stehen im Fast-Dunkel dicke Wasserbüffel, Kerebau. Mit Hörnern die aussehen als sollte man ihnen lieber nicht zu nahe kommen. Vorbei schleichen? „Die sind angebunden", durch ihre Nasen haben die freundlichen Menschen Leinen gezogen und verknotet: „ ... muß denen doch weh tun?!" Durch die Stämme der Palmen flackert und zuckt bläulich flimmerndes Licht. Und dann sehen wir's, das Tie-Pie, das Fernsehgerät, Tie-Vie auf englisch. Weil F sowie das etwa klanggleiche V von Einheimischen wie unser P ausgesprochen wird, haben wir also ein T-P statt TV vor uns. Einen mächtigen Kasten im Seekistenformat, auf der Veranda von Muhameds Vater. Der begrüßt uns auf Holländisch: „War mehrere Jahre auf Schiffen von Nederlandse Lloyd als Koch. Kenne Rotterdam..." und beim Klang des Namens liegt so etwas wie Fernweh in seiner Stimme. Ob er gern in Holland hätte bleiben und dort wohnen wollen? „Nein", wehrt er ab, „hier mehr Ruhe."

Das stimmt für eine Weile. Denn bei dezenter Gamelanmusik, auf Becken mit umwickelten Klöppeln gespielt, tanzen grazile Javanerinnen in gemessenen Schritten über die Mattscheibe. Keine besondere Attraktion für die Bewohner der umliegenden Häuser. Anscheinend gelangweilt hocken sie im Halbkreis auf dem Boden um das Gerät herum oder stehen bis weit hinaus auf den Vorplatz. Während für uns und die beiden Gastgeber Klappstühle aufgestellt werden, gehen ihre Blicke häufiger zu den Fremden, als zum schwarz-weißen Geschehen auf dem Bildschirm. Auf einem wer weiß woher stammenden Schreibtisch thront das Gerät aus den Gründerzeiten des Fernsehens. Strom? Eine Autobatterie. Aber auch nur dafür - schöne alte Petroleumlampen beleuchten die Umgebung des Hauses, seine in Handarbeit aus Blättern der Nipa-Palme geflochtenen Wände. Drüben, beim Nachbarn, flackert eine Fackel. Und drinnen zucken die Flammen des offenen Feuers um den darüber hängenden Wasserkessel. Die Njonja, die Frau des Hauses mit erheblichem Übergewicht, läßt Muhameds Schwestern Kaffee zubereiten: Fast kochendes Wasser wird über die gemahlenen Bohnen in der Tasse gegossen, Zucker dazu gegeben, umgerührt. Und dann warten bis sich die festen Bestandteile gesetzt haben. Während wir diesen „Kopi Tubruk“ vorsichtig schlürfen, wechselt das Fernsehprogramm. Nun ganz fasziniert verfolgen die Zuschauer das hektische Hmmmm-Brrrr-Puuuh eines amerikanischen comic-strip. Ausgezackte Sterne flitzen hin und her, und als die Coltmänner zu feuern beginnen, peng-peng-platsch-bummm, als es knallt und kracht und schreit, da öffnen sich plötzlich die Türen des Schreibtisches unter dem Tie-Pie und empört ob des Lärms verlassen Hühner beleidigt gackernd ihre Schlafbehausung. Wenig später gibt die Batterie auf. Stille. Geräuschlos gehen die Zuschauer zurück in ihre Hütten. Wir zu unserer, nachdem Adressen aufgeschrieben und eine reife Mangofrucht als Wegzehrung mitgegeben wurde.

„Dieser Kontrast zwischen den beiden Programmen. Und wenn ich an die Gesichter der jungen Leute denke - die interessieren sich nur für das scheußliche moderne Zeug das hier noch viel weniger herpaßt als sonstwo. Überlieferte Kultur, Tänze und Musik, werden verschwinden.“
„Hier auf Bali? Kaum. Der Tourismus wird dafür sorgen, daß die bleiben. Denn was sonst suchen die Fremden?“
„Das Ursprüngliche, Wirkliche. Und ob eine show das ersetzen kann?“

5. Tag

Eine Stunde vor Sonnenaufgang krähen die Hähne. Kaum haben wir uns in der Dunkelheit im Meer gewaschen, da erscheinen bereits unsere Freunde aus dem Dorf. Mit traurigen Gesichtern. Was denn los sei? Warum wir schon wieder weg wollten? Heute Abend gäbe es doch wieder Tie-Pie ... Und ob wir wiederkämen? Muhamed hilft das Boot zu beladen - ganz ruhig liegt es im absolut stillen Wasser. Händeschütteln, Winken und gerade als wir ablegen, da huschen die ersten Sonnenstrahlen übers Wasser. Das Meer atmet Frische, die Luft ist noch kühl, eine ganz leichte Brise beginnt zu wehen. Die Dorfbewohner schauen uns nach - rasch sind wir weit weg von ihnen.
„Gut so? Und doch schade, daß wir es nicht besser schaffen uns ihren Lebensgewohnheiten anzupassen.“
„Dem Spucken zum Beispiel?“
„Na ja, überhaupt. Dann ginge uns vieles nicht so auf die Nerven.“

„Für mich sind's einfach zu viele Menschen auf 'nem Haufen. Mit der eigentlich normalen Neugier die man ihnen nicht übel nehmen kann. Aber so vor dem Zelt ..."
„Hätten wir vor einem Hotel nicht."
„Von wo aus wir all das jetzt auch nicht erlebt hätten. Doch gut so!"

Am Ufer eine kleine Tempel-Anlage: rote Mauern, graue Pfeiler und flachgeneigte, weit überstehende Dächer. Wenig weiter das wohl dazu gehörende Dorf. Kleine Fischerhütten und auf Pfählen stehende Dächer zum Unterbringen von Booten und Netzen. Kanus mit und ohne Ausleger am Strand. Einige vor Anker. Jungen und Mädchen schreien, winken, hechten ins Wasser und schwimmen zu den Booten, paddeln hinter uns her. Keine echte Chance für sie und vor einigen Tagen noch wären wir davongefahren. Jetzt gehen wir auf Gegenkurs und warten. Da kommen sie. „Wie die Wilden" schlagen sie mit einfachen Holzpaddeln - einige sehen eher wie Dachlatten aus - ins Wasser. Krach, eines der Werkzeuge bricht und fliegt unter Gelächter aussenbords. Und dann sind sie da, malerische Gestalten. Zu fünft sitzen und stehen sie in einem Boot dessen armdicke Bambusrohre als Ausleger Halt geben. Nasse Hemden schlackern um ihre dünnen Körper. Einer redet laut, kommandiert und markiert den starken Mann. Ein anderer, 'ne Art roten Fez auf dem Kopf, kann gerade noch verhindern, daß aus der Angeberei des Anführers ein echter Reinfall wird. Ohne Ausleger ein Kanu, roh aus einem Stamm gehauen, so schmal, daß wir Mühe hätten darin nicht zu kentern. Kaum zeigen wir Bewunderung, da demonstriert sein Fahrer die gewollte Kenterung und wie er es schafft ins wieder umgedrehte Boot einzusteigen. Es ist zwar voll Wasser, aber es schwimmt - auch, als er wieder drinnen hockt. Die üblichen Fragen nach woher und wohin, die Einladung ins Dorf zu kommen und noch ein kurzes Stück Begleitung, als wir weiterfahren.

Spiegelglatte See. Aus der Weitwinkel-Perspektive, wir sind etwa einen Kilometer querab von der Küste, bietet sich das volle Panorama dieses Teils der Insel - eine Gebirgskette parallel zu unserem Kurs, die geschwungenen Linien der Vulkanberge. Hier, auf unserer Seekarte vermerkt, erreichen sie 1.200 bis 1.500 m. Aus nur etwa 20 km Entfernung und vom Wasser aus beeindruckt diese Höhe mehr als im Bergland selbst. Wie ein Film zieht die Landschaft vorbei - es wäre dumm jetzt rasch weiter zu wollen. Und die Hitze hat auch etwas dagegen.

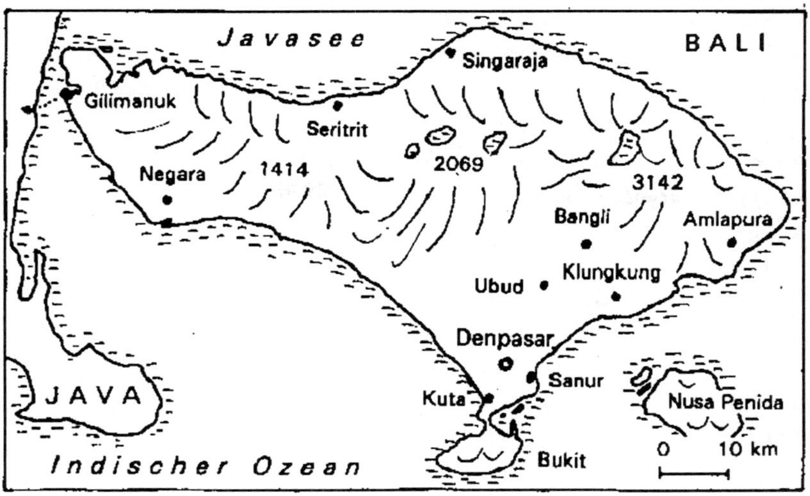

Baden? Schwimmen? Aus dem Boot zu hüpfen lockt, selbst wenn das Einsteigen danach etwas mühsam ist, aufs Heck hechten und ins Cockpit robben. Wissen wir aber, ob hier nicht Haie auf weißes Fleisch warten? Also paddeln wir zum Land. Eine Flußmündung. Viel zu heiß das Wasser dort. Auf dem Weg von den Bergen und durch Reisfelder hat es Wärme gespeichert. Auf Java sahen wir, wie durchdacht das Wasser genutzt wird. Wo die Wolken an den Bergen ihren Regen abgeben, da läuft er in vorbereitete Kanäle und durch diese weiter bergab. Bis Wasser, so wie hier, das Meer erreicht, hat es eine oft monatelange Reise hinter sich: Erst steht es in einem Reisfeld, Sawah genannt, dann in dem knapp darunter angelegten, bevor der schmale Erdwall zum nächsttieferen durchstochen und damit geöffnet wird. Ernte im trocken gelegten Areal, Setzen junger Pflanzen im neu bewässerten - zwei oder dreimal im Jahr. Trotzdem jedoch überall auf den Inseln das Land so intensiv für den Anbau des Hauptnahrungsmittels genutzt wird - es reicht nicht. Mehr Menschen als Reis. Und immer mehr Menschen.

Schneeweißer Sandstrand wo wir an Land gehen. Palmen zeichnen auf ihm ihre Schattenbilder, filigran-durchwirkte Korallensteine liegen da und bildschöne, dunkelbraun-, beige- und orange-weiß gemusterte Muscheln. Abgebrochene Äste von Korallen - leuchteten sie unter

Wasser in herrlich bunten Farben - jetzt sind die grau und unscheinbar: abgestorben. Schwimmen und nach der Rast weiter. Voraus eine tiefe Bucht. Von weitem sehen wir da so etwas wie Stangen vor der Landspitze. Beim Näherkommen sind es drei Männer, bis zum Bauch stehen sie im Wasser. Flache Strohhut-Kegel über fein geschnittenen Gesichtern, auf den Rücken aus Palmenblättern geflochtene Beutel. In der Hand halten sie jeweils die Angel, einen drei oder vier Meter langen Bambusstab. Einer bindet gerade Köder an die Schnur und ein handgroßes Blatt. Wozu? Das ist gleich zu sehen - der Wind nimmt das Minisegel und mit ihm den Köder weit weg und hinaus. Dort weht er aufs und ins Wasser. Während die Schnur zurück zur Angel gezogen wird, sollte ein Fisch anbeißen. Spannung. Ja, einer tut's, ein kleiner nur. Der Mann steckt ihn in den Beutel und beginnt wieder - fürs Mittagessen reichts noch lange nicht. Und während wir weiter zuschauen fangen weder er noch die anderen beiden Angler etwas. „Wie kann man davon leben?" Später hören wir, daß sogar das *Über*leben bei dieser Beschäftigung in Frage steht. Denn mit bloßen Füßen da herumzulaufen wo giftige Seeschlangen hausen, wurde schon manchem bootlosen Fischer zum Verhängnis.

Auf der anderen Seite der Bucht ein Bohrturm und Baracken. Gut sieht es da nicht aus - weder paßt das zu Balis Landschaft noch ist's die richtige Umgebung fürs Bleiben. Viel weiter aber wollen wir heute bei der Hitze nicht mehr. Zurück also zu dem schönen Badestrand. Hinter ihm finden wir einen Platz fürs Zelt den wir uns mit einem doppelt mannshohen Kaktus teilen. Nun haben wir Zeit zum Schwimmen, Malen und Zeichnen. Besucher erscheinen erst am Abend. Da liegt infolge Ebbe ein breiter Streifen Watt vor unserer Haustür. Frauen und Männer suchen dort in den vom Meer zurückgelassenen kleinen Tümpeln, zwischen Korallen und unter Seegras, die Abendmahlzeit - Fische, Krebse, Krabben und Muscheln. Einige hocken sich danach zu uns ans Zelt. Viel haben sie nicht gefunden. Trotzdem lächeln sie, zeigen keine Spur von Verdrossenheit oder Klagestimmung.
„Sind die trotz aller Armut immer so optimistisch? Oder ist's ihr Vertrauen in das von Göttern und Geistern gelenkte Schicksal?"
„Das freundlich-fröhliche Gesicht gehört hier dazu, hat nichts mit dem zu tun, was dahinter steckt."

„Stimmt wohl, anderer Verhaltenskodex. Und doch, denke ich, mag ein Lächeln dabei helfen mit Problemen leichter fertig zu werden, vor allem beim Miteinander. Denn kann man jemand gegenüber echt grob sein, wenn der freundlich und fröhlich dreinschaut?“

6. Tag

Am nächsten Tag paddeln wir quer über die Bucht zu dem von weitem gesehenen Bohrturm. Ein großer Pulk Kinder wird da herumgeführt. Kaum hat eines von ihnen uns gesehen, da ist es aus mit dem Interesse für Bau und Technik. Die ganze Horde stürzt zum Ufer, rennt ohne Rücksicht auf nasse Hosen und Röcke ins Wasser und umringt unser Boot als wir landen. Zuerst raus mit den Wasserkanistern, wir brauchen Nachschub. Von Hand zu Hand gegeben verschwinden sie irgendwo in der Menge. Dann ein Jubelshrei aus den etwa 50 Kinderkehlen als der Fotoapparat erscheint: „Poto, Poto ...“. Sie drängeln sich zusammen, einer schubst den anderen beiseite um selbst möglichst breit auf Bild zu kommen. Hier werden Grimassen geschnitten, dort Mützen geschwenkt. Ein Ball fliegt durch die Luft. Warum nur diese Begeisterung fürs fotografiert werden? „Zurück, von so nah geht's nicht ...“, direkt vor der Linse schon steht die kleine Bande. Lehrer versuchen es mit Befehlen - hoffnungslos. Sie hätten „das Projekt“ hier besichtigt, erzählt einer von ihnen, den beginnenden Bau eines Hafens. Viel zu sehen ist davon noch nicht, außer die Verschandelung eines Stücks Natur. Autobusse hupen zur Rückfahrt. Umsonst. Solange wir noch hier sind, steigt keiner ein. So bemühen sich die Betreuer der Kinder im eigenen Interesse um die Suche nach unseren Kanistern und um deren Füllen. Die „Quelle“ ist ein etwa 2 m tief in den Boden gegrabenes Loch. Sand und Blätterreste fördert der rostige Eimer ebenso mit, wie undefinierbare Schwimmteile - egal: gefiltert und keimfrei gemacht wird's gut sein. Geschrei und Gehopse als wir einsteigen - nur widerwillig lassen die am weitesten im Wasser stehenden das Bootsdeck los. Ob sie, wie Schulkinder bei uns, einen Aufsatz über dieses Erlebnis werden schreiben müssen?

In der folgenden Bucht glänzt zwischen Palmen die Kuppel einer Moschee. Als wir in ihrer Nähe anlegen, wiederholt sich die Begeisterung übers fotografiert werden - diesmal bei den Erwachsenen, die unserer Landung zuschauen. Sie begleiten uns zum Dorf-Toko, dolmetschen beim Kauf von vier Eiern, mehr sind nicht vorrätig, von Sirup und Orangen. Passen sie auf, daß wir nicht begaunert werden? Der verlangte Preis jedenfalls ...
„Wie können die für die paar Rupias ein- und wieder verkaufen? Sie haben zwar sicher geringere Unkosten als wir die daheim gewohnt sind, aber trotzdem ...“
„Und dann steht in den Reisebüchern, man müsse jeden Preis herunterhandeln.“
„Für Touristenzentren stimmt das wohl, da ist das einkalkuliert. Aber hier? Und warum sollen Menschen, die im Vergleich zu uns ein so viel schwierigeres Leben haben, nicht einmal etwas mehr verdienen? Unsere Kosten bleiben ja sowieso erheblich unter dem, was wir eingeplant haben.“
Dasselbe wie bei den meisten Reisen mit Boot und Zelt. Wir brauchen unterwegs eben nicht viel Geld. Zelt statt Hotel, der Benzinkocher der die Restaurantküche simuliert, das Boot als kostenloses Kreuzfahrtschiff. Und hier wirkt sich zusätzlich die Währungsrelation zu unseren Gunsten aus, für den Gegenwert einer Mark können wir mehr kaufen als daheim.

Die Landschaft ist anders geworden. Statt dichter Kokospalmenwälder vor eindrucksvoller Bergkulisse begleitet uns nun flaches Land mit weitläufigen Sawahs. Und auch der Wind wechselt. Blies er zunächst aus Nordwest, pustet er nun nachmittags plötzlich aus Ost, dreht auf und macht uns etwas zu schaffen. Da rollen noch die Wellen aus der alten Richtung, neue nun schräg dagegen. Sie prallen aufeinander, bilden Kreuzseen, gischten und sind schwer oder nur spät zu beurteilen. Da hilft nur Tempo, schnell fahren: Hier kräftig in eine Welle von der Seite reinlangen, dort mit Gegendruck aufs Paddel stabilisieren ohne dabei aus dem Takt des gleichen Paddelrhythmus zu kommen. Am Ufer weiße Brandungsstreifen. Keine am Ende der nächsten langgestreckten Bucht. Je näher wir dorthin kommen, um so ruhiger wird es. Und schließlich landen wir problemlos. Nur: viel Platz fürs Zelten haben wir da nicht. Schmal ist der Grasstreifen, der die angrenzenden

Sawahs vom Meer trennt. „Bantu?" fragen zwei Angler als wir ausladen, ob sie helfen könnten? Sie tun es und gehen dann wieder zu dem Baum, unter dem sie schliefen. Zum Arbeiten ist's zu heiß. Wir verziehen uns ebenfalls in den Schatten, unter das mit Paddeln hoch gespannte Überdach. Leises Geschnatter. Enten, eine ganze Herde. Mit einem mehrere Meter langen Bambusrohr, an dem zwei weiße Fetzen hängen, weist der Hirte ihnen den Weg. Fröhlich pfeifend kommt er zum Zelt. Seine Fragen und Antworten sind intelligenter als wir sie sonst hören.

„Ist solch ein Mann mit dieser Arbeit nicht am falschen Platz?"
„Gibt für ihn wohl keine andere. Bei uns kommt ja auch nicht jeder an den seiner wirklichen Eignung entsprechenden Job."
„Eigentlich eine echte Vergeudung der Ressourcen. Wenn es möglich wäre die volle Begabung von Menschen zu nutzen und richtig einzusetzen, das müßte doch einen enormen Fortschritt in der allgemeinen Entwicklung ergeben."
„Schon, aber wer trifft dann die Auswahl? Es gibt doch selten nur *eine* Begabung oder Anlage bei Menschen. Und wollen wir nicht selbst, so weit es geht, unsere Wege bestimmen? Außerdem: wer weiß denn, ob dieser Entenhirte hier nicht viel glücklicher ist, als zum Beispiel an einem Schreibtisch in der Stadt? Der gehört zu seinem Clan - draußen wäre er vielleicht wie verloren."

Nicht weit vom Zelt steht ein grauer Sockel aus Stein mit einfacher Bildhauerarbeit über dessen Bedeutung wir uns zunächst keine Gedanken machen. Bis sich sechs Frauen in hübschen, bunten Gewändern, eine hinter der anderen, auf einem der schmalen Dämme zwischen den grünen Reisfeldern nähern. Schalen mit leuchtenden Frangipani-Blüten und frischen Früchten tragen sie auf den Köpfen. Elegant aus den Hüften heraus balancierend schreiten sie zu dem grauen Mauerwerk, knien nieder, stellen die Schalen hin, legen einige Früchte als Opfergaben in die Öffnung des Sockels und gehen graziös auf dem selben Weg auf dem sie kamen zurück. Welch ein Kontrast ist dieser lautlose Dienst für die das Feld behütenden Götter zu dem was nun einsetzt: Der Muezzin einer Moschee beginnt, elektronisch verstärkt, Allah zu preisen. Lange, laut, manchmal sich wie selbst überschreiend und für unsere Ohren falsch. Allah akbar, dumpfes Trommeln, Allah ist groß. „Wie mag die Mehrheit der hier wohnenden Hindus diese Berieselung mit Koran-Suren aufnehmen?"

Doch es geht noch lauter, neben dem Zelt und um es herum: Mit Einbruch der Dunkelheit beginnen die Ochsenmaulfrösche in den Sawahs ihr Spektakel. Zunächst klingt es vertraut indonesisch, „apa, berapa, dimana, mengapa" - so wie das Was, Wie, Wo und Wann beim Volksauflauf vor dem Zelt. Dem folgt die Imitation von Holzschlagzeugen, von Ratteln und Peitschenknallen. Gekonnt. Traktoren und schwere Maschinen scheinen im Anrollen und das Getöse steigert sich zu einem wahrhaft ohrenbetäubenden Lärm.
„Hast Du das ..."
„Kann nicht verstehen ...!"
An Schlafen ist kaum zu denken. Erst gegen Morgen - oder sind wir doch zwischendurch mal eingeschlafen? - ebbt das Inferno ab.

7. Tag

Früh schon Stimmen vor dem Zelt. Eine ganze Versammlung. „Ob sich Affen im Käfig so fühlen, wenn sie unterm Ah und Oh der Zuschauer ihre Bananen schälen?" Nein, eigentlich nicht schlimm, nette Leute für die wir halt Exoten sind. Schwimmen unterwegs von einem ruhigen Platz aus. Wie versteinerte Riesenpilze wachsen hier die Korallen. Phosphoreszierende blaue Fische jagen zwischen ihnen herum. Kleine gelb-grün-braun gestreifte untersuchen die Qualität unserer Haut. Doch lange können wir nicht bleiben - der Ostwind beginnt zu blasen. Da sind wir besser im Boot und weg von der Küste. Mehrere Kilometer lang „begleitet" uns am Ufer eine Frau. Auf dem Kopf ihre Schale mit Geschenken für die Götter, bzw. mit Essen das ihnen angeboten wird. Was sie nicht verspeisen, darf zurückgenommen werden. Rhythmisch schwingen die Arme der Frau beim schnellen Gehen, die Last auf ihrem Kopf bleibt Teil des Körpers, fällt nicht herunter, selbst wenn, gut zu sehen, der Schritt mal nicht sicher aufsetzt oder das Tempo abrupt wechselt. Ihr Ziel ist ein Tempel, dessen Pagoden, Merus, über die Mauer schauen. Dort und auf den Altären haben die Götter, die manchmal vom Gunung Agung, dem 3.142 m hohen Vulkanberg heruntersteigen, ihre irdischen Sitze. Sie werden bewirtet, ihnen gelten Feste und Tänze und Opfergaben. Vor unserem Besuch schützen sie sich heute mit einem Wall aus gischtendem Wasser. Doch den Wolkenvorhang vor den Spitzen der Vulkane haben sie gelüftet. Zum ersten Mal sehen wir die in ihrer vollen Höhe.

„Kein Rauch. Die tun nichts mehr."

„Bis sie plötzlich wieder aktiv werden. Wie 1963, da brach einer aus und es gab fast 2.000 Tote und noch mehr Verletzte."

„Keine Warnung zuvor?"

„Gibt es, aber die werden nicht immer ernst genommen. Und niemand weiß so ganz genau, wieviel glühende Magma aus dem Inneren der Erde herusgeschleudert werden wird. Dazu dann die gefährlichen Giftgaswolken."

Keine Schlackenfelder vor diesen Kegeln. Das Land ist eben und fruchtbar. Reis- und Tabakfelder auf denen in langen Reihen Frauen nebeneinander arbeiten. So wie auf Java gesehen. „Maschinen sind teurer", erklärte es dort ein Verwalter,"und durch die würden unsere Menschen ja arbeitslos werden. Wer kann das wollen?"

Der Wind legt zu. Zeitweise müssen wir Zick-Zack-Kurs fahren, um die quer anlaufenden Wellen auszusteuern. Nur ab und zu rollt eine über die Spritzdecke. Ein ausgelegtes Netz bemerken wir zu spät, um das Steuer noch hochziehen zu können. Glück gehabt: ein kurzer Ruck und es rutscht drüber. Es ist heiß und die Lust weit zu paddeln sehr eingeschränkt. Wo können wir ohne viel zu surfen landen? Hinter der vorgelagerten Sandbank? Über ihren Ausläufern steht niedrige Brandung, danach ruhiges Wasser. Mit ein paar kräftigen Paddelschlägen sind wir dort und durch. Schön ist es hier und bald steht auf einem breiten Stück Strand das Zelt. Eine neue Überraschung - Ameisen-Invasion. Kleine, bissige Tiere. Sie zeigen uns wo das Zelt kleinste

Löcher oder Risse hat, sie quälen sich sogar durchs Moskitonetz. Keine Chance gegen sie: Umziehen, weiter fort von ihrem Reiseweg. Scheinen Vagabunden zu sein, ihren Bau jedenfalls finden wir nicht. Mittagszeit - zum Reis gibt's heute die Mingus-Frucht, die wir unterwegs geschenkt bekamen. Sieht aus wie eine dicke, grünliche Gurke, ihr Fleisch und Geschmack hat Ähnlichkeit mit dem unserer Pfirsiche. Nicht ganz - fester, pikanter und ein Ananas-Beigeschmack. Gut.

Siesta, Schwimmen, kleine Reparaturen am Boot und am Zelt Klebeband verschließt Ameisen-Pforten. Schnell wird es Abend. Zwei Fischer auf dem Weg nach Hause bleiben eine Weile. Sie erzählen von einer Ölbohrinsel die es demnächst, nicht weit von hier, geben soll. „Viel Arbeit und viel Geld", meinen sie. Und danach verdreckter Strand? Draußen am Riff haben sie ihr Netz ausgelegt - während der Flutzeit sollen sich Fische in ihm verfangen. Am Tage sei es zur Zeit nichts mit dem Fischfang: Der Angin timur. Dieser starke Ostwind werde bleiben, sagen sie. Und hinter Singaraja, wo die Küste nach Süden umspringt, würde es damit für uns viel schwerer werden. Viel höhere Wellen - ihre Handbewegungen zeigen es dramatisch. Mit *dem* Boot? Skeptisch, ja abwertend befühlen sie Haut und Deck und gehen schließlich, über diesen Fall von Unsinn debattierend, davon.

8. Tag

Als wir morgens aus dem Zelt schauen, da malt die Sonne den Himmel gerade mit Pastellfarben an, hellblau, zart rosa, orange. Ein Mann steht in der Nähe unterm hohem Baum. Seinen Sarong hat er hoch zu den Schultern gezogen. Er fröstelt in der Kühle des Morgens, bei etwa 20 Grad. Mit bescheidener Gebärde reicht er uns Süßkartoffeln und Erdnüsse auf einem Pisangblatt, dem üblichen Teller vom Bananenbaum. Dann hockt er sich vors Zelt und schaut zu, wie wir essen - das, was er uns brachte und die Spiegeleier, die wir nach Art des Landes auf beiden Seiten backen. Er nimmt auch eines und weist nach dem

Essen zum Feld: Jetzt müsse er da arbeiten, später sei es zu heiß dazu. Ruhig und gemessen führt er den Wasserbüffel vor dem Pflug. Nur ab und zu ein leiser Ruf zum Kerbau, dessen Schnauben und das Geräusch des aufbrechenden Bodens. Nebelschwaden steigen auf, Sonnenreflexe in ihnen flimmern vor der Kulisse blauvioletter Vulkanberge. Ein fast unwirklich schönes Bild vom Einklang des Menschen mit der Natur, mit seinen ursprünglichen Partnern, dem Tier, dem Boden, dem Wasser und der Sonne. Später, als wir schon einpacken, kommt der Mann noch einmal, hilft das Boot bei Niedrigwasser über die Sandbank zu tragen. Lange winkt er uns aus dem Schatten des großen Baumes nach.

Die Windprognose von gestern Abend stimmt zunächst nicht. Das Meer ist still, kein Wind, keine Welle. Bald haben wir Häuser querab. Dort Wasser holen? Stöcke stehen im Wasser an denen wir festmachen können. Auf einer über sie gespannten Leine hängen Tabakblätter - wie wir später verstehen, damit die vom Meer aufsteigende

Feuchtigkeit den Fermentationsprozess begünstigt. Ein Bauernhof. Die Scheunen zur Lagerung von Vorräten auf Pfählen. In diese eingearbeitet sind Scheiben, welche Ratten den Aufgang versperren. An den Dachrändern der Speicher hängen geflochtene Strohfiguren, Blumen- und geometrische Motive. Sie sollen vor bösen Geistern schützen, die der Ernte nachstellen könnten. Vier Generationen leben hier: Die Urgroßmutter, Großeltern, ein jüngeres Paar und sieben Kinder. In einer Hütte wird auf offenem Feuer gekocht - die Flammen erhitzen flache Steinplatten auf denen Töpfe und Pfannen stehen. Dicker Rauch zieht durch ein Loch in der Wand ab - die gegenüberliegende Tür erzeugt den notwendigen Zug. Auf dem Hofplatz aus festem Lehm stampft die Großmutter mit dickem, schwerem Holzmörser im ausgehöhlten Baumstamm Reis. Neben den Wohn- und Wirtschaftsgebäuden eine ummauerte Tempelanlage. Aber auch innerhalb des Hofes stehen mehrere schön geschnitzte Opferaltäre. Kleine Portionen Reis liegen dort auf grünen Blättern. Mehrere Wasserbüffel, Kerabao, weiden in

der Nähe; einer wird gerade vor den Pflug aus Holz gespannt; Enten, Hühner, Hunde und Katzen laufen herum. Schwarze Hängebauchschweine suhlen im Matsch neben dem Wasserloch in der Wiese - rechteckig ausgegraben mit einer Mischung aus Grund- und Regenwasser. Ziemlich trübe und modrig. Aber wir müssen jetzt auftanken, werden gründlich filtern.

Kaum sind wir wieder unterwegs, da beginnt es kräftiger zu pusten - stimmt die Prognose der beiden alten Männer also doch? In der nächsten Bucht ankert ein malerisches Schiff. Aus Holz gebaut mit dickem halbmeter breitem Wulst rundherum, der die Stabilität erhöhen soll - Ersatz für Ausleger. „Wenn sogar solch ein massiver Kasten auf besseres Wetter wartet...?“ Acht Mann sind an Bord - junge Burschen, die in ihren Kojen hinter schmutzigen Vorhängen weiter herumgammeln werden, sobald der Faltbootbesuch wieder weg ist.
„Warum kümmern sie sich nicht um ihr Schiff? Aufräumen, Schrubben und Malen ...“
Gehört ihnen wohl nicht. Und bei *der* Hitze? Es fährt ja auch so.“

Einige Buchten weiter das erste Bleichgesicht seit Beginn unserer Fahrt. Liegt im Sand und sonnt sich. Beginnt hier der Tourismus? Scheint nur ein Späher zu sein, denn wenig weiter wird's wieder „normal“: Leerer, schwarzer Lavastrand mit guter Landemöglichkeit. Wir zelten zwischen hohen Palmen so, daß uns keine herunter fallende Kokosnuß treffen kann. Die bereits unten liegenden sind angefressen. Ratten? Der alte Mann, der aus seinem Haus in der Nähe gekommen ist, nickt. Viele wären da und viel Schaden durch sie. Ob wir eine frische Nuß haben möchten? Er holt sie vom Baum, schneidet sie „trinkfertig“ und freut sich über das dafür gegebene *Trink*geld. Wenn wir hier bleiben wollten, bedeutet er uns, brauchten wir keine Sorge zu haben. Er würde aufs Zelt aufpassen, damit Kinder dann keinen Unsinn machten.
„Kinder - keine Erwachsenen die was klauen könnten?“

„Entweder kein Risiko oder er erwähnt es nicht. So wie bei uns auch manches verschwiegen wird, was dem guten Ruf schaden könnte."

In der Nähe wird's lebendig. Junge Männer übernehmen aus einem Fischerboot den Anfang eines Netzes, das weiter hinaus ins Meer gelegt wird. Dort fährt das Boot einen weiten Kreis und kehrt mit dem anderen Netzende zum Strand zurück. Langsam ziehen die Männer diese Falle über den flachen Grund zum Ufer. Immer enger wird der Raum für darin gefangene Fische, die sich schließlich im sackförmig geknüpften Mittel- bzw. Endteil des Netzes befinden. Viele? Die Enttäuschung steht deutlich in den Gesichtern der Mannschaft - nur drei etwa fußgroße Beutefische die es lohnt herauszunehmen. Sonst unbrauchbare winzige Silberlinge, Krebse, Seesterne und Seeigel.

„Warum betreiben Sie keinen Schleppnetzfang mit den Booten?"
„Dazu braucht man Motore. Und die haben wir nicht."
Gut für die Umwelt, schlecht für die Fischer... -

Spaziergang ins Dorf. Drei Flüsse sind auf dem Weg dahin zu durchwaten - letzte Barrieren vor dem dort bereits ausgebrochenen Tourismus. „Restaurant for everyone" steht an einer Hütte und „Losmen" an einer anderen. Das bedeutet etwa Pension oder Privatquartier. „Mandien?" Die indonesische Variante des Duschens: Ein gemauerter Trog voll Wasser nebst handgeschnitzter Kelle; mit dieser das relativ kühle Naß schöpfen und langsam, voll Genuß einander übergießen. Zum ersten Mal nach einer Woche wieder mit Süßwasser. Keine kleinen Salzkristalle mehr auf der Haut, „... siehst ganz anders aus ohne die ..." Gestört hatten sie nicht. Und dann essen: Kuloyuk, mit Eiern und Mehl umbackene Stücke Fleisch; Gado Gado, Gemüse mit Erdnußsauce; Nasih puti, weißen Reis; Fruchtsalat aus Bananen und Papayas; und frisch gepreßter Mangosaft mit Eis. Haben wir die Kälte auf der Zunge je so genossen? An einem Haus das Relief des Hakenkreuzes. „Ein Hindu- Zeichen", erklärt der Wirt, „es soll böse Geister bannen" - die es bei uns einstmals rief. Eine Menge kleiner Läden: Offener Raum vor der Bedienungstheke, diese vollgestellt mit Gläsern und Päckchen deren Inhalt wir nur erraten können. Es riecht nach getrockneten Fischen und vergammeltem Obst. Anders im „Hotel". Das ist gepflegt, der Speisesaal gut durchlüftet. Im Garten zwischen blühenden Sträuchern balinesische Skulpturen. Das Haus gehört einem Sohn des letzten Königs von Bali - alte Fotos der Familie hängen an den Wänden. Und königlich sind seine Preise - doppelt so hoch wie im Losmen zuvor. In der Halle ein altes Musikinstrument: senkrechte Bambusrohre und waagerechte Metallplatten, die mit stoffumwickelten Holzstäben geschlagen werden. Zimmer mit Bad und WC, Bettwäsche, Morgenkaffee oder Tee inklusive. „Willst Du?" Ein erstaunter Blick ist die Antwort.

Neben dem Zelt sitzt der alte Mann im Schatten windgezauster Palmen. Er steht auf, zeigt, daß alles in Ordnung ist und geht mit müden Schritten davon. Draußen gleitet eine Perahu unter bunt gestreiftem Dreiecksegel vorbei. Und als die Sonne untergeht sitzen wir allein vor dem Zelt. Es ist warm, Windwolken leuchten orange-rosa am dunkelblauen Himmel. Noch einmal flammen sie auf, dann legt sich die Dunkelheit wie ein Tuch über Meer und Land. Der Mond hängt als waagerechte Schaukel am Himmel, ein heller Stern glitzert in seiner Nähe. Beide ziehen eine silberne Lichtspur übers Wasser. Irgendwo fällt eine Kokosnuß mit dumpfem whummm ins Gras und in der Ferne künden Trommeln die Anrufungen Allahs durch den Muezzin.
„Nur ein paar Tage noch ..."
„... und dann haben wir die Erinnerungen!"

9. Tag

Besuch im „Nachbarhaus". Ein kleines Anwesen mit separaten Gebäuden zum Wohnen, Kochen und Schlafen. Als Bett ein aus dünnen Baumstämmen zusammengezimmertes Gestell, darauf eine Matte - Palmenblätter. In die Wand gesteckte Hölzer ersetzen

Schränke und Regale. Ein schöner geflochtener Korb steht am Boden, rundherum geschlossen - für den Kampfhahn. Der alte Mann zeigt ihn voll Stolz - stark sei der und gesiegt habe er. Für ihn ist dieses Tier mehr wert als mancher Hund bei uns für sein Herrchen. Denn während der Hund Geld kostet, verdient der Hahn es: Wetteinnahmen beim Hahnenkampf gehen an den Sieger. Die Frau des Hauses ist blind. Grauer Star wahrscheinlich, eine Augenkrankheit die, rechtzeitig erkannt, bei uns nicht diese Folge haben muß. Doch wo ist hier das Krankenhaus dafür? Und wer hat das Geld, sich dort behandeln zu lassen? Eine Portion Nasih puti, in pisang-, Bananenblätter gewickelt, reicht sie uns zur Begrüßung. Mit der Hand betastet sie vorsichtig unsere Gesichter um sie so zu erkennen.

Ameisen ziehen über den Lehmboden, tjitjaks, kleine Eidechsen, rennen an den Wänden und am Dachbalken. Klatsch, eine läßt sich fallen, absichtlich, und jagt unten blitzschnell hinter einem Insekt her. Daß diese nützlichen Tiere, sie fangen vor allem Moskitos weg, mit dem Bauch nach oben unterm Dach laufen können - sie verfügen über eine ganz besondere Art von Kletterfüßen. Auf der Unterseite ihrer Zehen befinden sich Lamellen. Kleine Haare bzw. Häkchen an ihnen fassen Unebenheiten. Und: Durch Veränderung der Lamellenflächen mittels Vibration entstehen luftleere Räume unter den Füßen, die eine Saug- und Haftwirkung haben. Dadurch halten sich diese kleinen Geckos auch an spiegelglatten Flächen. Sie jagen nachts so gut wie am Tage.

Im Küchenhaus qualmt das offene Feuer unter dem schwarz verrußten Topf - einem von zweien, mehr gib's nicht. Die Tochter der blinden Frau hilft im Haushalt. Wird sie bleiben, so lange ihre alten Eltern noch leben? „Das ist hier meist so", erzählt uns am Nachmittag ein Holländer, der einen Teil seines Urlaubs in der Nähe verbringt, „Familien halten fest zusammen. Heiratet die Tochter, so bleibt sie im Haus, in der Nähe oder sie nimmt ihre Eltern mit. Das ersetzt die Altersrente. Umgekehrt gesehen: Hat diese nicht in unserer Gesellschaft dazu beigetragen, daß die Bindungen zur älteren Generation sozusagen mit gutem Gewissen gelöst werden können?" Er hat lange in Indonesien gelebt, wurde, wie die meisten hier lebenden Holländer, im Krieg von den Japanern in ein Camp verschleppt und mißhandelt: „Wer sich beim Morgenappell nicht beugte um den Tenno zu ehren, wurde geköpft - so einfach war das."

Heute ist „Schlangentag". Morgens wand sich eine nur fingerdünne, etwa 70 cm lange, palmenaufwärts um den Stamm neben dem Zelt. Ihre graubraune Farbe das perfekte Mimikry. Und beim Tauchen entdecken wir drei große Seeschlangen am Boden. Aufregend? Schon, obwohl: solange sie da liegen, bleiben sie ungefährlich. Erst beim Auftauchen zum Luftschnappen werden sie aggressiv.

Zurück am gut verschlossenen Zelt: Eine Ameisenstraße führt schnurgerade über es hinweg - auf der einen Seite das Dach hinauf, auf der anderen herunter - aus der Sicht dieser kleinen Tiere ein Tausender in den Alpen. Ziel ihrer Wanderung ist der Haufen mit Resten unserer letzten Kokosnußmahlzeit. Mit kleinen weißen Teilen des Fruchtfleisches beladen ziehen sie über den „Berg" hinweg zum Palmenwald, aus der Gegenrichtung kommen ihnen neue Kolonnen entgegen. Nach einer Viertelstunde ist plötzlich Schluß. Warum? Lager überfüllt? Oder das verwertbare Material erschöpft? Nur noch einzelne Ameisen sind jetzt im Sand unterwegs. Vielleicht spähen sie neue Nahrungsquellen aus um dann ihren Stamm zu alarmieren.
„Tolle Organisation. Wie und wodurch die wohl funktioniert?"
„Nicht bei allen Ameisenarten gleich. Aber offensichtlich sind es überwiegend Düfte, die Informationen geben. Hier kann es so gewesen sein, daß eine Ameise die Kokosreste fand und nun für den Abtransport sorgen lassen wollte. Sie rannte zurück zum Bau und hinterließ unterwegs in bestimmten Abständen Duftnoten. Durch Drucksteigeruing beim Sprühen gleichen diese etwa kleinen Pfeilen und zeigen damit die Richtung an. Weil sie verdunsten hatte die Ameise es eilig und lief einen schnurgeraden Weg - in diesem Fall übers Zelt. Im Bau

informierte sie ebenfalls mit bestimmten Düften über den Fund, woraufhin Arbeiterinnen ausrückten. Da die jeweils wissen, daß der Pfad keine Kurven hat, laufen sie auch nach dem Ende der noch wahrnehmbaren Pfeile weiter und finden zum Ziel. Auf dem Rückweg markieren sie neu - sie tun das jedoch nicht mehr, wenn nichts mehr zu holen ist. Damit hört die Spur auf und, wie hier, läuft nun keine Ameise mehr auf der ursprünglichen Straße."

Gegen Abend landet ein Fischer in der Nähe. Sein Boot ein ausgehöhlter Baumstamm, knapp 50 cm breit, etwa 7 m lang, der Boden rasterförmig mit dünnen Bambusstäben ausgelegt. Aus massivem Holz die Träger der Ausleger, der 5 m langen Bambusrohre. Die in ihren Abschnitten eingeschlossene Luft trägt. Vorn im Boot steht ein nach oben gegabelter Ast als Auflage und Halterung für den Mast der schräg nach oben weist, sowie für die Rah des Segels. Im ganzen Boot keine Schrauben oder Nägel - alles ist mit Holzsplinten gedübelt oder wird durch Faserstrickverbindungen gehalten. Nichts kann rosten. Achtern eine Befestigung für die Karbidlampe, vorn liegt ein Stechpaddel im Boot. Sobald es dunkel ist, will der Fischer „auf Jagd gehen". Ob wir mitfahren dürften? Er schüttelt den Kopf - hier bedeutet das Zustimmung.

Stockdunkel ist's als wir hinausfahren - der Mond bleibt hinter dicken Wolken. Längst haben wir die Orientierung verloren, aber zielsicher und fast geräuschlos zieht der kleine Mann sein Paddel durchs Wasser. Als er, weit draußen, mit einem Streichholz die Lampe anzündet, da zeichnen Licht und Schatten noch stärker als am Tage die feinen Züge dieses balinesischen Gesichtes. Seine Bewegungen sind langsam und feinfühlig. Er schwenkt die Lampe am hölzernen Galgen übers Wasser, tief dringt ihr Licht durch die klare, grün reflektierende Oberfläche. Silberne Fische huschen in den Bannstrahl. Klatsch - das Schlagnetz des Fischers zerbricht die gläserne Ruhe. Einmal, zweimal - umsonst. Enttäuscht paddelt er weiter. Irgendwo erreichen wir ein Stück Kork das als Boje die Lage seines Netzes markiert. Weit draußen hat er es am Tage ausgelegt - Meter für Meter sucht er nun nach Beute. Plötzlich wird er aufgeregt, zieht das Netz zu einer Falte zusammen und nach oben. Und strahlt - ein bulliger, böse glubschender Kofferfisch kommt an die Oberfläche, blau und schwarz geschuppt. Ikan Bandang nennt er ihn. Mit ca. 70x40x15 cm ein wirklich dicker

Brocken. Mit den Fingern drückt der Fischer dem Tier die Kiemen ein, zieht ihm ein Tau durch den Unterkiefer, zündet sich die 6. Zigarette an, und hält seinen Fang neben dem Boot während wir zum Ufer zurück paddeln. 30 kg zeigt er mit den Fingern - das sei genug für heute, 5 - 6 Stunden brauche er sonst für so viel Fisch. Morgen früh werde er in die Stadt fahren um zu verkaufen. Sein Erlös? Für den Betrag, den er nennt, würde sich bei uns niemand auch nur eine halbe Stunde der Nacht um die Ohren schlagen.

Am Ufer wartet der alte Mann. Er zieht das schwere Boot auf den Strand und beim Schein der Lampe sitzt er mit dem Fischer vor dem

toten Tier. Schweigend, nachdenklich. Worüber denken die beiden nach? Über den Geist des Fisches, über seine Wiedergeburt? Leise Unterhaltung als beide das Netz entwirren - geduldig, entspannt. Keine Bewegung zu viel, keine hastig oder nervös, harmonisch, voll Frieden - wird dieses Bild wieder da sein, wenn wir das Stückchen Koralle, das die beiden aus dem Netz hakeln, daheim in die Hand nehmen?

10.Tag

Am nächsten Morgen geht's weiter. Unser Nachbar hilft beim Herausziehen und Einsammeln der Häringe, beim Ausschütteln des Zelts um die roten Ameisen nicht mitzunehmen. Und er freut sich, daß wir den Schöpflöffel einpacken, den wir von ihm bekamen: eine halbe Kokosnußschale, als Stiel 'ne Astgabel, mit Tau daran befestigt. Ein fast rührender Abschied nach den wenigen Tagen.

Jetzt, früh am Morgen, ist die See noch ruhig. Wir paddeln am Riff entlang, sehen knapp unter uns gelbe, rosa, violette und weiße Korallen, blaue Seesterne und grüne Wasserfarne. Nicht weit entfernt springt ein halbmeter langer Fisch hoch aus dem Wasser. Wollte er sich das Boot mal von oben ansehen, das er von unten her verfolgt hat? Langsam paddeln wir an der Küste entlang. Palmenplantagen,

Tabakfelder und dann eine große Hindu-Tempelanlage, direkt am Wasser. Nur ganz schmal die Durchgangsspalte zur großen Pforte: sind böse Meeresgeister zu dick, um dort hindurch zu können? Der Wind frischt auf und erfrischt - in den Wellen haben wir gut zu tun. Anders als bisher ist ihr Strickmuster heute: Trotz Gegenwind überholen sie uns in fast regelmäßigen Abständen schräg von achtern und lassen das Boot schlingern. Es braucht einige Zeit, bis wir uns daran gewöhnt haben. Seekrank? Die direkte Verbindung mit dem Wasser, das sich Anpassen an seine Bewegungen, schließt dieses Risiko im kleinen Boot nahezu aus. Eine Stunde weiter passieren wir Fischer. Als wir an einem vorbei fahren ruft er uns zu „brrrrbahaya". Der Name des Ortes voraus, dessen Häuser gerade in Sicht kommen? Eine Begrüßung? Das Wörterbuch ist weggepackt - wir winken und paddeln weiter. Um dann ganz plötzlich zu ahnen, was der Fischer gemeint haben mag: Vom Ufer her knallt es und Gewehrkugeln sirren um unsere Köpfe. Im flachen Winkel schlagen sie vor und neben dem Boot ins Wasser. Alarm - kehrt, soweit, daß wir den Kugeln keine Breitseite mehr bieten. Und mit Höchstfahrt ab, raus, weg aus der bleihaltigen Zone.
„Mit diesem Tempo hätten wir jede Meisterschaft gewonnen."
„Aber warum schießen die auf uns?"

Im großen Bogen, Wellen hin, Wellen her, paddeln wir zurück zu den Fischern. Kaserne am Ufer, verstehen wir, Soldaten, Scheiben, hindurchgeschossen zum Meer, brrrbahaya, gefährlich, wiederholen sie - das Wörterbuch brauchen wir nun nicht mehr um zu verstehen. Gefährlich sei es aber auch aus einem anderem Grund weiterzufahren: Die Wellen kündeten schweres Wetter an - nichts für so kleine Boote. Ende dieser Reise? Nun, viel weiter wollten wir ohnehin nicht mehr - Buleleng, unser „Bestimmungshafen" in der Nähe Singarajas, ist nur noch wenige Kilometer entfernt.

Dort wo wir anlanden erheben sich kuppelförmige, hohe, bewachsene Erdhügel vor uns. Ihre Frontseiten sind zu Terrassen ausgebildet - handgeschmiedete Gitter und mit Fresken aus bunt bemaltem Porzellan verzierte Mauern schließen sie ab. Plastisch geformte Tafeln mit Buddahs und Drachen. „Gräber", erklärt ein Mann, der uns beim Raustragen des Bootes hilft. Kein Wort darüber, daß sein Vorfahre unter einem der Hügel ruht. Erst in der Unterhaltung mit ihm wird

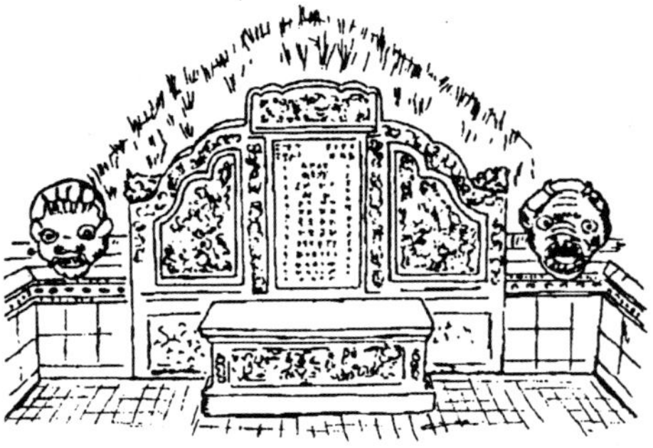

später deutlich, warum er darüber nicht sprach. Er ist chinesischer Abstammung und alles was seine Volksgruppe separiert ist unerwünscht. Die Gräber auch? „Wir pflegen sie", sagt er statt einer direkten Antwort. Daß 1965 bei einem Massaker eine fast unglaubliche Zahl der aus dem Reich der Mitte eingewanderten Minderheit umgebracht wurde, hatten wir gelesen. Und auch, daß sie nicht gerade beliebt sei. Warum? „Vielleicht weil wir zu viel arbeiten ..." Das klingt bescheiden angesichts der Tatsache, daß maßgebliche Teile der Wirtschaft von Chinesen betrieben und kontrolliert werden. „Ist es also Neid, der Ihre Gruppe unbeliebt macht?" Leichtes Wiegen des Kopfes, kein Ja und kein Nein als Antwort. Symptomatisch für diese Menschen, die vorwiegend als Händler und Banker gewohnt sind der direkten Konfrontation auszuweichen.

Die Chinesengräber als malerische Kulisse im Hintergrund - auf einer kleinen, trockenen Wiese zerlegen wir das Boot in seine Bestandteile und verstauen unsere Siebensachen in den Packsäcken. Die Bootsleine zwischen Bäumen sperrt die Bühne vom dicht besetzten Zuschauerraum: Kostenlose Sondervorstellung. Und dann begleitet uns, so wie am Anfang der Fahrt, eine Prozession netter, lustiger Kinder, Frauen und Männer. Diesmal zur Straße auf der wir zu Fuß, Gepäck auf dem Bootswagen, die Stadt erreichen können. Auch ihre uns zugerufenen Wünsche „s'lamat jalan" - gute Reise, sind die gleichen wie beim Start. Daß die Reise nun zu Ende ist - ja, etwas traurig macht uns das schon. Aber: „War toll diese Fahrt. Begann am Affentempel und endet beim Chinesenfriedhof. Wo gibt es das schon?"

In einer Maschine voller Touristen fliegen wir von Denpasar aus nach Hause. „Waren Sie auch in Ubud? Und haben Sie die berühmten Tempel von Amlapura besucht? Der Gunung Batur ist wirklich ein Höhepunkt. Übrigens: Wer nicht in Tanahlot gewesen ist, der hat Bali nicht gesehen!" Kann man mit einer Faltbootfahrt an der Nordküste dagegenhalten?

Wenn Sie mehr über das „Wie"
einer Wanderfahrt mit kleinen Booten wissen wollen:
dies ist ein Buch das über fast alles Auskunft gibt,
von A wie Ausrüstung, über Gesundheit, Gezeiten,
Orientieren, Paddel-Praxis, Verpflegung,
Wellen und Wind bis Z wie Zelten.
Einzelheiten finden Sie auf der nächsten Seite.

Paddel-Handbuch
Wandern auf Salz- und Süßwasser

Inhalt u.a.

Planen, Zielauswahl, Vorbereiten, Training, Vorsorge, Sprachen
Boote, Auswahlkriterien, Boots-Zubehör, Gebrauch, Ausrüstung
Einpacken, Hinfahren, Grenzen auf Flüssen, Bahnhöfen usw.
Paddeltechnik, Paddel-Praxis, Flußfahrt, Küstenfahrt, im Zweier
Querlieger, Wehre, Schleusen, Brücken etc., Umtragen, Treideln
Risiken, Nebel, Kentern, Wieder einsteigen, Signalmittel, Chancen
Wetter, Prognose, Zeichen, Wind, Wellen, Richtungen, Gefahren
Strömungen, Gezeiten, Tidenhub und -wechsel, Tidentabellen
Regeln, Verbote, Verkehrszeichen, div. Signale, Begegnungen
Orientierung, Kartengebrauch, Kursbestimmung, Peilung, Position
Segeln, Segelarten und Gebrauch, Landen unter div. Verhältnissen
Zelten, Möglichkeiten, Trinkwasser-Beschaffung, Problemlösungen
Verpflegung, Bedarf und Menge, Kochen, Feuer, Kocherarten
Essen / Trinken, Einkäufe, Kontakte, Einladungen, Probleme, Hilfen
Tiere und Pflanzen am Boot/Zelt, Hobbies, Reparaturen, Werkzeug
Gesundheit, Hilfs-Maßnahmen, Medizinkasten, Überlebensregeln

252 Seiten, über 100 Fotos, Tabellen, Skizzen, Checklisten
Im Buchhandel, bei Sport-, Ausrüster- und Versandgeschäften
BLV - Verlag 4. Auflage ISBN 3 - 405 - 14215 - 6 DM 36

Der Deutsche Kanu-Verband urteilt:

Eine unentbehrliche Hilfe für jeden ernsthaften Kanu-Einsteiger. Aber auch alte Hasen werden von der Informationsfülle profitieren ...

Einige Fotos von der Fahrt

an Bali's Nordküste

Da drüben

das ist Bali

Woher?

Wohin?

Sonne - Segel - Strände

Späher

Vorhut

und

„Poto - Poto ..."

Wasser

von den Bergen

durch Reisfelder

ins Meer

Gute Geister

bewachen

Bali's Dörfer

und Felder

Toko

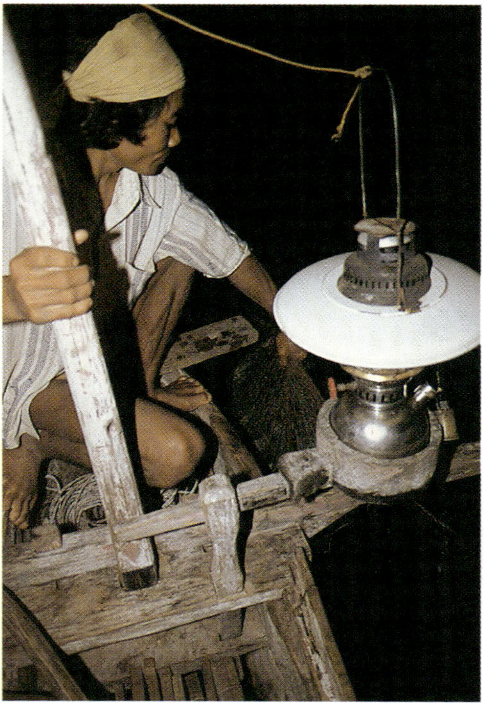

Ein großer Brocken

und kleine Fische

„Ein Steuer?"

Vom Affentempel

zum Chinesenfriedhof

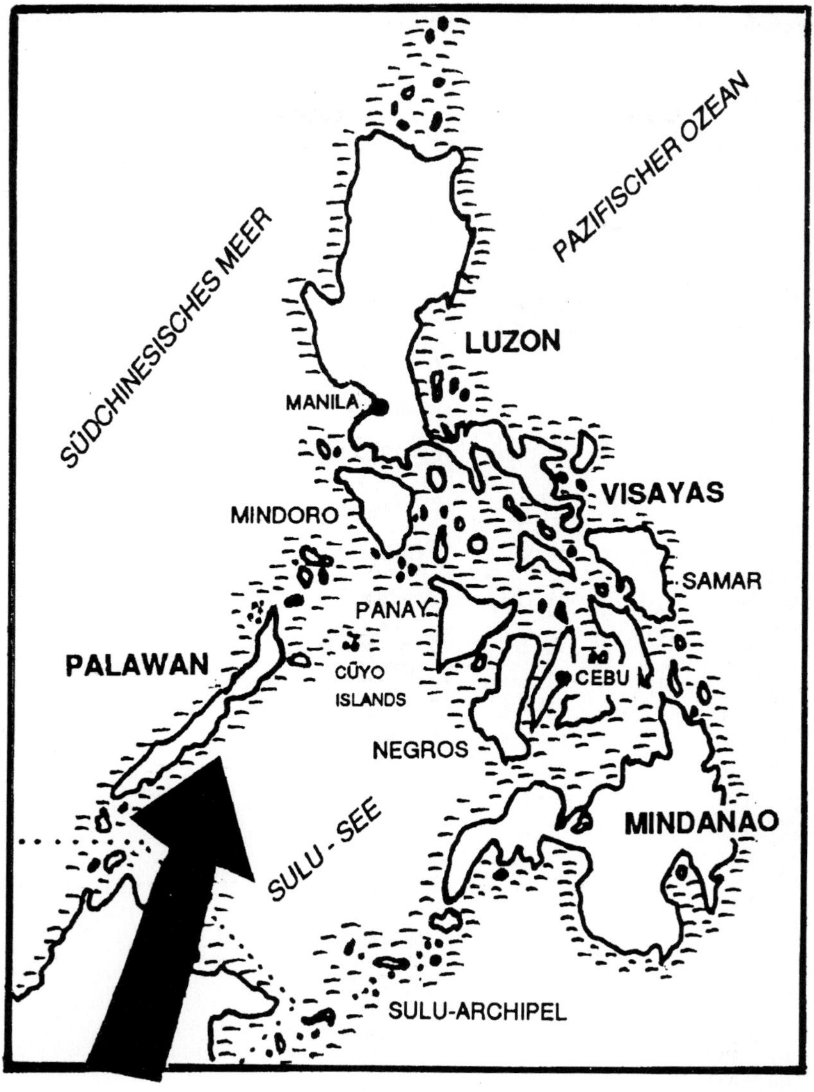

Philippinen Inseln

Seite **und dort . . .**

So viele Inseln . . .

„... wenn wir da nicht mit dem Boot wandern können, wo dann?“ Eine Welt aus Wasser und unzähligen Inseln auf der Karte. Eine Gegend in der es herrlich warm wäre, Sonne, blauer Himmel und die tropische Vegetation - in der Phantasie jedenfalls alles genau, ganz genau richtig. Das war wenige Monate vor dem Urlaub. Und als wir zurück kamen, von der ersten, dann von der zweiten Fahrt, da wußten wir: Es war, es ist so, wie man sich den Traumurlaub mit Boot und Zelt vorstellt.

Wir hatten uns Palawan ausgesucht. Einmal, weil diese Insel weit ab von den dicht bewohnten Gebieten der Philippinen lag. Zum anderen, da uns über sie nicht einmal Kenner des Landes mehr als nur allgemeine Auskünfte geben konnten: Vielleicht also etwas zum Entdekken? Das war so. Und das wird es in naher Zukunft wohl auch noch sein, wenn auch nicht mehr überall. Denn mehr Menschen siedeln sich dort an, mehr Besucher kommen per Flugzeug und per Schiff. Aber nach wie vor können Sie in einer tropischen Traumlandschaft paddeln, auf unbewohnte Eilande Ihr Zelt stellen. Sie werden die freundlichen Einwohner und ihre Hilfsbereitschaft kennen lernen. Aber auch die Ihnen nicht immer nur wohlgesonnenen Kräfte der Natur. Lockt Sie das? Fangen Sie an zu planen und fahren Sie, ehe noch die Zivilisation auch dieser Gegend einen Teil ihrer Uspründlichkeit genommen hat. Erfahrungen im Umgang mit dem Meer sollten Sie mitnehmen und soviel Kondition, daß Sie mit Anstrengungen im warm-feuchten Klima zurecht kommen. Oder lesen Sie all das hier als Anregung, um über eine Fahrt irgendwo anders in diesem Land nachzudenken, von einer Insel zur anderen? 7.107 stehen zur Wahl, 2.500 von denen noch ohne Namen. Sie könnten einige unterwegs taufen.

Philippinen und Palawan - was heute als Inseln aus dem Pazifischen Ozeans ragt, das ist der Rest eines untergegangenen Landes. Das sind die Spitzen einer Gebirgskette, die sich einmal von Indonesien bis zum heutigen asiatischen Kontinent erstreckte, nach Indien, Malaysia, China und Japan. Irgendwann im Laufe der Erdgeschichte versank sie im Meer, durch Urkräfte, die im Inneren unserer Erde auch heute noch lebendig sind. Vulkane auf den Philippinen zeigen das, von 37 sind 17 immer noch aktiv. Einer, der Pinatubo, warf 1991 glühendes Gestein aus dem Erdinneren und Asche bis zu 20 km hoch in die Atmosphäre: Folge eines Zusammenstoßes unterseeischer tektonischer Platten an ihrer Nahtstelle im Pazifik.

Daß die Verbindung zum asiatischen Kontinent wirklich einmal bestand, wird durch Flora und Fauna belegt. So finden sich beispielsweise auf der Insel Palawan Pflanzen und Tiere, die auch auf Borneo und in Malaysia vorkommen. Und ebenfalls auf Palawan wurden Knochen gefunden, von Menschen, die vermutlich vom Festland stammten, von wo aus sie damals über Land zur heutigen Philippineninsel gelangen konnten. Ihr Alter wurde von der Radiokarbonmethode auf 22.000 Jahre v.Chr. datiert. Wissenschaftler meinen, daß die in dieser Zeit vorhandene austronesische Zivilisation älter war, als die chinesische und indische. Sie breitete sich in den darauffolgenden Jahrtausenden über ganz Südostasien hin aus. Nachweisbar ab dem 3. Jahrtausend v.Chr. kreuzten Austronesier in Auslegerbooten über die Meere. Daß sie dazu über hervorragende Kenntnisse der Navigation und Astronomie verfügten, es verstanden die Strömungen und Windrichtungen zu nutzen, scheint sicher. Ihnen folgten Seefahrer aus dem malayischen, indonesischen und polynesischen Raum, die unter anderem Inseln der Philippinen besiedelten.

1521 entdeckten Schiffsleute unter Ferdinand Magellan, portugiesischer Seefahrer in spanischen Diensten, eher per Zufall die Inseln im Pazifik. Sie nahmen sie in Besitz, begannen 1543 zu kolonisieren und benannten das neue Land nach ihrem König Philipp II von Spanien. Auf Palawan bauten sie eine Festung für die dortige Hauptstadt Taytay. Hieß diese Insel seit dem 9. Jahrhundert „Pa-lao-yu", schöner, sicherer Hafen, von chinesischen Händlern so bezeichnet, jetzt bekam sie den Namen „Paraguas", Regenschirm. Weil die Form Palawans an ihn erinnert? Weil dieses Land im Meer das Inselreich gen Westen abschirmt? - Die Herrschaft der Spanier endete mit dem spanisch-amerikanischen Krieg 1898. Nach diesem übernahmen Amerikaner die Oberhoheit über ein offiziell unabhängiges Land. Das vorherige Paraguas nannten sie in Palawan um und gründeten seine neue Hauptstadt Puerto Princesa. Dort errichteten sie damals neue, heute noch sehenswerte Einrichtungen - eine der ersten Lepra-Kolonien und eine Haftanstalt mit weitgehend offenem Vollzug. Im zweiten Weltkrieg verlor Amerika die Inseln an Japan. 1942 wurde Palawan von japanischen Truppen besetzt, die ein hartes Regime führten. Bis dann 1946 mit dem Kriegsende die volle Souveränität für alle Filipinos kam. Mit mehreren Präsidenten, von denen Ferdinand Marcos der, mit negativen Vorzeichen, bekannteste wurde. Seit seinem Sturz ist zwar die Demokratie verwirklicht, nach wie vor aber steckt das Land in riesigen Problemen: Arbeitslosgkeit, Verschuldung, Korruption.

Bevölkerung: Heute leben knapp 70 Millionen Filipinos zwischen dem 5. und 21. Breitengrad. Auf einer Landfläche, die der Italiens entspricht. Im Vergleich mit dort sind es jedoch um die Hälfte mehr Kilometer von Nord nach Süd, mit viel Wasser dazwischen - fast genau 1.800. Von West nach Ost 1.100 km - in Italien etwa 500. Über hundert Bevölkerungsgruppen wohnen auf den philippinischen Inseln. Sie unterscheiden sich kulturell und nach ihren Sprachen. Auf Palawan z.B. werden so viele Idiome gesprochen, daß sich ein Fischer von der Küste nicht mit seinem Landsmann aus den Bergen verständigen kann. Konnte, besser gesagt. Denn nachdem zunächst Spanisch eine verbindende Sprache war, und dann, bis heute, Englisch, lernen alle Kinder jetzt Filipino oder Tagalog in den Schulen, ihre nun überall gebräuchliche Landessprache. Sie ist *ein* Element, das die heterogene Bevölkerung verbindet. Das zweite: Seit spanischer Missionsarbeit verbindet *eine* Religion den Großteil der Einwohner - 84% von ihnen sind Katholiken. Die knapp 10% Muslime leben überwiegend auf Mindanao und im Süden von Palawan. Etwa 4% der Philippinos gehören einer protestantischen Kirche an, die übrigen diversen Sekten und Gemeinschaften. Nichts mehr ist vom Glauben an Göttern und Göttinnen geblieben, die zuvor Felder bewachten oder in Kämpfen beistanden. Und auch der Mond wird nicht mehr, wie vor der Christianisierung, angebetet. Doch daran, daß er den Zeitpunkt von Tod und Geburt ebenso beeinflußt wie das Kommen und Gehen der Gezeiten, glauben viele auch heute noch.

Der Lebensraum, nicht nur auf Palawan, wird immer enger. Die Durchschnittsfamilie auf den Philippinen hat sechs Kinder, sie sichern die Altersversorgung. 25% der Menschen sind jünger als 20 Jahre - in 33 Jahren wird sich die Bevölkerung verdoppelt haben. Brandrodung und rücksichtsloser Holzeinschlag sind eine Folge, Fischen mit engmaschigen Netzen oder gar mit Dynamit eine andere. Gesetze verbieten das zwar, was aber nützen sie, wo ihr Einhalten in der Weite des Raumes kaum zu überwachen ist? Dabei ist Palawan reich an Bodenschätzen, Nicht-Eisenmetalle, Quecksilber und Marmor. Und vor der Westküste, draußen im Meer, stehen schon Ölbohrtürme.

Landschaft: Die Küstenlänge der Philippinen übertrifft die der Vereinigten Staaten - Inseln statt Festland. Doch nur etwa 500 von ihnen sind größer als einen Quadratkilometer. Die zehn größten bilden 90% der Landmasse: Luzon mit Mindoro im Norden; die Visayas, viele kleine und größere Inseln in der Mitte; Mindanao und das Sulu-Archipel im Süden. Und: Palawan, weit im Westen vorgelagert. Vier Gebiete mit genug Wasser zum Paddeln.

Klima: Die Tagestemperaturen variieren über das Jahr hinweg wenig. Tabellen aus Beobachtungen bei Puerto Princesa zeigen Durchschnittwerte für das Maximum pro Monat zwischen 31 und 33° Celsius, die höheren Werte im April und Mai, gemessen wurden dann Höchstwerte von 34 und 35°. Der Minimum-Durchschnitt zeigt eine Bandbreite von 22 - 24° Celsius, effektive Niedrigstwerte zwischen Januar und März mit 19 - 20°. Die durchsnittliche Luftfeuchtigkeit erreicht in den Morgenstunden 88 - 90%, mittags sinkt sie auf Werte um 70%. Zwischen Februar und April ist es am trockensten - 65% - 63% - 63%.

Die Zahl der Regentage und wieviel da vom Himmel kommt, jeweils zwei Monate zusammengezogen:

Monate	1+2	3+4	5+6	7+8	9+10	11+12
Regentage	7	9	28	32	34	25
mm Regen	66	102	307	381	428	322

Das sind an der Ostküste Palawans gemessene Werte. Etwas anders im Norden und an der Westküste der Insel: da regnet es am meisten im Juli. Generell wechseln alle sechs Monate trockene und Regenperioden einander ab.

Wie kommen Sie hin?

Flug: Mehrere Airlines verbinden Frankfurt Rhein-Main mit Manila. Zeitverschiebung + 7 Stunden, die Sommerzeit nicht berücksichtigt. Ob Sie Ihr Boot als Sportgepäck ohne Zusatzkosten hin- und auch wieder zurück mitnehmen können, klären Sie zuvor in Gesprächen mit den jeweiligen Fluggesellschaften. Deren Regeln bzw. Ausnahmebereitschaft sind nicht einheitlich. Ab Manila Anschluß nach Puerto Princesa auf Palawan, ca. eine Stunde Flug. Sie können ihn bereits zu Hause mit buchen. Flugverbindungen bestehen auch zwischen Manila und Coron, falls Sie dort Ihre Fahrt beginnen oder beenden wollen. Sind Sie zuvor im Land unterwegs, so können Sie auch ab Cebu nach Puerto Princesa fliegen.

Schiff: Regelmäßig, aber nicht immer pünktlich, fahren Dampfer von Manila aus in 70-80 Std über Coron und die Cuyo-Islands nach Puerto Princesa, der Hauptstadt Palawans. 316 Seemeilen. Besonders komfortabel sind sie nicht, aber relativ billig. Frühzeitige Buchung ist notwendig, wenn ein Schlafplatz sicher sein soll.

Auto: Auf der Insel, von Puerto Princesa aus, verkehren Busse und Sammeltaxis zu den wichtigsten Orten und Dörfern Palawans. Nicht immer - während der Regenzeit werden einige Straßen gesperrt. Andere im Süden, wenn dort gerade geschossen wird.

Boote fahren mehr oder weniger regelmäßig zwischen Häfen und Orten an der Küste Palawans. Wo und wann, erfährt man am besten bei der Coast Guard, der philippinischen Küstenwache, in deren Stationen. Sie warnt gegebenenfalls auch vor Piraten. Traditionell ist die Sulu-See, das Meer zwischen Palawan und den Sulu-Inseln, deren Jagdrevier. Segler sind dort wiederholt überfallen und beraubt worden. Aber Kajaks? Das Risiko scheint gering. Ein Boot zu chartern ist fast immer und überall möglich. Zu welchen Konditionen bleibt auszuhandeln. Billig ist es nicht.

Wer hilft bei den Vorbereitungen?

Wenn Ihr Reisebüro oder auch die philippinische Airline nicht weiter weiß, dann wenden Sie sich an das

Philippine Department of Tourism
Kaiserstr. 15
60311 Frankfurt am Main
Tel. 069-20893
Fax 069-285127

Informationsunterlagen über Palawan sind dort erhältlich. Um noch genauere Auskünfte zu bekommen, schreiben Sie an

Office of the Mayor
Tourism Section
City of Puerto Princesa
Palawan
Philippinen

Am besten legen Sie eine Liste mit Ihren Fragen nebst Duplikat bei - das letztere zum Ausfüllen und Zurücksenden an Sie.

Karten: Topografische Karten besorgt Ihnen Ihr Buchhändler, eine auf Geographie spezialisierte Buchhandlung oder das Geo-Center ILH - Anschrift im Adressen-Anhang unter 2. Vor allem aber brauchen Sie Seekarten auf denen Sie Mangrovenküsten von Ufern zum Landen, Korallenriffe von Sandbänken unterscheiden können. Von den philippinischen Seekarten zeigen die folgenden Nummern jene Teilabschnitte der Küsten, über die Sie in unserem Bericht lesen.

4321 Puerto Princesa
4319 Green Island Bay
4317 Taytay Bay
4315 Linapacan Strait
4350 Busuanga/Coron Bay*
3414 Busuanga
4351 Calamian Group *
4316 Bacuit Islands
4318 St. Paul Bay

Die Ortsangaben nenen in etwa den Kartenbereich der im Maßstab 1:100.000, (* = 1:50.000) erfaßt ist. Sollten die Seekarten nicht durch die im Adressenanhang unter 3 und 4 genannten Firmen bzw. über den Buchhandel zu haben sein, so bestellen oder kaufen Sie bei

Bureau of Coast and Geodetic Survey,
Barraca Street, San Nicolas
Manila, Philippinen

Dort bekommen Sie auch die Tide and Current Tables, Gezeiten- und Strömungstafeln, die Sie unterwegs brauchen.

Literatur: Reisebücher über das Land gibt es viele. Zwei die wir mit Blick auf Palawan sehr informativ finden:

- Philippinen Reise-Handbuch (Jens Peters)
- Philippinen Abenteuer-Handbuch (R. Hanewald)

Darüberhinaus interessieren Sie für die Vorbereitung und auch für unterwegs vielleicht

- Reisen in den Philippinen, reprint aus 1873 (F. Jagor)
- Das Tropenbuch (R. Hanewald)
- Pflanzen der Tropen (W. Lötschert/G. Beese)
- Tropische Meerestiere (D. Eichler)
- Korallenriffe (H. Schumacher)
- Mabuhay, Sprachführer Filipino (H. Kelz)
- Tagalog für Globetrotter (F. + R. Hanewald)
- Paddel-Handbuch, Wandern auf Salz- und Süßwasser (BLV-Verlag)

Ihre Wanderfahrt

Route: Beginn in Puerto Princesa mit Kurs Nord-Palawan. Von dort bei guter Wetterlage über die Linapacan Strait zu den Inseln um Culion, Coron, Busuanga. Alternative: Per Bus oder Taxi/Jeepney zur Westküste, z.B. Port Barton, und, dort einsetzend, nach Norden zu den Bacuit Islands. Unsere Reisebericht zeigt, daß solche Planungen sich nicht immer realisieren lassen und wie die Fahrt dann weiter geht.

Das Besondere: 1.768 kleinere Inseln gehören zur Provinz Palawan. „Springen" von einem dieser Eilande zum anderen macht einen Reiz dieser Wanderfahrt aus. Vor allem aber ist es die Landschaft mit Bergen und üppiger tropischer Vegetation, sind es die Menschen, denen Sie unterwegs begegnen. Und natürlich die Unterwasser-Welt, die Sie sich aus der Schwimmlage anschauen. Vergessen Sie also Tauchmaske und Schnorchel nicht!

Was erwartet Sie?

Auf der einen Seite das Chinesische Meer, auf der anderen die Sulu-See. Im Norden der Mount Mantalingahan, 2.073 m hoch, in Urwald und Dschungeln selten gewordene Tiere, unter ihnen der Palawan-Bär und die Königskobra. Krokodile in Sumpfgebieten, unzählige bunte Tropen-Vögel und farbenprächtige Schmetterlinge im feuchtheißen Klima der Tropen. Warmes Wasser zum Schwimmen und Tauchen, Sandstrände vor Palmenplantagen, streckenweise undurchdringliche Mangrovenwände am Ufer. Und Abschnitte in denen Inseln Wind- und damit auch Wellenschutz bieten.

Wind: Die folgenden Aufzeichnungen stammen aus Puerto Princesa, von der Ostküste also. Es sind Durchschnittszahlen für prozentuale Anteile der Windrichtungen, erste Zahl morgens, zweite mittags.

% Wind aus	N	NO	O	SO	S	SW	W	NW
Januar	22/14	27/37	11/31	6/7	7/4	5/1	7/1	9/3
Februar	24/25	35/38	12/18	4/2	5/6	6/3	5/2	3/4
März	23/20	38/36	6/19	3/2	5/7	10/1	4/6	3/5
April	19/12	31/30	6/22	2/10	8/8	16/7	8/6	3/2
Mai	9/8	10/15	6/17	2/4	13/16	38/21	6/14	4/3
Juni	6/5	7/9	2/14	3/10	9/14	43/18	21/22	2/3
Juli	3/6	3/5	1/9	4/7	13/14	39/29	20/21	4/4
August	4/5	3/5	2/5	2/4	9/21	41/31	27/22	2/3
September	3/4	9/7	6/8	2/4	4/15	30/30	32/24	2/4
Oktober	4/3	19/14	5/17	2/9	6/11	20/18	26/15	4/6
November	10/8	31/24	3/21	2/10	7/7	12/11	16/10	3/5
Dezember	15/9	28/33	4/29	1/9	3/4	15/6	22/4	3/2

Stetig und überall alternieren die Windrichtungen. Der Nord-Ost-Monsun bläst von Oktober bis April, der Südwest von Juni bis Oktober. Dazwischen liegt eine Periode wechselnder Winde und Flauten, die fürs Bootfahren empfohlen wird. Nicht immer zu recht, wie wir es erlebten. Taifune erreichen vorwiegend Luzon und die nördlichen Visayas, Ausläufer aber auch den Norden Palawans. Ihre Zeit sind die Monate Juni bis Januar, Schwerpunkte Juli/August bis November. Doch auch im März gab's schon mal einen Wirbelsturm.

Während des Tages entwickelt sich häufig Wind von See her und zum Land hin, der die vorherrschende Windrichtung verstärkt, abschwächt oder ändert. Die Windstärken mögen über offener See gering sein - zwischen Inseln oder auch durch Stau vor den Bergen können sie beachtlich zulegen. So werden z.B. aus Bf 2 rasch 4, was für einigen Seegang sorgt.

Strömungen, Gezeiten: Oberflächenstrom läuft an der Küste mit nur 0,2 - 0,6 kn von SO nach NW. Aber die Tiden: Flut von N nach S, Ebbe entgegengesetzt, im Maximum etwa 1,5 kn. In der Linipacan Strait 3 kn, Flut dort nach SW, an der Südküste Busuanga nach O. In einigen Inselpassagen entstehen Schnellen, die bei Wind, der gegen die Stromrichtung weht, Turbulenzen auf dem Wasser verursachen. Der bereits erwähnte Tidenkalender geht deshalb besser mit auf die Fahrt. Auch um zu wissen wann bei einem Tidenhub zwischen etwa 0,20 und 1,50 m die Korallenriffe gefahrlos überfahren werden können.

Zelten: Unser Fahrtenbericht zeigt wie einfach es ist, Plätze fürs Zelt zu finden. Nur selten müssen Sie etwas länger suchen. Ein Problem entsteht, wenn sich bei Ebbe vor dem Strand ein breites Watt dehnt. Mit Boot und Gepäck da hindurch zum offenen Wasser zu latschen ist nicht sehr angenehmen. Darum zuvor auf der Seekarte nachschauen, wo es vom Ufer aus gesehen rasch tief wird. Die Zahlen zeigen das in fathom, Faden an. Umrechnung: 1 Faden = 1,8 m.

Risiken: In Reisehandbüchern können Sie nachlesen mit welchen Tricks Gauner in den Philippinen versuchen an das Geld der Touristen zu kommen. Das gilt im wesentlichen für die Städte. Unterwegs werden Sie kaum schlechte Erfahrungen machen. Und das Risiko auf dem Wasser? Eines wäre auf eine Korallenbank aufzulaufen, Vor-Sicht darum dort, wo die Seekarte Untiefen anzeigt. Das andere: Sich zu viel zuzutrauen. Leichtsinn also. Vermeidbar? Und schließlich noch das nicht vermeidbare Risiko, sich in dieses Ambiente zu verlieben . . .

Was brauchen Sie?

Ihr Boot mit Auftreibskörpern, Steuer und mit dichter Spritzdecke. Wann immer es ging, blieb sie weit offen - erst wenn Wellen versuchten ins Boot zu schwappen, zippten wir den Mittel-Reißverschluß zu. Reservepaddel nehmen Sie sicher ebenso mit wie Reparaturmaterial um unterwegs Schäden beheben zu können. Ein Segel für Ihr Boot? Schauen Sie sich Ihre Route an und die zur Zeit Ihrer Fahrt vorherrschenden Winde laut Tabelle. Lohnt es, das Mehr an Gepäckgewicht mitzunehmen? Oder basteln Sie sich ein Behelfssegel vor Ort?

Ausrüstung, sie unterscheidet sich nicht wesentlich von der für andere Fahrten. Schlafsäcke allerdings sind bei den genannten Temperaturen entbehrlich, Moskitonetze am Zelt, oder extra, dagegen nicht. Eine Machete trägt fast jeder Einheimische an der Küste mit sich herum. Nicht umsonst. Wenn Sie keine haben - dort kaufen, einen „Bolo“ mit schön geschnitztem Griff und Holzscheide. Bei der Kleidung hatten wir Kunststoffe gegen Baumwolle ausgetauscht: Sie ist angenehmer zu tragen, wo Schwitzen zum Normalzustand wird.

Versorgung: In Puerto Princesa und in Rochas bekommen Sie ein breites Sortiment an Lebensmitteln und Bedarfsartikeln. Unterwegs, in den kleinen Orten, den Nachschub aus schmalerem Angebot. Den Vorrat für gut eine Woche oder mehr an Bord zu haben, beruhigt und verhindert riskante, weil dringend notwendige „Einkaufsfahrten“. Trinkwasser wird eher zum Problem. Denn einmal brauchen Sie unter den tropischen Bedingungen mindestens 3 Liter pro Person und Tag, und: In manchen barrios, Dörfern ist die Wasserversorgung vom Regen abhängig. Also mindestens 10, besser 15 Liter Wasser pro Kopf im Boot stauen. Dafür gibt es leichte Säcke die keinen Geschmack abgeben und die täglich weniger Platz unter Deck beanspruchen.

Vorsorge: Schon zwei Wochen vor der Reise beginnt die Malaria-Prophylaxe. Denn auf Palawan summen um die 50 Moskitostämme die Malaria übertragen. Mit dem Tropeninstitut einer Uniklinik vorher abzustimmen, gegen welches Mittel die Biester noch nicht resistent sind. Das ist wichtig, auch wenn die Plagegeister während der Trockenzeit etwas müder werden. - Impfungen sind zu empfehlen gegen Polio, Tetanus/Diphterie, Typhus/Paratyphus und Hepatitis A. Mitnehmen oder dort kaufen sollten Sie ausreichende Mengen an Mückenabwehr,

Mittel zum Einreiben sowie Räucherspiralen. Wasserfester Sonnenschutz mit hohem Lichtschutzfaktor ist zweckmäßig. Gegen die lästigen nik-niks, winzige Sandfliegen, hilft Koskosöl vermischt mit Autan oder Off, beides Anti-Moskito Mittel. Ein Filtergerät fürs Wasser ist praktisch, sonst genügen Tropfen oder Tabletten zur Entkeimung des unterwegs „getankten" Trinkwassers. Was in den Medizinvorrat gehört, finden Sie im Paddel-Handbuch.

Wieviel Zeit haben Sie?

Unser Tagesdurchschnitt lag unter 20 km. Das sind vier Stunden etwa im Boot. Natürlich könnten Sie schneller und länger fahren - unter den tropischen Bedingungen jedoch ist das kein Vergnügen. Konstante Wärme, hohe Luftfeuchtigkeit, beides macht, jedenfalls am Anfang der Reise, zu schaffen. Später gewöhnt man sich daran. Und auf dem Wasser ist beides leichter zu nehmen: Wind und Verdunstung kühlen - zeitweise jedenfalls. Rechnen Sie also mit eher mehr Paddelzeit für eine geplante Strecke als Sie normalerweise veranschlagen würden.. Und mit „freien" Tagen, die Sie oder die Natur vorgeben. Die Summe dann: Mindestens vier Wochen alles in allem für die erste der beschriebenen Touren. Weniger, wenn Sie nur ins Bacuit Archipel wollen. Auch das lohnt.

Und nun was wir unterwegs sahen und erlebten . . .

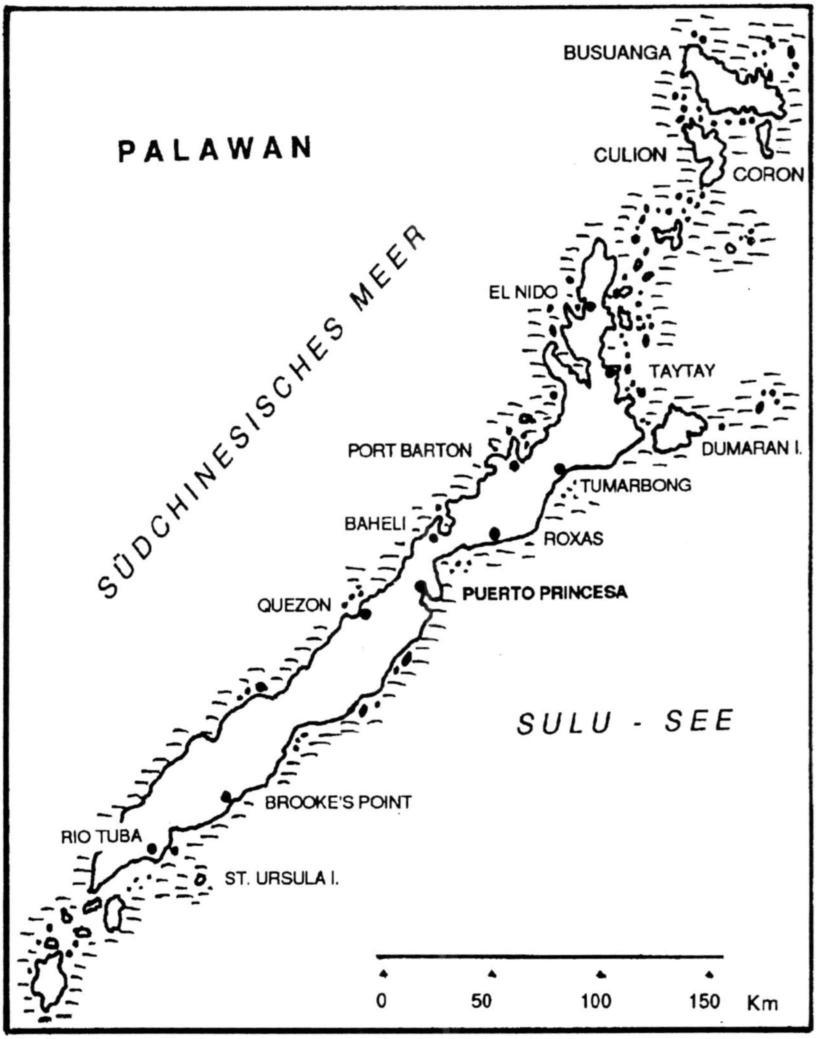
PALAWAN
SÜDCHINESISCHES MEER
BUSUANGA
CULION
CORON
EL NIDO
TAYTAY
DUMARAN I.
PORT BARTON
TUMARBONG
BAHELI
ROXAS
PUERTO PRINCESA
QUEZON
SULU - SEE
BROOKE'S POINT
RIO TUBA
ST. URSULA I.
0
50
100
150
Km

Puerto Princesa

Ab Manila sind wir die einzigen Ausländer in der Propellermaschine nach Puerto Princesa. Nur etwa zur Hälfte ist sie besetzt. Die Stewardeß hat nicht viel Arbeit, die Tür zum Cockpit steht offen. Und der Flugkapitän läßt sich zuschauen. „Aus Deutschland?", fragt er „ich kenne Frankfurt" und lädt uns ein, auf den Reservestühlen hinter ihm zu sitzen. Ob er denn bei so wenig Sicherheitsvorkehrungen keine Angst habe gekidnapt zu werden? „Wir sind eine der wenigen Airlines bei denen noch nie etwas passierte." Nur nette Leute unterwegs - oder nichts zu holen? Unter uns die blaue Südchinesische See, einige weiße Wellenstreifen. Die Insel voraus? „Mindoro ...", eine ganze Menge kleiner Dörfer an der Küste. Was er denn zu unserem Plan meine, an der Küste zu paddeln? Der Pilot denkt einen Augenblick lang nach: „Ist hier zwar nicht üblich, aber mal was anderes, warum eigentlich nicht? Sie werden sehen wie ruhig das Wasser dort ist, wo wir demnächst landen." Wie ein schmaler Streifen taucht die Küste aus dem Dunst. Die Maschine zieht eine Kurve, sinkt und dann haben wir, direkt hinter dem Meer, einen Streifen Betonbahn voraus - unter uns. Holpernd setzen die Räder auf, das Geräusch der Propeller ändert sich, Bremsbewegungen und wir rollen aus. Wende nach dem Stillstand, zurück zur Halle, direkt vor ihren Eingang. Aussteigen. Tropisch warme Luft, fröhliche Filipinos, die ihren Angehörigen winken, eine Frau, die uns ein Hotel anpreist, „gut und billig".

Da es daheim keine Informationen über Palawan gab, schrieben wir an den Bürgermeister von Puerto Princesa: Was wir vorhätten, wie wir solche Fahrten bisher machten und daß wir jetzt seine Hilfe brauchten durch seine Antwort mit Rücksendung unseres Fragebogens. Die Fragen: Wo können wir unterwegs Essen kaufen, wo Trinkwasser erhalten; sind Probleme beim Zelten zu erwarten und gibt es spezielle

Risiken auf der vorgesehenen Strecke. Über Wind- und Wasserbedingungen hatte das Deutsche Hydrografische Institut in Hamburg bereits informiert. Die Antwort kam: Mehrere Orte an der Küste; Läden mit Lebensmitteln, Reis hätten die immer, Brot nicht überall; Wasser bekämen wir in den Dörfern sowie aus Bächen die ins Meer münden. Zelten: Nach dem Barangay Captain oder dem Lehrer fragen, die würden gern helfen. Risiken: Unsere Leute sind im allgemeinen friedlich, kooperativ und hilfsbereit. Wilde Tiere gibt's nicht, keine Gefahren also, bis auf die Hunde in den Dörfern. Eine Karte lag bei und Informationen über Puerto Princesa: Sitz der Provinzialregierung, 1872 von den Spaniern gegründet, die den Ort nach der Tochter ihrer Königin Isabella II benannten. Seit 1969 Stadt, mit der offiziellen Zusatzbezeichnung „City". Und da sind wir nun.

Draußen, vor dem Flugplatzgebäude, warten statt Taxis Tricycles auf Passagiere - bunt bemalte Motorräder mit angebauten und überdachten Beiwagen. Sehen zerbrechlich aus. Doch kein Problem, mit all dem Gepäck darauf verladen, brummen wir zum empfohlenen Hotel. Durch Straßen mit kleinen Häusern, die Wände aus geflochtenem Material, vorbei an Verkaufsständen. Und überall Fähnchen, quer über den Fahrweg, zwischen Bäumen: „Na so was, die wußten doch gar nicht, daß wir kommen ...?!"

Das Hotelzimmer: Eng, zwei Betten, zwei Stühle, an der Wand auf 'nem Plakat handgeschrieben: „Do not urinate on the floor", nicht auf den Boden pissen, „use our C.R." Die Wirtin sieht unsere erstaunten Blicke und entschuldigt sich. „Das Schild gilt natürlich nicht für Sie." Manchmal aber habe sie eben auch nicht gut erzogene Gäste. Der Comfort Room, CR, sei auf dem Hof - das WC ohne W. Sein Duft weht durch die Schlitze der Fensterjalousie und wird vom Fan, dem laut brummenden elektrischen Propeller, gleichmäßig verteilt. Ob wir extra wegen des Festes angereist seien?

Puerto Princesa feiert. Eine Woche lang. Im Hafen formiert sich eine Prozession. Voran ein Auslegerboot mit dem Standbild der Mutter Gottes, hoch aufgerichtet, ihm folgen Boote, gedrängt voll mit Frauen in bunten Kleidern, mit Männer unter großen, vor der Sonne schützenden Hüten. Musikfetzen wehen herüber - die Kapelle an Bord eines der Schiffchen. Eine Runde zieht der Korso um die weite Bucht. Die niedrig stehenden Sonne beleuchtet Berge, dunkelgrüne Hänge, kleine Fischerhütten auf Pfählen direkt am und im Wasser. Darüber die weiße, gotische Kathedrale. Zu ihr tragen Gläubige die heilige Figur zurück. Voran marschiert die Musikkapelle, Männer in orange-grün gestreifter Kleidung. Anders als bei uns - hier spielen sie schwungvolle, fröhliche Marschmusik. Der lange Posaunenbläser grüßt mit erhobenem Daumen die Fremden, ohne seine Hände vom Instrument zu nehmen. Später sitzen wir vor der überfüllten Kirche mit ihm, seinen Kollegen und einem Polizisten zusammen im Schatten.

„Eine Berufskapelle?"
„Nein, von Iwahig, Penal Farm."
Penal? Strafe? Ja, sagt der Beamte, diese Männer seien Sträflinge. Aber: im Knast könnten sie neben ihrer vorgeschriebenen Tagesarbeit Musik machen. Und sie übten täglich, nach dem Gehör - keiner von ihnen könne Noten lesen. „Iwahig ist nicht weit", meint er, „Sie können uns besuchen - übermorgen, wenn das Fest zu Ende ist?" Einladung ins Gefängnis also. Und wie um etwaige Besorgnis zu zerstreuen, erzählt er, daß einige dieser Männer wegen Mord, andere nach schwerem Raub auf der Farm wären, wo alles in Ordnung sei. Hier betreue er sie zusammen mit einem Kollegen, der gerade mal weg sei. Ein Mann für Zweiundzwanzig Verbrecher? „Nein, kein Risiko, für niemand", versichert er. Der lange Posaunist grinst bestätigend dazu. Abends sehen wir ihn wieder: Da haben ihn und andere noch fehlende, nicht weg- aber vollgelaufene Musikanten, die beiden Polizisten, die die Kneipen abklapperten, aufgesammelt.

Der River Kwai Marsch am Sonntag früh zum Wecken. Die Iwahig-Kapelle marschiert durch den Ort. Per Zufall sind wir zu dem Fest angereist, das jedes Jahr Anfang Dezember gefeiert wird. Heute und morgen noch mit vollem Programm: Im Mendoza Park spielen Bergbauern auf uralten, selbstgebastelten Bamboo-Flöten und mit modernem Schlagzeug aus Handschellenteilen. Schulmädchen in handgenähten, gestickten Kleidern treten als Mandolinen-Orchester auf. Ein Chor singt Lieder aus dem Norden der Insel: „Hätten wir nur ein Tonbandgerät mitgenommen!" Waren wir gestern noch die neugierig betrachteten fremden Touristen - heute kennt „man" uns, grüßt, winkt und lacht wenn wir versuchen ein Gespräch anzufangen. Viele sprechen etwas Englisch das neben dem Filipino in den Schulen gelehrt wird. Einige bedanken sich dafür, daß wir extra zu ihrem Fest gekommen wären, andere wollen uns einladen, führen, Empfehlungen geben. Nette Leute. - Etliche Geschäfte werden von Exil-Chinesen betrieben, auch das Restaurant, in dem wir mittags „Shanghai-Reis" essen. Von seinem Inhaber hatten wir bereits im Hafen gehört. Dort lagen malerische, chinesische Dschunken aus Taiwan - „an der Kette", wie man das im juristischen Hafendeutsch nennt. Unfreiwillig also, seit Wochen schon, unter Bewachung eines Zerstörers der Marine. Der hatte sie beim unerlaubten Fischen in philippinischen Hoheitsgewässern erwischt und aufgebracht. „Pech gehabt", kommentiert das der chinesische Seemann, der im Schatten des Pagodendaches seines Trawlers hockt, „bis das Urteil kommt müssen wir warten. Inzwischen versorgt uns Mr. Tan ...", Der mit dem Speiselokal. „Läden, Miethäuser und Anteile an 'ner Bank gehören dem auch", erzählte jemand etwas neidisch. Nein, beliebt seien die Chinesen nicht, meinte er. Aber sie hätten Geld, viel Geld. Warum und wodurch? Keine Antwort.

Auf der Hauptstraße, der Rizal-Avenue, duftet es nach an kleinen Spießen geröstetem Fleisch. Öllampen geben flackerndes Licht - der Strom ist gerade für einige Zeit ausgefallen. Rechtzeitig zur „Coronation" im Lehrer-College kehrt er zurück. Bunte Birnen flammen in den Zweigen niedriger Bäume auf, die das eingezäunte Areal umgeben. Auf der Straße davor und in den Gebäuden drängen sich Offizielle, Teilnehmer und Zuschauer. Die Herren im barong tagalog, einem über der Hose getragenen, gestickten Seidenhemd, Damen in langen, bunten Röcken und mit Schmuck verzierten Blusen. Einige tragen das terno, das typisch philippinische Kleid mit Ärmeln wie Schmetterlinge. „United Way“, eine wohltätige Organisation hat eingeladen. Durch eine Spende sind wir dabei. Durch eine, die eigentlich zu spät kam. Denn sie hatte keinen Einfluß mehr darauf, wer heute abend zur „Miß United Way“ gekürt wird. Nicht die Schönste, sondern die Tochter jener Großfamilie, die das meiste Geld sammelte. Hat die philippinische Familie im Schnitt 300 Anverwandte - hier siegte ein noch größerer Clan. „Mit den gesammelten Pesos werden Bewässerungsanlagen gebaut, das Krankenhaus gefördert und soziale Aufgaben erfüllt“, erzählte die Miß, deren Mutter das Hotel gehört in das wir inzwischen umgezogen sind.

Musik vom Tonband, der Krönungsmarsch. Mit zwei Begleitpaaren ziehen Miss & Partner ein - unter einem Spalier gezogener Degen von schick uniformierten Marineschülern. Beifall - sie nehmen auf roten Thronstühlen Platz. Reden werden gehalten, ein Krönchen aufgesetzt und Urkunden an bedeutende Sponsoren feierlich überreicht. Schulkinder tanzen Folklore und ein Ballett bemüht sich auf dem holprigen Boden graziös zu wirken. Gespannt verfolgen die Zuschauer das Geschehen, Eltern applaudieren ihren Jüngsten. Und die strahlen verlegen, mit großen, dunklen Augen in ihren hübschen Gesichtern.

Zum ersten Tanz werden wir gebeten - weil wir Fremde, also Gäste sind? Und dann drehen wir uns im Dreivierteltakt - auf unerklärliche Weise haben sich die Donauwellen aufs Tonband verirrt, unter Palmen, in eine warme, tropische Nacht.

„Verrückt - komme mir vor wie in einem Film.“

„Als Darsteller oder Zuschauer?“

„Beides, oder als ob ich träume - autsch, das war mein Fuß !“

„Kein Traum also ...“

Iwahig

Morgens steht ein Jeepney vor dem Hotel. Das typisch philippinische, den amerikanischen Mannschafts-Geländewagen nachgebaute Fahrzeug. Bunt bemalt und beschriftet, zwei silberne Metall-Pferdefiguren auf dem Kühler, 13 Lampen, rote dabei und blaue, mehrere Spiegel: Ab ins Gefängnis. Fahrt durch den Urwald, über Brücken aus lose gelegten Bohlen und Brettern, vorbei am gelangweilt schauenden Posten im Kontrollhäuschen. Und schon sind wir drin. In einer Strafanstalt, in der die Stadt Frankfurt, nicht seine Einwohner!, Platz hätte: 38.000 Hektar für 4.000 Häftlinge. In ziviler Kleidung gehen sie zu ihren Arbeitsstellen oder kommen von dort, von Reisfeldern, Kokosplantagen und Bambushainen. Ohne Bewacher. „Wir versuchen Arbeitsbedingungen wie in einem normalen philippinischen Dorf zu schaffen", erklärt uns im Hauptgebäude der Leiter, „die Männer arbeiten als Bauern und Fischer, in der Salzgewinnung, als Mechaniker, Schreiner und in vielen anderen Berufen. Daran jedoch müßen sie sich erst gewöhnen. Darum beginnt für sie alles mit der Orientierung. Schauen Sie sich die zuerst einmal an."

Ein fester Bambuszaun, ein romantisches Eingangshäuschen. Der Posten darin hat sein Gewehr per Handschelle an der Wand befestigt - so kann es nicht abhanden kommen. Mit einem Eisenstück schlägt er gegen das Tor was heißt: Damenbesuch ist im Anmarsch. Denn „die Männer müssen sich ihre Hosen anziehen." Von fern sehen wir einige, nur mit G-Strings, dem knappen Lendengurt der Bergbewohner bekleidet, in ihrer Baracke verschwinden. Dann sitzen sie geordnet am Boden: 120 junge, dunkle Männer, kurzgeschoren, orangefarbene Hosen und Hemden, die meisten an Armen und Beinen tätowiert. „Good morning" murmeln sie auf Kommando. „Hier lernen sie Disziplin und Ordnung", erklärt der Wächter, „auch die, die aus dem offenen Strafvollzug zurück mußten, weil sie dort nicht zurechtkamen." Eine Tonne ohne Deckel wird herangeschafft und vor der Mannschaft aufgestellt. Essenfassen. Nicht mehr als drei Mann zugleich dürfen herantreten, Häftlinge mit Stöcken in den Händen passen auf. Es sind „Captases“, Vertrauensleute, nach guter Führung dazu ernannt. Und nun klatscht ein Wärter jedem einen Brocken Reis, mit etwas Fleisch und Gemüse vermengt, auf Teller oder Plastikgeschirr. Einem der Gefangenen wird seine Portion wieder weggenommen. Essensentzug als Strafe? „Der versuchte ein zweites Mal zu holen...“. Ein halbes Jahr dauere die Umerziehung, hören wir. Ihr folge der normale Strafvollzug. Dessen Dauer sei nicht fixiert, denn die Urteile lauten jeweils auf 5-10 bzw. 10-20 Jahre oder auf lebenslang. Innerhalb dieser Strafbefristungen könne die Entlassung früher oder später erfolgen. Wann, das wäre unbestimmt und liege im Ermessen der Gefängnisleitung.

Ein Sträfling, er will, wie hier üblich, Kolonist genannt werden, übernimmt die weitere Führung. Er gehört zu den Lebenslänglichen, und hofft früher als nach 30 Jahren wieder frei zu sein. Warum er hier sei? „Das war so etwas wie ein Unfall bei dem einige Leute zu Schaden kamen“, sagt er sehr ernsthaft. Drei waren es, wie wir später hören, er brachte sie mit dem Messer um - Eifersucht. In landesüblich leicht gebauten Häusern wohnen er und seine Kollegen - große Räume mit einfachen Holzbetten. Es zieht durch Böden und Decken, deutsche Zellen sind sicher Luxuseinrichtungen dagegen. Nur: Hier gibt es weder Riegel noch Schlösser. Und jeder kommt und geht seiner Arbeitszeit entsprechend. „Viele unserer Kolonisten lernen zum ersten Mal eine normale Arbeit kennen“, hatte uns der Leiter der Gefängnisfarm gesagt, „sie haben damit später bessere Chancen.“ Dadurch würden von den Entlassenen nur etwa 10% rückfällig, während die Quote im Landesdurchschnitt fast dreimal so hoch läge.

Wer in diesem Raum kein Bett hat, rollt nachts seine aus Palmenfasern geflochtene Schlafmatten auf dem Boden aus, „ ... wie zu Hause auch“. Während das von jungen Männern demonstriert wird, holt einer seine Gitarre vom Schrank. Und plötzlich sitzen wir in einem Kreis junger Strafgefangener - wie bei Pfadfindern. Das Lagerfeuer fehlt zwar, der Heim- und Fernwehklang ihrer Lieder aber ist gleich. Fast unwirklich die Situation: „Sind wir wirklich im Gefängnis?“

Einen kleinen Laden für die Besucher der Farm gibt es. In ihm werden Handarbeiten angeboten, die die Kolonisten in ihrer Freizeit anfer-

tigten, Ölbilder, Holzschnitzereien, Matten und anderes. Den Erlös erhalten sie. Auch etwas Geld für amtlich angeordnete Tagesarbeit. Es sind minimale Monatslöhne. Dabei bekommt ein Captases, der sich fachlich qualifiziert hat, fast 10 mal soviel wie der „Anfänger". In einem Raum beenden Häftlinge gerade die Arbeit an einem Weihnachtsstern mit Bändern und Schleifen daran - so hängen die jetzt überall an den Häusern und in den Straßen. Was sie in der Arbeitszeit fabrizieren, gehört dem Unternehmen Penal-Farm. Deren Hauptertrag: Die Copra-Ernte von 52.000 Palmen, das Fleisch der Kokosnüsse, das zu Öl und Margarine verarbeitet wird. „Wir finanzieren uns selbst - staatliche Subventionen brauchen wir nicht", unser Gesprächspartner in der Verwaltung zeigt stolz auf die Zahlen, „was zugekauft werden muß, kann mit Exporten bezahlt werden. Unsere Bilanz ist ausgeglichen." Die Sträflinge erwirtschaften also unter anderem auch sein Gehalt. Wo gibt es das sonst?

Besuch in der Holzverarbeitungs-Abteilung. Mit großen Messern gehen die Männer um, mit Äxten und Hämmern, die sich als Waffen gut eignen würden. Steht der elektrische Stuhl als Warnung in der Ecke? „Requisit für die Weihnachtsaufführung, für eine Komödie." - Gerade hat eine Frau ihrem Mann das Mittagessen in die Werkstatt gebracht. Allein kam sie durch den unübersichtlichen Busch. „Ist das nicht gefährlich für sie?" Der Polizist, den wir das fragen, denkt erstaunt nach. „Nein, nicht", sagt er „es passiert nichts. Denn wir haben auch ein festes Gefängnis ..." Wie es dort aussehen mag? - Etwas abseits, in einem Dorf, wohnen Kolonisten-Familien. Es sind Häftlinge, meistens Captases, die nach guter Führungmindestens 20% einer langen Strafe hinter sich haben. Oder Entlassene. Sie konnten ihre Familie holen, sie blieben, um keine sie diskriminierende Umgebung zu haben. Oder sie heiraten zuvor. In den Regularien steht dazu: „Ein Junggeselle oder Witwer kann sich darum bewerben seine Verlobte zu holen, sie in der Farm zu heiraten und mit ihr zu leben, wenn er das verdient. Oder er kann beantragen, um die Tochter eines Mitinsassen zu werben und sie zu ehelichen. Kolonisten dürfen jedoch nicht die Töchter von Beamten und Angestellten, bzw. umgekehrt, der Farm umwerben oder mit ihnen eine Ehe eingehen - aus offensichtlichen Gründen." Ein Stück Urwald das diese Leute rodeten gehört ihnen jetzt. Auch ein kleines Haus von dem aus sie eigenes Land bewirtschaften. Ihre Kinder besuchen die Schule im Farmgelände zusammen mit denen der Wachleute. Probleme? Angeblich keine.

Gegen Abend fahren wir zurück. Kolonisten steigen unterwegs aus und ein. Ob er zufrieden sei mit dieser Art des Strafvollzuges, fragen wir einen sympathischen jungen Mann. Er zögert. Dann sagt er: „Schon - aber im Gefängnis ist man nie frei." Und ob er nicht fliehen könnte? „Dreimal am Tage werden wir gezählt. Fehlt einer, dann gibt's Alarm und sofort eine Suchaktion. In den Dörfern kennt jeder jeden, da fällt man als Fremder gleich auf. Und übers Wasser? In den Flüssen sind Krokodile, das Meer ist wild und voller Haifische. Wir sind auf einer Insel ..."

Cay Island

Ein Tricycle fährt uns zum Strand außerhalb von Puerto Princesa, zu einer Stelle wo das Watt bei Niedrigwasser nur wenige Meter weit trocken fällt. Rucksäcke auf dem schmalen Gepäckträger, die Stangentasche auf dem Dach. Vorbei an einem Barackenlager. „Vietnamesen, boat-people, Flüchtlinge", kommentiert unser Fahrer, „werden von der UNO bezahlt. Kriegen mehr pro Tag, als unsereiner mit Arbeit verdient. Ist ungerecht und gibt Ärger." Er hilft beim Abladen - wir ihm das Fahrzeug aus dem weichen Sand zu schieben, bevor er lachend davon tuckert. Dann sind wir allein. Nicht lange - immer mehr Zuschauer. Ein Polizist erkundigt sich „dienstlich" was wir denn vorhätten. Mit dem Boot an der Küste entlang? Er schüttelt besorgt den Kopf bis ein anderer Mann ihm, im für uns unverständlichen Tagalog, offensichtlich erklärt, daß so ein Boot doch wohl ganz gut sei. Er ahmt Wellenbewegungen nach und das Paddeln: Fernseherfahrung vielleicht? Und nun bekommen wir eine ganze Menge Empfehlungen für die Fahrt: Da vorn auf einer Insel sei das Resort der Familie, Namen nicht verstanden. Und später käme ein Dorf. Und noch weiter sollten wir uns im Governmenthouse, direkt am Wasser melden und nach Ben fragen. Der könne uns zu den Batak führen, die wir doch sicher besuchen wollten. Ureinwohner, in den Bergen, im Wald. „Wollen wir? Und wollen die uns?"

Zur Freude der Umstehenden verwandeln sich zunächst die Packsäcke in das gewohnte Gewirr aus Stangen, Spanten, Bootshaut, Zelt und Zubehör aller Art. Dann wird daraus das Faltboot und schließlich verschwinden Säcke, Beutel, Taschen, Flaschen und Kanister in ihm - es kann losgehen. Mehrere Männer helfen das Boot ins Wasser zu tragen: „Bye bye", original philippinisch, ein paar Paddelschläge, Winken und wir sind unterwegs. Wohin?

Zunächst mal zu der empfohlenen Insel. Kompaßpeilung 2° - da haben wir sie, weiter östlich einige mehr. Der Karte nach bilden sie ein kleines Archipel. Weit auseinander zwar, aber doch so etwas wie eine Inselkette vor der Küste. „Sprünge" von meist unter 6 km von einer zur anderen - eine knappe Stunde über die offene See - das ist kein Risiko. Zumal wenn sich das Meer, wie heute, nur langsam atmend bewegt. Ruhig hebt und senkt es unser Boot, während wir im gewohnten Wandertempo über die lange Dünung ziehen. Mit der Sonne fast genau im Rücken, paddeln wir zu dem in der Ferne angepeilten weißen Streifen Sand. Motorengeräusch, ein hochbordiges Boot mit mächtigen Auslegern auf beiden Seiten hält

auf uns zu. Von vorn sieht es aus, wie ein mit langen Beinen auf dem Wasser laufendes Insekt - ein bedrohliches? Was die Soldaten von der Coast-Guard am Hafen vorgestern sagten, geht uns durch den Kopf: „Wir kontrollieren zwar regelmäßig das Gebiet, immer noch aber gibt es hier Piraten an der Küste." Sind das welche? Finstere Gestalten, helle Stirnbinden über dunklen Gesichtern. Doch dann, als sie ganz nah passieren, da lachen diese Burschen über uns so, daß sie beinahe aussenbords fallen. Einer ahmt unsere Paddelbewegungen nach, ein anderer simuliert das Kentern des Bootes wobei auch er ins Schleudern gerät und gerade noch festgehalten werden kann.
„Die halten uns für verrückt."
„Besser das, als für reich und lockende Beute."
„Sind harmlose Leute."
„Woran erkennt man die anderen?"
„Für die sind wir nicht interessant. Kein Boot, das sich zu stehlen lohnt. Piraten überfallen Weltumsegler und keine Faltbootpaddler."
„Du denkst an Wilfried Erdmanns Erlebnis? An die Räuber, die seine Yacht kaperten, ihn als Geisel auf ihr Boot holten und dann ins Wasser warfen, als ein Kriegsschiff nahte?"
„Ja, war aber weit weg von hier, irgendwo zwischen den Sulus und Mindanao. Geschätzt 500 km von dort hierher."
„Immerhin in diesem Seegebiet. Keine Angst?"
„Keine."

Bald sind die „Seeräuber" außer Sicht und wir der Insel näher. Vorgelagert laut Seekarte einige Riffe. Vorsicht also, denn wenn eine Faltboothaut etwas nicht mag, dann sind das Korallen. Jetzt jedoch, vier Stunden nach Niedrigwasser, sehen wir sie tief genug unter uns, wie die Äste blattloser Büsche in dichtem Gewirr. Kein Indiz dafür, daß sie scharf, manchmal rasiermesserscharf sind. Dann der Strand unter blauem Himmel mit Segelwolken, einige Häuschen auf Pfählen. Bunt bemalte Auslegerboote am Ufer. Kaum liegt unser „Tari" in ihrer Nähe, da werden wir auf Englisch begrüßt und eingeladen zu bleiben. Das Zelt könnten wir am Strand aufstellen, im Bungalow gäbe es zu essen: Ein Professor aus Amerika, der hier „honeymoon" mit seiner philippinischen Frau verlebt, Flitterwochen. Ihr gehört die Insel, beide wollen sie zur Touristenattraktion ausbauen. Wie denn das Marketing dafür anzulegen sei? Eine Frage die, beruflich gesehen, vor einer Woche noch interessant gewesen wäre. Aber jetzt? Wer mag sich für diese Umgebung Reisegesellschaften, Sonderflüge, Motorbootkrach, Hotels und Rummel wünschen? Nach einer Weile Diskussion ziehen wir uns zurück und wandern, nun im Dunklen, am Strand entlang. Bei den bunten Booten sitzen Fischer um ein Feuer, über dem im eisernen Pott ihr Essen kocht. Einer von ihnen, wie die anderen dunkel, muskulös, kaum bekleidet, spricht etwas Englisch. Aus Cebu kämen sie, erzählt er, über See 600 km entfernt. Weil dort, im Gebiet der Visayas-Inseln, zu viele Menschen wären, suchten sie für sich und ihre Familien in dieser Gegend eine neue Bleibe. Auf Palawan sei noch Platz, meint er. Sobald sie etwas gefunden hätten, würden ihre Frauen und Kinder nachkommen.

„Mutige Leute. Müssen bei Null anfangen. Und niemand wird ihnen dabei helfen."
„Und warum? Weil das Problem der Überbevölkerung nicht gelöst wird. Im Gegenteil: Die Kirche verhindert Geburtenkontrolle und wirksame Familienplanung. Wie kann sie das eigentlich unter diesen Umständen hier verantworten?"
„Sollten wir mal einen Priester fragen."

Statt, wie angeboten, im Bungalow voll summender Mücken, schlafen wir ungestört im Zelt. Früh schon sehen wir durchs Moskitonetz die Fischer mit ihren Booten hinausfahren, hinüber zur Küste Palawans. Dort reicht der Urwald bis zum Ufer. Keine Häuser, aber auch kein Strand. Nichts für eine Neuansiedlung. Aus den Booten werden Punkte die im Sonnenlicht verschwinden. Wir bleiben noch ein wenig. Wo sich das Wasser zurückgezogen hat, liegen jetzt Muscheln und Korallenstücke. Noch leuchten die rot, grün und violett - bald werden sie tot und damit unansehnlich grau sein. Kleine Hohlkörper stecken senkrecht im Sand, Fontänen sprudeln aus den oberen Öffnungen. Und langsam versinken diese Behausungen kleiner Weichtiere durch den Einschwemm-Prozess unter der Oberfläche - ihr Überleben bis zur nächsten Flut ist gesichert. Muscheln, jede Menge. Eine wiegt sicher 3 kg. „Ist denn so etwas hier nichts Besonderes?"

Mit dem ruhigen Wasser ist's heute vorbei. Kräftiger Wind und von ihm getriebene Wellen. Wir laufen eine langgestreckte Insel an, um von ihrer Leeseite aus zu schwimmen. Herrlich - Badewannentemperatur, Sicht klar bis zum Grund. Einige rote Seesterne auf dem Sandboden, dann sind wir über den Korallen eines kleinen Riffs. Das Wasser trägt uns so, daß wir ohne Eigenbewegung durch die Tauchmasken dem Leben unter uns zuschauen können. Sehr friedlich gehts da nicht zu: Fische streiten um ihre Reviere, große jagen kleinere und als eine Muräne den Kopf aus ihrer Höhle steckt, da verschwinden sie. Und auch wir gehen auf Distanz. Denn das Vieh sieht böse aus: Ständig öffnet und schließt es das große Maul, in dem dolchartige Zähne Angreifern gefährlich werden. Doch, von wenigen Arten abgesehen, nur diesen. Denn, außer in die Enge getrieben, attackiert die Muräne von selbst selten. Wenn, dann mit unglaublicher Kraft: Ihr bis zu 2 m langer Körper, ohne Schuppen und Flossen, ist ein einziger Muskelstrang. Diese da bleibt, so wie üblich, tagsüber in ihrer Behausung. Von ihr aus jagt sie nachts. Sie orientiert sich dabei mit dem Geruchssinn. Worauf sich eines ihrer potentiellen Opfer gut vorbereitet hat: Der Tintenfisch. Seine „Tinte" vernebelt nicht nur, sondern betäubt auch die „Nase" der Muräne für genügend lange Zeit. Daß ihre Bisse giftig sind, stimmt nicht - es entwickeln sich aus ihnen jedoch oft schlecht heilende Infektionen. Giftstoffe enthält das Blut von Moränen. Wirksam werden die nur, wenn sie in die Blutbahn des Menschen gelangen. Dieses Risiko ist gering. Gefährlicher ist etwas anderes: ausgewachsene Muränen zu essen. Das könnte zu schweren Vergiftungen durch Ciguateratoxin führen, einen Stoff, der in einzelligen Algen vorkommt. Wassertiere fressen die, werden selbst gefressen und Raubfische, am Ende der Nahrungskette enthalten das Gift konzentriert. „Unsere" Muräne, eine der 100 Arten die es gibt, verzieht sich ganz in die Finsternis ihrer Behausung und wir schwimmen zurück.

Neben ein mit Palmenblättern gedecktes Dach auf vier Pfählen, für Fischer, die unter ihm Netze und Vorräte bergen, stellen wir unsere Hütte. Und nun haben wir Zeit. Um die Insel, Cay Island, zu umwandern. Um Krabben zuzuschauen, die über den Strand rasen und sobald sie unsere Fußtritte hören in ihren Löchern verschwinden. Draußen springen Delphine über die Wasseroberfläche. Ein Fischerboot holt das Netz ein und tuckert gegen Abend an unseren Strand. Drei Fischer aus Puerto Princesa. Einer erzählt in gutem Englisch, sie hätten heute nur vier kleine Fische in ihrem rund 100 m langen Netz gefangen. Darum wollten, nein müßten, sie in der Nacht erneut los. Bis zum Sonnenuntergang sitzen wir mit ihnen zusammen. „Wir sind von Mindanao, der südlichen, großen Philippinen-Insel. Als Christen hatten wir es schwer dort unter den Moslems. Die wollen einen unabhängigen Staat errichten und das Militär kämpft gegen sie. Dauernd wurde geschossen, da sind wir vor einigen Jahren nach Palawan ausgewandert.“ Julio, der Fischer, kramt in seinem Boot herum und zeigt eine

kinderkopfgroße Café-au-lait-braune Muschel mit weißen Zacken. Die wäre gestern im Netz gewesen, wir sollten sie mitnehmen, „Souvenir, Erinnerung an Palawan.“ Ein besonders schönes Exemplar. Feine Farbabstufungen und unbeschädigt. Im Boot haben wir jedoch wirklich keinen Platz mehr dafür übrig. Aber das Geschenk ablehnen? Der Fischer würde das nicht verstehen und als sehr unfreundlich empfinden. So erklären wir unsere Situation und fragen, ob wir die Muschel später einmal bei ihm holen dürften. „Sie wird warten“, erklärt er fast feierlich, „und Euch nach Puerto Princesa ins Purok Mandaragat bringen. Dorthin, wo die Fischer wohnen. Ihr werdet kommen, irgendwann...!“
„Gab mal 'nen Schlager 'Ich hab' noch einen Koffer in Berlin - und deshalb muß ich immer wieder hin...' oder so ähnlich. Statt Koffer 'ne Muschel, statt Berlin Puerto Princesa ...“

Während für die Fischer die Arbeit beginnt, gehen wir schlafen. Eine ruhige Nacht. Still, kein Wind. Irgendwann jedoch werden wir wach: Ganz nah plätschert's auf dem Strand: Tiere? Nachsehen - - - kaum zu glauben, rund herum beleuchtet das Mondlicht Wasser, nur Wasser. Direkt vor dem Zelt, hinter ihm, an beiden Seiten. Keine Insel mehr. Unser Boot liegt bereits zum Teil in der herauf gekommenen Flut, die Befestigungen der Zeltleinen sind nicht mehr zu sehen. Jede kleine Welle die vor unserer Haustür kommt und geht, blinkt und glitzert hell auf: Meeresleuchten, intensiv und schön. Nur - das interessiert jetzt weniger, denn: was tun, wenn auch die nur noch etwa 10 qm Zeltplatz zu „Land unter" werden? Alles schnell ins Boot packen und in ihm „überleben"? Der Tidenkalender! Wann ist in Manila heute Nacht Hochwasser? 15 Minuten Abweichung hinzu addieren und auf die Uhr schauen: Wie hoch und wann? Die Gefahr müßte eigentlich bereits vorbei sein. Und wirklich - aufatmen - langsam, ganz langsam geht das Wasser zurück. Glück gehabt - nur 50 cm mehr, wie es die Tabelle für eine Woche später ankündet, und die Überraschung wäre perfekt und ziemlich naß gewesen.

Morgens ist unsere Insel so lang und so breit wie gestern als wir landeten. „Haben wir alles geträumt?" Nein, Muscheln und ein dicker Seestern liegen direkt vor dem Zelt. Eine Löffelschnäbler-Familie stochert unweit in den eßbaren Überbleibseln der nächtlichen Flut. Mißtrauisch schaut sie zu uns herüber, als wir Zelt und Packsäcke ins Boot stauen. Mit wenig Wind hinüber zur Bush-Insel. Im Wasser stehen Pfahlgerüste. Von deren Plattformen aus wird nachts gefischt: Lampen locken Fische über ausgelegte Netze die dann hochgezogen werden. Etwas weiter aus Bambusstangen gesteckte Fischzäune. Wer in deren Labyrinth schwimmt, verirrt sich, landet in einer Falle und wenig später im Kochtopf. Ähnlich funktionieren Sperranlagen in der Mündung des Baboyang-River. Fische die zum Meer wollen, enden im Netz. Einige Weißfische und zwei Hummer waren es während der vergangenen Nacht, Einheimische holen sie gerade heraus. Zu wenig, um ihre Familien satt zu machen. Eine Strecke weit paddeln wir stromauf. Der Fluß fließt gelb und trübe, seine Ufer sind mit Mangroven dicht zugewachsen. Ihre Wurzeln bilden undurchdringliche Zäune. Keine Chance da zu landen. Zurück also zum Meer.

Batak

Mittagspause an einem kleinen Strand unter Palmen. Nachmittags sind wir in San Rafael. Dort, wo wir nach dem Governmenthouse fragen sollten. Leicht zu finden - nahe am Wasser steht es, auf Pfählen, mit geflochtenen Wänden und einem aus Ästen sorgfältig gefügten Fußboden. Eine überdachte Terrasse, an den Wänden Skelette von Panzerrochen und anderem Seegetier. Ja, sagt der Verwalter, wir könnten bleiben und unser Gepäck liegen lassen, wenn wir zu den Batak wollten. Ben Pagayona werde uns wohl den Weg zeigen.

Ben treffen wir am Abend. Warum wir überhaupt zu „seinen" Batak wollten? Um darüber später einmal zu schreiben? Das interessiert ihn, hat er doch selber seine jahrelangen Studien aufgeschrieben. Er zeigt sie uns - Seiten voller Beobachtungen über ein aussterbendes Volk: „Kein Verlag hier will daraus ein Buch machen. Das Thema scheint tabu zu sein." Ein interessantes Thema. Die Batak gehören zu den Ureinwohnern der Insel. Wenige von ihnen haben die Einwanderungswellen von anderen Inseln her überlebt. Und diese wenigen ziehen heute als Nomaden durchs Bergland, einige leben zurückgezogen im Dschungel. Anschluß an die moderne Zivilisation lehnen sie ab. Versuche der Regierung sie anzusiedeln, sie zu Ackerbau und Viehhaltung zu bringen, schlugen fehl. Und nur einzelne Einheimische unterhalten Kontakte zu den kaum mehr als 300 Batak die es heute auf Palawan noch gibt.

Auf einem schmalen Trampelpfad führt uns Ben am nächsten frühen Morgen in die Berge. Zehnmal mal haben wir zum Teil schnelle, immer erfrischend kühle Bäche, einmal einen breiten Fluß zu durchwaten. Gelbe Orchideen an den Ufern, hellgrüne, dicht bewachsene Hänge. Dunkle Eingänge öffnen sich zwischen hohen Bäumen in den Urwald hinein. Kletterpflanzen, Lianenschnüre und metergroße Bätter: Wunderschöne, ursprüngliche Natur. Nach etwa zwei Stunden erreichen wir so etwas wie ein Dorf.

Primitive Pfahlhütten, provisorisch überdachte Schlafstellen ohne Wände, die Hütten bar jeder Inneneinrichtung. Männer tragen ein Minimum aus Baumrinde, Frauen bunte Röcke, dazu Perlenschnüre und auf dem Rücken Schwänze von Flughörnchen. Einige haben ihre Augenbrauen und Haare über der Stirn abrasiert, angeblich, damit von

einem Band gehaltene Blumen dort besser zur Geltung kommen. Um ihre Knöchel und Unterschenkel herum klimpern 10 bis 20 Ringe aus Metall. Ihr Geräusch soll Schlangen vertreiben und vor Bissen schützen. Nur die Frauen? „Männer brauchen so etwas nicht, sie sind vorsichtiger“, ist die Antwort. Später sehen wir diese Männer in den Busch marschieren - *hinter* den Frauen.

„Kaum eine, die nicht alle Jahr ihren Mann wechselt“, erzählt Ben, „oft kehrt sie wiederholt zu demselben Partner zurück. Die Auswahl ist ja nicht groß. Streit jedoch gibt es deshalb nicht. Der Umtausch wird offiziell geregelt, ein Ablöse-Preis ausgehandelt. Überhaupt - gestritten wird bei diesen Batak fast nie. Manchmal leben die sogar zu dritt weiter in einem Haus harmonisch zusammen.“ Daß hierher ab und zu Fremde kommen, ist deutlich: Männer stellen sich mit ihren Jagdwaffen für den Fotoapparat in Positur, Frauen, „oben ohne“, demonstrieren das Stampfen von wildgewachsenem Getreide. Ben hatte Tabak und Bonbons mitgebracht - Eintrittsgeld für diese „Besichtigung“?

Mittags kocht Reis auf offenem Feuer. Ein in Blätter gewickelter, kurz zuvor aus dem nahen Fluß geholter Fisch dünstet in der Glut. Wie üblich wird das Essen auf Bananenblättern serviert und mit den Fingern gegessen. Romantisch, exotisch. „Ist das das Leben in der Wildnis? So einfach, von der Natur versorgt?“ Ben denkt eine Weile nach und meint dann: „Nein, jedenfalls nicht immer. Den Batak wächst ihr Essen nicht in den Mund. Sie müssen es suchen, wildem Reis, Wurzeln und Kräuter. Sie müssen jagen mit Blasrohr und Speer und fischen. Und meist landet nicht viel in ihren Kochtöpfen“, die sind aus Aluminium, wie wir im Dorf sahen, „selten ein Wildschwein, eher Vögel, Ratten und Flughunde. Nur so lange können sie bleiben, wie es diese Nahrung in ihrer nahen Umgebung gibt. Danach heißt’s weiterziehen.“

Gesund sahen sie nicht aus. Viele wirkten apathisch, Hautkrankheiten, hustende Kinder. „Aber sie wollen es nicht anders“, meint Ben, „und sie werden deshalb aussterben. Bald schon.“

Schöne bunte Schmetterlinge wo wir zurückwandern. Einer landet auf der Hand, bleibt sitzen. Palawan sei berühmt für die hier lebenden exotischen Exemplare, Wissenschaftler kämen, um immer noch neue zu finden, Ben zeigt zu einem im Busch, Papilio Trojana heiße diese seltene Art. Eine andere Troides Magellanus - kam der portugiesische Seefahrer des 16. Jahrhunderts auch nach Palawan?

Ohne die Spannung des heute früh voraus liegenden Erlebnisses wird der Rückweg lang und mühsam. Mangrovensümpfe, wieder die zu durchwatenden Gewässer und dann Regen. Todmüde erreichen wir schließlich das Gästehaus. Die Sonne geht unter, ganz schnell wird's dunkel. Licht? Der Verwalter bringt eine Gaslampe - seine Familie begnügt sich mit Kerzen. Würde das bei uns auch so sein?

Paradise Island

Drei Tage „ohne besondere Vorkommnisse“. Auch mal ganz erholsam. Ruhige Fahrt entlang der Küste. Steil die grünen Berge, ab und zu kleine Häuschen im Busch, ein Ort an dem wir vorbeifahren. Schmale Sandstrände wechseln mit Strecken an denen wir nicht landen könnten. Einmal besuchen uns abends junge Leute, die mit ihrem Boot zur Hauptstadt wollen. Einen Papagei haben sie dabei, im Netz gefangen, die Flügel gestutzt. So macht das nette Tierchen seine Fluchtversuche zu Fuß, ohne allerdings weit genug zu kommen. Wir sollen es unbedingt kaufen. Sie brauchen Geld für ihren Ausflug, wir aber keinen Papagei - so unglücklich liegen die Zusammenhänge. Traurig? Sichtbar sind es die Menschen denen wir begegnen selten. Zeigen sie es nur nicht? Diese hier fahren fröhlich winkend davon, mit einigen Wappen unseres Landes, sehr beliebte und kaum Platz beanspruchende Geschenke. Die werden sie daheim, statt auf Autoscheiben, auf ihre Türen kleben. Auto? Kein Verlangen mehr nach ihm ...

Roxas, das x wie ein ch gesprochen, eine richtige Stadt am Meer. Mit Krankenhaus und Polizeistation, mit Häusern aus Stein. Autobusse die nach Puerto Princesa und ins Inland fahren. Gedränge auf dem Markt. Wir kaufen Früchte: „Gut für die Augen" bietet die rot beturbante Bäuerin ihre Chesas an. Diese „Medizin" schmeckt mehlig süß, die Chicos dagegen wie überreife Birnen. Kalamansy-Früchte packen wir ein, vitaminreiche Mini-Limonen und einige Guyabanas, deren Saft süß und gesund ist. Bananen, kleiner als Chicita & Co, mindestens aber so lecker, sowie eine Kokosnuß kommen ebenfalls mit ins Boot, letztere aufs Deck. Sie würde schwimmen, fiele sie außenbords. Ein Sprung nur zur nahen, flachen Insel White-Sand. Dort, wir haben vorsichtshalber gefragt, bleibt ein Stück Land immer trocken. Gut also für die nächste, ruhige Nacht. Am Morgen allerdings wird's laut. Unter uns kratzt eine wütende Krabbe mit ihren Scheren am Zeltboden: „Aufmachen, weg da, Ihr könnt mir doch nicht einfach den Ausgang versperren. Will raus zum Jogging ..." Aber als wir dann das Zelt weggeräumt haben, läßt sie sich nicht mehr blicken. Arbeit umsonst - bei der Hitze. Und dabei steht die Sonne erst wenige Grade über dem leicht diesigen Horizont.

Zur nächsten Insel, Shell Island, sind's vier Kilometer. Heiße. Sandbank, ins Wasser, und schon strömt der Schweiß wieder aus allen nicht vorhandenen Knopflöchern. Landung bei einem Bauernhof.

Niemand zu Hause? Doch, geradezu stürmisch begrüßen uns zwei Schweine und ein laut bellender, schwanzwedelnder Hund. Alle drei folgen auf Schritt und Tritt in den Schatten der Palme. Wir öffnen einige herumliegende Kokosnüsse mit unserem Bolo, dem hier so genannten Buschmesser und schon raufen sich Hund und Katze, Schweine und Hühner um das weiße Kokosfleisch. Draußen haben die Wellen inzwischen Schaumköpfe bekommen. Werden wir bleiben müssen und können? Ein Boot mit Kurs hierher: Die Familie kehrt zurück. Fremde zu Besuch? Die netten Leute sind kaum erstaunt und bieten uns zu essen an. Wovon sie hier leben, fragen wir. „Etwas Landwirtschaft, wir fischen und verkaufen in Roxas auf dem Markt." Und wie es mit dem Weiterfahren nach Tumarbong wäre? „Morgen", raten sie mit zweifelnden Blicken auf's kleine Boot ohne Ausleger und zeigen uns einen guten Platz für die Nacht. Danach haben sie zu tun.

Wo wir vorbeigefahren waren und jetzt zelten stehen Mangroven. Eine mehrere Meter hohe und breite Wand. Resistent gegen Salzwasser, dringt die Pflanze durch ihre Stelzwurzeln immer weiter ins Meer vor. Und es scheint, als ob niemand je in das Gewirr ihrer verschlungenen Äste eindringen könnte. Aber: Die dunklen Trauben da drinnen, von draußen nicht zu sehen, das sind Flughunde, die große Spezies der Fledermäuse. Mit dem Kopf nach unten hängen sie zwischen, hinter den Blättern. Wie tot. Bei Sonnenuntergang jedoch werden sie plötzlich lebendig. Sie lösen sich aus ihren Schlupfwinkeln und mit langsamen Flügelschlägen, fast geräuschlos fliegen sie über uns hinweg. Immer mehr, einige hundert, folgen von anderen Inseln her, tausende sind es jetzt, eine schwarze Wolke. Ein unglaubliches Naturschauspiel.

„Um Angst zu kriegen. Hitchcocks Film ‘die Vögel’ - den hätten die hier drehen können.“

„Die Farmer drüben auf dem Palawan ‘Festland’ haben sicher auch Angst. Denn diese fliegende Armada wird einfallen, wo Früchte in den Bäumen hängen. Und dann gibt’s nicht nur einen Kampf zwischen Mensch und Übermacht Tier. Auch jeder der Räuber wird seine Beute mit Zähnen und Krallen gegen den anderen verteidigen.“

„Und wie finden sie in der Dunkelheit ihren Weg?“

„So viel ich weiß, besitzen sie für's Sehen so etwas wie einen Restlichtverstärker. Eine Optik, die das wenige, noch vorhandene Licht sammelt und gebündelt zur Verfügung stellt. Diese Möglichkeit hat man übrigens der Natur abgeguckt und setzt sie beim nächtlichen Schießen und Fotografieren ein. In völliger Finsternis sind die Tiere wie Menschen blind.“

Ihre Rückkehr verschlafen wir. Morgens hängen sie, in ihre Flughäute gehüllt, schon wieder in den Zweigen der Mangroven.

Acht Kilometer sind sie zum Land geflogen - wir gehen zeitig auf gleichem Kurs. Was wir nach einer Stunde gemütlicher Paddelei immer deutlicher voraus haben, gleicht Bildern die zu Hause in Werbeprospekten locken. Dunkle Vulkanberge, verfilzter, dichter Urwald, Palmenplantagen mit den geordneten Reihen ihrer Bäume davor. Goldgelbe Strände im reizvollen Kontrast zum grünlich blauen Salzwasser.

Von der niedrig stehenden Sonne angestrahlt leuchten kleine Häuser zwischen Bäumen und Büschen voll bunter Blüten. Ein Auslegerboot dümpelt ziemlich weit vom Ufer entfernt vor Anker. An ihm machen wir fest, so, daß das Boot an der Bugleine in Windrichtung frei schwimmt. Da kann es schaukeln und schlägt nicht gegen den vor Anker liegenden „Gastgeber“. Eine zweite Leine vertäuen wir zusätzlich zwischen ihm und Heck - man kann ja nie wissen ... Bis zu den Knien stehen wir im Wasser. Nur etwa zwei Stunden jedoch und dieser Teil des Watts fällt trocken. Viel Zeit fürs Einkaufen haben wir also nicht. Leere Wasserbehälter, die Fototasche mit allem was wertvoll ist, Hemden und Hosen zum Überziehen, Sandalen - damit waten wir an Land.

Eine mittlere Menschenmenge hat sich dort inzwischen versammelt. Kinder in sauberen einheitlichen Schuluniformen, Leute aus dem Ort. Begrüßung auf Englisch: Woher und Wohin? Zum Laden, zum Magazin? Schon nimmt uns jemand mit um den Weg zu zeigen. Und wie beim Rattenfänger von Hameln - alle Kinder hinterher. Rufen und Schelten ihrer Lehrerin sind umsonst. Erst nachdem wir Bonbons gekauft und verteilt haben, folgen sie ihr wieder mehr oder weniger willig. Ob wir uns die Schule ansehen wollten, hatte sie schüchtern gefragt. Und dort, vor deren Tor, ein unglaubliches Durcheinander von Sandalen - 250 Paare - wie kann wer das seine nach dem Unterricht zurückfinden? Alle sechs Klassen sind bei Weihnachtsarbeiten. Die Kinder basteln kleine Körbchen und Matten und - „der wächst ja bei uns nicht ...“ - einen Weihnachtsbaum. Sie schneiden grünes Krepp-Papier in schmale Streifen und schnibbeln in diese quer und in dichter Folge von beiden Seiten mit ihren Scheren hinein. Dann wickeln sie die Bänder um Zweige eines dürren Baumes ohne Blätter. Dabei stellen sich die Schnibbel auf und werden dadurch zu so etwas wie Tannennadeln. Nicht schlecht - Lichter können nun draufgesteckt werden und alles ist fast so wie bei uns. Nein, besser eigentlich. Denn dieser Baum nadelt nicht!

Das Körbchen in der Hand, das die Kinder uns schenkten, und für das wir uns mit Postkarten aus Deutschland als Wandschmuck revanchierten, stapfen wir zurück zum Laden. Was in unserem Vorrat zur Neige ging, hat er: Nudeln, Zucker, Kekse und Rosinen. Sogar zwei Tafeln Schokolade - für Weihnachten? Wasser gibt's aus einer Zisterne - die hat über ein weit ausladendes Dach in der letzten Nacht tüchtig Nachschub bekommen. Und dann werden wir gleich zweimal eingeladen. Zunächst von einem Chinesen, der uns *seinen* Laden zeigen will - damit wir auch bei ihm noch etwas kaufen. Er holt Orangeade, die erste gekühlte seit unserer Abfahrt. In einem Ort ohne Strom, wie das? „Eisschrank mit Kerosin betrieben", erklärt er und berechnet dafür einen Preisaufschlag von 50%. Danach sollen wir uns mit einem Mann der Gemeindeverwaltung die Kirchen anschauen. Eine wurde für Katholiken, die andere von Baptisten gebaut. An deren Zaun hängen Schilder mit den Namen von Familien. „Die haben mitgearbeitet oder gespendet", erklärt der Mann, „niemand mochte sich ausschließen." Logisch, wenn das so dokumentiert wird. Es wäre noch mehr im Ort zu sehen, meint er, ob wir nicht noch ...? Leider nein, keine Zeit mehr. Denn wir müssen los, bevor das Boot auf dem Trocknen liegt. Zwei Jungen begleiten uns zurück. Jetzt nur noch bis zu den Knöcheln im Wasser verstauen wir die Einkäufe. Die beiden untersuchen inzwischen Haut und Deck unseres Gefährts und versuchen aus, ob es umzukippen sei. Geht nicht? Trotzdem es keine Ausleger hat? Null Risiko - liegt ja schon fast auf Grund.

Weiterfahrt bis kurz vor Flechas-Point. An diesem Kap geht es jetzt am Nachmittag ziemlich turbulent zu. Morgen also da herum. Wo zelten? Die Ufer sind schmal und steil. So müssen wir uns in einen Sandhang eine Plattform hinein schaufeln. Das Reservepaddel ist dazu zwar nicht da, eignet sich aber gut. Weiter Blick von oben über den kilometerlangen Strand. An ihm entlang wandern gegen Abend Männer und Frauen, müde von der Feldarbeit, beladen mit Körben, Werkzeug und Kochkesseln. Sie grüßen, gehen vorbei und weiter zu ihren im Busch nicht sichtbaren Häusern. Später bleiben zwei Männer beim Zelt stehen. Einer von ihnen trägt ein Bolo in schön gefertigter Holzscheide am Gürtel. Wir bewundern es und zeigen unser sehr viel einfacheres

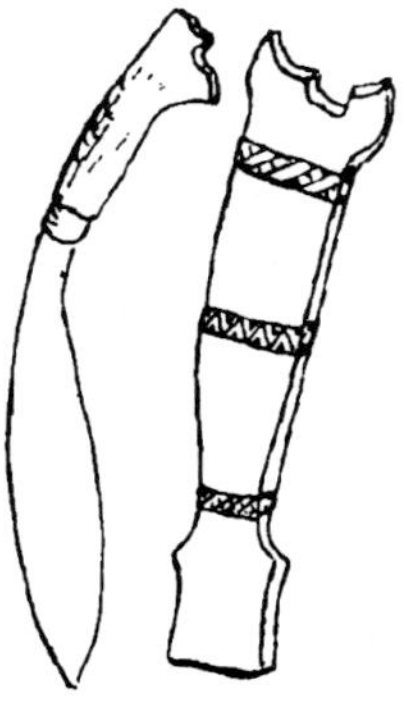

Buschmesser. Das gefällt ihm gar nicht, zu stumpf, meint er. Mit einem der herumliegenden Steine beginnt er zu schleifen. Das Ergebnis ist gut, seinem Kollegen nicht gut genug. Der bietet an, das Messer mit nach Hause zu nehmen um es dort richtig zu schärfen. Am nächsten Morgen, kurz nach Sonnenaufgang, bringt er's zurück. Nun sei der Bolo wirklich scharf, was er an der nicht mehr ganz glatten Kante eines Paddels demonstrieren möchte. Um die hölzerne Scheide hat er aus gepreßten Palmenblättern handgeflochtene Bänder verknüpft - Verzierung und Halt zugleich: „Gastgeschenk." Mit einem kleinen Taschenmesser aus dem mitgenommenen Vorrat können wir uns revanchieren.

Früh sind wir heute dran. Zeitig passieren wir die weit ins Meer vorspringende Landspitze. An solchen Ecken ist auf dem Wasser meist einiges los. Sind sie flach, so verstärkt sich der Wind auf ihrer Leeseite, bei steilen gibt's Windwirbel und Turbulenzen. So haben wir jetzt trotz der frühen Stunde Schaumkronen auf den Wellen. Gut auszusteuern, da sie von vorn anlaufen. Wind - herrlich als Abkühlung. Zwischen Mangrovenwänden und dichtem Buschwald fehlt er uns bald darauf. Wir sind ein Stück weit den Elean-River hinaufgepaddelt um das oberhalb gelegene Dorf anzuschauen. Die Flußströmung plus Ebbe, drückende Hitze - wir geben auf. Kehrt und zurück zum Meer. Und dort lockt eine Stunde später ein weit ausladender Baum über weißem Strand: Unter ihm wird Schatten sein. Kaum haben wir das Zelt aufgebaut, da prasselt ein Monsunregen mit elementarer Gewalt vom Himmel. Trotz der Zweige über dem Platz füllt er innerhalb weniger Minuten vier Liter plus einigem Kleingetier übers Zeltdach in die darunter gestellten Kochtöpfe. Und typisch: So schnell der tropische Guß kam, so rasch ist er vorbei.

Waschtag: Schlafsack, Handtücher, Hemden und Badehosen einseifen, rubbeln, im Meer spülen. Auf der zwischen Bäumen und in den Sand gestellten Paddeln gespannten Bootsleine flattert das saubere Ergebnis im Wind. Eine Frau schaut zu. Ernst, fast ausgemergelt, im zerschlissenen Kleid. Wie und womit wir kochen, will sie wissen und ob wir schon unser Mittagessen gehabt hätten. „Eßt Ihr auch Reis?" fragt sie und als wir es bejahen, geht sie, bahnt sich mit ihrem Buschmesser einen Weg durchs Gestrüpp, steil bergauf. Eine Stunde später steht sie wieder vor dem Zelt. Mit freundlich verlegenem Lächeln reicht sie zwei in Bananenblätter gewickelte und mit Halmen verschnürte Päckchen: Reis, zu Hause gekocht, noch warm. Brauner Reis. Gewürze aus dieser Berggegend gäben die Farbe, verstehen wir, mehr aus Zeichen als aus Worten. Er schmeckt anders als gewohnt. Gut? Darauf kommt es jetzt nicht an - die nette Geste dieser Frau rührt.

Gegen Abend sehen wir sie wieder. Mit dem Bolo stochert sie, jetzt bei Ebbe, im Watt herum, löst mühsam kleine Muscheln und Schnecken

von den Steinen und wirft sie in ein Handnetz - wenig, sehr wenig ist's, „... und wir gehen einfach mal einkaufen um ans Essen zu kommen!" Zwischen zwei Hälften einer Muschel verstecken wir einen Geldschein und, „...gerade gefunden". schmuggeln ihn so unbemerkt ins Netz: „Kann sie brauchen. Aber wann? Der nächste Laden ist weit."

Im hellen Mondlicht sitzen wir lange vor dem Zelt. Draußen fährt ein Boot vorbei. Sobald sein anscheinend widerspenstiger Motor aussetzt, klingt Musik herüber, Trommeln, ein Tamburin und zwei oder drei Gitarren. Schwungvolle Rhythmen, unterbrochen, und schließlich beendet, vom wieder anspringenden Außenborder. Schade: Hätten wir Licht gemacht, so wäre die Kapelle bei uns gelandet um zu fragen ob wir mit wollten, „... tanzen, in einem Nachbarort." - Davon erzählen uns Fischer am Morgen. Sie skizzieren im Sand den Weg, den wir durch das Gebiet vor Capaya, dem nächsten Ort, nehmen sollten. Eine Wegbeschreibung fürs überall gleich aussehende Wasser? Das Ergebnis: Plötzlich haben wir die bunten, nun gefährlich nah leuchtenden Korallen knapp unter uns. Scharfe Kursänderung nach Steuerbord und wir finden wieder eine freie Passage. Auf der Seekarte ist die deutlich - auf dem Wasser überhaupt nicht erkennbar. Langsam, mit Vor-Sicht weiter. Vom Ort her kurze Glockenschläge, wie auf Schiffen beim Glasen, dem Uhrzeitgeben während der Wachen. Warum hier? „Ach ja, ist Sonntag heute..." - beim Tagebuchschreiben müssen wir schon ab und zu nachrechnen und Daten korregieren.

Sonntag - ein Sonnentag. Keine Wolke am Himmel. Wind kühlt unsere Haut. Die ist inzwischen so dunkel, daß sie nicht mehr verbrennt. Die langsame Gewöhnung mit viel Sonnenschutz in den ersten Tagen hat sich gelohnt. Je weiter wir an diesem herrlichen Morgen paddeln, desto näher schiebt sich rechts von uns ein großes Stück Land heran. Die Insel Dumaran. Noch verschmilzt sie mit dem Mangrovenufer Palawans. Dann aber öffnet sich der Blick in die Durchfahrt nach Norden: Weiße Strände über blauem Wasser, dunkelgrüne Palmen. Auf einer Insel zwei kleine Häuschen, vor einer anderen der Schatten eines Bootes. Eine Weile legen wir die Paddel aus der Hand und schauen, dann fahren wir langsam auf eine kleine zu. Den süßen Duft von Blumen schickt sie uns entgegen. Und als wir landen, da prägen sich unsere Fußstapfen als erste, jedenfalls als einzige, in den körnigen, aus Korallenteilchen gewordenen Sand. Unter hohen, sich wiegenden Palmen hat der Wind Wellenlinien auf dem Strand gezeichnet. Violette Blüten schmiegen sich an den Boden. Leise plätschern die Wellen.

„Unsere" Insel. Hier liegt eine wunderschöne Muschel, dort ein ovaler Korallenstein mit feinem Filigranmuster durchzogen. Krabben jagen über den Sand und einmal huscht ein Waran ins Dickicht. Einer von der Art wohl, die auch auf Borneo vorkommt. Und die damit belegt, daß die Inseln früher zu einer Landbrücke zwischen Indonesien und dem Festland Asiens gehörten. Da sich diese Echsen bis in die Urzeit zurückverfolgen lassen, mag das stimmen. Anatomisch haben sie, so abwegig das für einen Vierfüßler scheint, Analogien zu Schlangen. Im Körperbau und auch im Verhalten: Den Hirnschädel als geschlossene Kapsel, das „Züngeln" der Zunge, und wie sie ihre Beute als Ganzes verschlingen. Grund für Wissenschaftler um anzunehmen, daß Warane Bindeglied zu einer Form sind, aus der einmal die Schlangen hervorgingen. Dieser, der da im Gebüsch verschwand, war kleiner als seine Artgenossen auf Komodo im indonesischen Sunda-Archipel. Beruhigend, denn die verspeisen auch schon mal einen Menschen.

Nur auf einer Seite der Insel wachsen Mangroven. Auf ihren gebogenen Wurzeln jagen Schlammspringer nach Insekten. Andere liegen im Wasser. Mißtrauisch schauen sie aus großen Stielaugen zu uns auf. Daß sie zu den Fischen gehören, muß man, wenn sie an Land sind, glauben. Aber es stimmt: Ihre Brustflossen haben diese Tiere im Zuge der Evolution zu Gehwerkzeugen umfunktioniert. Mit ihnen klimmen sie, wenn sie nicht schwimmen, hüpfend auf's Trockene. Um die Kiemen dabei feucht zu halten nehmen sie Feuchtigkeit, „einen Wasservorrat" mit. Die hohe Luftfeuchtigkeit hilft ihnen ebenfalls nicht auszutrocknen. Eine Weile sehen wir ihnen zu. Dann biegt ein kleiner, uralter Dampfer um die Ecke, einige Passagiere an der Reeling:
„Von dort aus gesehen, muß das hier wie ein Stück Paradies wirken."
„Hat übrigens noch keinen Namen. Wie wär's mit Paradise Island?"

Es bleibt ein Paradies. Beim Schwimmen im jadegrünen, warmen Wasser überm hellen, weichen Sand. Beim Miteinander, beim zusammen erleben. Blüten duften, ab und zu fällt irgendwo eine Kokosnuß mit dumpfem whumm in den Sand. Leise sirren die Palmen über uns im Abendwind.
„Womit haben wir das verdient?"
„Gar nicht, geschenkt."
„Warum? Warum gerade uns?"

Von Palawan her fliegen weiße Vögel zur Insel. Wie Perlen aneinander gereiht sitzen sie im letzten Tageslicht zu sechst und acht ganz oben auf den Palmem und krächzen. Laut und unmelodisch: Kakadus, empört über die Eindringlinge da unter ihren Schlafplätzen. Und dann steigt der volle Mond aus dem Meer ...

Weihnacht

Eine Windboe läßt das Zeltdach flattern und weckt uns: Finster grauer Himmel, Sturmzeichen. Urplötzlich ist die paradiesische Ruhe und Romantik weg - die Wirklichkeit hat uns wieder: „Spätestens übermorgen brauchen wir Wasser. Wenn wir dann hier abgeschnitten sind?" Besser also weiter. Schade. Und traurig - die moderne Version der Vertreibung aus dem Paradies! Einpacken, alles im Boot so stauen, daß nichts rausfällt wenn ..., nein, nicht kentern in dieser Gegend mit Haifischen. 12 km haben wir zur weit herausragenden Landspitze von Bay Point. Unter ihr wird Windschutz sein. Von dort dann weiter, um ein Kap herum bis zu einer Bay, die laut Karte ebenfalls geschützt liegt. Müßte heute zu schaffen sein. Los also.

Langsam nur geht's voran. Gegen Flutstrom und viel Wind schrumpft unser normales Tempo von 5-6 km/h auf kaum mehr als die Hälfte. Gut festzustellen, denn erst nach über zwei Stunden liegt der nächste Ort, 6 km entfernt, querab. Um die vielen vorgelagerten Korallenbänke zu meiden fahren wir weit abgesetzt von der Küste. Und kriegen immer mehr Wind. Die Wellen werden härter und höher, die ersten rollen über Bug und Spritzdecke. Ein Schwarm fliegender Fische kreuzt unseren Kurs, fast kollidieren wir mit ihm. Rundherum weiße Schaumköpfe - unser Philippinen-Wimpel vorn am Bug steht steif: Beaufort fünf voll, Windgeschwindigkeit um 35 km/h mit Seegang vier. Das kann Wellen bis zu 2,5 m bedeuten. Der langsam näher kommende Landschutz aber macht sich bemerkbar - längst nicht so hoch laufen die auf. Doch der Wind dreht und wir haben die Roller mehr von der Seite. Kurswechsel, schräg anfahren, bei niedrigeren Wellenketten drehen wir dann wieder auf Parallelkurs und stützen, wenn nötig, zu ihnen hin mit dem Paddel ab. Weit voraus leuchtet Sand zwischen den Mangroven. Das zieht - das wär' was für eine Unterbrechung der pausenlosen Knüppelei. Und bei unter den Bergen immer ruhiger werdendem Wasser laufen wir schließlich, nach Umfahren einiger Korallenstöcke, in die Oase einer hübschen Bucht ein und landen. Uff, uff, das war's fürs erste. Ziemlich müde heben wir uns aus dem Boot und hieven es an Land. Raus aus dem nassen Badezeug und ausstrecken. Über drei Stunden hart fahren, das schlaucht. Bei tropischen Bedingungen mehr als daheim.

Draußen ändert sich nichts. Vielleicht gegen Abend? Wir setzen uns wieder ins Boot und paddeln langsam die langgestreckte Bucht entlang. Einige Kilometer Mangrovenufer, ein langes Riff, hinter ihm Strand, eben, gut zum Zelten. „Da, ein Trampelpfad..." - bergauf führt er zu einem Haus. Besser: zu einem überdachten Schlafplatz, ähnlich wie wir ihn bei den Batak gesehen haben. Sind wir bei einem ihrer Nomadenstämme gelandet? Vor kurzem waren sie noch hier: Essensreste auf dem Bananenblatt, aufgehängte Gemüsebündel, ein Stück Bambusrohr als Gefäß, aus Ästen gefertigte Hacken und Körbe. Und vom hohen Pfahl herunter blecken weiße, spitze Zähne, das Gebiß eines Haifisches - ein bischen beeindruckt uns das schon. Allerdings: Gegen Nomaden sprechen die angebauten Bananen, Papayas, Pfeffer, ein Garten mit gurkenähnlichem Gemüse. Ihre Feuerstelle ist kalt.

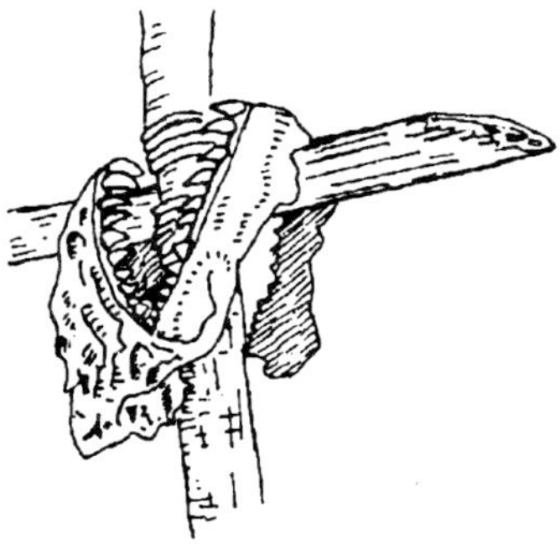

„Stimmen ...", kaum haben wir unser Zelt am Strand eingeräumt, „sie kommen!" Keine Batak. Zwei Frauen, drei Männer, deren dunkle Hautfarbe Vorfahren unter den Ureinwohnern vermuten läßt. Blusen, Röcke, Jeans - freundliche, lustige junge Leute, Landarbeiter, die temporär hier übernachten. Schnell brennt ein Feuer gegen die aufdringlichen Mücken, ein zweites auf dem die Frauen Reis kochen. Sie vergessen ihn beinahe, als unser Benzinkocher zu blubbern beginnt: Pfannkuchen zum Nachtisch? Mit ein wenig Englisch und mit Hilfe des Tagalog-Wörterbuches läuft die Unterhaltung. Ihre Arbeit sei schwer, erzählen sie, gerade jetzt in der Erntezeit, da Maschinen auf kleinen Feldern und in den Bergen nicht einzusetzen wären. Alles Handarbeit. Trotzdem hätten sie guten Ertrag und seien zufrieden. „Gibt es bei uns Bauern, die das sagen?" Eines der Mädchen hat eine zahme Taube dabei. Die schaut zu und läßt sich verwöhnen. Wir sollten sie mitnehmen, geschenkt, heißt es, als wir sie bewundern. Die Aussicht jedoch, daß der gefiederte Liebling in unserem kleinen Boot unterwegs seekrank werden würde, macht die Ablehnung des Geschenkes verständlich. So gehen wir alle schließlich zufrieden schlafen. Zufrieden? Der Qualm des Feuers hat Geschwader summender Plagegeister ins Zelt getrieben. Die stechen und beißen ekelhaft. Und dann heult der Sturm nun auch direkt über uns. Gefahr - das Boot muß weg aus der „Schußlinie" fallender Kokosnüsse. Raus also - kein Vergnügen in der totalen Finsternis. Warum haben wir nur vier Hände und beim Tragen keine fünfte für die Taschenlampe? Am Morgen liegt eine kopfgroße Nuß auf dem freigeräumten Platz. Glück gehabt - die Reparatur von Spanten und Stangen wäre mühsam geworden.

50 m Korallenwatt vor dem Zelt: Ebbe. Dicht an dicht, wie Spargel, ragen spitze Atemwurzeln der hier wachsenden Mangrovenart aus dem Schlick. Der letzte Schwachsinn da herumzuwaten. Aber wir wollen weg. Wollen morgen in Taytay eine philippinische Weihnachtsmesse erleben. Hilft also alles nichts - Boot und Gepäck müssen zum Einsteigen dorthin geschleppt werden, wo die Wellen am schwarzen Riffgestein tiefes Wasser melden. Während unsere „Nachbarn" längst wieder auf ihren Feldern arbeiten, latschen wir etliche Male durch den Matsch, schleppen, fluchen und stöhnen. Bis endlich alles eingepackt und im Boot verstaut ist.

Einsteigen, paddeln, weg. Zwar hat der Wind nachgelassen, kaum jedoch stecken wir die Bootsnase um das Kap herum, da wird's kriminell: Meterhohe Brandung, Reflexwellen und wir kommen nicht weit genug raus, um ihnen zu entgehen. Mal sind wir hoch auf einem Wellenrücken, dann wieder tief drunten im Tal. Von unten sehen wir nichts als grünlich waberndes, brodelndes und rollendes Wasser, von oben einen Fischdampfer schaukeln und stampfen. Der kämpft ebenso hart wie wir mit dem Seegang. Nicht gut - zurück! Die Wende klappt, mit einigen hohen Paddelschlägen und -stützen in aufgischtende Wogen sind wir rum. Und dann wieder in der Bucht, an dem kleinen Strand den wir gestern zuerst anliefen. Welche Ruhe nach dem Trubel! Nur aus der Ferne klingt noch das polternde Donnern der Brandung gegen die Felsen.
„Was tun?"
„Abwarten. Vielleicht beruhigt sich die Lage am späten Nachmittag."
Das Boot bleibt gepackt, wir essen, schnorcheln am Riff und vergessen unter den Schwärmen bunter Fische die Aussicht festzusitzen. Bewegungslos auf dem tragenden Wasser, eine ganz andere Welt da unten. „Hat sich nicht dafür schon das Warten gelohnt?"

Der Sturm tobt weiter, draußen bleiben die hochlaufenden Wellen. Und wir bleiben hier, Weihnachten in Taytay fällt aus. Beim späten Frühstück erscheint Nello, einer der Landarbeiter, mit dem achtjährigen Sohn seines Bruders. Irgendwo im Busch wollen sie nach Vogeleiern suchen. Und tatsächlich, sie finden eines, braun, doppelt so groß wie ein Hühnerei. Ein schwarzer Vogel habe es am Boden ausbrüten wollen, verstehen wir aus den Erklärungen und, daß es von denen genug gäbe, auch ohne dieses Ei. Die zwei Tiere, die heute Nacht mit Getöse den Hang hinterm Zelt herunter rauschten, das wären wohl Wildschweine gewesen. Und die Affen, die gerade wieder in den Bäumen über uns herumtoben? „Aufpassen", warnt Nello, „die klauen was herumliegt, Essen, Kleidung und Töpfe."

So packen wir vor dem Schwimmen alles ins Zelt. Auf dem Wasser springen heute Dutzende fliegender Fische neugierig um uns herum, zum Fangen nah. Eine Etage tiefer, in den zu Stein verhärteten Meeresboden ganz eingegraben, Muschelmäuler, grün, weiß, rot und blau. Es sind die kleineren Varianten der Tridacna, der Mördermuschel. Sie warten auf Beute, die ihnen ins aufgesperrte Maul schwimmen sollte.

Auf dessen Rändern befinden sich Sensoren: Eine Bewegung? Zack - kräftige Muskeln schließen. Einen Finger dazwischen gesteckt - der wäre weg - auf immer. Obwohl die Tridacna den kaum verdauen könnte. Denn sie strudelt Plankton und Kleinstlebewesen in sich hinein und filtert mit netzartigen Kiemen aus, was gut eßbar ist. Diese Muscheln hier verankerten sich mit ihrem ausgeschiedenen Haftsekret, fest wie Sekundenkleber.

Nicht weit von uns reitet ein bulliger Fisch auf der Brandungswelle zum Ufer. Gerade noch rechtzeitig erkennt er die drohende Gefahr zu stranden und hechtet mit seinen Bauchflossen über die Wellen hinweg zurück. „Welches Schiff, wer von uns, könnte so schnell und wirkungsvoll reagieren?" Da, kerzengerade schießt ein anderer aus dem Wasser, läßt sich nach Rundum-Ausschau zurückfallen. Ein Zackenbarsch? Sah so aus. Unter diesen größten Knochenfischen, gibt es Exemplare die um 3 m lang werden. Großer Kopf, riesiges Maul mit weitem Schlund, nadelspitze Zähne - nicht ungefährlich, wenn er seine Furcht vor Menschen einmal vergißt. Und interessant: Er kann sein Geschlecht umwandeln, aus dem Weibchen wird dann ein männlicher Fisch. Ein Raubfisch. Darum besteht bei ihm, wie bei der Muräne, Vergiftungsgefahr durch in seinem Fleisch angesammelte Ciguatera. Als Festtagsbraten aber wollen wir ihn sowieso nicht.

24.12. - Heiligabend. Statt eines Weihnachtsbaums flößen und schleppen wir einen Stamm ohne Äste von weit her zum Zeltstrand. Nicht um ihn irgendwie zu „schmücken", sondern als Basis für einen Schutzwall gegen die Wellen. Und hinter dem Zelt roden wir mit dem Bolo so viel Platz frei, daß wir im Notfall mit Sack und Pack dorthin in den Dschungel umsiedeln könnten. Das Boot liegt weit hinauf gezogen, an zwei Bäumen festgebunden. Der Grund für diese Festvorbereitungen? Seit dem Nachmittag treibt der Sturm immer mehr weiß auflaufendes Wasser in die Bucht hinein. Und der Tidenkalender sagt Hochwasser in zwei Stunden voraus. Bis dahin bleibt Zeit zum Feiern. Und fürs Weihnachtsessen. Eine besonders leckere Suppe, mit Eiern, Wurst, Kokosfleisch und einem Spritzer Ketchup delikat angereichert, duftet aus dem Topf überm Kocher - festlich. Beim Schein von zwei Kerzen backen wir Weihnachtsplätzchen. Rezept:

Haferflocken und Mehl zu gleichen Teilen mischen,
20% dieser Menge an Zucker dazu, plus etwas hineingewehtem Sand,
mit aus Pulver zubereiteter Milch die Zutaten ausführlich rühren,
solange bis alles die Konsistenz eines dicken Pfannkuchenteigs hat,
viel Öl auf der Pfanne heiß werden lassen,
laaangsam die zu Sternen geformten Plätzchen backen,
solange sie noch heiß sind, Zucker, Rosinen oder Schokolade drauf.

In den Tropen schmilzt die dabei nicht zu ersten Mal. Während wir so schlemmen, läuten, von der Zeitverschiebung einmal abgesehen, im Taunus die Weihnachtsglocken zur Bescherung. Und die haben wir nun auch hier: Tosend rollt gischtende Brandung durch die Dunkelheit das letzte Stückchen Strand herauf, die Wogen brechen und knacken Zweige, klatschen gegen unseren Damm. Gischtflocken fliegen zum Zelteingang, eine salzige Portion knallt laut gegen das Bootsheck.
„Umziehen, weg?"
„In zehn Minuten sollte Ebbe einsetzen und noch hält der Wall."
„Noch - der Stamm bewegt sich doch schon in den Wellen. Hier, nimm die letzten Plätzchen, bevor ..."
Längst sind wir nicht mehr im Zelt, leuchten draußen mit der Taschenlampe, schauen, beobachten die sich unter der Wucht anrollender Wellen schüttelnde Barriere. Statt Schnee, wie zu Hause vielleicht, treiben Sturmböen Äste und Blätter vor sich her. Und plötzlich stehen wir nicht mehr mit den Füßen im Wasser: „Es ebbt, wird weniger ...!"..
Das Meer zieht sich mit jeder Minute etwas weiter zurück. Wir atmen auf: Fröhliche Weihnacht!

Erster Feiertag. Vom Boot aus hatten wir ein Haus gesehen - weit weg, hoch über Bäumen und steilem Hang. Ob dort jemand wohne? Ja, hatte Nello gesagt, seine Familie. Und besuchen sollten wir sie, sie würde sich freuen. Unser Trinkwasservorrat geht gegen Null. Also Zelt zu und los. Jetzt, bei Ebbe, ist der Weg durchs Watt ganz passabel. Über Korallenbänke, im Sand, an den Mangroven entlang. Vor uns hoppeln zwei Otter, verschwinden mit dem gerade erbeuteten Fisch im Dickicht. Ein Vogel fliegt auf, blaue und orangefarbene Federn leuchten in der Sonne. Sein Schnabel bewegt sich, schimpfend kreist er über uns um dann seinen Standplatz wieder aufzusuchen. Ein Papagei, ein hübscher. Einer der nicht angekettet im Zoo auf seiner Stange sitzen und „Lorrra“ sagen muß. - Nach einer Stunde sind wir beim alten Zeltplatz, wo wir die jungen Leute trafen. Renaldo, einer von ihnen, kommt uns entgegen. „Schon gesehen, erwarten Euch oben“, sagt er. Vorbei an leuchtenden Hibiskus-Büschen geht's steil bergauf. Nur schmale Trittstufen geben im lehmigen Pfad ab und zu etwas Halt. Können wir stehen bleiben, so geht der Blick weit über die sonnenglitzernde Bucht. Und obwohl dieser Ausflug doch alles andere als „normal“ ist, uns scheint es schon fast selbstverständlich hier herumzuklettern: Wir brauchen Wasser - darum. So ist das eben.

Als hätte es seine Anker nach allen Seiten ausgeworfen steht „das Haus“ an Lianenseilen festgebunden auf einer Plattform, hoch über den umliegenden Bergen. Kräftiger Wind zerrt an den Halterungen. Die übliche Konstruktion: Grundgerüst aus Baumstämmen, Wände und Dach aus Bambus, Palmenzweigen und deren Blättern. Eine Tür, ein Fenster mit aufklappbarem Vordach, ein großer, luftiger Raum.

Drinnen ein Hund der Schutz vor der Sonne sucht. Hühner flattern herum, ein kleiner Junge schaut aus großen Augen die Fremden an. Im Eck stehen Säcke, deren kunstvolles Flechtwerk bei uns kostbarer wäre als ihr Inhalt: Reis und Mais. Hier wird gewohnt, geschlafen und bevorratet. Direkt unter dem Boden aus Bambusstangen haben Schweine und das Hühnervolk ihren Platz. Im Dunkel der Hütte eine alte Frau. Gebrechlich, sehr einfach gekleidet, die Haare wirr, aber: sie sie ist das Familienoberhaupt und wird als solches zu allem gefragt und respektiert. Aus einem roten, tragbaren Radio krächzen Weihnachtslieder. „Stille Nacht, heilige Nacht“ - in dieser Umgebung ...! Zu trinken angeboten wird Kokoswasser, das in einem dicken Bambusrohr gärte. Tabak aus eigenem Anbau trocknet in Sonne und Wind. Eine junge Frau stillt ihr Kind - drei Jahre alt. Bewahrt sie sich, wie manche Leute glauben, damit vor einer neuen Schwangerschaft?

Sehr große Muschelhälften liegen herum. Die mit einem Meter Durchmesser dienen als Trinkgefäße für Schweine. Unsere Bilder von daheim wandern rundum - Renaldo dolmetscht. Schwierig, so ein Leben mit ganz anderen Verhältnissen und Inhalten verständlich zu machen:

Festes Haus, Kälte und Heizung, für diese Öl kaufen, mit dem Auto jeden Tag zur Arbeit - wie viel einfacher und unkomplizierter scheint das Leben auf diesem Berg. „Warum hat sich Deine Familie hier oben angesiedelt? Wegen der schönen Aussicht?“ Renaldo schüttelt den Kopf: „Weil immer Wind weht. Der hält die Mücken weg: Keine Malaria darum, an der unten viele unserer Menschen sterben.“

Waren wir froh darüber gewesen es hier herauf geschafft zu haben, zum Wasserholen müssen wir wieder runter. Auf der anderen Seite des Berges dieses Mal. Der „Weg“ ist eher noch steiler. Unten, im sumpfigen Mangrovenwald, zeigt Renaldo ein Wasserloch, Durchmesser ca. 40 cm. Wie Öl schimmert es auf ihm. Trinkwasser? Unser Freund zieht im Sumpfboden mit dem Finger eine Rinne zum Rand und läßt die Oberfläche ablaufen. Dann schöpft er mit dem Becher aus dem Loch, Liter für Liter. Aus goldgelb lehmigen Wänden sickert sauberes, klares Wasser nach. So rasch, daß der Wasserpiegel dieses „Brunnens“ nahezu konstant bleibt, während unsere Behälter sich füllen. Zwei Frauen und sechs Kinder schauen zu. Zuerst scheu und skeptisch, dann zufrieden, als wir endlich kapieren, daß sie fotografiert werden wollen. Steife Posen, ernste Gesichter. Ausdrucksvoll werden die erst, nachdem zunächst ein Klick des Apparates vorgetäuscht war und die gleich anschließende Aufnahme sie in ihrer natürlichen Fröhlichkeit erwischt. Als sei das gar nichts, hüpfen sie vor uns her den Weg hinauf zum Haus. Bei sicher 35 Grad im Schatten, den es hier nicht gibt, folgen wir erheblich langsamer. Und ziemlich „fertig“ schlabbern wir droben von dem erdig schmeckenden Wasser, mit Panoramablick nach allen Seiten: Dichter Dschungel, weit geschwungene Buchten, das tiefblaue Meer. „Bei uns wäre das hier längst ein Touristen-Mekka!“

Rückweg. Er wird zur Tor-Tour. Hinunter zur Hütte beim Haifischmaul. Danach: Die Flut hat unseren Weg durchs Watt unpassierbar gemacht. Hinter den Mangroven müssen wir uns einen suchen. Und das heißt über Steingeröll und Felsbrocken hinweg, über Baumstämme und unter Mangrovenwurzeln hindurch. Mal sind die „Kletterbäume" dicht an dicht mit Stacheln besetzt, mal brechen sie unerwartet unter unserer Belastung zusammen. Das Gewicht des Wassers drückt, mit jedem Meter wird's schwerer. Ein Fuß rutscht ab, der nächste findet keinen Halt. Balancieren auf 'nem Stamm, „Vorsicht, der bricht!" Plötzlich kreischen Affen wütend über uns. Renaldo wirft einen Stein nach ihnen, schimpfend toben sie davon. Dschungel, dunkel, heiß, feucht. Lianen hängen im Weg und stechende Viecher bleiben, für sie genußvoll, dort, wo wir sie nicht erwischen können. Wohl etwas verwundert paßt sich Renaldo unserem immer müder werdenden Tempo an. Tempo? Zwei Stunden, dann, endlich, sind Zelt und Strand wieder in Sicht.
„Kein Wunder, daß die Menschen hier so schlank bleiben."
„Und welch' Luxus ist ein Wasserhahn im Haus...!"
Zitronentee weckt die Lebensgeister. Renaldo erzählt. Zwei Jahre Schule habe er in seiner Jugend gehabt, seine Kinder würden in sechs Jahren mehr lernen können. Fünf Tage arbeite er auf der Farm für den Besitzer, am Wochenende auf eigenem Grund. Einmal war er per Schiff in Manila: „Viele Leute, viele Häuser, viele Taxis, viele Autobusse." Seine Frau kam bis zur Palawan-Hauptstadt, seine Kinder kennen nur das Dorf in der Nähe. Für sie waren wir die ersten weißen Fremden: „Hier ist ja nichts, was Touristen interessiert ..." Nach zwei oder drei Tagen würden wir wieder Wasser brauchen, meint Renaldo dann. Nein, wir müßten den Weg nicht nochmals gehen, er werde es bringen. Und etwas zum Essen dazu. Wird der Sturm also anhalten?
„Vielleicht ..."

In der nächsten Nacht, als wir vorsichtshalber aus dem Zelt leuchten, züngeln die Wellen nur knapp bis zu unserem Damm. Und tags darauf ist nichts verändert: Grauer Himmel, Sturm, am Kap rollt die Brandung. Wir werden noch bleiben müssen. Gut? Oder nicht gut? Das zu beantworten war bisher gar nicht so einfach. Heute aber, und in den folgenden Tagen, genießen wir den erzwungenen Stop und unsere Zweisamkeit. Zeit - eigentlich ein Geschenk! Hemden und Hosen werden gewaschen - solange wir allein sind, ist Kleidung ohnehin überflüssig. Wir tauchen im Naturaquarium und liegen schwerelos so lange über dessen Höhlenregion, bis die Fische aus ihren Verstecken neugierig zu unseren Tauchmasken heranschwimmen und an den ihnen hingehaltenen Fingern knabbern. Vom Land aus beobachten wir Delphine,

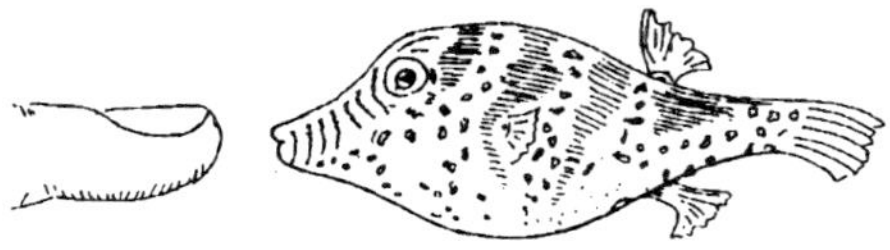

sehen das elegante Auf und Nieder ihrer schwarzen, glänzenden Rücken. Einmal steckt eine Schildkröte Hals und Rückenschild aus dem Wasser um rasch wieder zu tauchen.

„Warum eigentlich weiter? Werden wir je wieder solch einen romantischen Strand finden? Mit so netten, hilfsbereiten Menschen in der Nachbarschaft?"

Weg sind diese Gedanken als an einem Morgen früh ein Auslegerboot mächtig schaukelnd in die Bucht einläuft: „Die könnten uns mitnehmen!" Winken - die Männer an Bord drehen bei und werfen vor dem Riff ihren Anker. Hinschwimmen. „Nach Taytay?" Hochgezogene Augenbrauen bedeuten Zustimmung. Was aber die folgenden Erklärungen in Tagalog? Da deutet einer der Schiffer zum Ufer - zwei Gestalten gehen dort langsam vor dem Mangrovensaum in unsere Richtung: Renaldo und seine Frau. Einen Kanister schleppen sie und einen Korb. Sie übernehmen nun die Verständigung. Was die Männer im Boot uns sagen wollten: Heute hätten sie nicht genug Benzin. Aber morgen. Der Preis? Geht in Ordnung, abgemacht.

Vor dem Zelt sitzen wir danach zusammen. Zwei Paare so ganz verschiedener Herkunft, Bildung und Lebensumstände. Ihre kennen wir ein wenig, nun wollen sie wissen, wie wir daheim leben. Unsere Bücher schauen sie an und nochmals die Bilder. Schnee und Eis auf ihnen sind uns nun schon so fremd wie ihnen. Wie diese „weiße Pracht" entsteht? Gar nicht so einfach das zu erklären. Und daß in den großen Häusern auf den Postkarten nicht nur wohlhabende Leute wohnen, wer will das hier glauben? Ist ja so auch nicht richtig - verglichen mit Renaldo und seiner Familie sind wir alle reich, sehr reich. Dann: „Warum fahrt Ihr in dem kleinen Boot und wohnt im Zelt?" Weil wir das einfache Leben als Ausgleich zur Zivilisation suchen? Um ein Land und seine Menschen vom Boot aus anders zu erleben, als es sonst möglich ist? Nein - einfacher: „Zu Fuß oder per Auto wären wir nicht in diese schöne Bucht gekommen, hätten kein Wasser geholt und euch nicht getroffen. Davon können wir nun zu Hause erzählen, unseren Freunden, für die es zu weit hierher ist." Die beiden lachen und packen den Korb aus: Bananen, Kalamansy-Früchte und Eier. Die Bezahlung dafür akzeptieren sie und ein Geschenk legen wir unbemerkt dazu. Hunger? Ein Goggelmoggel? Einer rührt mehrere Dotter mit Zucker schaumig, der andere schlägt Eiweiß im Teller zu steifem Schaum. Kalamansysaft wird gepreßt und mit dem Eigelb vermischt und dieses zum Schluß unter den Schaum gezogen. Ein leckeres, erfrischendes Essen. Dann stehen beide auf, greifen nach ihrem Korb und dem jetzt leeren Wasserkanister. Renaldo zieht ein Blatt aus der Tasche und rollt aus ihm eine schöne, große Perle. „Selbst geholt, beim Tauchen", sagt er und, als wir sie ihm, nachdem wir sie bewundert haben, zurückgeben wollen: „No, no, it's for you, souvenir from the Philippines." - Eine Perle zum Abschied ...

Taytay

Kaum haben wir das Boot abgebaut und alles eingepackt, da scheint sich das Meer etwas zu beruhigen. Hätten wir morgen weiterpaddeln können statt zu verladen? „Hätten - bringt nichts ..." Nachmittags landet ein kleines Pumpboat an unserem Strand. Drei Männer steigen aus, ein alter und zwei junge. Was wollen die von uns? In leidlich gutem Englisch sagt einer, daß der Captain ihres Barrios, gemeint ist der alte Mann als Dorfchef, uns zu sich auf eine Insel in der Nähe einlade. Man habe von uns gehört und die Menschen im Dorf seien an Touristen sehr interessiert. Wieviele schon dort gewesen wären? Etwa einer pro Jahr, ist die Antwort. Würden wir also hinfahren, so betrüge die Steigerung 200%. Mit vergnügten Gesichtern sagen sie, im Dorf gäbe es auch alkoholische Getränke - unterwegs haben sie von denen schon tüchtig probiert. Und, das nächste Argument, auf ihrer Insel hätten sie keine Malaria wie in dieser einsamen Ecke. Schade, wir haben unsere feste Verabredung für morgen. Nichts zu machen. Nach ausgiebigem Händeschütteln und Winken fahren die drei zurück. Nicht der letzte Besuch war das heute. Kurz vor Sonnenuntergang erscheinen unten am Strand Herr und Frau Otter - zur Abschiedsvisite? Langsam nähern sie sich dem Zelt, ziehen die Luft prüfend durch die Nase und sind zufrieden. Haben wir uns geruchsweise schon so assimiliert? Wie sie dann zusammen spielen, jagen und sichtbar liebevoll miteinander umgehen, bevor sie sich von dannen trollen - diese Bilder müssen wir in unserem Gedächtnis speichern. Für den Fotofilm ist es leider zu spät.

Morgens tobt das Meer wilder als gestern. Es klingt als rollten Eisenbahnzüge vorbei wenn die Brandung donnert an der Felswand des Kaps entlang läuft. Beruhigend: Wir versäumen also keine Paddelfahrt. Und dann biegt unser Abholer um die Ecke. Mit langen Stangen hält die Besatzung ihre „Venus“ vom Riff ab - ein junger Mann springt aussenbords um zu helfen. Wir rutschen mit den Sandalen auf runden, manchmal spitzen Korallen durchs hüfthohe Wasser ihm entgegen, schleppen die drei schweren Packstücke zum in den Wellen tanzenden Boot. Das Gepäck bleibt trocken, wir klimmen klatschnaß an Bord. Der Motor springt an und los geht's.

Unser „Taxi“: Bug und Heck gleich scharf geschnitten; etwa 12 m Länge, in der Mitte einen Meter breit. Unter dem Boden aus dünnen Bambusstäben schläft, die Pfoten zusammengebunden, ein dickes schwarzes Schwein. Auf beiden Seiten stützen Ausleger das Boot, etwa 10 cm dicke und 8 m lange Bambusrohre. Die von Natur aus in ihren Segmenten enthaltene Luft schafft Auftrieb. Gehalten werden sie von je drei nach unten abgewinkelten, quer über das Boot vertäuten Trägern, ebenfalls aus Bambus, sowie von Seilen, die zum niedrigen Segelmast führen. In der Mitte des Bootes der kleine, überdachte Steuerstand. Da steht der Käpt'n, eine Hand am Gashebel der Maschine, die andere an einer langen Stange, mit dem Steuer am Heck verbunden. Ein Plastiksegel liegt aufgerollt an Deck. In einem Kasten mischen sich Fischnetz, Werkzeuge, Schälchen mit Reis und Sauce, Zigaretten und ein Schlauch zum Absaugen von Treibstoff aus dem Reservekanister.

An der Landspitze, um Bay-Point herum, beginnt die Berg- und Talfahrt. Hohe Wellen - erstaunlich ruhig reagiert das Boot. Wird es von einer Seite gepackt, dann klatscht der Ausleger auf der anderen ins Wasser und fängt ab, bevor es zur Kenterung kommt. Jede Welle taxiert der Käpt'n. Er läßt sie kommen, nimmt bei den höchsten das Gas weg und bringt, kaum sind sie durchgerollt, die Maschine wieder auf Touren. Mal schräg, mal parallel zum Seegang steuert er, nutzt jede Chance um den Kurs zu halten. Sind die Wellen zu kurz oder zu schnell, so knallt der hölzerne Bug hart ins folgende Tal. Wie wäre das in unserem Boot gegangen? Gar nicht! - Im Windschutz der Insel Paly vorübergehend Ruhe - von dort kamen gestern die Touristenwerber. Und nach zwei nassen Stunden erreichen wir dann den Ort Icadambanauan. Hübsche Häuschen in der geschützten Inselbucht. Hier werden Boote gebaut, gefügt, beplankt, gestrichen. Über die schmale Hafenpier tragen zwei Mann das Schwein, ein langen Bambusrohr zwischen seine Fußfesseln gesteckt, an Land. Ein Eber ist's. Ruhig läßt er die Prozedur über sich ergehen. Auf ihn, Stammvater künftiger borstiger Geschlechter, warten höchst erfreuliche Aufgaben.

In der Taytay-Bucht hört die Schaukelei auf. Ein Dutzend Inseln schützen vor Sturm und Wellen. Mehrere von ihnen ragen steil wie Türme aus dem Wasser, ihre Form erinnert an den Zuckerhut von Rio. Interessant - aber doch etwas traurig, nicht auf eigenem Kiel einzulaufen. Wuchtige Mauern einer Festung markieren die Einfahrt, 1622 von Spaniern als Schutz für ihre damalige Palawan-Hauptstadt gebaut.

Einige Bootslängen neben der Hafenmole knirscht es unter dem Kiel: Ende der Reise. Durch seichtes Wasser waten wir an Land, unsere „Taxifahrer“ helfen. Lachend schleppen sie das schwere Gepäck zum Kai. Wie weiter, fragen ihre Mienen. Zwei Räder? Einer zeigt mit der Faust, Daumen nach oben, Anerkennung, als wir, alles auf dem Bootswagen verzurrt, in Richtung Dorf rollen. „Wellcome in Taytay“, begrüßt uns dort eine Frau. Zwei Softdrinks offeriert sie gratis und findet es gar nicht gut, daß wir weiterreisen wollen. Denn in Taytay gäbe es doch die Festung, einen Frauen-Club, gute Geschäfte, wir könnten übernachten und, und, und. Was wir sonst noch von ihr erfahren ist wenig ermutigend: Wochenlang könne dieser entartete Monsun andauern. Fischerboote liefen nicht aus. In der Weihnachtsnacht seien zwei Boote auf dem Meer gekentert und untergegangen. Die Leute? Achselzucken als Antwort. Nach Coron? Dahin käme man bei diesem Wetter nicht.

Ursprünglich wollten wir dorthin paddeln. Über eine, der Seekarte nach, ganz passable Inselbrücke. Das war der Plan. Ihn wegen des Wetters aufgeben? Die Karte zeigt im Gebiet der Calamian-Islands, zu denen Coron gehört, so viele Inseln, daß es da genug Windschutz geben sollte. Wie also hinkommen? Der Hosenschneider des Ortes gibt uns den Tip: Per Jeep zur anderen Inselseite nach Embarcadero, von dort über einen Fluß und Fjord nach Liminangcong. Da gäbe es größere Boote die über El Nido und Linapacan nach Norden fahren.Und ob wir für die Reise nicht neue Jeans brauchten? Heute noch würde er sie nach Maß nähen. Zu einem unglaublich niedrigen Preis bei dem er, wie er sagt, gut verdiene. Nette Unterhaltung erst mit ihm, eine Stunde später mit dem Pfarrer der 300 Jahre alten Kirche. Ein stämmiger, humorvoller Mann, nur mit langen blauen Hosen bekleidet. Auf der nächsten Reise nach Rom will er uns besuchen. Von ihm werden wir zum Arzt empfohlen, der ein Hospital leitet. Nur 25 Betten hat er für 30.000 Menschen im Bezirk. „In erster Linie behandeln wir Malaria, Bronchitis, Tuberkulose und Herzkrankheiten. Und ein paar Unfälle. Mit zu wenig Geld und zu wenig Personal. Kein Arzt will hier im Busch arbeiten.“ Während wir Puto Puti, Reiskuchen mit Dinuguan, Fleischsoße, essen, schreibt er, wie hier üblich, Empfehlungen an Personen in Orten, in die wir voraussichtlich nie kommen werden: Jemand, der etwas auf sich hält, hat überall Freunde, denen er Fremde weiterreichen kann. Der Mayor, Bürgermeister, und sein Vice, eine Frau, seien dienstlich in Manila, erzählt er, „sonst hätten Sie die natürlich bevorzugt besuchen müssen.“ Durch ihn lernen wir Herrn Publico kennen, einen einflußreichen Mann in Taytay. Ihm gehört nicht nur der Jeep der uns zum Fluß nach Embarcadero fahren wird, ihm gehören auch ein Gästehaus, ein Laden und mehrere Häuser. Und er kauft Grundstücke „die im Wert steigen werden. Denn Palawan hat Zukunft.“ Abends, beim Essen in seinem Restaurant, serviert er das Neueste aus Sport, Politik und Philosophie zu Nudeln mit Hühner- und Krabbenfleisch. Der noch nahezu komplette Hühnerkopf, der sich auf einem Teller findet, wird unauffällig „entsorgt“. Magere Hunde warten hungrig unter dem Tisch.

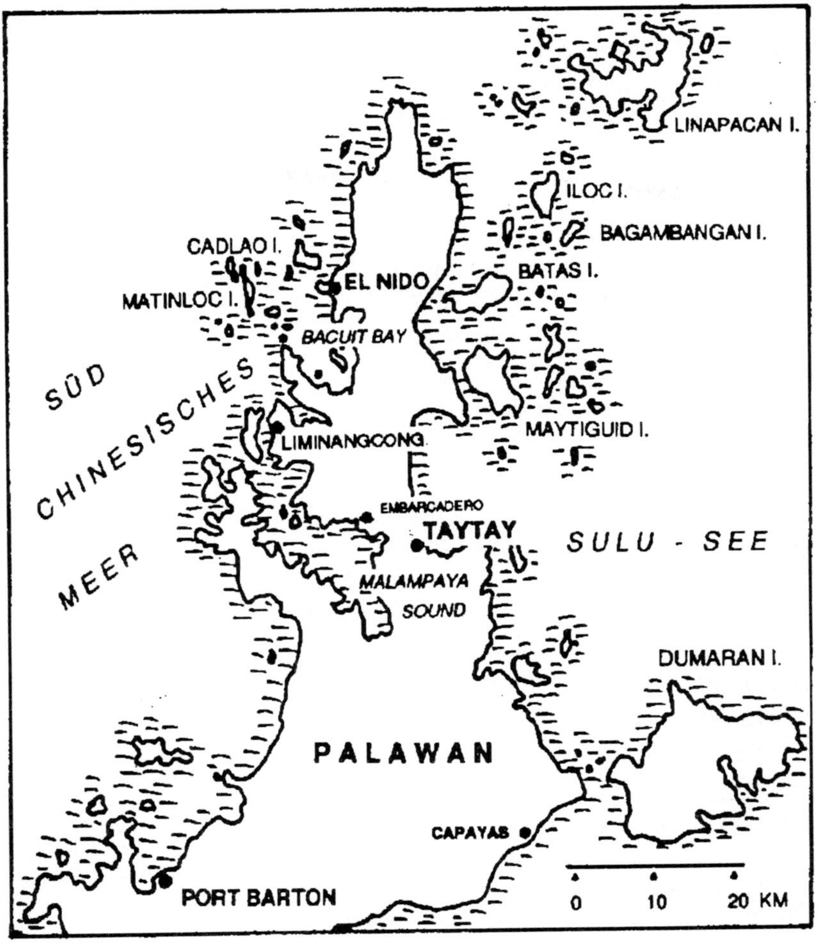

Sieben Kilometer von Taytay nach Embarcadero, während der Regenzeit auf der einzigen Straße des Gebietes. Bauern und kleine Jungen auf ihren Wasserbüffeln ziehen Tücher vor Mund und Augen, denn der Jeep wirbelt eine dichte Staubwolke hinter sich her. Mangrovensumpf und kilometerweit Bambusbüsche. In dieser Gegend gäbe es Krokodile, erzählt ein Mitfahrer, „kürzlich erst wurde ein Büffel ins Wasser gerissen und aufgefressen." Ein auf Menschen spezialisiertes Krok hätte man aber erwischt. Und der Fahrer ergänzt, daß die Viecher im

Malampaya-Sound recht häufig zu sehen seien. Durch den, einen breiten Fjord, führt unser Paddelweg nach Liminangcong.
„Risiko? Wollen wir es eingehen?“
„Vielleicht kein großes. Aber unterwegs müssen wir ein- oder zweimal am Ufer kampieren. Und wenn ausgerechnet da ...?“
So reizvoll die Fahrt wäre: Nein. Wir „buchen“, mündlich, für den nächsten Tag die Mitfahrt auf einem Pumpboat. Warum die Auslegerboote so heißen, fragen wir. Niemand weiß es genau. „Weil man pumpen muß, um den Motor in Gang zu bringen“, vermutet einer.

Hähne wecken uns morgens im Zelt am Flußufer. Wasser holen, aus einem von drei Löchern im Boden, da die Dorfpumpe kaputt ist. Die nette Frau, die uns beim Schöpfen hilft, kam mit ihren Kanistern aus einem der weit verstreut gelegenen Häuser, auf dem schmalen Trampelpfad zwischen Feldern und Schilfwänden. „Demnächst ist dieser Brunnen für mehrere Monate wieder ganz trocken“, erzählt sie ohne Klage darüber, daß sie deswegen noch weiter zu gehen haben wird, um ihren Tagesvorrat zu holen, „dann bleibt uns wieder nur der Fluß. Und sein Wasser ist nicht gut.“ Durchsieben sollten wir es, mahnt sie, viel Schmutz. Das tun wir fast immer. Denn feste Partikel könnten Infektionen übertragen. Mit den verbleibenden unsichtbaren Erregern werden unsere Desinfektionstabletten fertig.

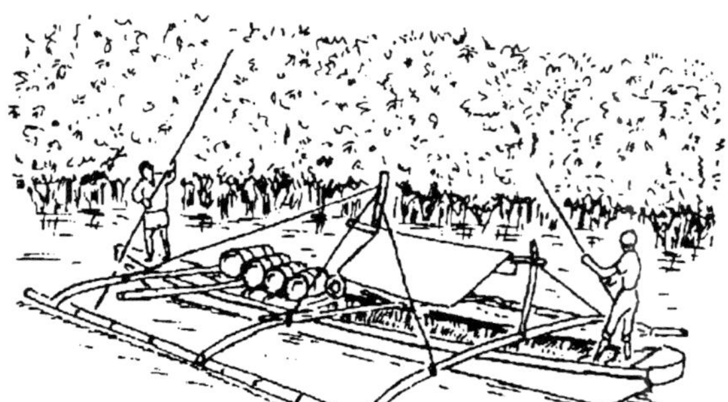

Vor dem Zelt ist Betrieb. Ein Frachtboot bringt Benzin. Die Schiffer kippen ihre Fässer in den Fluß und lassen sie an Land schwimmen. Kleine Boote, mit und ohne Ausleger, fahren vorüber. Eine Mutter vertäut den mit Stechpaddel manövrierten Einbaum am Ufer - ihr Baby hustet: Kundschaft für den Arzt im Hospital. Und die Kinder, die da im trüben Wasser schwimmen? Vielleicht sind sie bereits immun - sie lachen, toben, plantschen. Her mit dem Tele, ihre strahlenden Gesichter ...
„Was machen wir später mit all den Bildern? Brauchen wir sie?“

„Vielleicht nie, vielleicht auch nur einige. Wenn jemand hierher will ..."
„Aber die Fotos zeigen dann nur unsere ganz subjektiven Eindrücke."
„Stimmt. Wer hat andere? Selbst die Profis, im Fernsehen zum Beispiel, nehmen doch auch immer nur das auf, was sie subjektiv sehen, zeigen wollen. Oder sollen. Echte Objektivität bei individuellen Reportagen über ein Land, ich denke, die gibt's nicht."
„Vielleicht wenn viele hier fotografieren würden, jeder aus seinem individuellen Blickwinkel?
„Hat's mal gegeben. Da wurden mehrere hundert Fotografen auf einen einzelnen Staat losgelassen. Jeder nahm auf, was er persönlich sah, was er typisch und wichtig fand. Jeder etwas anderes. Daraus wurde ein Bildband, mit vielleicht angenähert objektivem Ergebnis."
„Obwohl die Bilder für das Buch doch subjektiv ausgesucht wurden?"

Zwei Stunden später als angekündigt legt das Boot nach Liminangcong ab. Etwas größer als das, mit dem wir kamen, überladen mit Kisten, Körben und Kannen, mit Familien und einer Gruppe Frauen - bei uns hätten wir sie als Kaffee-Kränzchen eingestuft. Nur die Unterwegs-Verpflegung stoppt ab und zu ihre Redeschlacht - Reis, Fisch und gebackene Eier mit den Fingern gegessen. Ein Regenschauer stört niemand, die Kleider trocknen ja wieder. - Fahrt auf dem Urwaldfluß. Undurchdringlich die Ufer, heiß und stickig die Luft. Nach kaum mehr als einem Kilometer glitzert die weite Wasserfläche des Malampaya-Sound. Vielen Inseln in diesem breiten Fjord, ein relativ hoher Berg im Hintergrund. Dschungelwälder davor und ab und zu kleine Häuser. Krokodile? Wenn es die gibt, sie halten sich versteckt.

Für unsere Mitreisenden ist die Fahrt so etwas wie ein Ausflug in die Großstadt. Als „Klein-Hongkong" hatte Herr Publico sie avisiert. Hier auf Palawan? Wir sind gespannt. Dann wirklich: Häuser mit *zwei* Stockwerken. Und einige sogar gemauert, mit Reklameschildern auf den Wänden. Sonst unterscheidet sich Liminangcong von anderen Orten nur durch Läden, die nach zwei Seiten hin verkaufen - über die Theke zur Straße und aus dem Lager an dort anlegende Boote. Die Coast-Guard wüßte am besten über von hier weiterfahrende Boote Bescheid, hatte man uns gesagt. „Ja", versichert uns dort ein Leutnant, der sich Commander nennen läßt, „heute Nacht, sobald der Mond scheint, lasse ich Sie nach Coron fahren." Der Preis - nicht gerade billig. Inzwischen sollten wir uns in seinen Diensträumen wie zu Hause fühlen. Zu Hause müßten wir dieses Vergleiches wegen einiges ändern. Denn hier stinkt es nach Urin und vergammeltem Fisch; die Asche eines offenen Feuers fliegt herum und auf dem uns angebotenen Bett sind zwei Hunde gerade dabei die zerlöcherte Bastmatte weiter durchzukauen: „Hoffentlich lassen die unser Gepäck heil während wir weg sind!" Draußen verläßt gerade ein Zerstörer die Bucht. Er bewachte das mit Menschen überladene Schiff, das auf der Reede Anker geworfen hat. „Gelbe Leute", murrt ein Fischer verächtlich. Vietnam-Flüchtlinge? Sie „wohnen" in den Rettungsbooten, auf Gängen und Ladeluken. Offene Feuer, über denen gekocht wird, qualmen an Deck. Niemand darf von Bord. Werden sie in das von der UNO betreute Camp bei Puerto Princesa gebracht?

Kinder begleiten uns. Wo wir fotografieren, zeigen sie noch mehr Motive. Setzen wir uns hin - sie im Kreis rundherum. Nette Kinder, schmutzig, stinkend, süß! Der Spaß mit ihnen beginnt, als wir Fingerspiele vormachen. Erst zögernd, dann mit immer mehr Temperament, versuchen sie die Bewegungen zu imitieren. Hauptattraktion aber ist unser Fernglas. Es wandert von Augenpaar zu Augenpaar. Bescheidene stellen sich in eine Reihe um dranzukommen, andere drängeln und schubsen - wie in fast jeder menschlichen Gesellschaft. Unsere Fotos aus Deutschland mit Schnee und Eis - ein Mädchen übersetzt den inzwischen dazu gekommenen Erwachsenen was wir dazu erzählen. Fragen, Antworten, und ein wenig schwindet der Abstand, den Hautfarbe, Kleidung, Herkunft und Verhalten schaffen.

Abend. Gitarrenklänge im Ort. Vor einem Laden spielen und singen Jungen und Mädchen schwungvoll - philippinische Musik. Als sie enden, öffnet der Ladenbesitzer seinen shop und reicht eine Flasche heraus. Die Antwort darauf, gesungen: „Thank you very much, and merry Christmas". Wir sind bei den Weihnachtssängern. „Mitkommen", sagen sie nach kurzer Unterhaltung, „mitsingen". Ihre Öllampen beleuchten die Baumstammbrücke zum nächsten Quartier - wo sie leichtfüßig hinüberlaufen, balancieren wir mühsam. Mit ihnen ziehen wir nun von

Haus zu Haus, singen „Stille Nacht, Heilige Nacht“, mehrsprachig, langsam und gemessen zur Gitarrenbegleitung in der warmen Tropennacht. Wie lange sie noch Weihnachten feiern werden? Bis ins neue Jahr hinein. Ob wir nicht so lange noch bleiben könnten?

Wir müssen zurück zur Coast-Guard-Station. Kurz vor Mondauf- und Schiffsabgang erscheint dort etwas zerzaust der Commander. Er käme gerade zurück von einer Patrouille nach El Nido und: „Fahrt zu gefährlich.“ Viel zuviel Sturm. Und Piraten seien zur Zeit aktiv. Jedenfalls: Das Boot würde nicht auslaufen, „...ohne meine Genehmigung fährt hier niemand!“ Die Wahrheit? Oder eine Schnapsidee im wahrsten Sinne des Wortes? Denn „getankt“ hat er so viel, daß bei seiner Demonstration an der Seekarte der Nordost-Monsum aus Westen weht. Seinen Boy scheucht er aus dem Schlaf, läßt Fisch rösten und verkündet, morgen erwarte er eine Probe deutscher Kochkunst. Verständlich nach dem Fraß, den seine stinksaure Ordonnanz serviert. Daß wir das Bett mit der angeknabberten Hundeklo-Matratze nicht wollen - mit einer mehr oder minder glaubhaften Entschuldigung ziehen wir ins draußen rasch aufgebaute Zelt: „Nichts wie weg - morgen ganz früh!“

Coron

Im Dunklen noch waschen wir uns unter einer Pumpe im Hof - der Commander trainiert derweil seinen Kampfhahn und sieht uns nicht davonschleichen. „Wer fährt nach Coron“, im Ort fragen wir das hier den Ladenbesitzer, dort Fischer, die neben ihren an Land gezogenen Booten stehen. Niemand, alle schütteln die Köpfe. Bis dann einer „Virgilio“ meint, davonrennt um den zu suchen. Der fahre oft diesen Weg, und gut sei er, urteilen inzwischen die anderen über ihren Kollegen, sein Pumpboat sei gut. Hoffentlich in besserem Zustand als - aus der verschlissenen Turnhose des Herbeigeholten schaut eine Pobacke heraus und der Unterschied zwischen Hemd und Putzlappen ist nicht groß. „Ich kenne die Strecke“, sagt er, „und ich habe schon einmal fremde Leute nach Coron gebracht. Großes Boot, fast neu, hat zwei Motoren.“ Zwei? Einer sei als Ersatz an Bord. Steht das Original also vor dem Zusammenbruch? Wenn wir rasch weg wollen gibt's keine Alternative. Wir einigen uns auf einen Betrag der unter jenem liegt, den der Commander uns abknöpfen wollte - Abfahrt in einer halben Stunde. Als wir dann einen alten, erfahren aussehenden Fischer, quasi als

Rückversicherung, fragen, wie groß die Chance sein wird unterwegs von den Haien gefressen zu werden, da schaut er hinaus zu den Wellen und antwortet bedächtig: „Das Boot ist in Ordnung und der Mann kommt mit dem Wetter zurecht. Aber: 'You will suffer a lot', ihr werdet eine Menge zu leiden haben.“

Es stimmt, die Coast-Guard muß tatsächlich jede Fahrt genehmigen. Unsere? Virgilio hatte bei der Frage danach nur gegrinst und mit den Händen vor seinen Augen „nichts sehen“ bedeutet. Unter dem Vorwand „Reparatur ...“ holen wir unser Gepäck aus der Station und wandern mit ihm auf dem Bootswagen zum Pier. Das inzwischen aufgetankte Fischerboot, Virgilio und sein Bruder Pepe sind da. Gemeinsam verstauen sie unsere Rucksäcke unter einer Persenning vor dem Ruderhaus, die Stangentasche quer über beide Bordwände. Tau rum und festzurren. Daß sie mit einiger Schaukelei rechnen ist deutlich. Unbemerkt tuckern wir aus dem Hafen. Dieses Pumpboat ist etwa so schmal wie das gestern, um ein Drittel länger jedoch. Seine Ausleger scheinen dicker, die Verstrebungen massiver. Ein solides Boot. Mit ihm würden wir acht Stunden bis nach Coron brauchen, hatten die Fischer vorausgesagt. Bei dem Wetter? Der Himmel hängt voll dicker Wolken - Wind, sehr viel Wind.

Noch fahren wir im Schutz von Palawans Küste. Vorbei an deren scharf gezackten, steilen Bergwänden. Vorbei an aus dem Wasser ragenden Felstürmen, ähnlich denen, die wir in der Einfahrt nach Tay-tay sahen. Sie, und diese hier, sind etwas Besonderes. In ihnen nisten Schwalben. Ihre Nester kleben sie im Inneren der Türme an die Wände von Kaminen, die manchmal bis unter den Meeresspiegel reichen. Per „Radar“ orientieren sich die Vögel in der Finsternis - Menschen nehmen langbrennende Fakkeln mit, wenn sie daran gehen die Nester zu ernten. Denn Schwalbennester sind kulinarische Leckerbissen, für Chinesen jedenfalls. Als Bestandteile der Vogelnest-

Suppe werden sie gut bezahlt. Aber: Die Eigentümer der Türme dosieren ihre „Ernte“ zurückhaltend, um die Vögel nicht zu vergraulen. Denn sonst wäre es eines Tages aus mit dem Einkommen. Aus auch mit solch einem Turm als Mitgift für die Tochter, wenn sie heiratet. Bei so viel mehr Frauen als Männern, wie wir es überall sehen, ist das sicher ein Punkt.

Das Motorschiff „Bataan“ aus Manila auf Gegenkurs. Niemand an Deck bei dem Sauwetter. Zwei Stunden weiter laufen wir die Bucht von El Nido an. Weist der Name auf die Vogelnester oder darauf hin, daß der Ort ein Nest wäre? Er gilt als der schönste Palawans. Mit senkrecht aufragenden schwarzen Felsen, aus denen früher Marmor geschlagen wurde. Mit malerischen kleinen Häusern am weißen Strand. Blumen leuchten aus Veranden, von Büschen und Bäumen: „Wirklich schön. Kommen wir bei besserem Wetter nochmal hierher?“ Brandungswellen rollen müde auf den Strand. „Anker raus“ - kurz bevor der Bug das Sandufer erreicht, strafft achtern die Leine - wir dümpeln in der anrollenden See. Zwei leere, über Bord geworfene Benzinfässer treiben mit den Wellen an Land. Virgilio springt hinterher, den von uns kassierten Vorschuß in der Hand hoch überm Wasser. Fast eine Stunde braucht er, um die Fässer gegen gefüllte Kanister zu tauschen: „Benzin Problem.“ Vorn und achtern verstaut er die Ladung. Eine mit Blech ausgekleidete Ablage bleibt frei. Während wir im Landschutz zur Nordspitze Palawans tuckern, bringt Pepe auf dieser „Kochplatte“ ein munteres Feuer zum Brennen, in zwei Töpfen garen Reis, Fisch und Süßkartoffeln. Fade, aber gut für den Hunger. Herrliche Sandstrände in Lee der Insel. Da hätten wir sogar heute noch gut paddeln und zelten können. Kaum aber verlassen wir den Landschutz, da geht's los: Rauf auf die Wellen, tief runter in ihre schwarz-grünen Täler. Vor erneutem Aufstieg taucht der Bug in den nächsten Berg. Ein Schwall Wasser überrollt das Vorschiff und wird achtern mit Kanistern wieder rausgeschöpft. Schräg von vorn laufen die Wellen auf, als wir nach Osten auf Linapacan zuhalten. Eine Dusche nach der anderen, längst sind wir klatschnaß. Mit Ächzen und Stöhnen seiner Ausleger beantwortet das Boot die Schläge. Zwei besonders harte, kurz nacheinander. Wird es halten? „Rapsie, rapsie - okeee ...“ kommentiert Virgilio besorgt fragende Blicke. Rapsie? Ach ja, die Aussprache: Was bei uns nach F, V oder W klingt, wird bei den Filipinos oft zum B oder P. Virgilio selbst nennt sich Birrrgilio. Sein „Rapsie“? Rough sea - rauhe See.

20 Kilometer weiter, unter der Küste von Linapacan, wird's ruhiger. Auch diese Gegend wäre ideal zum Wandern mit dem Faltboot - in Ruhe, ohne den ständigen Lärm des hackernden Motors. Pötzlich aber, mit einem Schlag am Heck, hört er auf: Aus, nichts geht mehr. Und im starker Tidenstrom einer schmalen Durchfahrt zwischen Land und vorgelagerter Insel treibt das Boot steuerlos ab, knapp über das dicht unter der Wasseroberfläche rot und blau leuchtende Korallenriff. Anker raus, einmal, zweimal, dann packt er. Pepe jumpt in voller Kleidung aussenbords, bleibt erstaunlich lange unter Wasser, und meldet: Propellerachse kaputt, seine Handbewegungen beschreiben einen Bogen. Virgilio schaut verlegen - ein Fall für die Werft? Und damit Coron ade?

Nach einer Stunde, unter Wasser, mit bloßen Füßen auf den scharfen Korallen, haben die beiden das Ding ausgebaut die Achse mit Propeller. Uind der muß nun ab. Mit der Zange? Schon beim ersten Versuch bricht sie auseinander, total durchgerostet. Mit einer verächtlichen Bewegung wirft Virgilio sie über Bord. Kein Fluch, kein Schimpfen. Entschuldigend lächelnd macht er mit dem zweiten und letzten Werkzeug, einem ebenfalls verrosteten Hammer, weiter. Mit dem bringt er die Schraube zum Drehen und los. Dann kurze, harte Schläge auf die gebogene, zum Richten auf die Bordwand gelegte Achse. Peilung an ihr entlang gegen den Himmel - reicht's? Feinjustierung per Hand -wo man bei uns den Spezialbetrieb und Fachleute bemühen würde, diese beiden schaffen es so. Nach zwei Stunden sind sie wieder unter Wasser, tauchen, holen Luft, tauchen, und: Der Motor läuft, der Propeller arbeitet. „Congratulation!“ Beide Männer strahlen. Wer in unseren Breiten würde solch einen Unfall so ruhig und gekonnt meistern? Anker auf und weiter. Wir frieren, wir klappern. Und das in den Tropen, bei sicher noch 30 Grad Außentemperatur: Die nasse Kleidung. Sie nimmt unsere Körperwärme und läßt sie verdampfen. Durch den Wind zu schnell, um mit Kalorien nachheizen zu können. Die dichten Paddeljacken würden den Prozess stoppen. Wo sind sie? Weit weggepackt, zu weit.

Auf der Insel voraus wollen unsere Schiffer landen. Coron ist es nicht, obwohl aus den vorausgesagten acht Stunden inzwischen elf geworden sind. Erst etwa eine Hälfte des Weges liegt hinter uns. Gerade fällt die Dunkelheit wie ein Vorhang vom Himmel, da knirscht Sand unterm Kiel. Endlich von Bord! Kalt und steif vom langen Hocken waten wir an Land. Und haben ein Bild vor uns - ein Bild der Ruhe und des Friedens. Die im Baum hängende Kerosinlampe beleuchtet eine Familie, die auf niedrigen Bänken und auf Matten um ein Feuer sitzt. Große, aus Bambus geflochtene Schalen haben die Frauen zwischen sich. Mit ruhigen Bewegungen legen sie in Bananenblätter gerollten Reis hinein. Über den flackernden Flammen brutzelt ein Huhn am Spieß. Ein sehr alter Mann mit feingeschnittenem braunen Gesicht unter grauen Haaren steht auf und kommt uns gemessenen Schrittes entgegen. Schweigend reicht er die Hand zum Willkommen. Die Frauen bieten ihre Plätze am wärmenden Feuer an. Fischer, die hier auf Inapuban leben. Einfach, sehr bescheiden. Auf Pfählen das Wohnhaus, aus Palmenblättern geflochten die Wände. Kaum ist das Woher und Wohin erklärt, da zeigt uns die Hausfrau ihren Schlafraum: Wir sollten ihn nehmen, bedeutet sie herzlich, denn sicher wären wir müde nach der Fahrt. Ohne Pathos, wie selbstverständlich, das Angebot die eigenen Betten den Fremden zu überlassen. „Zuvor aber essen Sie mit uns?“ So beginnt die Sylvesternacht.

Eigentlich sollte unsere Fahrt um Mitternacht bei aufgehendem Mond weitergehen. Mit welchen Risiken? Groß wären die nicht, meint Virgilio, bis auf die Riffe. Und der Motor? Nun, schließlich stimmen wir überein: Morgen früh ist's besser. Unsere beiden Freunde gehen an Bord schlafen, wir im Zelt. Die erste Nacht im neuen Jahr. Neben uns atmet leise das Meer. Über uns bewegen sich die Palmenzweige. Keine Böllerschüsse und kein Sekt ...

Eine kurze Nacht. Schon früh tuckert ein Motor, der Ersatzmotor. Über Nacht haben ihn die beiden eingebaut, nachdem der alte gestern im Wellengetümmel mehrfach zu streiken versuchte. „Makina loco", grinste Virgilio dann bedauernd, die Maschine sei verrückt. Und jedesmal gelang es ihm den totalen breakdown zu verhindern. „No problems more", sagt er jetzt stolz. Erzählt hatte er von Piraten, die den Fischern ihre PS-Maschinen klauen. Sollen die nun den „verrückten" Motor bekommen? Nach dem Abschied von der Familie fahren wir in die Morgendämmerung hinein. Durch eine friedliche Südsee-Insellandschaft zuerst, gleich danach durch eine nasse, mit weißgekrönten Bergen und tiefen Tälern - rapsie, rapsie. Fast unmöglich scheint es, die offene Strecke zu queren. Vom Monsunwind getriebene, auf langer Distanz hochgeputschte Wogen. Längst können wir nicht mehr über die Wellen hinweg sehen. Die Bootsplanken krachen bei jedem Aufprall, die Schräglage des Bootes - Blick zum Steuermann: Kann das gut gehen? Hochgezogene Augenbrauen beantworten die Frage: No problem.

Eine Stunde später. Die Culion vorgelagerte Insel Dicabaito bietet ersten Windschutz. Kurz darauf fahren wir wie auf einem großen Teich. Keine Wellen mehr, kein Stampfen des Bootsrumpfes, keine Schläge der Ausleger. Sogar der Motor läuft nun leise. Herrlich die Ruhe - richtige Feststimmung breitet sich aus. An Steuerbord Berge und Strände, eine Dschunke vor Anker. Aus China, Taiwan oder Vietnam? Durchblick zum Research-Channel, zur Alligator Insel - Virgilio und Pepe studieren unsere Seekarte, schütteln die Köpfe: So ein Papier verwirrt nur - der Berg da in der Ferne, *der* ist ihr Ansteuerungspunkt. Und die Riffe unterwegs? Entweder kennen sie die oder, na ja, siehe Reparatur der Schraube.

Ein Binnenmeer, von allen Seiten durch Inseln abgeschirmt: „Genau was wir wollten - morgen sind wir hier mit unserem Boot!" Virgilio steuert zwischen Culion und Busuanga um Untiefen herum. Ein kleines Eiland merken wir uns für heute abend, dann liegt Coron voraus. Ort und Hafen. Statt auf der gleichnamigen Insel stehen die Häuser gegenüber, auf Busuanga. Warum? „Weil hier mehr Platz war für die Stadt", ist die Antwort. Am Pier liegt ein alter Frachter, verrostet und verkommen.

„Mit dem könnten wir zurück nach Manila schippern ..."

„... um den Rückflug unter Garantie zu verpassen?"

Wir fragen nach anderen Schiffsverbindungen in der nächsten Woche. Es gibt sie, nur keine genau vorhersagbaren. „Nehmen Sie die Chartermaschine", rät uns der Mann bei dem wir Geld wechseln, „die ist in 10 Tagen on schedule", auf dem Plan also. Genau richtig für uns. Und die Kosten? Wir müßten das ganze Flugzeug ab Manila und zurück voll bezahlen, pauschal. Aber: „Für jeden der maximal 5 Passagiere erstatten wir Ihnen deren anteiligen Flugpreis. Drei feste Buchungen haben wir schon für den Herflug und zurück werden sich bestimmt noch Fluggäste melden." Eine Art Lotterie also, eine mit begrenztem Risiko. Denn selbst der jetzt noch auf uns entfallende Betrag wäre, gemessen am Wechselkurs, bezahlbar. Allerdings: Vor Abflug müssen wir nochmals auftraben und bestätigen. „Kein Problem für Sie, von überall her fahren Busse nach Coron!" Zum ersten Mal chartern wir also ein Flugzeug.

Einkaufen: Mehl, Zucker, Eier, Rosinen, und Nudeln. Brot nur für einen Tag, länger hält es sich nicht im feuchtwarmen Klima. Aus einem Bottich im Laden, den die Händlerfamilie für den Tag gefüllt hat, dürfen wir Trinkwasser schöpfen. Es ist knapp, ebenso wie Benzin, das Virgilio und sein Bruder für ihre Rückfahrt besorgen. Uns werden sie unterwegs auf der zuvor gesehenen kleinen Insel absetzen.

Gegen Abend laufen wir aus. Lichtsignale: Von einem Pfahlhaus her winkt eine Frau mit der Petroleumlampe. Ob wir ihren kranken Mann ins Hospital nach Culion mitnehmen könnten? Ohne zu zögern sind unsere Schiffer zum Umweg bereit. Und weiter tuckern wir in die Dunkelheit. Zu sehen ist nichts außer phosphorizierenden Fischen unter dem Boot - der Mond kommt später erst. Schließlich, nach Suchen und Ableuchten der Ufer mit seiner müden Taschenlampe, findet Virgilio die Insel. Sandstrand, Gepäck raus und kurz darauf steht unser Zelt. Während wir es aufbauten, brutzelten die Brüder rasch ein Abendessen auf offenem Feuer und noch einmal sitzen wir alle zusammen. Dann springt ihr Motor wieder an und das Boot verschwindet als

Schatten in der Nacht. Werden die beiden, nach dem Culion-Abstecher, durch sicher noch hohe Wellen gut nach Hause kommen? Und werden wir das je erfahren?

Unsere Insel scheint für Coron das zu sein, was Travemünde für Hamburg und Zandvoort für Amsterdam ist. Schon früh landen Boote mit Picknick-Familien. Sie schauen zu, wie Holzstangen und Spanten in der Bootshaut verschwinden, die Ladung unter Deck, und dann sind wir wieder auf eigene Faust unterwegs.

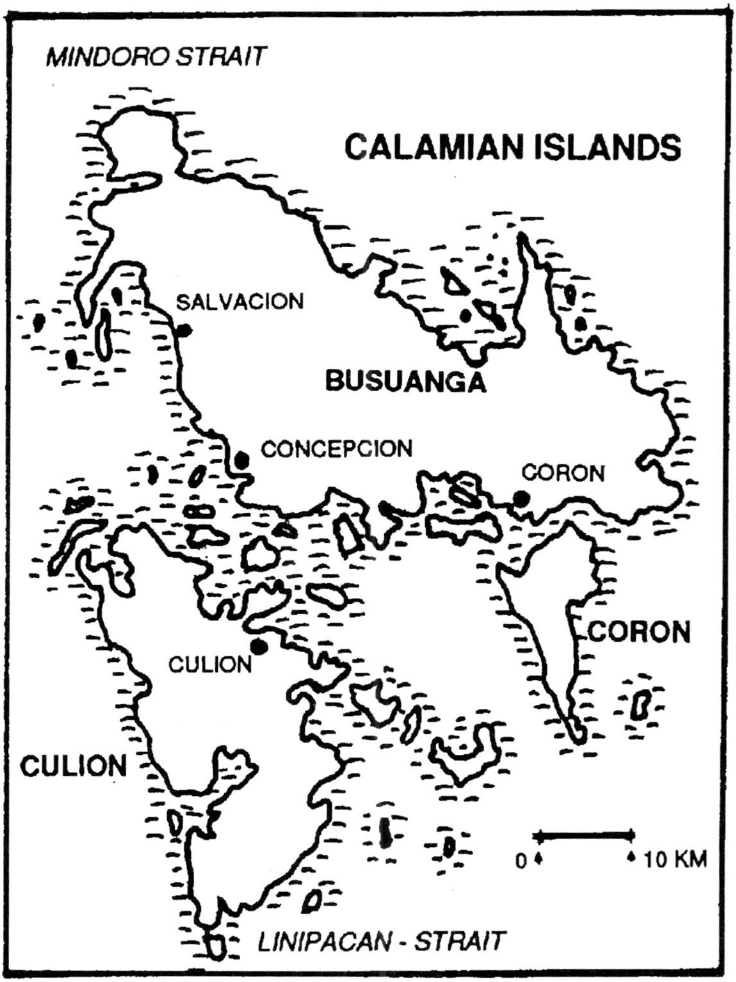

Hinter uns die grandiose, schroffe Steilküste von Coron. Bis zu 700 m hoch ragen die Berge der Insel aus dem Meer, sie halten den Monsunwind ab. Voraus runde Hügelkuppen, schokoladenbraun, kaum bewachsen. Wie die berühmten „Chocolate-Hills“ der Philippinen-Insel Bohol sehen sie aus. Die sollen früher einmal Meeresgrund gewesen sein, bevor der Wasserspiegel sich senkte. Die andere story: Ein Riese trauerte um sein ihm davongelaufenes Mädchen und weinte große, feste Tränen, rund und braun. Gab es hier eine ähnliche Tragödie? Stop auf der Mayampayan-Insel. Eigentlich nur um zu schwimmen und um ein wenig zu faulenzen. Aber: Weißer Badestrand, exotisch duftende Pflanzen: „Bleiben?!“ Weit nach Süden schauen wir von hier aus übers Meer. Dort, in der Ferne tobt es unverändert mit hohen Wellen und weißen Schaumköpfen. Man muß schon mit dem Fernglas hinschauen um es zu glauben.

Eine Menge „Arbeit“. Wäsche waschen, Steuerleinen auswechseln, 'nen Riß im Zelt nähen. Die Bootshaut braucht einen Flicken und der Fuß auch - Korallen sind halt scharf. Abends denkt der Kocher lange darüber nach, ob er Kartoffelpuffer backen soll. Mit einem Wechsel der Düse ist er schließlich zufrieden und tut's. Und dann beißt plötzlich irgendein Viech im Ohr - prompt fliegt der Inhalt des Reparaturbeutels durch die Gegend: Alublechstücke, Kupferstifte, Nieten und Messingschrauben, Nylon- und Baumwollgarn, Klebeband, Ledernadeln, Segeltuchflicken, Kielstreifen aus Faltboothaut und Gummilösung, wasserfestes Sandpapier, Kaltleim, Alles- und Sekundenkleber, Ersatzteile für den Kocher, der zerlegbare Hammer mit Werkzeugen im Griff und die noch nicht durchgerostete Zange. Alles leichter wieder „einzufangen“, als die munter hüpfenden Sandfliegen, die Nik-Niks. Zusammen mit Mini-Moskitos sind sie durchs Netz ins Zelt eingewandert. Schlaue Viecher, verstecken sich vor den Killern und erzielen disproportional zu ihrer Größe Wirkung. Schließlich kapitulieren wir und ziehen den Schlafsack über die Köpfe.

Culion

Daß die mehrere Kilometer lange Durchfahrt zur offenen Küste von Inseln geformt wird, sagt die Seekarte. Nicht jedoch, daß wir heute beim Fahren Dschungel um uns haben. Mangroven an den Ufern, von Urwaldbäumen hängen Lianen. Schrille Schreie von Vögeln hallen zwischen den Felswänden des tropischen Sees in dem wir unwillkürlich nach Krokodilen und Riesenschlangen Ausschau halten. Wo ist sein Ausgang zum „richtigen" Meer? Zwei Männer zeigen ihn, mit langen Stangen staken sie flache Bambusflöße übers Riff. Wir lassen das Boot vom Gezeitenstrom treiben - die Korallen sind bereits in Paddelreichweite. Zurück bleibt die 300 m hohe Wand der Insel Apo - noch lange wird sie während der Weiterfahrt Windschutz bieten. Keine Boote, keine Häuser an der Küste Busuangas, 30 km weit nicht. Geruhsames Paddeln auf ruhigem Wasser mit leichtem Schiebewind und etwas Hilfe von der Tide. Am späten Nachmittag landen wir wohlig müde auf Santa Monica. Winzig klein die Insel, zugewachsen, außer am schmalen Strand kaum begehbar. Mit dem Bolo gemähtes Gras und etwas Bambus, das gleicht die Schräge des Zeltplatzes aus. Und dann ist's auch schon dunkel. „Was ist das?" Während wir bei Kerzenlicht im Zelt kochen, macht sich jemend draußen zu schaffen - ein kleiner Affe. Im Strahl der Taschenlampe sitzt wie gebannt ein Makak. Einer von der Art, die gut schwimmen kann, sogar nach Krabben und Muscheln taucht. Hält er deshalb von unserer Einladung zum Mitessen nichts?

Auf der Weiterfahrt, bei Marily-Island, „Seengebiete" - „Paddeln wir eigentlich noch auf dem Meer?" Kleine Hütten im Busch. Und dann, als wir hinter Chindonan-Island um eine Ecke biegen: Gibt's das wirklich - hier? Eine Stadt, eine richtige Stadt. Mehrstöckige Steinhäuser, rote Dächer, eine Kirche und „Marina" steht da, mit einem Schiffsbug als Zeichen, vor der Hafeneinfahrt. Das muß Port Culion sein, wo wir frisches Wasser tanken wollten - auf der Karte ein kleiner Ort wie viele andere. Wir paddeln hin und legen an. Mit Griff zur Mütze begrüßt uns ein blau uniformierter Beamter. „Health-Police" steht auf seinem Brustschild. „Lassen Sie Ihr Boot im Hafen der Kolonie", ordnet er an, „ich passe auf und melde Sie beim Chef." Kolonie? Wo sind wir hingeraten? Und zu was für einem „Chef" sollen wir?

„Dies ist die größte Lepra-Kolonie der Philippinen" erklärt der in seinem Büro, zu dem eine Ordonanz uns führte, „1906 von den Amerikanern gegründet." Aus ihrer Zeit stammt das zweistöckige Verwaltungsgebäude, schön aus Holz gebaut mit breiten Treppen, hohen Hallen und mit Transparentpapier vor den Fenstern. „In zwei Hospitälern versorgen wir Patienten aus der Umgebung sowie derzeit 2.000 Lepra-Kranke. Das sind nur noch wenige, verglichen mit den über 10.000, die 1969 hier behandelt wurden." Und in seiner Eigenschaft als Chefarzt beruhigt er uns: „Sie brauchen keine Angst zu haben, die Ansteckungsgefahr ist gering. Nur bei langem, intensivem Kontakt ..." Er erzählt von den psychologischen Problemen der Kranken: „Wer Lepra bekommt, ist aussätzig. Niemand in seinem Dorf will mehr etwas mit ihm zu tun haben. Darum kommt er hierher, freiwillig, obwohl auch daheim behandelt werden könnte. Viele unserer Patienten bleiben selbst dann, wenn sie wieder gesund sind. Meistens mit ihren Familien. Auf der Insel bieten wir ihnen Wohnmöglichkeiten und Arbeit, als Handwerker, Fischer oder Bauern. Sie leben unter Menschen mit demselben Schicksal. Und darum haben wir trotz der geringen Krankenzahl so um die 15.000 Einwohner in unserer Kolonie. Wollen Sie sich die ansehen? Gern!"

Auf seine Order als Polizeikommandant fährt ein Jeep vor. Sein Adjutant übernimmt die Führung. Häuser für rund 500 Angestellte, für Ärzte, Schwestern, Lehrer und Verwaltungsleute. Ein Bezirk für jene Familien, die nach der Behandlung dageblieben sind. In hübschen und gepflegten Gärten voller Blumen arbeiten Männer denen eine Hand oder die Nase fehlt, Frauen gehen auf Krücken zum Verkaufsstand an der Ecke, gesunde Kinder kaufen dort Süssigkeiten. Die Schule. „Bei uns können Jungen und Mädchen bis zum College bleiben."

Im Hospital lange, luftige Krankensäle. Angekleidet wie zu Hause liegen Patienten auf einfachen Metallbetten. Verstümmelte Gesichter, Hände und Füße. Hier treffen wir den Chef wieder. „Lepra ist eine langsam fortschreitende Krankheit, wenn sie nicht gestoppt wird. Sie frißt die Gliedmaßen ab, von den Zehen zu den Beinen, an Fingern beginnend die Arme. Auch Nasen und Ohren.

Dann muß amputiert werden." Die dazu notwendige Operationsabteilung im Hospital ist klein, aber modern ausgestattet: „Wir haben ein großzügiges Jahresbudget der Regierung", sagt der Chefarzt, „und moderne Medikamente. Heute können wir die Krankheit etwa innerhalb eines Jahres stoppen und heilen." - Im Hof der Klinik spielen von der Lepra angesteckte und gesunde Kinder miteinander Basketball. Ein kleiner Junge greift nach Marjas Hand und führt sie an seine Stirn: Zeichen der Ehrerbietung. Warum? Warum das Winken und Rufen, wo wir mit dem Auto vorbeifahren?
„So etwa fühlen sich Könige, Staatschefs oder Filmstars, denen bereits für ihr Lächeln gedankt wird."
„Und nicht selten werden sie davon korrumpiert. Oder widert es sie an? Ein Unsinn hier, diese Jubelei für lediglich neugierige Besucher."
„Aber Gäste aus Europa, Fremde mit einer anderen Hautfarbe, trauen sich wohl nicht oft hierher."
„Wobei einem wieder klar wird, was es bedeutet gesund zu sein. Wofür wir so wenig können, wie diese Kranken für ihr Schicksal. Warum verteilt es seine Gaben so ungleich und, wie hier zu sehen, ungerecht?

Vor der Kirche, von den Spaniern auf einem Berg mit Blick über die Bay erbaut, hängt ein Spruchband Es kündet das Gastspiel einer berühmten Sängerin an - für heute. „Vielleicht kommt sie morgen - oder übermorgen", meint der Chefarzt, als Bürgermeister auch für so etwas zuständig. Im Gebäude für von den Eltern verlassene Kinder und für Waisen hat er die Nonnen vorgewarnt. Kinder mußten sich im großen Saal versammeln um uns zu begrüßen. Viel lieber hätten wir ihnen bei ihrem üblichen Tun zugeschaut - aber so ist das: „Staatsgäste" sehen nirgendwo auf der Welt die Normalität. Ein getragenes Lied - „Palawan-Melodie ..." - rhythmisch der folgende amerikanische Song, zwei kleine Mädchen tanzen dazu so etwas wie Beat. Und zum Abschluß, alle gemeinsam, „Holy Night, silent Night". Weihnachten reicht auch hier bis weit ins neue Jahr hinein.

Auf dem Rückweg halten wir bei der Eisfabrik. Auf ihrem Hof stehen Männer zusammen, diskutieren, gestikulieren - das Sonntagsvergnügen steht bevor. Hahnenkämpfe. Die Arena: Ein ca. 4 mal 4 m grosser, durch Bambusstangen abgeteilter Platz. Drinnen die Besitzer der Hähne mit ihren Tieren. Monatelang hat jeder von ihnen seinen Kämpfer trainiert, speziell gefüttert, Zeit und Geld investiert. Nun befestigen sie an den rechten Fersen ihrer Kampfhähne etwa 5 cm lange rasiermesserscharfe Dolche, entfernen die ledernen Schutzhüllen, streicheln noch einmal über das bunte Gefieder und übergeben die Tiere den Ringbetreuern. - Zwei Männer haben inzwischen zum Wetten aufgerufen: „Wer bietet für diesen prachtvollen Sieger vieler Duelle..." Zurufe genügen, Geld muß nicht gesetzt werden. Gewettet wird auf den Sieg des überlebenden Tieres. - Die Zuschauer hocken auf Bretterbänken oder stehen mit gespannten Gesichtern dahinter - es geht um ihren Einsatz. Die dafür „zuständigen" Hähne werden auf dem Boden scharf gemacht - noch festgehalten, aber zu und voneinander geführt. Ihre Halsfedern beginnen sich zu sträuben. Dann beginnt der Kampf. Wie Boxer tasten die beiden Streithähne einander ab. Mit den Schnäbeln zunächst, rasch in immer schnellerer Schrittfolge. Dicke Krausen stehen jetzt unter ihren Köpfen, Zeichen des Höhepunkts ihrer Erregung. Und nun springen sie gegen-, auf- und übereinander, fliegen hoch, prallen zusammen, versuchen mit dem Messer ihrem Gegner die Brust aufzuschlitzen. Alles so schnell, daß wir nicht mehr unterscheiden können, wer, wo, wie, was erreicht - dem Foto würde die tausendstel Sekunde nicht reichen. Ein grausames Spiel. Dem einen Hahn wird der Beinmuskel durchschnitten - er kann nicht mehr stehen. Zu Ende aber ist es für ihn erst, als er mit weiteren Wunden elend verblutet. Und wie im Boxring zählt der Kampfrichter ihn derweil aus. Wer auf die Verliererseite setzte, muß nun zahlen, die Gewinner kassieren.

„Merkwürdig, daß gerade diese Menschen, von denen viele doch selbst verstümmelt sind, an solch einem Schauspiel Freude haben."
„Geht ihnen ums Geld. Und vielen sicher um den Nervenkitzel. Grausamkeit, Horror und Blutvergießen sind heute eben in, siehe unsere Fernsehprogramme."

Eigentlich wollten wir auf einer Wiese nahe dem Hafen zelten. Die Frau des Chefs aber, so wird uns ausgerichtet, sei strikt dagegen. Wir wären Gäste des Hauses, ein Zimmer stehe zur Verfügung. Sehr nett gemeint, mit unserer Freiheit ist's damit jedoch vorbei. Ein Boy begleitet uns zum Einkaufen. Bei dem Weg, den wir einschlagen wollen, winkt er ab - Kein Herumstrolchen auf eigene Faust. Hätten wir dann vielleicht eine andere als die gezeigte Schokoladenseite der Kolonie gesehen? - Abendessen: Nach Landessitte speisen wir zuerst - mit einem weiteren Adjutanten des Chefs. Die Familie kommt später dran, damit sie auf keinen Fall den Gästen etwas wegessen oder deren Auswahl beeinträchtigen kann. Es gibt Reis, Fisch, eine aus Krabben zubereitete Pastete und Hühnerfleisch. Als Dessert süsses, weiches Fleisch unreifer Kokosnüsse mit Früchten. Danach Nescafé. Datiert diese Zeremonie der Mahlzeit mit servierenden Mädchen und braver Konversation ebenso wie die Einrichtung und Atmosphäre des Hauses in die amerikanischen Zeit zurück, als die Kolonie gegründet wurde? Unverändert aus dieser Periode kurz nach Neunzehnhundert auch der Waschraum mit Dusche, mit Handspülung fürs Klo. Alles noch original, langlebig, gut erhalten. Über den Betten hängen Moskitonetze. Zur Dekoration? Auf Culion gäbe es die Malaria nicht mehr, alle anderen Inseln dagegen seien verseucht, sagte unser Gastgeber. Vor allem die sehr gefährliche Tropica wäre so schwer auszurotten, weil Affen infiziert würden und die Erreger an Moskitos weitergäben.

Spät noch einmal zum Hafen um nach dem Boot zu schauen. Gerade rechtzeitig: Während der Bewacher in seinem Häuschen fest schläft, schlagen von draußen hereinrollende Wellen unser gutes Stück gegen die Kaimauer. Und wenig später wäre die Leine infolge des inzwischen durch die Ebbe gesunkenen Wasserstandes gerissen. Also raus mit dem Boot. Und obwohl es dunkel ist - irgendwie spricht sich so ein Ereignis wohl herum. Eine mittlere Menschenmenge umlagert bald den Hafen. „Bangka - bisita - mayor", das Boot vom Gast beim Chef, verstehen wir aus einzelnen Worten. Es wird abgetastet, untersucht und von allen Seiten beleuchtet, mit Taschenlampen. Denn um 21 Uhr ging in ganz Culion das Licht aus. Da das happening noch lange dauern kann, und genug Akteure da sind, gehen wir schlafen. Der Wächter pennt bereits wieder.

Nachts krähen überall im Ort Hähne. Sind es die Sieger, oder besser die Überlebenden, der Kämpfe eines blutigen Sonntags? Türen und Fenster klappern vom Sturm - morgens stehen Schaumköpfe auf ziemlich hohen Wellen in der Bucht. Warnungen von allen Seiten als wir einpacken - niemand traut dem kleinen Boot ohne Ausleger die etwa 3 km bis in den Schutz der nächsten Insel zu. Einsteigen. Da erscheint der Boy unseres Gastgebers im Auftrag seiner Chefin: Zwei schöne, voluminöse Körbe sollten wir als Geschenke mitnehmen. Aber wie? Im Boot ist beim besten Willen kein Stauraum frei. Auf Deck? Geht nicht - wir müssen sie zurückgeben. Mit Erklärungen und Dank zwar, aber falsch war es wohl doch. Wir werden schreiben und uns entschuldigen.

Rein ins Boot, Spritzdecke zu und los. Raus aus dem Hafenbecken - schon die erste Welle geht voll rüber Die nächsten kriegen wir noch zum Teil bis zum Bauch, dann können wir die darauf folgenden besser aussteuern. Keine Zeit um zu den Menschen, die unsere Ausfahrt mit Zurufen kommentierten, zurückzuschauen. Eine halbe Stunde angestrengten Fahrens und wir sind drüben. Dort wird's ruhiger - nur sobald sich nach Osten Lücken zwischen Inseln öffnen, haben wir wieder zu tun.
„Macht Spaß heute."
„Nach dem Besuch? Hat mich deprimiert. Arme Leute!"
„Für die, soweit wir es gesehen haben, ganz gut gesorgt wird."
„Trotzdem: So krank und ausgestoßen zu sein, ist schlimm. Hast Du gehört, wie der Chef am Telefon mit jemand über die weltweite Suche nach einem Impfstoff gegen Lepra sprach? Wenn das gelingt, dann gibt es vielleicht eines Tages die Krankheit nicht mehr."
„Und diese Kolonie auch nicht ..."

Busuanga

Ein schmaler Weg zwischen Korallenbänken, deutlich gezeichnet. Aber „... fühle mich wie im Auto bei dickem Nebel - wenn's kracht ist es zu spät.“ Der Wind rauht das Wasser zum Waschbrett auf, was drunter liegt und vor allem wo - zu sehen ist nichts. Sehr vorsichtig und langsam paddeln wir durch die etwas unsichere Landschaft. Die von Mangroven dicht und unnahbar eingefaßten Inseln sind auf der Seekarte gut markiert. Vom Wasser aus jedoch - wir brauchen den Kompaß, um nicht statt einer Durchfahrt die mit Korallenriffen gespickte Bucht oder Enge zu erwischen. Alles ein bischen unübersichtlich. Dann aber sind wir wieder draußen mit weitem Blick zu fernen Inseln. Bei Kurs genau Nord sollten wir eine langgestreckte Sandküste vor Busuanga erreichen. 12 km, zwei Stunden? Wir brauchen länger durch pure Paddelfaulheit. Schließlich aber „... wieder so ein Traumstrand“, schneeweiß, vor im Wind wiegenden Palmen, Karniki-Island.

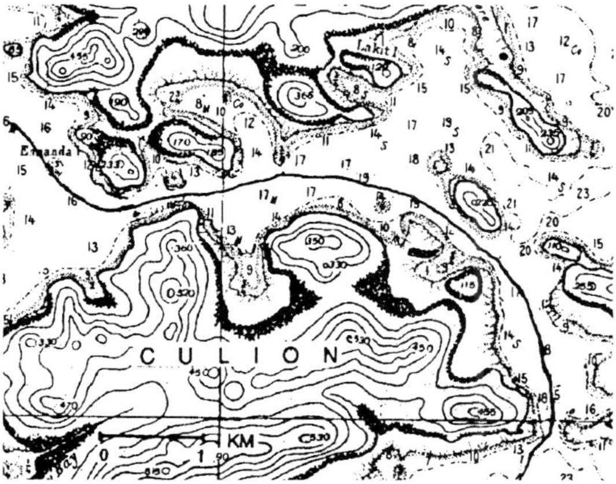

Wo Palmen sind, sind auch Menschen. Meistens jedenfalls. Jene, die den Ertrag ihrer Kokosnußlieferanten ernten. Hier ist es der Verwalter einer Plantage, der uns erstaunt begrüßt. Woher? Wohin? Natürlich könnten wir bleiben. Nur: Essen - alles müsse bestellt und per Boot herangeschafft werden. Lediglich Kokosnüsse, ob wir eine frische haben wollten? Wie auf 'ner Leiter klettert er einen der Bäume hinauf, rasch jedoch wieder retour: Oben haben ihn Ameisen angefallen und bös zerbissen. Von einer anderen Palme wirft er drei junge Nüsse herunter, die noch gefüllt sind mit dem klaren, gesunden Fruchtwasser. „Auf gute Nachbarschaft“, Anstoßen mit Kokosnüssen ist etwas schwierig. Zum Wohnhaus, im Schatten von Bananenstauden, auf Pfählen gebaut mit einer umlaufenden Veranda. Blick nach allen Seiten, hier zum Meer, dort über die Bucht von Sagrada. Ruhe und Frieden, Wärme und der Duft dieser tropischen Natur. In einer Ecke hockt Roberto, der Sohn, ins Flechten von Körben vertieft. Im Garten spielen Ziegen und Hunde miteinander, ein Schwein mampft Gras, und Hühner picken nach Käfern. Eisstückchen klingeln in Gläsern mit Saft. Juan, der uns empfing, erzählt von seiner Tätigkeit: „Wer will heute noch hier draußen arbeiten? Wenn, dann verlangt er mehr Geld, als wir geben können. Denn was wir ernten wird ständig schlechter bezahlt. Und wenn Sturm kommt, dann ist man auf dieser Insel abgeschnitten. In der Stadt lebt's sich einfacher, denken die Leute und bleiben dort.“ Krankheiten der Pflanzen, Ratten, Und eben der Arbeitskräftemangel - Juan hat echte Sorgen. Mit einer guten Prognose für's Wetter der nächsten Tage, „die schlechten Anzeichen fehlen ...“, wandern wir in der kurzen Abenddämmerung zurück zum Zelt. „Würden wir, mit all dem konfrontiert, diese Insel noch ebenso traumhaft finden, wie als paddelnde Touristen?“ Hellblau, rosa-orange und grün flammt der Himmel auf, dann wird's fast plötzlich Nacht. Sterne funkeln, spiegeln im Wasser, werden von Wellen wie Irrlichter reflektiert. Die alle Sinne erfassende warme Tropennacht.

„Spätestens drei Tage vor Abflug müssen Sie die Charter bestätigen“, hatte der Banker verlangt, der für uns in Coron buchte. Per Ferngespräch? „Telefonleitungen haben wir nicht auf der Insel. Und nur alle zwei Tage kurz Funkverbindung mit Manila. Falls sie funktioniert. Bei Gewitter allerdings ...“ Also müssen wir nach Coron fahren. Und zuvor weiter nach Norden paddeln, nach Salvacion, denn von dort fährt der Bus. Den Zugang zum Ort, zu hinter Büschen und Bäumen versteckten Häusern, markiert eine Landungsbrücke. Auf ihr ist Betrieb. Der, wie wir später erfahren, Vice-Bürgermeister macht Wirbel. Er scheucht seine Leute herum, kommandiert und hat keine Zeit. Gekleidet wie ein amerikanischer Sportfischer, steigt er eilends in sein Motorboot und braust davon. „Dienstlich“, versichert sein Neffe, der sich laut Anweisung des Onkels um uns kümmern soll. Unser Boot könnten wir morgen unter die Veranda des geräumigen Farmhauses legen und früh den Bus nehmen. Aus der zunächst zögernden Unterhaltung wird eine Einladung zum Kaffeetrinken. Und eine zweite zum Duschen mit Süßwasser: „Wir haben genug davon, kommt per pipeline direkt von den Bergen“. Wasser sogar im Klo - Luxus. Und die Haut ohne Salzkristalle - „schmeckt anders ...“

Abends sitzen wir mit der Familie vor dem Zelt. Irgendwann einmal hat sich ein japanischer Tourist nach Salvacion verirrt, erzählt uns Ronnie und vor zwei Jahren ein deutscher. Sind wir deshalb Attraktion für

nach und nach immer mehr Besucher? Einer von ihnen, ein sehr einfach gekleideter junger Mann, bittet höflich um unsere Namen für sein Notizbuch - er sei der Polizist. Die Lehrerin des Ortes übersetzt Fragen und Antworten vom Tagalog bzw. aus dem hier meist gesprochenen Cuyoni, Dialekt der von den nicht weit entfernten Cuyo Inseln Eingewanderten, ins Englische: Wie alt, wieviele Kinder, was die tun, Beruf und wie wir ihr Land finden. Interessant? Schön und zum Wiederkommen? Beifall auf offener Szene. Dann wird's ruhig und schließlich sind wir wieder allein. Bis noch einmal Taschenlampen das Zelt beleuchten: Fischer, die sich laut über den unerwarteten „Neubau" an ihrem Weg zu nächtlicher Arbeit wundern.

Ungern stehen wir „noch vor dem Aufwachen" auf: Der Bus! Kaum Zeit fürs Frühstück, unser Hab und Gut muß zum Haus. Eilig, Abfahrtszeit 6,30 Uhr. *Sollte* es sein, denn der Bus steht noch in seiner Bambusgarage: „Wird repariert". Neue Zeit 7 Uhr. Und da schließt sich pünklich die Kühlerhaube. Mehrere Männer ziehen das rote Fahrzeug auf die Straße. Schief hängende Türen, glaslose Fenster, verkratzt, verbeult. Einladen: Kisten, Körbe, Taschen, Flaschen, Wäschebündel und Schlafmatten, Hühner, Säcke mit getrockneten Fischen und dem dazu gehörenden Duft, undichte Benzinkanister als Kontra-Odeur, Koffer, Postpakete, zeternde Babies, Passagiere und durch die Hinterklappe zwei dicke, schwere Baumstämme. Sie verlängern das Fahrzeug nach achtern und füllen seinen Mittelgang. Wer den passieren will muß balancieren. Der Blick nach unten zu unseren Füßen zeigt Straße, da ist der Boden durchgerostet. Was soll's - ein Stück Pappe tut's auch. Überhaupt: An vielen Stellen hält nur der Rost das Blech noch mühsam zusammen. - Wir sitzen hinter dem Fahrer. Über ihm ein Schild „God bless our trip". Ein notwendiger Wunsch? Zwischen Steuerrad und Tür seine schlanke Freundin. Zwecks Energieersparnis schieben kräftige Männer unseren „Red-Bus" ein Stück weit - der Motor springt an, wir fahren. Bis zum Ortsausgang dauert der „trip" rund eine Stunde. Nicht etwa, weil Salvacion so groß ist, sondern weil es viermal einen „breakdown" zu beheben gab: 1. Vergaser - nach seiner Reparatur hüllt sich die weite Umgebung in eine qualmende schwarze Wolke; 2. Kupplung - zwei Männer gratulieren sich zum Einfall, den Schaden mit einem Stück Draht als Verlängerung behoben zu haben; 3. Bremse - Kopfschütteln des Fahrers; dito bei 4. Anlasser: Der schweigt. Die neben dem Fahrer stehende Batterie ist leer. Wieder schieben einige Männer den Bus an, er bockt und dann, oh Wunder, bleibt der Motor am Brummen. Vorsichtshalber auch, während auf dem Weg zum nächsten Ort sperrige Bambusbündel aufs Dach geladen, am Straßenrand wartende Menschen aufgesammelt und während der Fahrt Briefe von dem an der Tür hängenden Beifahrer einkassiert werden. Nach zwei Stunden sind wir in Concepcion, knapp 20 km weiter. „30 Minuten Aufenthalt, da die Bremse repariert werden muß", verkündet der Fahrer. Was er ausbaut ist eine in alle Richtungen verbogene Bremsleitung, die man so auf einem deutschen Schrottplatz nur als Kunstwerk gegen Aufpreis bekäme.

Nach der vorgesehenen Zeit mal zwei ist die Bremsleitung wieder eingebaut. Wie zuvor jedoch läßt sich nur übers Rückschalten in den ersten Gang die Fahrt abbremsen. Ratsch-Krach - wie mögen die Zahnkränze des Getriebes aussehen? Jeden nicht unbedingt notwendigen Halt vermeidet der Fahrer unterwegs. Auf den Bus Wartende müssen hundert und mehr Meter hinterher traben und während der verlangsamten Fahrt aufspringen. Und bergab geht's mit Schußfahrt gut gezielt auf Holzbohlen zu, die geländerlos in Breite der Busräder über's tief eingeschnittene Flußtal führen. Daß einige der Bohlen bereits eingebrochen sind, fällt kaum auf - die Straße befindet sich in schlechterem Zustand. Aber wir fahren. Und keine weitere Panne. Wie lange aber überleben Reifen dieses Gekurve um Schlaglöcher? Ein Reserverad liegt auf den Baumstämmen: Durch ein Loch im Gummi ist das darunterliegende Leinen zu sehen.

Eine Stunde Zeit in Coron bis zur Rückfahrt. Das reicht um den Flug zu bestätigen, für den Fahrer um nach Abmontieren der Hinterräder die Bremse erneut aus- und wieder einzubauen. Schwerstarbeit mit primitivem Handwerkszeug in der Mittagshitze. Wirklich bewundernswert, wie dieser Mann, ohne Werkstatthilfe und ohne selbst auch nur einmal zu fluchen oder zu verzweifeln, sein antikes Fahrzeug wieder in Gang bringt!

Vor der Abfahrt wird eine zweite Batterie in den Wagen gestellt und mittels Überleitungsdrähten an die alte angeschlossen. Welch ein Fortschritt, der Wagen springt an und kann unterwegs bremsen. Wieder ist er voll besetzt, nur die Baumstämme fehlen. Für uns hat der Beifahrer die beiden vorderen Sitze freigehalten - wirklich nett. Wie auf der Herfahrt: Fröhliche Leute, gute Stimmung. Postverteilung unterwegs diesmal durch Herauswerfen im Vorbeifahren. Auf den so beförderten Päckchen klebt ein Zettel: „Höflichkeit des Roten Busses“. Witze, Lachen. Nur die Frau neben uns ist sauer: Als ein Berg von Paketen auf die Batterie vor ihr fiel, ging ein Funkenregen auf sie nieder. Und dann die Krabbe, die unter ihrem Sitz angebunden war - als die sich an ihren Füßen zu schaffen machte, na ja ...

Zurück in Salvacion. Beim Flackerschein von Öllichtern sitzen wir mit unseren Gastgebern auf der Terrasse. Wir erzählen von der Geduld unserer Mitpassagiere und von der des Fahrers. „Ja, geduldig sind unsere Leute. Aber nicht endlos. Die sozialen Spannungen sind groß. Die Menschen möchten besser leben, so wie in Amerika wohin viele auswanderten. Nur: Wir haben unlösbare Probleme: Familien an der Macht die sich bereichern, fallende Weltmarktpreise für das, was wir

im Land produzieren. Und vor allem: Es werden immer mehr Menschen - schon heute sind's zu viele. Mit üblen Folgen wie Armut, Kriminalität, Prostitution."
„Nichts davon ist zu ändern?"
„Vielleicht durch eine Revolution die wir nicht wollen weil sie zuviel kaputt macht. Andere Strukturen - ja. Doch da ist niemand der sie durchsetzen kann. So wird alles beim alten bleiben: Machtmißbrauch, Korruption, Schlendrian. Leider."

Wir sind gerade in den Schlafsack gekrabbelt, da meldet sich eine Stimme durch die Zeltwand. Wenn wir morgen weiterfahren, sagt sie, dann sollten wir uns vor Piraten in acht nehmen. Von Linapacan aus seien die unterwegs. Linapacan? Da waren wir doch schon - weit weg, kein Grund also um schlecht zu träumen.

Früh setzt sich ein junger Mann zu uns ans Zelt. Sportlich gekleidet, dunkles Hemd, helle Hose. Er fragt nicht nur danach, wie wir das Land finden, sondern auch, ob und welche Probleme uns begegnet seien. „Die Kinder", sagen wir, „die Tatsache, daß es für zu viele Kinder in der Zukunft nicht genug Arbeit, Einkommen und Lebensraum geben wird. Und, daß die katholische Kirche gegen jede effektive Art der Geburtenbeschränkung ist." Zur Zeit, meint er, seien noch genügend Bodenschätze und auch Land für mehr Menschen vorhanden. Hier zum Beispiel, auf Busuanga, fänden viele Neusiedler Platz. „Aber", wenden wir ein, „es geht ja nicht um heute und morgen. Das Problem ist doch die Verdoppelung der Bevölkerung innerhalb von 30 Jahren. Als deren Folge verschwindende Wälder und Fischfanggründe. Und Rationalisierung in der Wirtschaft bedeutet Arbeit für eher weniger Menschen. Wie paßt dazu der Bevölkerungszuwachs? Wie kann eine Kirche den unter diesen Umständen mit gutem Gewissen gar noch fördern?" Unser Gesprächspartner denkt eine Weile nach und sagt dann zu unserer Überraschung: „Ich bin der Priester des Dorfes. Für eine begrenzte Zeit, um demnächst zur weiteren Ausbildung wieder an die Hochschule zu gehen." Ja, räumt er ein, die hohe Kinderzahl pro Familie sei schon ein Problem und Empfängnisverhütung wichtig, „im Einzelfall auch durch die Pille." Wie er das mit den Dogmen seiner Kirche vereinbaren könne? „Die meisten Menschen, vor allem die Frauen, wissen heute schon, was zu tun, was für sie richtig ist. Auch wenn es nicht mit bestimmten Ansichten der Kirche übereinstimmt. Und ich muß ja nicht immer alles wissen. Ich denke“, sagt er weiter, „viel liegt an uns Priestern. Daran ob wir sehr konservativ predigen oder versuchen uns mit der Wirklichkeit in den Gemeinden auseinanderzusetzen. Und da haben Sie recht: Wo zu viele Menschen sind, da wachsen die Probleme. Ich sehe das auch so. Ob ich einmal Einfluß in eine bessere Richtung nehmen kann? Ich weiß es nicht ...“

Zwanzig Hände packen Boot und Gepäck und schleppen es ins seichte Wasser. Schade. Denn hier fühlten wir uns nach der kurzen Zeit schon fast dazugehörend. Lange winken die neuen Freunde von der Brücke her uns nach, als wir auf unserer unsichtbaren Kielspur zurück paddeln. Nun sind wir wirklich auf dem Rückweg. Zunächst mit einem Abstecher in die Bucht von Concepcion. Drei Pfahlhäuschen stehen da auf einem weit vorgelagerten Riff. Vor und hinter ihnen schaukelt ein Bambusfloß leise knarrend in der Dünung. Noch haben wir nicht einmal an den dicken Stämmen angelegt, da rennt auch schon ein Mann aus einer der Hütten zu uns. Dies wäre eine Perlenfarm, erklärt er und was wir wollten? Anschauen? Er berät sich mit Kollegen und winkt dann: Aussteigen. Das heißt auf glitschigen Bambusrohren laufen, die das 100 Meter lange Floß bilden, nur knapp 15 Meter breit. Reihen

quadratischer Aussparungen darin. Durch eine von ihnen holen zwei Männer an dicken Stricken einen Metallkorb mit vier Abteilungen nach oben. In jeder liegt eine 30 cm große, flache Muschel, die Taucher zuvor einmal aus dem Meer holten. Sie wurde mit einem Sandkorn geimpft und hier zur Ruhe gelegt. Für ein Jahr oder länger. In dieser Zeit wehrt sich die lebende Muschel gegen den Fremdkörper. Um ihn zu isolieren, umgibt sie ihn mit einer Trennschicht, mit - Perlmutter. Und das bildet nach und nach, Schicht für Schicht, die Perle. „Wir ernten pro Jahr etwa 1.000 Stück“, erzählen die Männer, „für eine japanische Firma. Die sorgt für Geräte mit denen die Muscheln vom Grund geholt werden, schickt Fachleute für die spezielle Vorarbeit und dann passen wir auf - damit Ihr uns nichts klaut!“ Sie lachen, winken und wir paddeln, eigentlich nur für eine kurze Rast, nochmals zum Karniki-Island. Doch die herzliche Begrüßung dort und ein Regenschauer liefern genügend Argumente um über Nacht zu bleiben.

Am nächsten Morgen also erst weiter. Vorsichtig trudeln wir über das vorgelagerte Riff: Weiß, smaragdgrün, rot, orange, gelb und blau leuchten die bizarren Formen der Korallen zu uns herauf. Die Jungen des Insel-Verwalters staken auf ihrem Bambusfloß da herum. Sie werfen Netze wie Lassos ins Meer und schrecken Schwärme von Fischen auf. Schlaue offensichtlich - sie überspringen das Netz und bringen sich damit gekonnt in Sicherheit. Einige Kilometer weiter, eigentlich müßten wir ja Seemeilen sagen, seltsame Geräusche querab: Delphine. Sie drehen auf uns zu, prusten, springen, halten eine Weile unser Tempo und sind dann, mehrfach schneller, wieder verschwunden. Zwei Uhr. Vier Stunden bis zum Dunkelwerden. Wenn wir uns beeilen, sind wir heute Abend in Coron. Am Ziel. Doch warum eigentlich? Und außerdem: Von Norden her zieht rasch eine Wolkenwand auf uns zu, finster und bedrohlich. An Land? Alles zugewachsen mit Mangroven. Also drehen wir den Bug gegen die zu erwartenden Böen und warten. Warten auf die von ihnen gepeitschten Wellen. Aber das Wasser unter uns bleibt ebenso ruhig wie die Luft darüber. Kein Wind, nur - gerade bleibt noch Zeit um das Hemd auszuziehen und die Spritzdecke dicht zu zippen - da prasselt die blau-schwarze Regenwand auf uns herunter, läßt die Sichtweite auf wenige Meter zusammenschrumpfen. Dicke schwere Tropfen schlagen Fontänen um uns herum, trommeln auf Deck und Spritzdecke, massieren die Haut. Und ganz plötzlich ist alles wieder vorbei. Die Sonne scheint, die Front zieht weiter.

Unser letzter Abend am Meer. Wie zum Abschied schwirren hell strahlende Leuchtkäfer um die über dem Zelteingang gekreuzten Paddel. Im Wasser flüssiges Gold: Meeresleuchten. Jede Schwimmbewegung wirbelt die kleinen Dinoflagellaten auf, die durch den Druck erregt werden. Im Inneren der durchsichtigen, maximal zwei Millimeter kleinen Tierchen leuchten zahllose Lichtpunkte auf. Wie bei den Leuchtkäfern werden sie als „kaltes Licht“ bezeichnet. Man weiß, daß es durch die Produktion bestimmter Stoffe entsteht und daß Sauerstoff zusätzlich notwendig ist. Auch, daß dabei, im Gegensatz zu allen Lichtquellen die wir haben, eingesetzte Energie zu 100% umgesetzt wird. Nachgeahmt jedoch hat dieses perfekte Leuchtsystem der Natur bisher noch niemand.

„Das Boot haut ab - schnell ..." weg vom Ufer schwimmt es. Ohne Sandalen über's Riff, Hechtsprung, Kraulen und gerade noch erwischt. Wie konnte das passieren? Während wir beim Einpacken im Zelt trödelten, lag unser bestes Stück nicht angebunden zu nah am Wasser. Die Flut stieg schneller als erwartet und dann - siehe oben. Einen halben Tag lang noch fährt es uns durch eine alpine Seenlandschaft. Ihr jedenfalls gleicht die vom 700 m hohen Mount Tundalara überragte, geschützte Bucht Port Uson. Fischer sitzen ruhig und geduldig in ihren Booten. Die, die sie fangen wollen, springen in dichten Rudeln spritzend um ausgelegte Angeln herum. Zwei junge Leute in der solide gebauten, hübsch bunt bemalten „Elisabeth" bieten uns Reis von ihrer Mittagsration an. Gefangen haben sie heute noch nicht viel. Aber: „Wir haben ja Zeit", sagen sie, wie um uns zu beruhigen. Und als wir weiterfahren, da hören wir gerade noch: „What a beautifull boat". Gut, daß wir es noch haben.

Wenige Kilometer nur noch und Coron kommt in Sicht. Die Front seiner malerischen, eng aneinander gebauten Häuser auf Pfählen. Leitern führen von ihnen ins Wasser, Pumpboats liegen mit dem Heck an denen vertäut. Wir sind am Ziel. „Wo bauen wir ab?" So wie gestern dunkle Wolken - am besten also unter einem Dach. Unter dem eines Lagerhauses ist Platz. Kaum haben wir das Boot und sein inzwischen geschrumpftes Inventar in Sicherheit, da prasselt so wie gestern ein Tropenregen vom Himmel. Wasserfälle rauschen durchs Dach und laufen zwischen den Bambusstangen des Bodens wieder ab. Solange das Gepäck ihnen nicht im Wege liegt ... Und dann, mit dem Einpacken, ist die Fahrt wirklich zu Ende. Kinder kassieren den Rest unserer Geschenke, Erwachsene helfen

beim Verladen der drei Gepäckstücke auf ein Tricycle. Wir zwei klemmen uns hinein, der Fahrer auf den Sattel und schließlich noch ein blinder Passagier, der sich am Beiwagen festhält. Etwas kurzatmig tuckert das Gefährt zu der Adresse, die uns bei der Flugbuchung gegeben wurde.

Ein „Pension-House". Die Wasserversorgung funktioniere zur Zeit leider nicht, bedauert dort ein Arbeiter der Eisfabrik, zu der die Pension wohl gehört, aber in der Werkshalle könnten wir duschen. Und wir wären heute ganz allein hier. Nein, niemand, keine anderen Gäste. Nein, auch kein Personal. Seltsam. Ziemlich verwahrlost der Laden. Die Räume bis auf primitive Liegen ohne Einrichtung - einladend ist keiner, außer für Mücken und Fliegen, die sich unserer annehmen. Aber: Das Haus hat einen breiten, überdachten Balkon. Auf ihm werden wir im moskitofreien Zelt gut schlafen. Die Faltboothaut legen wir zum Trocknen aus und packen die Stangentasche so um, daß sie kommenden Strapazen des Flugtransportes gut gewachsen ist. Kleidung schützt empfindliche Kanten, jetzt nicht mehr gebrauchte Gegenstände verschwinden in den Hohlräumen zwischen Stangen und Spanten. Die Neonlampe über uns an der Decke zieht inzwischen alle Mücken der Umgebung an, wo sie den auf sie wartenden Eidechsen ins Maul fliegen. Nach der Arbeit zum Duschen. Die Dusche? Ein demontierter Kühlwasserschlauch. Um ihn zu benutzen, müssen wir auf die Abdeckung einer stillgelegten Maschine klettern. Vorführung für Zuschauer irgendwo in der Dunkelheit? Egal. Abendessen vom Kocher und dann ist da doch noch jemand: Vor dem Zelt liegt ein netter Hund, der schwanzwedelnd zu Besuch kam. Der bleibt da - niemand wird uns stören.

Morgens rast laut hupend ein Jeep in den Hof: „Schnell, schnell, das Flugzeug", schreit der Fahrer, „ins Büro zur Abrechnung." Sie ergibt: Vier Personen fliegen ab Manila, zwei mit uns dorthin. Von hin und zurück 10 Plätzen gehen also vier auf unser Konto. Drei brauchen wir sowieso, einen davon für's Gepäck - der Einsatz ins „Lotteriespiel hat sich gelohnt. Unsere Mitflieger: Nebst Körbchen tragendem Assistent der Mayor, der Bürgermeister von Coron. „Wir haben eine Konferenz in Manila", erklärt er, „ein wichtiger Meilenstein in unserer Entwicklung." So wichtig wie die Holperhindernissen zur Verkehrsberuhigung für Gemeindestraßen ohne Autos, auf denen er seinen Namen in Beton verewigen ließ? - Per Jeep über staubige Wege hinauf in die Berge Busuangas. Zweimal per Furt durch lehmige Flüsse, kurzes Schleudern vor einer Kuh, die nur widerwillig ihren Platz räumt. Auf der Höhe die Kings-Farm, staatliches Zentrum der Viehzucht. Fast weiße Zebu-Rinder, ganz schwarze Carabaos. Und der Tower, das Flugplatzgebäude - eine luftige Hütte. Einziges Inventar: Bierflaschen für die Arbeiter die dabei sind verrostete Schilder neu zu bemalen. Ob das ohne Voranstrich mit Rostschutz lange halten wird? Jedenfalls aber beginnt damit hier die Infrastruktur.

Pünktlich landet die einmotorige Piper auf der sandigen Piste - zwanzig Minuten später hebt sie wieder ab. Unter uns die Verwaltungsgebäude der Farm, dann weiße Wellenstreifen auf der tiefblauen See. Gut, daß wir nicht jetzt da unten auf einem Seelenverkäufer von Schiff schaukeln. Zonen heftiger Turbulenzen über Mindoro, die Maschine bockt und schaukelt. Kein Wunder: Unser Pilot benutzt die zugige Senke zwischen zwei Bergen als Paß. Rechts und links Dschungel - auf gleicher Höhe und nach oben schauen wir in grünes Baum- und Blättergewirr. Daß der Motor sich einige Male heftig verschluckt macht uns, nicht aber dem zierlichen, offensichtlich erfahrenen Flieger Sorge. Er stellt ihn einfach ab, wartet eine Weile im Gleitflug und startet neu: Richtig, das war's. Inseln, Sandstrände, kleine Orte, dann Luzon, Haupt-, jedenfalls Hauptstadtinsel der Philippinen. Dicht besiedelt, Häuser mit Wellblechdächern eng beieinander. Wie anders, wieviel unberührter und ursprünglicher war es an unserer Route, war es auf Palawan.

Manila - Fabriken, Rauch, der Hafen, Schiffe, die betonierte Landebahn des Domestic-Airports. Die Zivilisation hat uns wieder. Und wir sie: Wie lange wird es dauern bis wir uns wieder an ihre Eigenarten gewöhnt haben, sie brauchen und schätzen werden?

Der Rest ist Stadt, hektischer Verkehr, Hotel mit Betten, ist ungewohntes Sitzen auf Stühlen und an Tischen. Und schließlich eine lange, 15 Stunden währende Nacht. Sie beginnt in Manila und endet über Griechenland. Die Temperatur für Frankfurt sagt der Käpt'n im Bordfunk mit minus 3° voraus. Und Winterwetter. Ja, es schneit, dichte, weiße Flocken. Unser Auto rutscht über Schnee und Eis. Alles so wie vor sechs Wochen. Waren wir wirklich nicht länger weg?

Julio

Ein paar Jahre später. Post aus Puerto Princesa liegt auf dem Tisch. Von dem Fischer, den wir auf Cay Island trafen. Nicht der erste Brief und auch nicht zum ersten Mal mit einer Einladung. Jetzt jedoch schreibt er: "Wir haben die Fischfarm fertig gebaut. Kommt und schaut sie Euch an." - Aus der Begegnung damals war ein Briefwechsel entstanden. Und als Julio nach mehreren Jahren schrieb er wolle auswandern, weil es weniger Fische zu fangen und nicht genug Geld zu verdienen gäbe, da fragten wir, ob auf Palawan schon Fischfarmen betrieben würden. Betriebe zur Aufzucht von Speisefischen, wie wir sie in anderen Ländern gesehen hatten. Nein, es gab keine. Auf der Insel Luzon jedoch, das erfuhren wir, wurden in einer Musterfarm Fachkräfte für diese Art der Produktion geschult. Nun, unser Freund war interessiert und so machte er mit unserer Hilfe die Ausbildung und das Abschluß-Zertifikat. Zu Hause bekam er danach die Erlaubnis für den Bau seiner Fischfarm von der örtlichen Behörde. Sie wies ihm eine Wasserfläche vor der Küste zu und er zeichnete den Plan. Wir ließen das Vorhaben von hiesigen Fachleuten der deutschen Entwicklungshilfe begutachten. Ihr Urteil: Die Familie und ein Teil der vielen Verwandten würden durch die Fischzucht lohnende Arbeit haben und der Ertrag den steigenden Ernährungsbedarf einer wachsenden Bevölkerung decken helfen. Wir beteiligten uns am Bau der Anlage.

Nun ist „das Projekt“ also fertig. Ein Grund um hinzufahren? Grund schon, aber ... viele verneinende "aber". Ein positives: "Aber im April könnten wir weg. Gerade dann beginnt auf der Insel die windarme Zeit - fürs Paddeln besser als damals." In knapp vier Wochen wäre das - genug Zeit zum Vorbereiten? Was ist zu tun?

Eine ganze Menge. Zunächst kleine Reparaturen an Boot und Zelt. Während dieser Arbeiten geht die Nähmaschine kaputt. Ausgerechnet jetzt - so ein Mist! Sie muß in die Werkstatt. Bis wann? - Der Philippinen-Konsul will einen neuen Paß von uns haben, sein Stempel hätte im alten keinen Platz mehr. Ein seitenfüllender Stempel. Also: Papiere besorgen und Anträge ausfüllen. Daß ein Paß nicht so schnell wie ein Bußgeldbescheid fürs Falschparken ausgestellt wird, bleibt einsehbar: "Dauert drei Wochen ...", na ja, klappt also noch, wenn nichts dazwischenkommt. Danach soll es mit dem Stempeln angeblich schnell gehen. - Ausgerechnet jetzt will das Finanzamt noch eine Steuererklärung. - Wir brauchen Informationen und Flugkarten nebst Spezial-Vereinbarungen fürs Gepäck. Das alles kostet Zeit und Geld, fällt aber unter "normal". Beim Probeaufbau des Zeltes jedoch kündigt der Rundum- Reißverschluß den Dienst. Kein Geschäft hat einen so langen. Es dauert, bis wir die Zeltfabrik finden, die ihn uns verkauft. Zu einem Preis, zu dem wir - leider sehen wir das erst viel später - per Versandhandel zwei bekommen hätten. Da sage noch jemand, Handelsspannen verteuerten die Ware.

Malaria-Prophylaxe, zwei Wochen Vorlaufzeit: Welches Mittel wird jetzt für Palawan empfohlen? Telefonate mit der Uniklinik, mit dem Tropeninstitut: Das verläßlichste Medikament gibt's bei uns noch nicht. Aber in Holland. Import dauert Wochen. Also hinfahren und holen? Läßt sich mit einem Verwandtenbesuch kombinieren. Und nach Hamburg sollten wir auch noch. Zeit dafür? Müssen wir haben ...! - Zahnschmerzen. Der Übeltäter muß raus. Allerdings erst nach Abklingen der Entzündung. Wann also? Nach zwei Wochen? Kommt gerade noch hin: "Sollten wir einen Netzplan wegen der sich überschneidenden Termine zeichnen?" - Einkäufe: Geschenke; Filme; Batterien für Rasierer, für Blitzlicht und die neue Mini-Neonlampe. Surfschuhe die Freunde fürs Laufen auf Korallenwatt empfohlen hatten, hochpreisig und schockgefärbt, Farbstifte dazu, um den Schock zu mindern. Und Medikamente: Teure Antibiotika leihen Ärzte von ihren Mustern - zwei Hausärzte sind da besser als einer.

Vor dem Einpacken probieren wir den im Herbst auf einer Ausstellung gekauften neuen Kocher aus. Stichflamme - Riß in der Pumpe. Telefonat mit dem Hersteller: "Ersatzteile nicht vorrätig. Aber vielleicht finde ich eine Pumpe für Sie in unserem Musterschrank ..." - sie kommt einen Tag vor der Abfahrt. Und an dem reißt die Mittelnaht des Boots-Rucksacks, als wir ihn vollgestaut hochheben: Kein Problem - die Nähmaschine ist ja wieder heil. Und die halbe Stunde Zeit haben wir auch noch.

Der Flug: "Wie gehabt" reizvoll und bei guter Sicht interessant: Das Mündungsdelta des Indus, Urwälder im Herzen Indiens, Tempel und Reisfelder bei Bangkok. Dann das Meer, über das immer noch Menschen aus Vietnam den Weg in die Freiheit suchen. Manila - für die Anschlußmaschine nach Palawan landen wir zu spät: "Bedauerlich", heißt's am check-in, "vielleicht aber tröstet Sie dieser Gutschein? Übernachtung im 5 Sterne-Hotel mit Abendessen und Frühstück." Für die Airline wird der Service nicht allzu teuer. Denn das Abend-Restaurant ist so spät bereits geschlossen und Frühstück fällt aus, weil der Anschlußflieger schon drei Stunden nach Mitternacht startet.

Die Einfuhr-Zollkontrolle unterblieb - so viel Gepäck auf dem Bootswagen eignet sich dafür nicht. Neu aber ist ein Gepäck-Check für den Inlandflug. Der Polizist dort droht damit alles auszupacken. Vermeidbar wäre das durch eine kleine "contribution". Klar: Unter diesem "Beitrag" versteht er "zahlen", wieviel bliebe uns überlassen. Wir markieren nichts zu begreifen, lenken durch Fragen ab und schließlich, vielleicht zufrieden über die Unterhaltung, malt er sein Kreide-okey auf die Packteile. Von 12 Stunden Dienst bei sehr wenig Lohn erzählte er - kein Wunder, daß er auf Nebeneinnahmen scharf ist.
"Hätten wir ihm etwas geben sollen."
"Bestechen? Uns erpressen lassen?"
"Der sieht das wahrscheinlich anders. Vor allem, wenn so was hier üblich ist. Er versucht's halt um sein Einkommen aufzubessern. Weißt Du noch in Mexiko? Da bekamen die Polizisten angeblich schon deshalb weniger Lohn, weil sie von Autofahrern kassierten. Erzählte der Taxifahrer jedenfalls."
"Müssen wir das Spielchen darum mitmachen?"
"Eine Frage des Prinzips? In Ländern mit anderen Moralvorstellungen kommt man wohl manchmal nicht drum herum mitzuspielen."

"Wodurch die Korruption gefördert wird."
"Würden wir sie denn unterbinden?"

Damals leer - heute ist die die Maschine voll besetzt. Ziemlich viele westliche Passagiere. Der Tourismus hat Palawan also "entdeckt". Eine Reisegruppe ausgereifter Männer um uns herum: Filipinos, in amerikanischem Sportsdress, mit verpackten Stangen, einer mit Megaphon. Unser Nachbar klärt auf: "Wir fahren zum Hochsee-Wettangeln, ab Puerto Princesa mit dem Schiff. Dabei geht's darum, wer die meisten Kilos fängt. Thunfische, Barakudas, Haie ..." Ihm gehört eine Fabrik in Manila. Ja, sagt er, gute Geschäfte. Die neue Regierung ließe mehr Freiheit, Investitionen lohnten wieder. Offensichtlich, wenn der Chef am Donnerstag früh zum Angeln fliegt.

Julio holt uns ab: klein, drahtig, ernstes Gesicht - so wie damals, als er uns auf seinem Pumpboat die nur vier Fische zeigte, die das Ergebnis einer vollen Tagesarbeit gewesen waren. Zusammen mit einem Freund verlädt er unser Gepäck auf ein Tricycle, auf das Motorrad mit überdachtem Beiwagen. Stangentasche und ein Rucksack aufs Dach, der andere auf die Ablage achtern. In die Kabine quetschen wir uns zu dritt, der Vierte hinter den Fahrer. Und das Ding fährt, hoffnungslos überlastet: Wenn das man gut geht! Die Unruhe deswegen weicht bald dem beglückenden "wir sind wieder da!" Der gleiche Duft einer warmen Tropennacht, die unverändert holprige Straße. Im Scheinwerferlicht vorbeihuschende kleine Häuser die wir wiederzuerkennen glauben. Und dann das bekannte bergab zur Hafenbucht: Da unten wohnen die Fischer - da stehen ihre Häuser am, bei Flut *im* Wasser.

Ein schwankender schmaler Steg führt zu Julios Pfahlbau. Wände aus geflochtenen Bambusmatten, das Dach mit den Blättern der Nipa-Palme gedeckt. Die als Fußboden dicht aneinander gelegten Bambusstangen geben unter unserem Gewicht nach und federn zurück. Noch ist es Nacht und dunkel. Eine Glühbirne über dem Vorraum beleuchtet die zur Begrüssung versammelte Familie: Julios Frau Pepita, drei Kinder, mehrere Verwandte. Auf dem Tisch liegt die Café-au-Lait-braune Muschel: Hat sie uns zurückgebracht, wie Julio es damals vorhersagte? - Im Haus teilen Flechtwände drei Räume ab - den der Kinder sollen wir beziehen. Sie schlafen solange in der Nachbarschaft, der Älteste im Boot - gern, wie er verlegen sagt. "Seit kurzem gibt's

Strom für die Siedlung, echter Fortschritt", Julio weist auf die Neonröhre über der Hausmitte, auf eine zweite für die Wohnküche. Ein Tisch in ihr, je zwei Bänke und Hocker. Offenes Feuer brennt in der Kochstelle, der Rauch zieht durch die Wände ab. "Der Wasserhahn da überm Abwaschbecken ist neu, jetzt brauche ich nicht mehr, wie bisher, mehrere Male am Tag zur Pumpe zu laufen", Pepita lacht vergnügt. Dann öffnet sie die Tür nach draußen - innerhalb weniger Minuten ist es hell geworden. Vor uns eine Bilderbuch-Aussicht. Drüben, jenseits des in der Morgensonne glitzernden Wassers, Puerto-Princesas Hafen. Weiße Boote laufen aus, die Hochseefischer?

Am Steg des Hauses liegen bunt bemalte bangkas, kleine Boote der Fischer. Rechts und links, ganz nah, die individuell und schön gebauten Häuser der Nachbarn. Am Ende einer "Brücke", auf Pfählen überm Wasser, ein kleiner Pavillon: "Das Waschhaus mit WC für Euch, gerade noch fertig geworden", freut sich Julio. Vom Wasserhahn in der Küche her hat er einen Schlauch dorthin verlegt. Und damit haben wir während des Duschens, per Schöpfbecher aus einem Wasserbehälter, das malerische und sonnige Bild der Umgebung vor Augen. Im Badezimmer daheim gibt's das nicht.

Drei Tage sind wir Gäste in Julios Haus. Einmal, wohl extra für uns, gibt es Brötchen mit Erdnußbutter. Auch die süßen, kleinen Bananen, Mangos und Kekse kommen sicher nicht so oft wie während dieser Zeit auf den Tisch. Sonst aber unterscheiden sich die Mahlzeiten, morgens, mittags und abends, wenig von einander: Reis, Reis mit Fisch, Reis mit Hühnerfleisch oder mit Spiegeleiern. Sich dem Magenfahrplan anzupassen - zunächst gar nicht so einfach. Deutlich, wie uns das Leben verwöhnt hat. Selbst unter den für uns primitiven Bedingungen des Wanderns mit Boot und Zelt essen wir abwechslungsreicher. Und ob das, was wir vom Einkauf in der Stadt mitbringen, unseren Gastgebern schmeckt? Mit Kuchen z.B. haben wir wenig "Erfolg". Die Stadt - sie hat sich verändert. Aus Beton hochgezogene, mehrstöckige Gebäude, für Banken, Geschäfte und zum Vermieten. Autostaus mit Auspuffgasen. Viel mehr große Jeepneys, mit noch mehr Lampen und Spiegeln jedoch ohne die blank polierten Metallpferde auf den Kühlern - "die werden nachts geklaut." Einheimische schauen sich nach Touristen nicht mehr um. Und in der Bank ziehen chinesische Angestellte beim Geldwechsel saftige Prozente ab. Im neuen Supermarkt fühlt Julio sich nicht wohl. Nichts für seine Familie, hier kaufen begüterte Einwohner die sich per Tricycle vorfahren lassen. Vertrauter sind unserem Freund die kleinen Läden mit offenen Kästen und Säkken an der Straße. Da kennt er Inhaber und Verkäuferinnen, und sie ihn. - Ein Gaukler. Was wohl in dem Kasten sei, läßt er die Zuschauer raten. Kinder werden ganz zappelig bis sich endlich die Klappe öffnet und eine züngelnde Schlange nach frischer Luft schnappt. Giftig? Aufschreie, wo der Helfer sie jemand direkt vor die Nase hält. Ob die Schlange reden könne? Nein? Wetten daß doch? Mit einem Mikrofon interviewt der Gaukler das müde Reptil. Und - tatsächlich, man hört seine Antworten. Ungläubiges Staunen in den Gesichtern. Was er sagt, ist Werbung für ein „Naturheilmittel“ in kleinen Dosen. Vor deren Verkauf aber läuft noch ein langes Programm ab - Zeit ist kein Faktor. Für uns schon, denn wir haben die Tageszeitverschiebung noch nicht ganz verdaut. Müde ...

War früh morgens vor dem Haus nichts als modderiges Watt - Stunden später plätschern kleine Wellen des auflaufenden Wassers heran und spülen unterm Waschpavillon: Natur-W.C. Sie heben auch das Pumpboat vom Grund - die Fahrt zur Besichtigung der Fischfarm steht auf dem Programm. Vorbei an Öltanks und an Hafenanlagen. Ein rostiges Frachtschiff wird da von Hand entladen. Junge Männer schleppen schwere Säcke auf der Schulter über schwankende Bretter an Land. Außerhalb der Bucht eine Insel. Damals, als wir hier paddelten, war sie unbewohnt. Heute stehen Bungalows eines Ressort für Touristen unter Palmen. Ein schöner Platz zum Erholen für jemand der nichts anderes will als Sonne und das Riff zum Schnorcheln. "Gehört jemand aus

Übersee", bemerkt Julio etwas verächtlich. Oder neidisch? Nach zwei Stunden die Fischfarm voraus. In Meter-Abständen stecken Bambuspfähle im Grund. Sie halten Netze, mit denen das 150 mal 200 m große Areal eingezäunt ist. Ein Stück Meeresbucht, geschützt durch vorgelagerte Inseln. Vom überdachten Beobachtungsstand aus sind Fische zu erkennen - kleine Fische, sehr kleine. Vor einiger Zeit hat Julio Fingerlinge, Fischbrut also, eingesetzt. Aus ihrer Aufzucht ist bisher allerdings nicht viel geworden. Warum nicht? Ob, wie und womit die Salzwasserfische zu füttern wären, das sei nicht geklärt. Auch nicht, wie die Farm abzufischen sein wird. Zur Zeit befänden sich zumal innerhalb der Umzäunung noch einige Barakudas, Raubfische, waren bisher nicht zu fangen. Clever, zu schlau, ärgert sich Julio. Gab denn der Kurs auf Luzon keine Lösungen für solche und einige andere Probleme? Er befaßte sich, und das kommt erst jetzt heraus, nicht mit dem fishfarming im Salz- sondern im Süß- und Brackwasser. Wohl aus Angst an Ansehen zu verlieren, hat Julio all die daraus folgenden Schwierigkeiten für sich behalten. Auch dem Fischereiamt gegenüber, das vielleicht hätte helfen können. Vom Ufer her segelt ein kleines Boot zu uns herüber, der Mann, der die Fischfarm bewacht: "Sonst werden uns die Netze geklaut."

Ziemlich bedrückt fahren wir zurück. Und es braucht einige Zeit, um unseren Freund davon zu überzeugen, daß er fachkundige Helfer braucht, um seine Probleme zu lösen. Wie kann man die heranziehen ohne schon mit der Frage "das Gesicht zu verlieren"? Davor hat Julio zweifellos ebenso viel Angst wie fast jeder Filipino. "Schieben wir alles auf uns Ausländer, die als Investoren das Projekt vielleicht erweitern wollen und dazu Fragen haben." Der gemeinsame Besuch im Fischereiamt am Tage darauf ist für Julio, trotz seiner Zustimmung, nicht einfach. Wird er in die von der Behörde vorgeschlagene Zusammenarbeit einwilligen? Kann er Änderungen zustimmen? Selbst wenn die sachlich richtig sind, sein Selbstwertgefühl wird sich wahrscheinlich gegen die Fachkompetenz anderer sträuben und verletzt sein. Wie mag er sich entscheiden? Heute nicht. Und voraussichtlich - nein, keine Prognose. Sich in seine, in eine andere Mentalität hineinzudenken setzt voraus, diese zu kennen und zu verstehen. Davon aber sind wir weit, sehr weit entfernt.

Wie es mit der Fischfarm dann weiterging? Es war die Erfahrung, von der viele Entwicklungshelfer erzählen: "Du mußt dabei bleiben, darfst niemand mit seinem Projekt allein lassen. Denn irgendwann wächst es ihm über den Kopf. Und bevor er Gefahr läuft sich zu blamieren, gibt er auf und kehrt in seinen normalen Alltag zurück."

El Nido

Das gleiche Flugzeug-Roulette wie damals in Coron wird jetzt auch in Puerto Princesa gespielt. Einsatz: Der Charterpreis für die Maschine. Je mehr Passagiere mitfliegen, desto höher der Gewinn - Quatsch, desto geringer die Kosten. Mit dem Unterschied nur, daß der hiesige Pilot uns begaunert. Er hat zwar zwei Mitflieger gefunden, deklariert die jedoch beim Einsteigen als "auszubildende Flugschüler". Frech! Können wir den beiden blinden Passagieren verbieten einzusteigen, die Richtigkeit seiner Behauptung widerlegen? Den Flug absagen? Dann müßten wir versuchen per Charterboot an der Westküste entlang zu unserem Ziel, den Bacuit-Islands, zu kommen. Oder dorthin paddeln. Das braucht Zeit und die haben wir dieses Mal nur begrenzt. Also zahlen - gewonnene Tage sind auch etwas wert. Und in der Luft gibt es dann, wie zu erwarten, keinerlei Einweisung der "Piloten in spe". Sie lernen auf diesem Flug das Sitzen in einer Maschine ...

An der Ostküste Palawans entlang nach Norden. Dächer, Busch und Sandstrand. Als markantes Rechteck die Fischfarm in der Honda-Bay. Flug quer über die Insel, über hohe Berge und glitzernde Flüsse, über dichte Urwälder und gerodete Flächen. „Jährlich wurden bis zu 20.000 ha Wald abgeholzt, 2% der Gesamtfläche“, erzählte Julio, „offiziell ist das nun eingeschränkt, praktisch nicht.“ Gut zu sehen: Verschiffungsanlagen für eingeschlagenes Holz in den Einschnitten an der West-Küste, angetriebene Baumstämme wie Streichhölzer auf den Stränden die das dunkle Ufer hell umfassen. Weiße, hohe Brandungswellen rollen auf den Sand - zum Paddeln wäre das heute nichts gewesen. Steil ragen mächtige Felstürme aus dem Meer: "Da - die Gegend durch die uns Virgilio fuhr - rapsie, rapsie.“ Damals wünschten wir uns zurückzukommen. Und nun ist da El Nido voraus, der kleine Ort mit den steilen Felsen als Hintergrund. Anflug niedrig über die Wellen, quer zum Uferstreifen, zur schmalen, sandigen Landepiste. Die Maschine setzt auf, rollt, holpert, wendet und hält unweit der Küste. Aussteigen, das durch Lebensmittelvorräte ca. 130 kg schwer gewordene Gepäck ausladen. Heiß. Wellen rollen laut auf den Strand. Weiß leuchtet ihr Gischt gegen das dunkle Blau der Tiefsee. Keine Chance jetzt mit dem Boot da zu starten. Viel wichtiger im Augenblick: Wo gibt's Schutz vor der sengenden Sonne? Dort? 100 m weiter ein Baum am Strand. Weit ausladende Äste, dichtes Blattwerk. Schaffen wir das Buschwerk, Flechten und Muscheln unter ihm weg, dann kann das Zelt im Schatten stehen - ein idealer Platz. Für wie lange? Der alte Fischer der vorbei kommt meint, vier Tage dauere dieser Sturm aus Nord. Gestern habe er angefangen.

Wasser holen. Neben der Flugplatz-Hütte eine Pumpe. Eine, die miese Brühe fördert, salzig und verschmutzt. Der Platzwart zuckt die Achseln: Besseres Wasser müsse eingeflogen werden. Was wir denn hier "ohne Erlaubnis" täten? Die Start- und Landepiste gehöre Ten Knots, einer japanischen Gesellschaft, ebenso wie das Land rundum und das Touristenressort auf der Insel Miniloc. Ob wir dorthin wollten? Nein? Paddeln? Er schüttelt den Kopf und geht.

Am Nachmittag landet ein Hubschrauber. Seine beiden Piloten schauen auf dem Weg zum Baden ins Zelt. Mike und Jerry, Kanadier aus Vancouver: "... versorgen die Ölbohrinseln vor der Küste. Fliegen Personal, Geräte und Lebensmittel dorthin." Auch Wasser? "Nein, wir haben eigene Aufbereitungsanlagen. Was die aus dem Salzwasser machen ist weit besser als das Gesöff aus hiesigen Pumpen. Ihr habt da getankt? Yeee - übermorgen sind wir wieder zurück. Dann - aber laßt Euch überraschen." Übermorgen? Ja, so lange wären wir sicher noch hier. Denn zur Zeit puste der Wind mit 30 Knoten - mit 7 Windstärken also. Das bedeutet Seegang 6, laut Tabelle Wellen ab 4 m. "Nichts für Euer Boot", meint Jerry, "bei solch 'nem Wetter paddelt selbst bei uns in British Columbia niemand mehr an der Küste."

Die Prognosen stimmen. Drei Tage Sturm. Drei Tage mit einem malerischen Panorama vor dem Zelteingang: Im sanften Bogen schwingt die Bucht zum Horizont. Weißer Sandstrand vor dichtem grünem Buschwerk. Elegante Konturen einzelner hochgewachsener Palmen vor blauem Himmel. Links die Berge der Insel Cadlao, die 600 m hoch aufragen, rechts Canayan-Island und kleinere Felseninseln. Leuchtend rote Blüten auf dem Baumdach. Blüten auch am Boden, an dort über den Sand kriechenden Pflanzen. Das inzwischen aufgebaute Boot liegt unter einer Schicht von Palmenzweigen - Schutz vor den Sonnenstrahlen, die einer Faltboothaut schaden. Ab und zu Besuch. Der alte Fischer vom ersten Tag, dessen Haus einige hundert Meter weiter versteckt im Busch steht. Auch er kann mit dem Boot nicht mehr raus und

legt darum sein Netz in der nahen Flußmündung aus. Von dort traben Jungen mit wiegenden Schritten am Strand entlang. Zwischen ihnen wippt ein schwerer Korb an der Stange. Später passiert der hier typische Schlitten, eine Plattform auf Kufen hinterm Carabao, dem Wasserbüffel. Die Frau des Fischers dirigiert das Gefährt. Wir sollten zu ihr kommen - nach Landesart winkt sie dazu mit ihrer Hand zu uns, statt zu sich hin. Ihr Tagesfang vom Fluß: Zwei Körbe voll kleiner Fische. "Dilis" seien das, ganz frische. Sie würden drei bis vier Tage in der Sonne trocknen und dann verkauft - für mehr Geld, als mit Copra zu verdienen sei, das verstehen wir aus der auf beiden Seiten mit den Händen geführten Unterhaltung. Ob wir welche haben wollten? - Und dann, "übermorgen", erscheint, wie avisiert, einer der kanadischen Piloten. In jeder Hand einen Plastikbeutel. "Die Überraschung", grinst er, "Wasser in fester Form" - Eisblöckchen, auf der Bohrinsel fabriziert. Beim Eiskaffee, echter Luxus bei der Hitze, erzählt Mike, daß seine Aufgabe per heute beendet ist. Er hat philippinische Co-Piloten ausgebildet, die den Hubschrauber jetzt übernehmen. "Ich fliege anschließend nach Hause. Wenn Ihr Post habt, die nehme ich mit. Den Brief? Den werfe ich in Kanada ein. Dann ist der, meine Erfahrung, schneller in Europa, als von hier aus."

Bummeln, sonnen, zur "Abkühlung" in die Brandung der auf 28° geschätzten Badewanne. Riß gestern der Wind Schaumfetzen von den Wellen, heute, am dritten Tag, läßt er nach. Draußen tanzen Fischerboote noch in der unruhigen See, abends jedoch bringen außenbords gesprungene Männer eines durch die Brandungszone an den Strand. "Wenn die es schaffen... morgen können *wir* fahren. Endlich!"

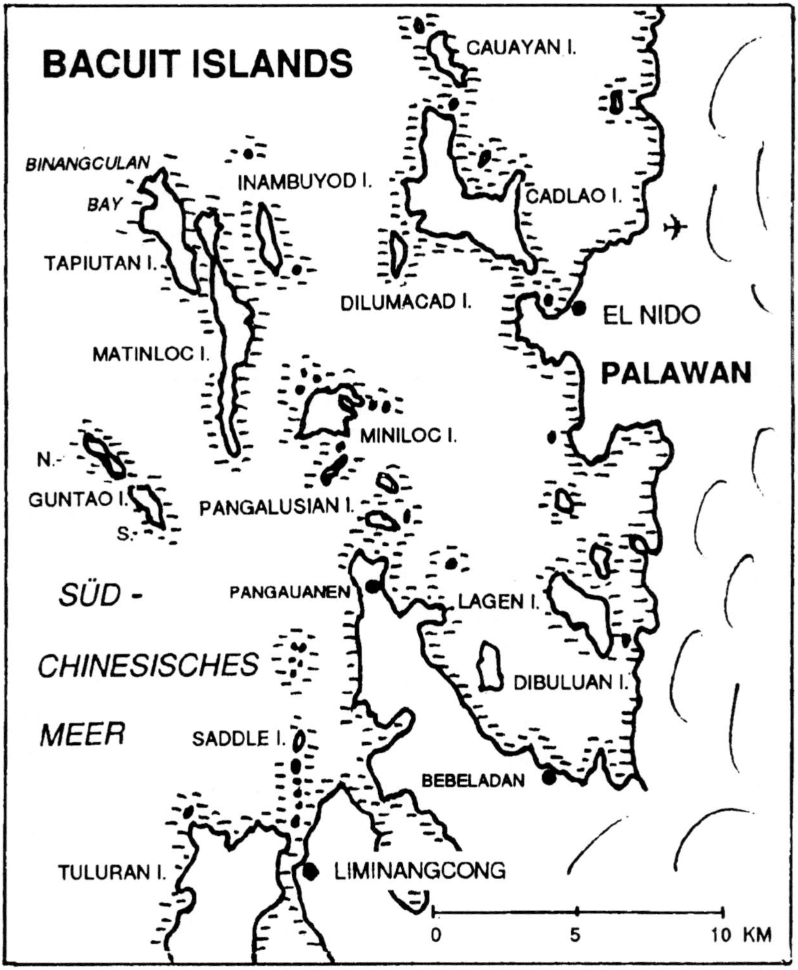

Bereits in der Morgendämmerung liegt das leere Boot wenige Meter vor der Wasserlinie. In einer Stunde wird uns die Flut einige Arbeit

abnehmen. Die "Rechnung" geht auf: Das Wasser steigt und gerade sind die Rucksäcke als Sitze verstaut, da "heben wir ab". Eine nur noch müde Brandungswelle, mit wenigen Paddelschlägen sind wir durch und unterwegs. Unterwegs auf dem Weg zu den Bacuit Islands, zum Wiedersehen mit El Nido.
"Weißt Du noch, wie Virgilio da die Benzinfässer an Land schwimmen ließ, und die Sturmfahrt in seinem Boot danach?"
"Birrrgilio!"

Am Riff draußen spielt die Brandung verrückt. Darum paddeln wir zunächst im weiten Bogen hinüber zur Insel Cadlao und dann unter deren Küste in ruhigerem Wasser. Mit der Dünung von achtern laufen wir in die El Nido Bucht ein. Dieses Mal auf eigenem Kiel! Malerisch die Kulisse voraus: Eine lange Reihe hübscher kleiner Häuser hinter hellem Strand. Bunte Wäsche flattert zwischen ihnen im Wind. Steile, dunkle Felswände, wie in einem Theater als Kulisse in den Hintergurnd gestellt.. Blumen leuchten in der Sonne, Boote schaukeln, Kinder plantschen und winken. Auf der Reede ein kleiner Dampfer mit Schlagseite, näher am Land ein eleganter Trimaran vor Anker. Langsam trudeln wir am Ufer entlang und legen hinter der Pier an. "Mister, good cigarettes..." und "good for you, Coca Cola ..." fast jedes zweite Haus im Ort hat einen "shop" mit fröhlichen Verkäufern. Ein Laden zum Verleihen von Taucher-Utensilien ist ebenso da, wie Pumpboats zum Mieten. Drei oder vier Häuser bieten Übernachtungsbetten und ein Restaurant Sonnenschirme. Alles "handmade", wie von Amateuren, die das Geschäft mehr spielerisch als ernsthaft betreiben. - Wasser holen. Unser Kanister mit dem Eiswasser ist leer. Was Jungen mit einer verrosteten Dose am Stock aus dem Grundwasserloch schöpfen, das fördert den Coca Cola Umsatz: Trüb, bräunlich, leicht salzig. Besseres Wasser? "Gibt's auch für die Japaner nicht, die es von hier nach Miniloc bringen", entschuldigt sich ein Mann, der aus derselben Quelle einen Eimer voll holt.

In der weiteren Umgebung El Nidos stehen Schilder in der Landschaft:

DIESES LAND GEHÖRT DER TEN-KNOTS-COMPANY.

"Da werden demnächst Hotels gebaut. Für fliegende Urlauber aus Japan. Näher für die, als von uns aus zu den Kanarischen Inseln."
"Mit Ruhe und mit ursprünglicher Natur ist's dann wohl vorbei."

"Was hat Vorrang - Erholung für viele Menschen oder das Erhalten des natürlichen Urzustandes?"
"Beides. Ein Kompromiß vielleicht."
"... der selten beiden Seiten gefällt."

Wenige Kilometer weiter landen wir nachmittags an dem von weitem bereits gesehenen Strand - hell leuchtete der über das durch Windböen dunkel aufgerauhte Wasser. Hohe Bäume, Schatten. Und, im Sand verstreut, leere Bierflaschen, Kronenkorken, Zigarettenschachteln und angerauchte Stummel, Papp- und Papierfetzen, Plastiktüten, größere Muschelhälften mit von Fliegen wimmelnden Essenresten. Hinter Steinen türmen sich geöffnete, stinkende Konservendosen. "Sauerei - wer hat hier gefeiert und danach nicht aufgeräumt?" Eine Stunde nur noch bis zum Dunkelwerden - also bleiben. Am Ende des Strandes säubern wir "unser" Areal, vergraben den Müll und zelten. Jadegrün das Wasser über flach abfallendem Sand, weiter draußen dunkelblau und tiefviolett. Keine Riffe, herrlich zum Schwimmen. Haie? Jetzt gegen Abend muß man aufpassen, mit ihnen rechnen. Nicht zu weit raus also. Während dann die Sonne untergeht, sitzen wir vor dem Zelt, sehen draußen die Lichter der Fischerboote und später das Kreuz des Südens flach über dem Horizont. Die berühmten vier Sterne die, früher jedenfalls, den Männern auf See beim nächtlichen Navigieren halfen: Unter dem Ende der mal 4,5 verlängerten diagonalen Längsachse des Sternbildes ist Süden.

Invasion am nächsten Tag. Ein hochbeladenes Pumpboot läuft auf den Strand. Junge Männer springen von Bord, Mädchen in einheitlich weißen Kleidern. Im hohen Bogen fliegen Tische und Kolonialstil Stühle vom Boot in den Sand. Kisten mit Bierflaschen und Getränkedosen folgen. Das ist die Antwort auf's "Sauerei - wer hat ...?" Kühlbehälter und Sitzkissen werden aufgestapelt, Lautsprecher in Bäumen aufgehängt und die Szene mit gräßlich lauter Musik beschallt. Über sichtbare Abfälle fegen Boys etwas Sand. Und kurz darauf stehen weißgedeckte Tische mit Stühlen auf dem Strand, werden mit Porzellan, Gläsern und Bestecken eingedeckt. Lampions hängen an dafür mitgebrachten Ständern. Ein verrückter Kontrast zur umgebenden Natur. „Sunset-Party“, erklärt der Anführer des Aufbau-Kommandos. Das Gelände gehöre Ten Knots und demnächst kämen 30 Besucher von der Insel Miniloc um in die Nacht hinein zu feiern. Unser Zelt? Wir sollten uns doch besser einen anderen Platz dafür suchen.

Krach und Umtrieb gehen uns sowieso schon auf die Nerven. Und schließlich bezahlen wir ja nicht, wie die Party-Gäste, für solch einen Abend, Sonnenuntergang inklusive. Während wir das Boot zur Abfahrt klar machen, füllen die emsigen Leute „als Gegenleistung“ unseren Wasserkanister mit „Mineralwasser“ auf, dessen Geschmack höchst unerfreuliche Erinnerungen an Zahnarztbesuche weckt: „El Nido-Quelle mit Zusatz?“ - Full speed rammt der von der Ferieninsel heranbrausende japanische Manager sein Motorboot auf den Strand, springt heraus und beginnt sofort mit lautem Befehlen. Auch bei uns versucht er mit dem schnarrenden Kommißton Eindruck zu machen. Als das nicht funktioniert, wird er höflicher und erklärt: „Wir schützen in diesem Gebiet die Natur. Darum dürfen Sie im ganzen Archipel nicht zelten.“ Gegenfrage: „Wie erklären Sie sich dann, daß wir bisher in keinem Naturschutzgebiet der Welt einen so übel verdreckten Strand gesehen haben, wie diesen?“ Er antwortet: „Ich werde meine Leute darauf hinweisen.“ Und das war's dann.

Bacuit Islands

Der Wind schläft ein. Auf spiegelglatter See paddeln wir quer über die tief eingeschnittene Bucht. Wuchtige Inseln an Steuerbord, dunkle Kolosse vor der glutrot untergehenden Sonne. Am Ufer steigt blauer Rauch aus den Häusern von Corong-Corong senkrecht zum Himmel, in der Ferne dumpfes Brummen von Bootsmotoren. Sonst ist da nur das leise Rauschen am Bug und das Geräusch unserer Paddel, ihr harmonisches Miteinander der Bewegung, die Weite des Wassers - die ganze romantische Stimmung einer Wanderfahrt auf dem Meer.

Palmen am Ufer. Zwischen zwei weiter auseinander stehenden Bäumen gibt's Platz fürs Zelt - außerhalb des Fallbereiches von Kokosnüssen. Das nächste Haus ist weit, Menschen nicht zu sehen. Erst am Morgen begegnen wir ihnen - während der Nacht waren sie mit ihrem Boot draußen zum Fischen. Die Männer zeigen uns „Jelly-Fish", in der Nacht gefangene Quallen. Wofür? „Verkaufen an Chinamann in Corong-Corong." Zum essen? „O-o" was nicht Erstaunen ausdrückt, sondern auf Tagalog „ja" heißt. „Eine Überlebensnahrung für uns?" Die Männer ziehen Reis zum Frühstück vor, auf dem Deck ihres Bootes qualmt Feuer im Mini-Eisenofen. Ob wir eines der Schweine, von denen mehrere am Strand herumlaufen, haben wollten? Ihre Geste des Killens ist unmißverständlich.

Jenseits der Bucht brennt eine große Fläche Wald. Rote Flammen züngeln, eine Schicht dicken Qualms zieht übers Wasser.
„Brandrodung - gemein! Was da an Busch und Urwald vernichtet wird, ist nicht mehr zu ersetzen. Und die Tiere, die da leben ..."
„Die Menschen brauchen Platz. Neue Ansiedlungen, Häuser, Felder. Eine von den Folgen der Bevölkerungs-Explosion."
„Dabei verlieren sie mit verbrannten Wald Sauerstoff-Resourcen ..."
„Was sie nicht stört, da sie noch genug Luft zum Atmen haben. Außerdem kennen sie die Zusammenhänge wahrscheinlich nicht."
„Ein trauriges Bild - erinnert an die brennenden Städte im Krieg."
„Die konnte man schneller wieder aufbauen ..."

Aus bewölktem Himmel pusten Böen, so überraschend und heftig, daß sie das Boot zur Seite drücken. Um das Riff vor uns weiträumig zu umfahren, müssen wir beim Kurs vorhalten, das heißt die Abdrift durch den Wind berücksichtigen. Wieviel? Profis könnten das aus-rechnen, wenn sie alle Faktoren wie Windgeschwindigkeit, den Luftwiderstand des Bootes, Stärke und Richtung der Strömung etc. kennen. Wir bleiben auf das „Gefühl" angewiesen. Als Ansteuerungspunkt merken wir uns einen Felsen weit ab vom Riffanfang um auch auf dem letzten Stück der Strecke noch genug Abstand zu haben. Und fahren, würde man unsere Kielspur von oben sehen, im weiten Bogen auf diesen zu. Drüben landen wir am goldgelben Strand im Schatten hoher Bäume. Pause.

Ein schmaler Pfad durch den Busch. Mit zwei schweren Wasserkanistern beladen geht eine Frau zu dem kleinen Haus, dessen Dach wir vom Wasser aus sahen. „Mitkommen“, winkt sie. Das Haus hat ihr Vater vor drei Jahren gebaut, nachdem die ganze Familie aus den überbevölkerten Visayas, dem Inselgebiet zwischen Luzon und Mindanao, auswanderte. Ein Haus auf Pfählen, aus geflochtenen Matten die Wände. Luft kann zirkulieren, drinnen ist's fast kühl. Und schattig - Fensterläden und eine Tür lassen sich per Astgabel auf und zu halten. Die ganze Familie arbeitet. Der Großvater geht fischen, der Onkel ist Farmer und baut Cashews an. „Ja, diese“, die Tochter Maria zeigt gelb-rote Früchte und erklärt in gutem Englisch, „auf denen wachsen als Samen die Cashew-Nüsse, die Sie vielleicht kennen. Wir trennen die ab, rösten und verkaufen sie. Das bringt ziemlich viel Geld.“ Und die Frucht selbst? „Wird an Tiere verfüttert. Manchmall essen wir sie auch - probieren Sie.“ Herb - süß, saftig und erfrischend.

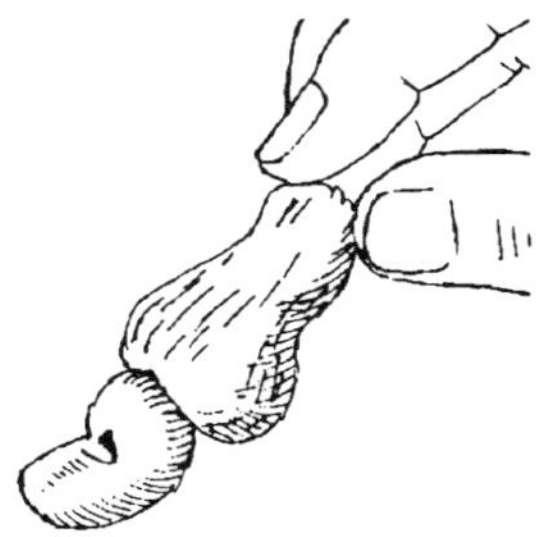

Die Mutter versorgt den Haushalt, die Tante das Kleinvieh. Etwas verschämt lächelnd nimmt sie aus einer Blechschachtel rote Betelpaste, mischt sie mit der weißen Substanz aus einem anderen Behälter, wickelt alles in ein Blatt, steckt es in den Mund und kaut: „Ich weiß, es ist ein Laster“, bedeutet ihre Geste, „aber lassen kann ich's nicht.“ Betel - auch eine Nuß, von der Betelpalme. Gekaut wird sie zusammen mit dem Blatt vom Betelpfeffer und etwas gebranntem Kalk. Genuß? Sucht? Beides? - Maria arbeitet bei den Japanern auf Miniloc. Etwa hundert Gäste logieren dort in 25 Bungalows, erzählt sie, „jeder von denen bezahlt pro Tag so viel, wie ich im Monat als Lohn erhalte. Und der ist nicht schlecht.“ Zwei ihrer Geschwister können mit diesem Geld in Manila studieren, drei weitere lernen noch in der Schule. Doch: „Wir sind arme Leute“, sagt die Mutter beim Abschied.
„Niemand hat das während der letzten Reise so gesagt. Obwohl es für viele damals zutraf. Und diesmal hören wir es öfter.“
„Liegt vielleicht daran, daß sich die Menschen erst jetzt, vor allem durch den Tourismus, des Abstands zum Reichtum der westlichen Welt bewußt werden. Und damit werden sie unzufrieden.“
„Waren sie es vorher wirklich nicht?“

„Rückenwind. Streckenweise surfen wir auf den Wellen unter der 80 m hohen Felswand von Lagen-Island, hinüber nach Dibuluan. Und mitten hinein in ein auf der Karte nicht markiertes Korallenfeld. Schreck, Hektik, Stop! Bei den hier auflaufenden Rollern nicht ganz einfach. Zurück - und erneut Grundberührung mit den Paddeln. Nach ängstlichen 2o m sind wir wieder über der Tiefsee. Aus nunmehr respektvollem Abstand schauen wir uns die Insel an: Wo können wir zelten? Auf der Westseite ein Streifen Sand. Zu wenig, um über der Hochwasserlinie sicher zu sein? Nachdem wir alte Äste, trockenes Buschwerk, stachlige Ranken und verschlungene Lianen mit dem Bolo beseitigt haben, geht's etwas weiter einen Hang hinauf. Seine Schräge begradigen wir durch Auffüllen mit Sand und haben nun den idealen Zeltplatz. Fast eine Stunde Arbeit und zwei Dornen in der Fußsohle haben sich gelohnt. Noch bevor es dunkel wird, kocht das Abendessen: Fleischbrühe mit Kartoffelpürree angedickt, Nudeln und Gemüse aus einem Beutel, Dosenfleisch als Einlage. Zum Nachtisch - Cashew-Nüsse, frisch geröstet. Ganz frisch!

„Der Karte nach gibt's ein Dorf hinter der Landspitze da gegenüber. Anschauen?“ Eine halbe Stunde Fahrt und wir haben es vor uns: An die hundert kleine Häuser am Ufer, eines dicht neben dem anderen. Mehrere bunt gestrichene Boote „auf Reede“ vor Anker. An einem von ihnen binden wir unseres fest, waten an Land und fragen nach dem Barangay-Captain, dem Bürgermeister, bei dem man sich als Besucher besser zuerst meldet. Er ist unterwegs. „Ich werde Sie herumführen“, bietet ein junger Mann an, der neben seinem Beruf als Fischer die Funktion des Orts-Polizisten hat, „und alles erklären.“ 750 Einwohner hat der Ort, eine Schule und eine Gesundheitsstation. Die erstere ohne Kinder da Ferien sind, für die zweite fehlt der Schlüssel. Die Trockenanlage für Fische ist leer. „Viele unserer Leute arbeiten weit weg auf einer Reis- und Cashew-Pflanzung und sind nur am Wochenende daheim“, erzählt José. Ein ruhiges Dorf. Sauber und ordentlich, kein herumliegender Müll. Frangipani, roter Hibiskus und weiße Butterfly-Orchideen blühen an den Häusern. Und violette Bougainville, deren Name auf den eines französischen Admiral zurückgeht - er brachte um 1700 die Pflanze aus Papua Neu Guinea nach Frankreich. - Freundliche Leute. Sie grüßen und winken. Mädchen haben Cashew-Nüsse gemahlen und in Zucker geschmolzen - wir sollten probieren: Sehr lecker. - Kinder spielen vor ihrem Haus eine Art Halma. Auf einen alten Kistendeckel haben sie Linien eingekratzt, als Spielfiguren bewegen sie Cola-Kronenkorken, Schrift oben gegen Schrift auf der unteren Seite.

Vor einem Haus hockt der Philippinische Adler, Wappenvogel des Inselreiches - angekettet. „Der hat sich beim Fischen in einem unserer Netze verfangen. Kann nicht mehr fliegen." Ob sich das „kann" auf eine Verletzung bezieht oder „soll" bedeutet, bleibt unklar. Sehr zu lieben scheint ihn José, der ja Fischer ist, nicht - Konkurrenz? Mit einer verächtlichen Bewegung nennt er ihn „einen Affen fressenden Adler". Das stimmt, und auch, daß er der größte der Welt ist.

Viele Dorfbewohner sind offensichtlich ohne Arbeit und arm. Junge Männer sitzen herum, haben keine Beschäftigung. An einem einfachen Einbaum-Boot ist schon lange nicht mehr weitergearbeitet worden. Lohnt es sich nicht? - Wir treffen die Schulleiter-Familie. „Er" betreibt den Laden des Ortes, „Sie" verwaltet die Kasse der Gemeinde. Später kommt der Bürgermeister dazu. Das Dorf sei arm, bestätigen alle, sehr arm. Kein Geld. Es reiche nicht einmal, um zum nächsten Fest eine Combo-Kapelle anzuheuern. So müßten sie sich mit ihrem Tonbandgerät nebst Verstärker begnügen. Und was sonst noch fehle? Eine City-Hall, ein Haus in dem der Bürgermeister zweimal in der Woche Sprechstunde hält. Wo auch Versammlungen stattfinden könnten, die heute in der Schule wären. Und was ließe sich mit Geld tun, um mehr Menschen Arbeit zu geben? „Wenn uns jemand ein neues Fischerboot stiften könnte, das wäre gut. Ich würde es verwalten", sagt die Lehrersfrau, „ich tue das schon mit drei anderen." Kämen damit mehr Leute zu Arbeit und Einkommen? „Einige vielleicht. Die anderen aber sind sowieso zu faul und zu dumm. Denen kann man nicht helfen." Deutlich: Da ist eine Oberschicht im Dorf der es ganz gut geht und die, siehe erwünschtes Investment, keine echten Sorgen hat. Der aber auch nichts daran liegt, daß andere durch sinnvolle Arbeit mehr Geld und damit an Einfluß gewinnen.

Morgens hatten wir, der Dorfpolizist wies uns darauf hin, unser Faltboot am Pumpboat des Bürgermeisters vertäut. Nun bringt der dieses, sein Boot, ins Gespräch. Es sollte ohnehin verkauft werden, sagt er. Ob wir es nicht für den gerade genannten Zweck erwerben wollten? Der Preis, den er nennt, liegt um 20% über dem, den wir von José hörten. Clevere Leute: Einer würde sein altes Boot günstig los werden, auch wenn der Erwerber ihn herunter handelt. Eine aus der Clique könnte es gratis übernehmen und managen, ihr Mann dann die damit gefangenen Fische verkaufen. Echter Gemeinsinn. Ernüchtert lassen wir den Ort hinter uns.

Nachts wieder auf dem alten Platz. Die vertrauten Tierstimmen. Das tiefe „Wao, Wao" einer Eule und heller klingende Rufe wie von einer Lokomotiven-Pfeife. Laute Frösche und natürlich der Gecko, der im Tagalog Tog-Tog heißt. Am Morgen kreist ein Adler überm Zelt, zieht hinüber zu der Insel, die heute unser Ziel ist - Pinsail. „In die könnt ihr hineinfahren", hatte José gesagt. Wir können nicht. Denn schon auf dem Hinweg frischt der Wind auf. Und als wir vor dem mächtigen Turm, der mit fast senkrechten Wänden aus dem Meer ragt, nach der Einfahrt suchen, da rollen ausgerechnet auf ihrer Seite die Wellen hoch. Zu hoch um die Passage zu riskieren. Schade. Drinnen hätten wir den „Dom" gefunden, eine hohe Kuppel mit Lichteinfall von oben überm Binnensee. Für eine Pause gehen wir in den Windschatten der Insel. Vorsicht, da liegt ein knapp vom Wasser überspülter Fels, eine rot-bräunliche Steinplatte. Gerade noch steuern wir vorbei, da hebt sie sich ein wenig, zeigt mehr Kontur, einen kleinen Kopf mit Altmännergesicht und ist - eine Seeschildkröte. Ebenso überrascht wie wir. Ein, zwei Sekunden schaut sie uns an, dann - schwups - weg. Die Farbe ihres Schildes, der leicht raubvogelartige Oberkiefer - eine Karette, die in diesen warmen Meeren nicht selten ist. Mit ihren zu Ruderflossen umgebildeten Gliedmaßen, durch die von einer gemein-

samen Haut überwachsenen Zehen, bewegt sie sich unter Wasser schnell und wendig. An solch einem Felsen sucht sie nach Muscheln, Krebsen und Schnecken. Und irgendwo brütet der warme Sand ihre Eier aus ...

Rundherum hat der Seegang die Insel an der Wasserlinie ausgefressen. Wie auf einem dünneren Sockel steht sie. Fast gleich die anderen Türme, die aus der Bacuit-Bay ragen. „Bizarre Gegend - eine der interessantesten Landschaften unserer Erde“, meinte ein zu Hause gelesenes Reisebuch. Eine zur Zeit reichlich bewegte. Für die Überfahrt nach Westen binden wir deshalb unsere Schwimmhilfen um, schmale Kragen mit Pressluft-Patronen im auf der Brust liegenden Teil. Sie könnten unter Wasser automatisch auslösen und aufblasen. Wir haben aber auf Handbetrieb umgestellt, damit sie uns nicht behindern, wenn wir nach unten aussteigen müßten. Merken wir sie beim Paddeln sonst kaum - heute scheuern sie unangenehm auf der nackten Haut. Bei vier Windstärken jedoch, plus Wellen die fast genau von der Seite anlaufen, geht Sicherheit vor. Einige Kreuzseen, nachdem das Schiff passierte, das wir vor El Nido sahen. Immer noch hat's leichte Schlagseite: „Haben die ihre Ladung nur auf *einer* Seite gestaut?“ Etwa alle vier Wochen liefert der antike Dampfer zuvor in Manila bestellte Ware auf bewohnten Inseln und in Küstenorten ab und nimmt Copra, Fische und anderes zum Verkauf mit zurück. Für manche Insel die einzige regelmäßige Verbindung mit der Außenwelt.

Ruhigeres Wasser in einer Bucht unter hohen Felswänden. Höhlen mit Menschenknochen aus grauer Vorzeit soll es hier geben. Im Gegensatz zum berühmten Höhlensystem der Tabon-Caves, südlich von Puerto Princesa sind diese Grotten klein, schlecht begehbar, finster und feucht. Und keine Knochen - zurück ins Boot. Gleich um die Ecke herum können wir mit ihm in eine hineinfahren, ins Halbdunkel von schroffem Fels, über den die Lichtreflexe der Wellen zucken. Fledermäuse hängen von der Decke, wie kleine Geschosse sausen Schwalben raus und rein. Leise schwappen Wogen mit dumpfem Hall gegen die Wände. Ähnlich wie im Underwater-River, der bei ruhiger See von der Westküste aus, nördlich von Baheli, erreichbar und mehrere Kilometer lang befahrbar ist. Eine der Touristen-Attraktionen Palawans.

Unter überhängenden Felswänden an denen sich kleine Bäume festkrallen, paddeln wir zwischen verwinkelten Ufern weiter. Plötzlich öffnet sich der Blick nach Westen - das Südchinesische Meer. Vor einer Insel gegenüber lichten gerade zwei Segelboote die Anker, der Trimaran unter ihnen, den wir in El Nido sahen. Weißer Strand, ein Rundbau im Schatten von Palmen, „Wellcome on Pangalusian Island", grüßt der Mann, der uns mit seinem Fernglas während der Anfahrt beobachtete, „ich bin Jock." Rundes Gesicht, Nickelbrille, Schnauzbart. Ein Schotte. Ihm und seiner philippinischen Frau Becky gehört die Insel mit Ferien-Bungalows und mit Rundum-Blick vom Berg aus auf eine Bilderbuchlandschaft. Aber: „Weil die El Nido-Flugpiste seit einiger Zeit von der Konkurrenz beherrscht wird, kommen selten Touristen." Vorwiegend Segler legen an. Mit Jock können sie Seemannsgarn spinnen - als Einhandsegler kreuzte er um die Welt, bevor er hier vor Anker ging. „Zelten? Selbstverständlich, wo ihr wollt." Die Bungalows sind noch nicht alle fertig: „Bestellt man Baumaterial im Oktober zur Lieferung im Januar, so geht erst einmal eine im voraus bezahlte Sendung angeblich irgendwo verloren. Also erneut bezahlen. Die Partie kam dann schließlich vor einer Woche, am 10. April. Geliefert wurden aber nicht die aufgegebenen Längen und Breiten sondern andere Maße und andere Hölzer. Geld zurück für das was nicht kam, falsch oder minder geliefert wurde? Natürlich nicht. Und jetzt haben wir Holz, aber die Arbeiter sind nicht da. Das übliche: Der Lohn für 5 Tage reicht ihnen für 10, also erscheinen sie erst am 11. Tag wieder. Schimpft man darüber, so bleiben sie ganz weg."

Kein sorgenloses Leben in dieser romantischen Umgebung. „Meine Tochter wird im nächsten Jahr schulpflichtig. Was dann? In die Dorfschule nach Bebeladan? Ins Internat weit weg von den Eltern oder eine Hauslehrerin aus Europa? Wird schwer sein die zu finden." Die Kleine hilft uns beim Zelteinräumen und beim Wasserholen. Dazu sind wir zum Ufer der Hauptinsel gefahren. Das Land dort gehört Beckies Familie, durch die Quelle wertvolles Land. Klares, gut schmeckendes Wasser füllt Kanister und Flaschen, genug für einige Tage. Ab übermorgen werden wir es für die Fahrt zu den nördlichen Inseln brauchen, die unbewohnt und ohne Süßwasser sind. Während des Abendessens fliegen Ameisen gegen das Glas der hellen Kerosinlampe. „Lästige Viecher“ schimpft Jock, „kommen glücklicherweise selten, nur wenn das Wetter sich ändert.“ Wird es?

Morgens: „Wir fahren zu dem Dorf, das wir von hier aus betreuen. Wollt Ihr mit?“ Hütten, teils in die Hänge hineingebaut, mit schadhaften Wänden und Dächern. Schweine und Hühner leben nicht nur wie üblich unter, sondern teils auch *in* den Wohnräumen. „15 Familien kamen vor drei Jahren, vertrieben von einer Insel die verkauft worden war. Wir gaben ihnen das Land, Häuser und Boote haben sie selber gebaut.“ Einigermaßen ordentlich gekleidet sind nur wenige der jungen Männer. Schmutzig, zerlumpt und ungepflegt vor allem die Frauen, viele von ihnen schwanger. Kinder, scharenweise Kinder, viele krank: „Keine hygienischen Vorrichtungen, Magen- und Darminfektionen als Folge.“ Schlechte Wasserversorgung im Ort, vor allem in der Trockenzeit - Jocks Quelle ist weit.

Echte Armut. „Zur Zeit besprechen wir ein Gemeinschafts-Projekt, eine Schweinezucht, an der alle beteiligt wären. Die Zuchttiere, eine Rasse die wesentlich mehr Fleisch liefert als das, was hier rumläuft, ließen sich beschaffen, für den Verkauf auf den Inseln gibt's ausgezeichnete Voraussetzungen. Analog zum Arbeitseinsatz der einzelnen Familien soll der Gewinn verteilt werden. Und darüber werden die sich nicht einig. Mißtrauen und wenig Initiative. Kein Planen, kein Nachdenken über Folgen, positive oder negative. Der Mann da drüben zum Beispiel“, Jock zeigt zu einem Fischer der an seinem Boot bastelt, „den hab' ich zweimal bereits beim Fischen mit Dynamit erwischt. Was nach der Detonation an der Oberfläche treibt, sammelt er auf, für die anderen aus dem Dorf ist dann nichts mehr zu holen. Daß er sich auch selber den Hahn zudreht, weil ja die Fischbrut kaputt geht, daran denkt er nicht. Ich habe ihn gewarnt: Beim nächsten Mal kommt die Polizei ins Spiel. Und die ist nicht zimperlich.“ In der Hütte einer Frau, die dem Ort vorsteht, trinken wir Kaffee. Auch hier scheint die Sonne durch's Dach. Unter dem Haus zeigte Jock auf einen Stapel Holzplatten: „Die habe ich zum Ausbessern der Gebäude beschafft - vor fast einem Jahr schon.“ Darauf angesprochen versichert die Vorsitzende des Dorfmatriarchats, wie Jock es nennt, man werde demnächst mit den Arbeiten beginnen. Am Abend, wir sind zurück auf der Insel, regnet es. Im armen Dorf durch die Dächer. Warum ist das so?

„Andere Mentalität“, meint beim Abendessen ein Journalist aus Manila, der für einige Tage auf der Insel wohnt, „und eine gegenseitige Abhängigkeit von Personen untereinander, die für den Außenstehenden kaum zu durchschauen ist: Du verzichtest auf das, ich gebe Dir dafür dies - das läuft selbst bei hohen Staatsämtern so. Weil daran nicht alle beteiligt sind, wird es so schwer eine gemeinsame Aktion aller zu starten. Siehe die geplante Schweinezucht - da traut einer dem anderen nicht. Dazu die Familien mit ihrer Hierarchie, von oben nach unten. Das sind Strukturen, die auf lange Zeit noch echter Demokratie entgegenstehen. Die funktioniert hier nicht - Filipinos sind keine Amerikaner. Und keine Chinesen, die handeln anders. Sie pfeifen auf Macho und Prestige. Denen geht es nicht um ein volles Warenlager, sondern um Umsatz. Niedrige statt hohe Spannen. Wenn Chinesen Netze verkaufen, dann nehmen sie den Fang als Bezahlung und verkaufen ihn mit Gewinn weiter. Oder sie liefern gut kalkulierte Jeans und verdienen doppelt im Tausch gegen Fische.“

Den Maya-Maya Fisch, serviert auf grünen Blättern, mit Blüten dekoriert, hat einer von Jocks Helfern heute früh erst aus dem Wasser gezogen. „Abschiedsdinner für Euch“. Reis, Krabben mit Süßkartoffeln und als Nachtisch Fruchtsalat aus jungem Kokosfleisch und Mango, statt vom Teller aus einer halben Nuß gelöffelt. Wir denken an die Weiterfahrt. „Zurück könnt Ihr am besten über die Inselbrücke nach Liminangcong paddeln. Und wenn die Zeit für weiter nicht reicht, von dort per Pumpboat nach Port Barton, von wo aus es Anschlußverbindungen nach Puerto Princesa gibt. Vorher aber lauft Ihr Pangalusian noch einmal an, für ein gutes Essen nach dem Abenteuer. Und um Wasser zu tanken.“ 30 Liter nehmen wir mit. Die reichen für mindestens fünf Tage.

Ruhige See, wenig Wind. Unterwegs, unter Miniloc, dem japanischen Eiland, nichts los. Bungalows in der Bucht. Ihre Bewohner weg - vielleicht auf dem Weg zu einer sunshine-party? In der Ferne ziehen zwei abenteuerlich ausschauende Dampfer vorbei - danach sind wir auf der weiten Wasserfläche allein. Eindrucksvolle Inselberge in der Ferne. Was aus 8 km Abstand in Details nicht zu erkennen ist, wird mit jedem Paddelschlag deutlicher: Die aufragenden, braunroten Felsen; tiefe Schatten, wo das Meer Einschnitte erzwungen hat; mit Busch, verwilderten Palmen und Dornengestrüpp bewachsene Hänge. Leuchtend weiße Strände dazwischen, Kontraste zu dem in vielen Farben spielenden Wasser: Smaragdgrün, Goldbraun, Blauviolett, Tintenschwarz,

Nach zwei Stunden ist das alles zum Greifen nah. Wir landen in der Cagbantang Cove, für eine Pause nur. Wie so oft jedoch: „Warum eigentlich weiter?" In einer Ecke der Bucht wäre Platz fürs Zelt. Schweißtreibende „Siedler-Arbeit" mit dem Bolo, dann das Vergnügen: Schwimmen und der Unterwasser-Fauna zuschauen. Am Riff, zwischen den Korallen, Kardinalfische mit ihren zwei Rückenflossen und großen Augen. Ein Rudel Fledermausfische die Quallen jagen. Und dann eine von den letzteren: Nichts wie weg! Eine dicke, runde, rostbraun. Vielleicht harmlos, aber weiß man's? Jedenfalls keine der in dieser Gegend häufigen Salabays. Diese Kasten- oder Würfelqualle, auch Seewespe genannt, kann einen Menschen mit ihrem Nesselgift töten. Berührungen mit den langen Tentakeln verursachen üble Verbrennungen, Blasen und spätere Narben. Wichtig ist, so hörten wir auf Pangalusian, daß man nach dem ersten Kontakt sofort an Land geht - ein zweiter könnte tragisch enden. Was nach solch einem Unfall zu tun wäre, fragten wir. „Die Pflanze Carpobrotus suchen, gut zu erkennen - fleischig, im Schnitt dreieckige Blätter. Ihr Saft enthält einen leicht anästetisierenden Stoff und lindert Schmerzen. Sind fast überall zu finden.“ Hier nicht. So müßten wir bei den aus der Zivilisation mitgebrachten Antihistaminen bleiben.

Ein Hauch von Robinson-Leben - auf dieser 9 km langen Insel wohnt heute niemand außer uns. Niemand? Doch: Eidechsen rasen verstört ins falsche, in unser Haus, Krabben über den Strand. Bei Einbruch der Dunkelheit tönt vom Berg das tiefe, etwas unheimliche Rufen der Eule. Irgend ein schweres Tier bricht Äste hinter dem Zelt. Und später tobt eine Horde Affen neben und über uns herum. Wahrscheinlich etwas frustriert: Nichts da, nichts liegt herum was sich klauen ließe...

Die Sonne ist gerade über den Horizont geklettert. Durchs Moskitonetz glitzert das Meer. Aus dem Zelt krabbeln, mit ein paar Schritten am und im Wasser, „... werden wir behalten wie das ist, wenn wir längst wieder daheim sind?“ Bunte Fische huschen unter uns und als die Tropfen auf der Haut trocknen, da atmen wir tief und bewußt den Duft dieser exotischen Umgebung. Den Duft einer fremden Welt. Fremd? „Seltsam, wie man sich auf solch einem Platz, mit dem Zelt darauf, zu Hause fühlt. Und eigentlich nicht wieder weg will. Oder doch?“ Die Frage beantworten zwei Pumpboats die knatternd in die Bucht einlaufen. Vollgepackt mit Touristen, mit deren Ausrüstung fürs Tauchen. Kaum bleibt uns Zeit das Reserve-Badezeug aus dem Boot zu wühlen - unsere „Feigenblätter“ hängen nach der Wäsche weit weg zum Trocknen. Engländer, eine Reisegesellschaft beim Tagesausflug aus El Nido. Nette Leute, aber zu viele. Wir überlassen ihnen Strand und Riff und paddeln weiter.

Glutheiß heute auf dem Wasser. Kein Windhauch, keine Wolke am Himmel. Früh hätten wir fahren sollen - hätten. Nach einer Stunde reicht's. „Da, die Bucht...“, überhängende Felsen die Schatten bieten werden. Mit müden Paddelschlägen hin. Tari bleibt, zwischen zwei Felsen vertäut, auf dem Wasser, wir gehen erstmal „auf Tauchstation“. Sogar die wenigen Grad Unterschied zur Außenluft erfrischen. Und dann ein Becher Wasser mit Salz. Wirkt prompt, erfrischt - Natriumdefizit durch Hitze und Schwitzen war's. - Affen lärmen in der Felswand. Wo die leben, muß es doch Trinkwasser geben? Aber ohne so wie sie klettern und springen zu können, bleibt die Suche in der Umgebung vergeblich. Dafür finden wir eine der Pflanzen, die im Tropenbuch fürs Überleben in der Wildnis genannt werden. „Sesuvium portulacastrum“, steht da, „kriecht am Boden, dunkelgrüne, teils violett angelaufene, dickfleischige Blätter, 2-3 cm lang, kleine, rosa-rote Blüten. Kann roh als Salat gegessen werden." Nach erstem Probieren verschieben wir das aufs echte survival. Erst als die Sonne tiefer steht, binden wir Tari wieder los und gehen auf die Suche nach der Lagune, die Jock uns beschrieben hatte: „Eine schmale, versteckte Einfahrt, etwa dort, wo die Insel nur 80 m breit ist. Die Seekarte zeigt sie nicht." Langsam paddeln, näher an die scharfkantigen Felsen - schauen - weiter. Und noch weiter, bis bereits die Nordspitze von Matinloc auftaucht. Nichts, vorbei gefahren. Zerschlagene Felsen, riesige Brocken im Meer. Welche Wucht und Gewalt müssen die von Taifunen gepeitschten Wellen gehabt haben, um so zu zerstören! Heute dehnt sich die Wasserfläche des Meeres unbewegt und weit. 1300 km nach Norden bis zur Küste Chinas, im Westen 200 km weniger nach Vietnam. Vor der Küste zeigt die Karte kleine Inselgruppen die von China, Vietnam und von den Philippinen zugleich als Territorium beansprucht werden. „Ab und zu gibt es wegen denen Krach", erzählte Jock uns. Tuckert deshalb ein Auslegerboot voller Soldaten in der Enge zwischen Matinloc und und der Insel Tapiutan?

Eine Bay, eine Wiese mit Strandpflanzen, ein Platz für die nächste Nacht. Und dort stehen nachmittags plötzlich fünf Männer vor unserem Zelt. Zivil bekleidet, Turnhosen, Jeans, bewaffnet mit Gewehren und Maschinenpistolen. „Security for the island", stellen sie sich vor. Militär? Sie nicken fröhlich grinsend. Bis auf ihren ernsten Anführer, den interessiert das Boot. „Maliít" klein, aber „mabúti", gut, er wirbelt mit dem Paddel durch die Luft und: „Good exercise", gute Übung. Einen der so reagiert hatten wir noch nicht - bisher fand man unsere Fortbewegung ohne Motor überwiegend dumm. Drei Frauen sind dazugekommen. Aus dem grünen Holzhaus hinter den Büschen, der „Garnison" dieser munteren Truppe. Hineingebeten werden wir nicht: „Militärisches Terrain oder nicht vorzeigbar?" So sitzt die ganze Belegschaft bis zum Abend am Zelt. Es sind für drei Jahre eingezogene Wehrpflichtige. Ihr Chef, mit dickem Bauch und Zigarette im Mundwinkel, ist Profi. Schon mit 17 hat er sich für 20 Jahre zum Militärdienst verpflichtet und fast die Hälfte der Zeit jetzt hinter sich. „Mit 37 bekomme ich meine Pension", und er meint, „von der kann ich dann gut leben". Aber doch sicher noch irgendetwas anderes tun? Er denkt eine Weile nach und antwortet zweifelnd: „Wenn man das will..." Der Himmel ist inzwischen finster geworden, die Soldaten mit Anhang verziehen sich. Blitze in der Ferne. Die Prognose der fliegenden Ameisen?

Wetterwechsel kündet sich an. Nachts grummelt und leuchtet es über der China-See. Der erwartete Sturm aber bleibt aus. Früh auf, einpakken, losfahren. Das Meer ist immer noch spiegelglatt. Keine Welle. Südlich um Tapiutan herum wollen wir nach Norden und dann zurück - viel Zeit bleibt uns nicht mehr. Steil und unzugänglich die Küste. Strekkenweise überfahren wir bunte Korallenbänke und haben die in ihnen hausenden Fische neben den Paddeln. Dann wieder liegt sandiger Meeresboden etwa 20 m unter uns und auch der ist noch gut und deutlich einsehbar. Wir schauen nach Haien, die hier besonders zahlreich sein sollen und die sich vom Boot aus gut beobachten ließen. Sie schlafen woanders. Nur eine Wasserschildkröte treibt querab und ein Schwarm fliegender Fische saust vor uns her. *Nur* - nichts Besonderes mehr?

In der Binangculan Bay ankern zwei Segler. Der Trimaran ist dabei, den wir unterwegs schon zweimal sahen. Schön, groß, weiß, US-Flagge. Hoch ragen die drei Schwimmkörper vor unserem kleinen Faltboot. „Raufkommen zum Kaffeetrinken", der Eigner steht oben an der Reeling und winkt uns zum Heck. Ein tolles Schiff. Über die Rümpfe hinweg komfortable Räume. Drei zum Schlafen, einer für den Aufenthalt bei schlechtem Wetter, „meist jedoch leben wir an Deck unterm Sonnensegel." Geräumige Küche, Bibliothek mit Computer. In

einer Zwischenetage Eisschrank, Tiefkühlvorräte, Waschmaschine und Trockner. Zentrale Staubsaugeranlage. Auf der Brücke Radio und Funk, die von hier aus zu steuernde Hydraulik zum Segelsetzen, Radaranlage, Windmesser, Echolot. Pressluftflaschen fürs Tauchen füllt ein Kompressor. Neben dem Motor, „gleiches Modell wie für einen Jeepney, dadurch keine Probleme mit Ersatzteilen ...“, eine Salzwasser-Aufbereitungsanlage. Das so gewonnene Süßwasser wird als Ballast in einem der Schwimmer, Vorrat an Dieselöl im anderen mitgenommen. Zwei Filipinos sind mit an Bord, ein Mann als „deckshand“ und ein junges Mädchen, die Freundin dieses amerikanischen Aus- oder besser Umsteigers: „Habe mein Unternehmen an die Mitarbeiter verkauft. Über 10 Jahre verteilt zahlen sie mich aus. Zwei- oder dreimal pro Jahr bin ich noch im Geschäft - nein, keine Arbeit, nur noch beraten. Und sicherstellen, daß meine Rente auch verdient wird“ - nebst Zahlungen an mehrere geschiedene Ehefrauen: Der Firmenwert scheint 'ne ganze Menge herzugeben. Eine Werft in Cebu baute das Boot. „Nun kreuzen wir zwischen Borneo und Südsee durch die Inseln“, erzählt der Skipper beim eisgekühlten Capucino. Und daß es einige Zeit gedauert habe, ohne Termine leben zu können, um wieder ein gutes Buch zu lesen und Ruhe zu vertragen. „Das aber ist's, was ich mir immer gewünscht habe“, und, „jetzt mit 62 kann ich's noch tun. Wie lange? Niemand weiß das. Ich hoffe sehr lange.“

Gekentert

Eine gute Stunde Überfahrt zur Insel Inambuyod. Wie gestern - kein Wind, drückende Hitze. Der Horizont verschmilzt mit dem Himmel ohne Wolken im Dunst. Ab und zu übergießen wir uns mit lauwarmem Wasser aus der See - solange es verdunstet, kühlt das ein wenig. Sehr wenig. Ziemlich matschig klettern wir „drüben“, endlich, aus dem Boot. Zuerst unter die Wasseroberfläche und dann in den Schatten: Felsen hängen so weit über, daß wir wie unter einem Dach sitzen. Da ist nun eine ganze Menge zu tun. Gestern ging der Reißverschluß unserer Spritzdecke kaputt - Sand kam ins Getriebe und nach einigen Jahren Gebrauch morsch gewordenes Trägergewebe riß. Ersatz haben wir nicht dabei, aber, „den Zipper vom Vorzelt brauchen wir nicht unbedingt.“ So sind zwei Reißverschlüsse auszutrennen und einer einzunähen. Arbeit für „Sie“. „Er“ nimmt inzwischen den Kocher dran, der gestern abend aufgab: Total verdreckt vom wohl miesen Benzin. Auseinanderschrauben und reinigen. Daß sich dabei etwas im Sand unsichtbar macht - früher wäre Hektik die Folge gewesen. Inzwischen nehmen wir's gelassen. Einfluß der Tropen. Und nach einigem Sieben der Umgebung durch die Finger ist die Schraube wieder da. - Nachmittags tuckert ein kleines Pumpboat unter die Felsen des nahen Turmes. Zwei Mann klettert an ihnen hoch und verschwinden. Im engen, dunklen Kamin werden sie für die Suppen chinesischer Feinschmecker-Restaurants Schwalbennester ernten.

„Versuchen die zu begleiten?"

„Unsinn! Ohne Bergsteiger-Ausbildung? Und gern hätten die da das sicher auch nicht. Denn, hat uns bei der früheren Fahrt jemand erzählt, die Fundorte dieser 'Delikatessen' werden ja wegen Räubern geheim gehalten. Wissen wir überhaupt, ob das da nicht welche sind, die sich gerade klammheimlich bedienen?"

Wind, Wolken, Weiter. Langsam paddeln rüber nach Matinloc und die schroffe Küste entlang. Wo ist Jocks Binnenmeer? Nichts. Dort springen die Felsen etwas zurück - wieder nichts. Dann verschieben sich beim Vorbeifahren zwei Felspartien gegeneinander - näher ran. Und nun entdecken wir den schmalen Wasserweg, die parallel zur Küste verlaufende Einfahrt mit hohen, senkrechten Wänden. Dunkel ist's zwischen ihnen und totenstill. Da öffnet sich die Enge. Vor uns eine unglaublich malerische, bis auf einen schmalen Spalt eingeschlossene Lagune. Weit geschwungener Sandstrand, sich schräg zueinander neigende Palmen. Dahinter hundert Meter hohe Steilwände, an die sich Bäume und Büsche krallen. Die „Umfassungsmauern" zum Meer hin sind wie mit langen Messern bewehrt - schmale, bizarre, senkrecht nach oben geformte Steinspitzen. Durch den schmalen Spalt, ihn hatten wir beim Suchen übersehen, glitzert die offene See. Eine kleine, in sich abgeschlossene Welt. Hier lange, sehr lange bleiben - beide denken wir dasselbe. Doch die 14 Liter Rest Trinkwasser von der Yacht begrenzen das „lange" auf Tage. Auf der übrigen Welt entrückte Tage: Ein Seeadlerpaar, das hoch oben in den Felsen seinen Horst hat; ängstliche Affen, die sich aus irgendeiner Quelle mit Trinkwasser versorgen, die wir nicht finden; Eidechsen, sie leben unter dem dicken Baumstamm, der Tisch und Aussichtsplatz zugleich ist; abends der noch schmale, zunehmende Mond, der eine silberne Spur aufs Wasser zeichnet. Rauch vom Feuer unterm Kochtopf treibt die Mücken den Schwalben zu, deren Nester hier noch ungefährdet sind. Einige frische Kokosnüsse hat der Wind zu unserer Verfügung geweht. Und Schatten bieten schlanken Palmen längs der Lagune.

In der zweiten Nacht donnert und blitzt es, der folgende Gewitterregen füllt übers Zeltdach die Trinkwasserbehälter. Trotzdem: Es wird Zeit für den Rückweg. Für einen stürmischen? Schaumköpfe und ein schaukelndes Pumpboat - wir warten bis zum Nachmittag. Da scheint draußen weniger los zu sein. Abfahrt. Doch kaum verlassen wir den Lagunenkanal, da steckt das Boot seine Nase schon tief ins aufgeregte Hin und Her von Kreuz- und Reflexwellen. Weiter weg, vor Miniloc, sieht es reichlich finster aus. Vom dort ungehemmten Wind getrieben, gischten die Wellen weiß und hoch. Der Himmel verspricht auch nichts Gutes: „An Land und abwarten?" Die Bucht, in der wir unterwegs einmal Pause machten, ist nicht weit. Heute steht Brandung über der Barriere vor ihrem Strand. Vorsichtig und langsam ran. Nein, viel scheint es nicht zu sein. Besser jedoch, wenn wir vorher aussteigen und das Boot schwimmend an Land bringen, damit es nicht aufs Riff knallt. So ging es bisher immer gut. Beim Griff zum Öffnen der Spritzdecke die Überraschung: Eine plötzlich sich hinter uns aufbauende Welle nimmt das Boot mit, hebt es hoch, dreht es quer und - wir schauen nach unten ins grünlich perlendes Wasser. Gekentert. Die Hände auf den Süllrand, abstoßen, raus aus dem Sitzloch und auftauchen. Beide kommen wir zur gleichen Zeit hoch - gut gegangen. Tari schwimmt kieloben - keine Gefahr, das Boot säuft nicht ab, durch die Luft im Boot hat's genug Auftrieb. Die Spritzdecke hängt unten noch dran, beide angebundenen Paddel treiben in der Nähe. Die Patronen der Schwimmwesten auslösen? Lohnt nicht, so können wir besser mit dem Havaristen durch die Brandung schwimmen. Einer vorn, der andere hinten, rauschender Gischt über den Köpfen, dann sind wir durch. Eine Weile noch schlagen die Wellen aufs Boot über flachem Grund bis wir es, wie wir meinen, außerhalb ihrer Reichweite haben. Querdrehen und aufkippen. Zu früh. Denn nun rollen noch einmal zwei, drei große bewegliche Wasserberge in die Bucht, auf den Strand, über und in das Boot. „So ein Mist!"

Mehrere Fehler haben wir kurz nacheinander gemacht. Zuerst sind wir zu nah an die Brandungszone gefahren. Dann, als die Welle kam,

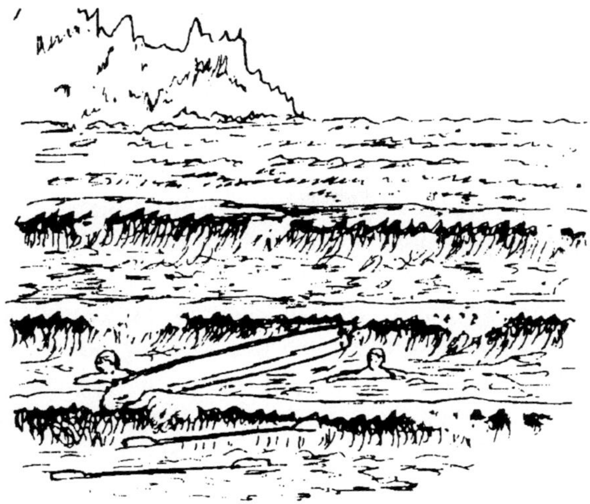

hatten wir die Paddel nicht schnell genug zur Hand. Mit ihnen hätten wir das Boot halten können bis die Welle durch war, um danach auf ihr, nicht vor ihr her, den Strand zu erreichen. Allerdings - wie wäre der Aufprall dort ausgegangen? Und nach der Kenterung: Im kieloben treibenden Boot ist Luft und kein Wasser. Wir hätten darum mit dem Umdrehen des Bootes warten sollen, bis es rundherum sicher trocken blieb. Hätten, hätte, zu spät - hätte noch häßlicher sein können. Die Fototasche hat's erwischt, gerade geöffnet, da kam die letzte Welle. Aus, keine Bilder mehr. Rausgefallen sind, außer dem Buschmesser, Tauchmasken und Schnorchel sowie unsere Handtücher. Nach einer Stunde finden wir sie wieder: Fünfzig Meter weiter wirft das Wasser die schon verloren geglaubten Sachen an Land. Nur der Bolo bleibt bei den Fischen auf Grund. Sonst fehlt nichts, die Ladung war fest genug verstaut. Und bis aufs Zelt ist alles trocken - die wasserdichten Säcke haben gehalten. Ärgerlich nur daß wir nach dem Lenzen das Boot voller Sand und Korallensteine finden: „Auseinanderbauen und gründlich säubern."

Morgen. Jetzt brauchen wir erstmal einen Platz fürs Zelt. Mit der Klappsäge Stachelbüsche beseitigen, mit den Hälften des Reservepaddels schaufeln und einebnen. Und noch bevor die Sonne untergeht trocknet der Wind die nasse Hütte. Damit haben wir's wieder ganz gemütlich: Das Schlimmste ist überstanden. „Wie lange wird der Sturm dauern? Und kommen wir hier wieder weg?" Ans Weiterfahren ist so nicht zu denken. Die See geht hoch. Durch die Brandung kämen wir nicht raus. Sorgen? Eigentlich kein Grund. Denn die Trinkwasserbehälter sind noch fast voll, zu essen haben wir genug. Und das Boot

liegt am Tage darauf, nach der Reinigung, wieder fahrbereit neben dem Zelt. Etwas jedoch macht uns die Situation doch zu schaffen:
„Wir basteln ihm Ausleger aus dem Bambus hier, damit es nicht nochmals kentern kann ..."
„Warum nicht die Luftmatratze aufgeblasen als Rettungsboot?"
„Wenn die See so wild bleibt, füllen wir alle wasserdichten Säcke mit Luft und machen Tari dadurch unsinkbar. Fahren zu Jock und holen unsere Sachen mit seinem Boot später hier ab."
Überlebens- und Rettungs-Spinnerei. Unsinn. Darum geht's noch längst nicht. Längst? Fünf Tage maximal reicht das Wasser wenn wir ab sofort rationieren. Versuchsgrabungen im Sand oberhalb der Wasserlinie fördern nicht das in Überlebensbüchern avisierte trinkbare Naß. Und ein Ausflug in die Berge, die Suche nach Regenwasserspeichern, bringt nichts als eine dichte Wolke bissiger Fliegen. Salzwasser kochen und den Dampf dann über einem Stück Plastik kondensieren lassen? Die Möglichkeit bleibt.

Draußen, außer Rufweite, fährt ein Pumpboat. Winken, die drei Männer im Boot sehen es, sind deutlich erstaunt, winken zurück und fahren weiter, „... wie in den Geschichten von Schiffbrüchigen, die den Rettung versprechenden Dampfer am Horizont verschwinden sehen. Na ja, irgendwie und irgendwann kommen wir hier auch wieder weg."

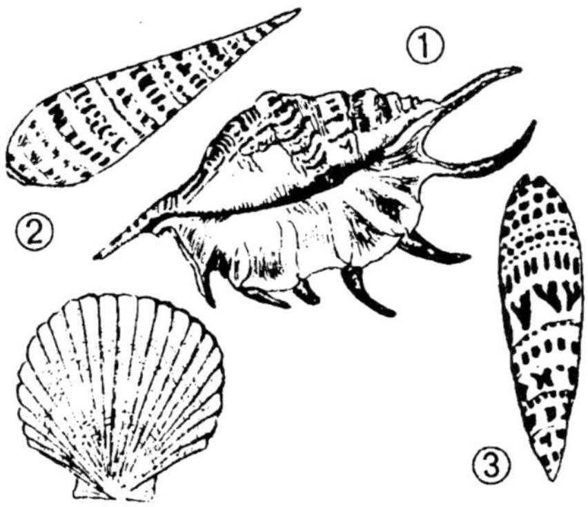

Wellen bringen inzwischen Muscheln auf den Strand, die wir bisher noch nicht gefunden haben: Gehäuse der Fingerschnecke (1) und der Schraubenschnecke (2), auch eine Bischofsmütze (3), dem Namen im Buch nach sicher etwas Seltenes. Der blaue Korallenstein dort - schön, kommt mit.

Während wir vor Sonnenuntergang bei ablaufendem Wasser übers Watt gehen, scheint es als ob die Brandung, je weiter sie sich zurückzieht, um so niedriger wird. Stauwasser sagt die Tabelle ab 4 Uhr in der Frühe voraus. Dann losfahren? Abends packen wir alles so zusammen, daß wir rasch weg können. Und versuchen zu schlafen. Mit Unterbrechungen: Wird es ruhiger draußen? Nachsehen. Im Mondschein immer noch weiße Brandungsstreifen als Kontrast zu dunklen Felswänden. Kurzes Dösen - wieder raus: Ein grösseres Stück Land ist trockengefallen und die Brandung nicht nur weiter weg, sondern auch weniger heftig. Jetzt? Erst in zwei Stunden haben wir Niedrigwasser. Besser also warten und bis dahin weiterschlafen. Dann aber: Auf. Soweit zu sehen, stehen die Chancen gut. Eine geeignete Einsetzstelle hatten wir gestern bereits bestimmt. Durch die Dunkelheit stolpern wir mit dem Gepäck dorthin, legen es sortiert in den Sand, das Boot direkt vor die Brandungszone an die Riffkante. Einpacken, gut stauen. Die Routine spielt - alles scheint plötzlich normal, gewohnt, bewährt und damit durchführbar. Wir werden es schaffen! Vorn einsteigen, Spritzdecke dicht. Zwei, drei höhere Roller abwarten, anschieben, anpaddeln, hinten reinspringen und durch. Eine Welle überrollt uns voll, die nächste hebt das Boot hoch, die Paddel behalten Widerstand und dann sind wir bereits weg vom Land: Gelungen!

Die kurze Dämmerung hat noch nicht begonnen, unseren Kurs aber kennen wir - rüber nach Miniloc in den Schutz dieser Insel. Langsam, sehr langsam, steuern wir durch die Berg- und Tallandschaft. Eigentlich geht alles prächtig. Sicher, und richtig glücklich darüber „der Gefangenschaft“ entronnen zu sein, fühlen wir uns im Boot. Querab passiert im beginnenden Morgenlicht ein Bassnig, die größte Variante der Pumpboats. Es hat Balsaholz-Ausleger statt Bambus. Winken - die sehen uns Winzling nicht. Je näher der Sonnenaufgang, desto mehr frischt der Wind auf. Höhere Wellen. Mehrfach müssen wir den Kurs rasch ändern und laufen so im Zick-Zack auf Miniloc zu. Abstand halten um nicht in den Wellenstau und Reflexzirkus zu geraten. Massige Felstürme voraus, von den ersten Sonnenstrahlen wie mit Scheinwerfern beleuchtet - ein phantastisches Bild. Und dann Endspurt - 300, 200, 100 Meter noch - mit einer langen, auslaufenden Woge erreichen wir ruhiges Wasser unter Land. Geschafft! Erstmal trinken. Dann raus mit der Seekarte und orientieren: Gut, wir können unter der Küste im Windschatten bleiben und werden nur ein kurzes Stück bis nach Pangalusian schaukeln. Eine Stunde Fahrt etwa.

Von den Wellen ausgehöhlte Felswände, ein Mini-Strand, dann jenseits eines Wellen-Waschbretts Jocks Insel: Der Berg, die Palmen, der weiße Sand. "Are you allright?", fragt statt einem Hallo unser schottischer Gastgeber besorgt als wir landen. Bei *dem* Wetter hatte er uns nicht erwartet sondern längst auf dem Rückweg in Liminangcong vermutet. Mit ihm hätten wir verabreden können, daß, wann und wo er uns suchen sollte, falls ... nun, es ist gut, wieder zurück zu sein. Vor allem, "... dieses üble Wetter wird noch mehrere Tage andauern - völlig absurd für die Jahreszeit." Jock schaut besorgt, denn auch seine segelnden Kunden bleiben aus. Desgleichen die an der Westküste nach Port Barton unregelmäßig fahrenden Touristenboote. Also keine Verbindung mit Puerto Princesa? "Morgen bringt Euch mein Pumpboat nach Tabuan. Von dort habt ihr einen Bus. Zunächst aber gehen wir mal essen. Ihr seht abenteuerlich und hungrig aus ..."

Abungan

Abschied von Jock. Wie wir später wissen, ein endgültiger - er lebt nicht mehr. Abfahrt. Putt-putt-putt, zunächstmal durch aufgewühlte See nach Liminangcong. Kurze Pause dort fürs Auftanken. Viel hat sich nicht verändert, seitdem wir das Boot für die Sturmfahrt nach Coron suchten. Virgilio, "Birrrgilio", der uns fuhr - da ist sein Haus - und das, das ist er! Deutlich älter geworden. Wer wir sind? Bei "rapsie, rapsie", dämmert es ihm. Uns erzählt er von seiner Rückfahrt "... no problem", den Umstehenden, was er damals erlebte. Alle schauen ernst und verwundert - daß einer der Ihren Besuch von Ausländern bekommt, scheint selten. Und daß der keine Zeit hat auch. Unsere Bootsleute aber drängen: Die Ebbe läuft und wenn wir jetzt nicht fahren würden - sie schauen echt sorgenvoll drein. 23 Hände schütteln und "Hanggáng sa muli" murmeln - bis zum nächsten Mal. "Ob es das geben wird?"

Viereinhalb Stunden nach Südwesten durch den Malampaya Sound. Einst "die Fischschüssel", das beste Fischfanggebiet der Philippinen - heute ist da nicht mehr viel zu holen. Leer gefischt. Ziemlich eintönige Landschaft. Zum Zelten hätten wir nur wenige Plätze gefunden, selten Strand, kaum Häuser. Ein tropischer Wolkenbruch. Die Paddeljacken anziehen? Lohnt nicht, die Hemden werden so oder so naß, entweder vom Regen oder durchs Schwitzen. Regenwände, so dicht, daß das

Ufer nicht mehr zu erkennen ist, das Boot steuert ins Leere. Aber: Als es aufklart laufen wir exakt in die Mündung des Abongan-River ein - weit, flach, rotbraunes Wasser. Ein richtiger Urwaldfluß. Rechts und links Nipa-Palmen die im Sumpf wachsen. Einheimische in Einbäumen. Langsam bewegen ihre Stechpaddel selbstgebaute Boote gegen den Strom. Dunkle Gesichter, blau-schwarzes glattes Haar, keine, fast keine Kleidung. Wie beim Slalom geht's um Hindernisse: Im Wasser treibende Büsche, über den halben Fluß verkeilte Baumstämme, aus solchen "gewachsene" Inseln. Unser Kahn, knapp 10 m lang, und von Ausleger zu Ausleger halb so breit, tut sich schwer. Enge Kurve? Motor aus und "alle Mann auf eine Seite", um durch Gewichtsverlagerung den Ausleger so anzuheben, daß er übers Land schwebt. Mit den langen Bambusstangen vom Ufer abstoßen, schnell - das Boot wendet. Weiter. Ab und zu eine Hütte in unwegsamem Gelände. Rundum der Natur abgerungenes, gerodetes Land: Neusiedler.
"Wie groß muß die Not sein, um hier bei Null anzufangen ..."
"... und die Ausdauer. Kannst Du Dir so ein Leben vorstellen? Bäume, Büsche und Kriechpflanzen beseitigen, den Boden aufbereiten, pflanzen. Um schließlich einige Bananenstauden zu ernten, um Palmenblätter zu schneiden und zu verkaufen."
"Die da drüben stehen im Wasser, angeln. Gibt's da keine Krokodile?"
Doch, unser Steuermann nickt und paßt, dadurch abgelenkt, nicht auf: Rummms - auf Grund gelaufen. Bei dem durch die Ebbe rasch sinkenden Wasserstand ist das gefährlich. Ein Mann springt von Bord auf die Sandbank, zieht, und wir tuckern wieder. In Tabuan jedoch kann das Boot schon nicht mehr an den Steg. Bis zu den Knien im Matsch waten wir an Land: Endpunkt unserer Flußfahrt. Einige Häuser, viele Menschen die auf flußab gehende Boote warten. Während unsere Bootsleute mit ihnen verhandeln und kassieren, suchen wir zunächst mal nach einem Eimer mit Wasser: "Oder wollen wir warten bis der Schlick von den Beinen abbröckelt?"

Ein Bus nach Roxas und weiter nach Puerto Princesa fährt morgen früh. Von Abungan aus, 3 oder 4 km entfernt. Dorthin verkehren Wasserbüffelschlitten. "Sie brauchen zwei für das viele Gepäck", der kleine Junge ist geschäftstüchtig. Daß er dann für nur *einen* etwas mehr als die übliche Taxe heraushandelt, läßt ihn strahlen. Er holt den Carabao mit seinen weit ausladenden Hörnern von der Wiese und klappt über ihn das Joch, von einer Deichsel zur anderen. Diese und zwei weitere Holzstangen sind zugleich Gleiter des Schlittens und Auflage für die aus drei Brettern bestehende Ladefläche. Kaum liegt das breite, geflochtene Zugband als Anspann vor der Brust des Büffels, da zieht der auch schon los: Was sind 100 kg. Faltboot-Bagage? Schneller als wir marschieren, spritzt das massige, schwarze Tier durch halbmeter tiefe Wasserlöcher, durch gelben Schlamm, über kleinere Baumstämme hinweg. Zwei Schlangen liegen quer über den Weg, lang, dick, gefährlich? Jemand hat ihnen die Köpfe abgehackt ...

Ein Soldat mit Maschinenpistole bewacht den Zugang zum Ort. Warum? „Hier sind manchmal Leute unterwegs, die sich nicht an die Ordnung halten", beantwortet die Frage der Farmer, in dessen Haus wir über Nacht bleiben können. Zwei Stockwerke, eine rundherum überspringende Mansarde, hübsch geschnitzte, feine Holzgitter vor den Fenstern. Der „Chef" sitzt in der Halle. Von einem altehrwürdigen Stuhl aus hält er das schwere Tor unter Sicht, kommandiert die Leute auf dem Hof und bewacht die hinter seinem Rücken aufgetürmten Säcke: Reis, die Ernte der letzten Wochen. Klein und bullig, dunkelhäutig, Glatze - ein harter Mann. Einer der es zu etwas gebracht hat. 1959 kam er aus Ilo-Ilo, aus den Visayas, hierher - den Stuhl brachte er mit. Nach 10 Jahren stand sein Haus. Heute besitzt er alles Land rundherum - er zeigt bis zum Horizont - läßt zwei Jeepneys statt Wasserbüffel für sich arbeiten und hat ein Amt in Taytay. Wie oft er dorthin fährt? „Das hängt von der Jahreszeit, vom Wetter ab." Während der Monsunregen ruht seine amtliche Tätigkeit.

Er hält auf Ordnung. Wir haben die Sandalen auszuziehen und im Haus, wie alle, barfuß zu gehen. Ein Mädchen fegt den Hof, ein anderes die Halle. Und neben der Haustür qualmt ein kleines Feuer: Es treibt die Moskitos weg, der gegen die Mansarde aufsteigende Rauch vermiest ihnen auch oben den Zugang zu den Schlafräumen. Um so eifriger sind sie im Klohäuschen auf dem Hof. Nicht nur für sie sind wir dort Attraktion - ein Loch in der rostigen Wellblechwand ist gerade in Augenhöhe der Kinder. Abends sitzen sie im Haus beieinander. Ihre Mutter schlägt auf der Gitarre Akkorde und singt ihnen neue Lieder vor. Sie üben und selbst die ganz Kleinen halten mit ihren hellen Stimmen mit. Ein Bild zum Bewahren, zum Mitnehmen, zum Erinnern. Nette Leute. Ohne viele Worte helfen sie uns die nassen Klamotten zu trocknen, bieten Essen an, stellen Öllämpchen hin und diskret einen Nachttopf unters Bett. Als wir das kalambu, das Moskitonetz, aufhängen wollen, nimmt es die älteste Tochter: "Ich habe das zu tun." Die Familie gehört zu einer kleinen Gemeinde von Adventisten. Weil sie fürs Übernachten nichts verlangen, deklarieren wir das, was wir geben, als Beitrag für ihre Gemeinschaft. Und sind sicher, daß sie den Betrag nicht in die eigene Tasche stecken werden.

Die Sonne ist gerade aufgegangen, es duftet nach feuchter Erde und Blüten, Hähne krähen und Schweine quieken. In einem Hof versucht der Bauer seine beiden Carabao zu trennen, die mit den Hörnern aufeinander losgegangen sind. Bunte Schmetterlinge gaukeln durch die Luft. Männer und Frauen, mit Körben und Kästen beladen, kommen aus Hoftoren und über kleine Pfade aus der Umgebung. Wie wir wollen sie zum Bus. An dem wird noch gebastelt. "Angielyn" heißt er. Ob das mit "Engelchen" richtig übersetzt ist? Einen Markennamen hatte er mal. Geblieben ist nur dessen Untertitel "King of the Road" - Erinnerung an vergangene, bessere Zeiten. Denn inzwischen ist die Frontverkleidung des Fahrzeuges dem Rost fast vollständig zum Opfer gefallen. Leitungen, Gestänge und Motorteile sind von draussen mit einem Blick zu übersehen - etwa so, wie auf Automobilausstellungen hinter dem Glas von Demonstrationsobjekten. Hier zusätzlich von innen her: Vom Armaturenbrett und von der Innenverkleidung existieren nur noch Fragmente. Aufgelöst hat sich auch die Halterung der Steuersäule. Und da sie nicht, wie der Steuerknüppel eines Flugzeuges, frei beweglich sein sollte, nahm der Fahrer ein dickes Bambusrohr. Er legte es quer unter die Windschutzscheibe, vertäute es rechts und links an einigen noch vorhandenen Chassisteilen und befestigte die Lenksäule per Lederriemen an dieser nunmehr natürlichen Verstrebung. Praktisch: An dieser Reeling können sich auch die bis zu vier Beifahrer festhalten. Genauer: Beifahrerinnen, nachdem der Fahrer junge Männer verscheuchte. "Für Sie ist ganz vorn reserviert", lädt er uns ein. Und verglichen mit den Hinterbänklern, 40 Fahrgäste teilen sich die 25 Plätze, haben wir's hier komfortabel, davon einmal abgesehen, daß der Sitzraum für halb so lange Beine konzipiert wurde.

Abfahrt eine halbe Stunde früher als vorgesehen - alle Mann sind ja an Bord. Bergauf, mitten durch tropischen Regenwald. Leichte Nebelschwaden hängen im Gewirr aus Bäumen, Buschwerk und Schlingpflanzen. Wir passieren Brandrodungen. Aus schwarzen, verkohlten Baumstümpfen quillt Rauch: ein trostloses Bild.
„Wie kommen Menschen auf die Idee, schöne, alte Bäume anzuzünden? Wenn sie schon Platz für ein Haus, für den Anbau ihres Lebensunterhaltes brauchen, warum verwerten sie dann nicht das Holz?"
„Geht schneller so, einfacher. Und sie meinen, die Asche würde den Boden düngen. Stimmt aber wohl nur bedingt. Denn das Feuer schädigt den Humus, vernichtet Organismen, die fürs Gedeihen von Pflanzen wichtig sind."

Kleine Siedlungen unterwegs. Nur diese eine Straße verbindet sie mit Roxas, mit der Ostküste, sofern nicht Regen und Matsch wochen- und monatelang blockieren. Siedlern, die aus- und einsteigen, steht die Härte des Lebens in dieser Abgeschiedenheit in den Gesichtern geschrieben. Nichts von der unbeschwerten Fröhlichkeit, die laut Werbung ein Synonym für die Philippinen sein soll. Einmal fliegt ein Bündel Briefe „per Luftpost", mit einem Stein beschwert, durch's glaslose Seitenfenster. Etwas weiter bilden Bambusbündel eine Straßensperre - ihre Eigner sichern sich so das Mitgenommen werden. Dann marschiert auf der Straße ein Haus: „... ein Mobilhome!" Zwölf Männer tragen es auf geschulterten Bambusrohren. Erst als sie zum „Baugrundstück" abbiegen, kann der Fahrer wieder Gas geben. Langsam bergan, im Caracho steil den Hang hinunter. Unten quert ein leicht angeschwollener Fluß - mit Tempo hindurch? Mitten im strömenden Wasser bleibt das Fahrzeug stehen.

Aus, Stille. Was nun? Ein Mann klettert vom Dach, zwei leere Kanister segeln zu ihm hinab. Er füllt sie und reicht sie nach oben - zweimal 20 Liter. Wer hat da so viel Durst? Die vier Jungen auf dem Dach, die während der Fahrt das aufgenommene Gepäck zu stauen und festzubinden hatten? Eine bunte Mischung aus quiekenden Ferkeln, handgeflochtenen Palmblatt-Dachabschnitten, dem Korb mit Teilen eines sehr großen Fisches, mit Säcken voller „Cason", Cashew-Nüssen und Reis sowie schweren Bananenstauden. Irgendwo unter all dem liegt unser Faltboot vergraben. Tatsächlich, diese Jungen haben „Durst": Während „Engelchen" sich im ersten Gang und mit durchdrehenden Reifen den jenseitigen Hang emporquält, füllen sie von oben her einen Gummischlauch der vor dem Fahrer durch ein rostiges Blech zum Motor führt: Die Direkt-Kühlung der Maschine, ohne Pumpe und sonstige Installationen. Funktioniert - solange der Wasservorrat reicht.

Roxas. Menschengewühl, Autos und Busse, die sich durch enge Straßen quetschen, Hochbetrieb auf dem Markt. Fische warten auf Käufer, Reis lose aus Säcken - so wie damals. Neu die vielen verpackten Lebensmittel mit Marken aus den USA, Elektrogeräte und Plastik-Artikel. Zwei junge Schweizer, die zusteigen, erzählen begeistert vom abenteuerlichen Leben auf einer nahen Bungalow-Insel, deren Pauschalpreis Bootsverleih und Spießbraten über offenem Feuer einschließt: „Das war unsere einsame Insel auf der wir damals kampierten!" Weiter nach Puerto Princesa. Einige Kilometer lang ist die Straße planiert, Grund für unseren Fahrer begeistert aufs Gas zu treten: Hühner schaffen gerade noch die gackernde Flucht zur Seite, winkende Anhalter, die nach Kurzstrecke aussehen, springen zur Seite und bleiben zurück. Volle Pulle, auch als die Straße längst wieder „normal" ist. Ein Graben quer - Augen zu und durch. Hemmungslos überschlagen die Reifen Schlaglöcher, kurvt der Bus um Felsen, die beim Sprengen der Trasse übersehen wurden. Nur widerwillig hält unser Rennpilot, wenn ein Fahrgast „Aussteigen" signalisiert. Nach drei Stunden knallt es, kurzes Schleudern, der Wagen steht. Reifenwechsel. Und erstaunlich, ein Wagenheber ist vorhanden der sich hochdrehen läßt. Das Reserverad hat zwar kein Profil mehr, doch es tut's - weitere 4 Stunden lang bis zur Endstation. Der Nachmittags-Regenguß: Keine Scheibenwischer, kaum noch Sicht, das Tempo bleibt. Nervös wird unser Mann hinterm Steuer erst, als eine Brücke voraus weniger als die sonst üblichen drei Fahrspurbretter zeigt. Er fummelt an der Bremse, überlegt und gibt dann Gas: Rüber, haarscharf gezielt. Und doch noch ein Halt, der Gaszug hat aufgegeben. Raus, runter unter den Wagen: Die Leitung ist durchgescheuert - ein zum Einführen des verlängerten Kabels notwendiges neues Loch im Bodenblech öffnet sich durch leichtes Klopfen gegen den Rost.

Bei Sonnenuntergang holpern die Räder und das um sich schlagende Gestänge unseres „Königs der Straße“ über die Straßen der Inselhauptstadt. 10 Stunden waren das, im Clinch mit zu langen Beinen und mit vereiterten Insektenbissen auf der Sitzfläche: Ein Tropen-Fahr- und Tauglichkeits-Test mit verschärften Bedingungen? Der Busbahnhof - eine Ansammlung von Verkaufsbuden zwischen herumliegendem Müll. An Seilen hängen Schilder mit den Namen von Bestimmungsorten. Menschen quirlen suchend herum, weil ihre Busse meist woanders warten. Auch unserer nimmt den nächst freien Platz und der Fahrer hat nun voll damit zu tun drängelnden Leuten klar zu machen, daß er nicht zu dem auf dem Schild über ihm genannten Ziel fahren wird. Zwischendurch kassiert er die aussteigenden Passagiere ab, einige Freunde läßt er gratis raus. Seine Entscheidung. Denn dem Busbesitzer zahlt er pro Tag einen festen Betrag. Was er über diesen hinaus einnimmt, gehört ihm. Und was nicht - nicht.

Julio bringt uns am nächsten Tag zum Flugzeug. Feierlich überreicht er die während der Fahrt bei ihm gebliebene Muschel: „Sie hat Euch zu uns nach Puerto Princesa zurückgebracht, nun wird sie Euch daheim ans Wiederkommen erinnern!“ Rührender Abschied von ihm und seiner Familie.

„Diese von Herzen kommende Freundlichkeit hier, Zeit dafür haben, der Wunsch nett und hilfsbereit zu sein - dagegen unsere Vorstellungen von Effizienz, etwas erreichen wollen oder müssen, mit Härten und weniger freundlichem Verhalten ...“
„... Wertvorstellungen die so nicht zusammenpassen. Aber könnten wir nicht gegenseitig voneinander lernen? Und Kompromisse finden?“

Manila

„Mister, Taxi - Mister Best-Hotel, Mister ..." Ein Taxifahrer erklärt, mit ihm sei es billiger als mit dem Flughafenbus. Das geht einem alten Mann zu weit: Hinter dem Rücken des Fahrers gibt er uns Zeichen, schüttelt den Kopf um zu warnen. Mit einem anderen einigen wir uns auf einen Preis, der mehr einschließt als vorherzusehen war: Das ganze Repertoire eines Kamikaze-Künstlers. Er beginnt mit rechts überholen des dicken Staus vor Ampeln, zeigt, wie man vor diesem nach links abbiegt und in der Kreuzung mit Tempo 100 den fließenden Verkehr quert. Er fährt bei Rot durch und trickst bei Grün den Nachbarn aus. Und erreicht schließlich das Hotel mit einem furiosen Zickzack durch den Abendverkehr der Metropole. Das alles in einem Auto, welches unser TÜV mitleidig lächelnd zur Seite gestellt hätte.

Die Stadt: Verkehrsgewühl, Menschen, Menschen, Menschen - sechs Millionen oder mehr, genau weiß das wohl niemand. Seriöse Geschäftsleute und abenteuerliche Gestalten. Leichte Mädchen in Vergnügungsstraßen, schwerbeladene Marktfrauen. Touristen, Straßenhändler, luxuriöse Geschäfte. Vor einem Drugstore liegt unbeachtet ein Mann auf dem Pflaster. Tot? Drogenopfer, nur betrunken?

In einem Restaurant philippinische Volkstänze. Je zwei lange, dicke Bambusrohre liegen über Kreuz auf dem Boden. Vier Männer heben und senken die „Instrumente" zum Takt der Musik, schlagen sie auf- und gegeneinander, Tänzer und Tänzerinnen springen dazwischen so, daß keine der Stöcke sie trifft. Mitmacher aus dem Publikum? Als niemand sich meldet, werden ausgerechnet wir geholt. Und dann: Ta - tata - ta, grätsch, zusammen, zusammen, grätsch - unter den Füßen klatschen die dicken Stangen gegeneinander. Ein gefährliches Spiel ...

Banken, Kaufhäuser, Hotels und Wohnviertel für Prominente werden von bewaffneten Privat-Polizisten bewacht. 90.000 von ihnen soll es in der Stadt geben. Wolkenkratzer-Skyline und Elendsquartiere unmittelbar nebeneinander. Alte Festungsmauern, von den Spaniern gebaut, die vom Beginn des 16. bis zum Ende des 19. Jahrhunderts das Inselreich beherrschten. Kirchen, viele und schöne Kirchen - die meisten Filipinos sind ja Katholiken. Und Jeepneys. Sie verkehren als Mini-Busse. Statt mit den normal 8 Fahrgästen sitzen wir drinnen mit doppelt so vielen, draußen dran hängende nicht mitgezählt.

Eine Adresse noch. Eine die zeigen soll, was mit daheim gezahlten Spendengeldern geschieht. Zwei sechsstöckige Gebäude für je 1.500 Mädchen und Jungen, ausschließlich aus den Armenvierteln geholt, Viele vom Smokey Mountain, von der städtischen Müllhalde, auf der rund 3.000 Familien „wohnen". Die leben dort vom Sammeln noch verwertbarer Abfälle - „Programmpunkt" einiger Stadtrundfahrten. Und hier: Blühende Büsche, Sportanlagen, Außenschwimmbad. Im Haupthaus helle, freundliche Schlafsäle, Klassenzimmer, Aufenthaltsräume. Eine Schulklasse paukt Mathe wie bei uns; weit genug entfernt übt eine andere mit Schlagzeug und Gitarren-Begleitung neue Lieder fürs nächste Fest; Mädchen und Jungen lachen und albern beim Küchendienst. „Es dauert meist einige Zeit, bis sich die Kinder an Sauberkeit, Ordnung, Pünktlichsein und ans Lernen gewöhnt haben", erzählt unsere Begleiterin, eine katholische Schwester. Und was, wenn nicht? „Falls Gespräche und Mahnungen nichts nützen, dann gehen sie zu ihren Familien zurück", In die Slums. Schüler an Computern, andere nebst Lehrer unter einem alten Jeepney: „ ... lernen Auto reparieren. Die hier heranwachsen, werden später kaum noch unter die schlimmeren Räder geraten, Kriminalität und Elend. Berufschancen für sie sind so gut wie sicher." Und wir denken an unsere Erfahrungen unterwegs: Solch eine Organisation kann die ihr zur Verfügung gestellten Mittel gezielt und wirkungsvoll einsetzen, weil sie die Kontrolle direkt und dauernd in der Hand behält.

„Nicht das Ziel macht den Sinn, sondern der Weg dorthin", stand irgendwo zwischen anderen mehr oder weniger geistreichen Sprüchen. Warum nicht auch der Weg zurück? Als wir, hoch über dem Meer, nach Hause fliegen, da beginnt auch dieser Rückweg: Aus der Tasche lugt die Café-au-lait-braune Muschel - „weißt Du noch ...?"

Einige Fotos von den Philippinen - Inseln

Einpacken

zur Inselfahrt

Vom Meer flußauf

Iwahig
Penal Farm

Die Band - 300 Jahre Knast - oder mehr?

Orientation

Gefängnis-Freizeit

Puerto Princesa

Bei den Batak

Wo geht's weiter?

Das Haus auf dem Berg

im Sumpf das Wasserloch

Haus

oder Zelt?

Land unter um Mitternacht

„Paradise Island"

Coron

Mit dem

pumpboat

unterwegs

Bacuit

Islands

Die Eltern fischen

Schrift oben gewinnt

Cashew - Bauern

Der einsame Norden

Pangalusian

Palawan per Bus

Südsee - Atolle

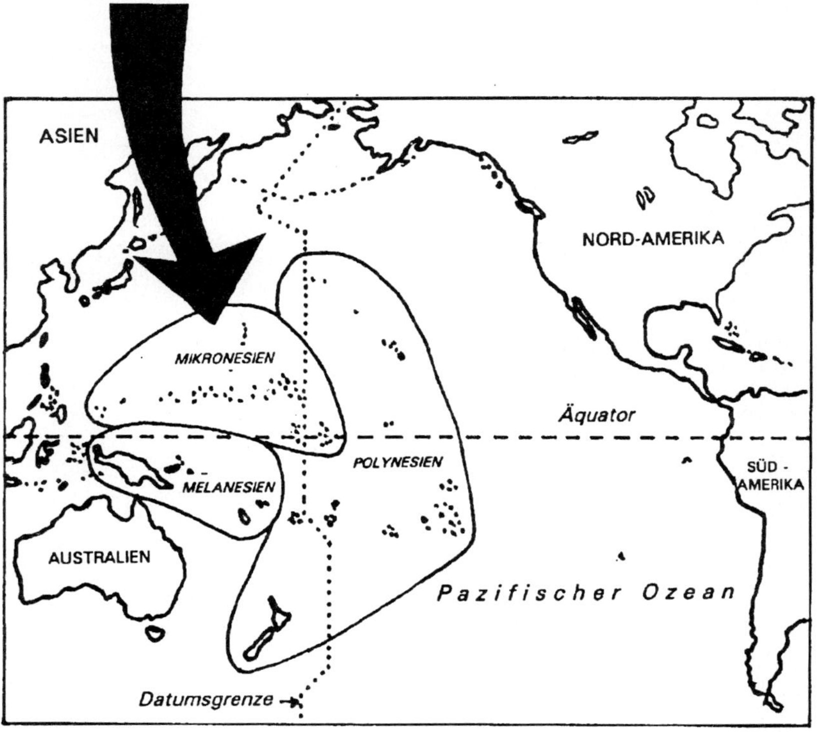

Seite	und dort . . .

Südseeträume

Wenn an der Elbe kalter Regen aufs Zelt prasselte, wenn Pullover und Grog angesagt waren statt Badezeug und Sonnenschutz, spätestens dann hieß es: „In der Südsee sollten wir paddeln.“ Wobei, gleich nach dem Krieg, keiner von uns jungen Kanuten so ganz genau sagen konnte, wo die ist und was einen dort, außer wohliger Wärme, erwarten würde. Doch - schöne, liebevolle Mädchen auf den Atoll-Inseln natürlich, bei denen die Matrosen der Bounty ebenso hängen blieben wie viele, die nach ihnen kamen. Und während der Sturm aus West heulte, geisterten sie damals durch unsere Südseeträume.

Jahrzehnte später zogen wir zu zweit los. Statt unter Segeln eines romantischen Windjammers im vierstrahligen Jet, ohne Globetrotterchancen, für eine sehr begrenzte Zahl von zusammengestoppelten Urlaubswochen nur. Würden wir etwas von der Romantik finden, die ebenso sprichwörtlich wie zugkräftig ist? Und ob es Sinn machen wird, Faltboot und Zelt mitzunehmen? Wenn, dann am ehesten in den großflächigen bzw. etwa voll von Riffen umschlossenen Lagunen. Und in einem Gebiet, dessen Name nicht oder nur sehr selten in den Angeboten für Abenteuerreisende auftauchte. Diese Überlegungen bestimmten die Reiseroute. Ihre könnte eine ganz andere sein. Denn die Südsee, besser Ozeanien, beinhaltet ein Siebtel der Erdoberfläche - Wasser und viele, viele Inseln. Eine große Zahl von denen ist heute erreichbar - jedoch die „richtigen“ für Touren mit dem kleinen Boot auszuwählen, das gleicht einem Lotteriespiel. Ob „unsere“ zu den Gewinnen gehörten? Der folgende Bericht sagt es.

Mikronesien, das Gebiet in dem wir unterwegs waren, ist eine der drei Regionen Ozeaniens. Der Name, aus dem Griechischen mikros, klein und nesos, Insel, abgeleitet, gilt für 2.105 Inseln sowie zahllose noch kleinere Eilande. Sie sprenkeln den äquatorialen Pazifik, eine Wasserfläche deren Ausdehnung etwa der Distanz zwischen Irland und dem Ural bzw. vom Skagerrak bis zum Absatz des italienischen Stiefels entspricht. Die anderen beiden Bereiche Ozeaniens:

* **Polynesien**, dem Namen nach das Viel-Insel-Land, zwischen Hawaii im Norden, mit den Fidschis und Tuamotus im Westen bzw. Osten und Neuseeland im Süden.

* **Melanesien**, was schwarze Inseln bedeutet - vermutlich, wegen der dunklen Hautfarbe seiner Einwohner. Zu diesem Gebiet gehören u.a. Neuguinea, die Salomonen, die Neuen Hebriden und Neu Kaledonien.

Mikronesien gliedert sich in vier große Archipele

- Die Marshall Inseln mit dem Zentrum auf Majuro; mit Kwajalein, der größten Lagune der Welt; und mit Bikini, dem Atoll, das nebst einigen anderen, durch Atombombenversuche eine traurige Berühmtheit erlangte.

- Die Marianen - eine Inselkette, deren Verwaltungssitz Guam ist. Zu ihr gehören Atolle, die teils vulkanischen Ursprungs sind. Einige mit unzugänglichen, dichten Urwäldern. In einem von ihnen hielt sich ein japanischer Soldat bis 1972 versteckt - vom Ende des zweiten Weltkrieges, 1945, erfuhr er erst dann.

- Die Karolinen Inseln, weit über die Mitte des Seegebietes verstreut. Die großen von ihnen, von West nach Ost, Palau, Yap, Truk, Pohnpei und Kosrae, ragen mit Bergen über das Meer. Kleinere sind zum Teil flach, die meisten von Korallenriffen umgeben.

- Die Gilbert Inseln, so hießen sie früher. Heute gehören sie zur Republik Kiribati. Korallen bauten und formten diese Atolle. Geographisch sind sie zwar ein Teil Mikronesiens, politisch jedoch führten sie stets ein Eigenleben.

Daß die mikronesischen Inseln bereits vor 20.000 Jahren besiedelt waren, belegen so weit zurückdatierte Knochenfunde. Doch weite Teile ihrer Geschichte bleiben im Dunkel. Die Geschichte kühner Seefahrer in kleinen Booten, aber auch von erbitterten Kriegen zwischen den Bewohnern der Inseln und Archipele. Bekannt wurden sie erst während der letzten Jahrhunderte, als europäische Seefahrer immer mehr Eilande entdeckten, kartographierten und daheim von ihnen berichteten. Das hatte ihre Inbesitznahme durch Herrscherhäuser und fremde Staaten zur Folge, zu denen sie bis in dieses Jahrhundert hinein gehörten. Als „Federated States of Micronesia" ist ein Teil von ihnen offiziell unabhängig, bleibt nach eigener Wahl jedoch in vertraglicher Abhängigkeit von der Schutzmacht USA. Letztere hatten das Gebiet nach dem zweiten Weltkrieg verwaltet. Die Gilbert Islands wurden 1979 vom United Kingdom in die Unabhängigkeit entlassen.

Bevölkerung: Rund 200.000 Menschen - rechnerisch nur 100 auf jeder Insel. Deren Landmasse, zusammengerechnet, entspricht mit knapp 2.600 qkm der Fläche Luxemburgs, dessen Einwohnerzahl fast doppelt so hoch ist. Die rasche Zunahme der Bevölkerung, der Mangel an Trinkwasser auf sehr vielen der Inseln, lassen den Vergleich hinken. Tatsächlich wird der Lebensraum in Mikronesien immer enger. Und die Erwerbsmöglichkeiten, neben Fischen und etwas Landbau, sind gering. Die USA zahlen nach wie vor Subventionen. Etwa gleich viele Menschen gehören der katholischen und evangelischen Kirche an, viele diversen anderen Glaubensgemeinschaften und Sekten.

Sprache: Englisch, das alle Kinder in den Schulen lernen. Jedes Inselgebiet jedoch hat darüberhinaus seine eigene Sprache - insgesamt gibt es mehr als ein Dutzend verschiedener Idiome allein in Mikronesien. Auf Pohnpei z.B. wird anders gesprochen als auf Truk.

Klima: Tropisch warm und feucht. Tagestemperaturen, das ganze Jahr hindurch, zwischen 30° und 35°. Nachts kühlt es selten bis etwa 25° ab. Die Luftfeuchtigkeit ist nachts und am frühen Morgen höher als am Tage - auch dann aber erreicht sie noch bis 80%, seltener auch 90%. Die höchsten Werte werden im August, die niedrigsten im April gemessen. Regenzeit beginnt im Mai, sie endet im November. Während dieser Periode ist mit kurzen tropischen Schauern zu rechnen - dann scheint wieder die Sonne. Zwischen Dezember und April regnet es auch, laut Statistik jedoch nur halb so viel. Die „Ausbeute“ an kostbarem Naß ist nach Art der Inseln unterschiedlich: An den Hängen Pohnpeis z.B. regnen die Wolken ab und der Niederschlag erreicht dort fast Weltrekord. Über die flachen Inseln dagegen ziehen Regenwolken hinweg und es bleibt trocken.

Wie kommen Sie hin?

Flug: Gut 20.000 Kilometer sind es von Deutschland aus zu den Atoll-Inseln. Da ist es ziemlich einerlei, ob die Flugstrecke über Amerika oder Asien führt. Den Unterschied machen die Tarife der Airlines. Diese, und die Möglichkeit Sportgepäck/Faltboot ohne Zusatzkosten mitnehmen zu können, gleichen oft die etwas größere Entfernung via USA aus. Eine konstante Fluglinie besteht zwischen Los Angeles und Tokio - sie berührt u.a. Hawaii, Majuro, Truk, Guam und Saipan. Von dort aus sind andere Ziele per Flugzeug zu erreichen. Nach Kiribati kann man auch ab Los Angeles über Christmas Island fliegen.

Schiff: Einige Frachtschiffe, die z.T. auch Passagiere mitnehmen, laufen Mikronesien an. Auskünfte darüber durch die folgenden Adressen. Zwischen den Inseln verkehren sogenannte „Fieldtrip“-Schiffe mit niedrigen Passagepreisen und wenig Komfort. Von den größeren Häfen aus erreichen sie wenige Male im Jahr kleine Atollgruppen.

Wer hilft bei den Vorbereitungen?

Allgemeine Auskünfte über Mikronesien erteilt das

USTTA Fremdenverkehrsamt der USA
Bethmannstr. 56
60311 Frankfurt am Main
Tel. 069-92003619
Fax 069-294173

Informationen über Kiribati erhalten Sie vom

Tourism Council of the South Pacific
Romanplatz 10
80639 München
Tel. 089-1782941
Fax 089-1782811

Darüberhinaus wird Ihr Reisebüro versuchen zu helfen, wenngleich die wenigsten sich in dieser Gegend auskennen. Vielleicht finden Sie eines, das Reisen für Sporttaucher nach Truk organisiert.

Karten: Topographische Karten sind am einfachsten auf den größeren Inseln zu bekommen. Seekarten beschafft Ihnen der Buchhandel oder u.a. die im Adressenanhang unter 3 und 4 genannten Firmen. Es sind das die englischen Seekarten, für Truk die Nr. 892 - 1:125.000, für Pohnpei (alte Kartenbezeichnung Senyavin Islands) die Nr. 981 im Maßstab 1:100.000. Englische Seekarten gibt es auch im Maßstab 1:25.000 für Kiribati - Serie X042 plus Name des jeweiligen Atolls. Eine Gesamtdarstellung der Gilbert Islands / Kiribati enthält die englische Seekarte 731 im Maßstab 1:800.000.

Literatur: Einige Titel zur Auswahl, weitere wird Ihnen Ihr Buchhändler vorschlagen:

- Südsee-Handbuch (D. Stanley)
- Südsee (E. Stahn)
- Micronesia (E. Bendure & N. Friary)
- Mikronesien-Handbuch (D. Stanley)
- Südseeparadiese (M. Stingl)

Bei der Vorbereitung nützlich, auszugsweise auch mitzunehmen sind:

- Das Tropenbuch (R. Hanewald)
- Pflanzen der Tropen (W. Lötschert/G. Beese)
- Tropische Meerestiere (D. Eichler)
- Korallenriffe (H. Schumacher)
- Paddel-Handbuch, Wandern auf Salz- und Süßwasser (BLV-Verlag)

Ihre Wanderfahrt

Route: Touren von einer Atoll-Insel zur anderen sind nach unseren Erfahrungen sehr problematisch bis undurchführbar: Meist zu große Entfernungen, die Strömungen zwischen ihnen erheblich, die Höhe der Wellen ebenfalls. Selbst Segler haben Probleme damit, die meist schmalen Einfahrten in Lagunen zu finden. Und nur dort fehlt die Brandung überm Riff. Gezeitenstrom läuft aber auch in diesen oft engen Naturkanälen. Fürs kleine Boot bieten sich deshalb Fahrten innerhalb der von Riffen umgebenen Lagunen an. Die mit ca. 120 km längste, Kwajalein, ist militärisches Sperrgebiet. Die nächstgrößte, Truk, bringt es auf etwa 50 x 50 km Wasserfläche innerhalb des Riffgürtels mit rund 100 kleinen und größeren Inseln darin verstreut. Anders Pohnpei - dort umgeben Riff und Lagune die Hauptinsel und ermöglichen eine Rundtour. In Kiribati umschließen schmale, an den Riffen entstandene Landstreifen, „paddelbare" Wasserflächen innerhalb verschiedener Ringatolle.

Das Besondere: Südsee aus erster Hand. Natur, Menschen, Tiere. Vom Boot aus miterleben, was an Romantik geblieben, was von der Zivilisation verdrängt worden ist. Begegnungen und Gespräche die bessere Einblicke ins aktuelle Leben bieten, als Bücher sie vermitteln können.

Was erwartet Sie?

Die folgenden Berichte beschreiben das im Einzelnen. Wobei Ihre Eindrücke und Erlebnisse sicher andere, aber nicht weniger interessante sein werden. Generell: Überall auf diesen Inseln begegnet einem die Hilfsbereitschaft und das freundliche Entgegenkommen der Einheimischen. Insbesondere dort, wo Massen von Touristen noch nicht die ursprünglichen Einstellungen veränderten.

Wind: Zwischen dem Äquator und 10° nördlicher Breite, dort liegen die mikronesischen Inseln, wehen Passatwinde. In den Karolinen wurden ihre Richtungen nach Prozentanteilen gemessen - Tabelle 1. Differenzen auf 100 sind Windstillen.

Die Angaben für Kiribati sind nahezu gleich - lediglich weht der Wind seltener aus westlichen und südlichen Richtungen. Wie kräftig ist er? Tabelle 2 zeigt die prozentuale Verteilung der Windstärken für das Gebiet der mikronesischen Inseln. Daß Taifune nicht in der Statistik auftauchen, mag mit ihrer Seltenheit im Vergleich zur Anzahl der insgesamt ausgewerteten Meßdaten zusammenhängen. Änderungen der Windrichtungen und -stärken ergeben sich von Fall zu Fall durch die Erwärmung der Luft über Inseln mit nachfolgendem Wind von See her.

Taifune - ihre Zeit liegt zwischen Juli und Oktober - Verlaß aber ist weder auf ihre „Termine" noch auf die Richtungen die sie nehmen. Taifunwarnungen erfolgen meist frühzeitig per Radio. Wer ein Barome-

TABELLE 1

Richtungen	N	NO	O	SO	S	SW	W	NW
Januar	7	48	21	8	3	1	1	1
Februar	4	58	28	3	1	-	-	-
März	3	49	31	6	1	-	-	1
April	4	35	29	9	3	1	1	2
Mai	6	13	22	15	8	5	4	4
Juni	5	8	13	12	7	5	7	5
Juli	4	3	3	5	14	22	17	6
August	3	2	2	4	14	27	19	8
September	6	2	3	6	14	17	18	5
Oktober	6	3	4	3	13	21	21	8
November	8	16	13	8	7	7	8	6
Dezember	8	35	24	9	4	2	2	3

TABELLE 2

Beaufort	2	3	4	5	6	7+
Januar	2	13	34	13	2	-
Februar	7	15	43	26	5	-
März	3	19	46	24	7	-
April	3	17	50	25	5	-
Mai	3	24	49	20	3	-
Juni	4	23	54	16	2	-
Juli	13	36	36	8	1	-
August	22	38	24	5	1	-
September	24	35	20	4	1	-
Oktober	23	40	23	5	-	-
November	11	31	42	11	2	-
Dezember	3	17	44	26	8	1

ter dabei hat, erlebt den rasanten Abfall des Luftdrucks um z.B. 3 mB innerhalb von nur drei Stunden. Dann wird's höchste Zeit um an Land Schutz zu suchen. Auf dem Wasser überraschend anrollende hohe Wellen ohne Wind sind fast immer Vorboten des nahenden Chaos. Sie rollen dem Orkan voraus. Warnen sollten auch die sprichwörtliche Ruhe vor dem Sturm, kupferfarbener Schein in Sturmwolken und Panik bei den Seevögeln - deren Gespür für Gefahr ist besser als das der Menschen.

Gezeiten: Während die Oberflächenströmung des Meeres in diesem gebiet, regional etwas unterschiedlich, weniger als 2 kmh beträgt, sind die Tiden wesentlich stärker. Bei Lagunenfahrten allerdings wirken sie sich weniger stark aus, abgesehen von den bereits erwähnten Riffpassagen zum offenen Meer. Dort rauscht manchmal Wildwasser. Beim Passieren derselben: Vorsicht! Da die Verhältnisse in jeder Lagune anders liegen, sollten Sie vor der Fahrt genaue Informationen erfragen. Und, wo möglich und notwendig, einen Tidenkalender mitnehmen bzw. Zeiten und Höhen der Tiden notieren.

Zelten: Land und Inseln sind überwiegend privater Besitz. Wo die Eigner erreichbar sind, müssen sie um Erlaubnis fürs Kampieren gefragt werden. Verweigern werden sie die kaum je, eher dem Gast helfen gut zurecht zu kommen. Da aber auch viele Inseln unbewohnt sind, ergaben sich während unserer Touren nie Probleme.

Risiken: Korallen sind scharf. Sie durch gutes Navigieren gemäß Seekarte zu vermeiden, ist schwierig, vor allem wenn vom Wind aufgerauhtes Wasser die Erkennbarkeit einschränkt. Da liegt ein Risiko, vor allem fürs Faltboot. Das andere: Nach ein paar Tagen nicht mehr nach Hause zurückzuwollen ...

Was brauchen Sie?

Als Ausrüstung ein Boot das mit zum Ziel fliegen kann. Es sei denn, Sie verschiffen es frühzeitig genug zum Bestimmungsort. Wenn, dann kalkulieren Sie, Erfahrungen von Freunden belegen das, mehrere Wochen mehr Transportzeit ein, als der Spediteur voraussagt. Wie üblich sollte das Boot über Auftriebskörper und Steuer sowie über eine Spritzdecke verfügen. Ein Segel, oder auch nur ein Segelschirm, kann unterwegs hilfreich sein. Daß Sie Tauchmaske, Schnorchel und Flossen mitnehmen - selbstverständlich. Und Surfschuhe oder ähnlich festen Schutz für die Füße im Korallenwatt. Für die Kleidung eignet sich atmungsaktive Baumwolle besser als die meisten Kunststoffe. Und den warmen Schlafsack können Sie zu Hause lassen. Selbst ein einfaches Laken ist nachts oftmals zu warm.

Eingepackt hatten wir eine ganze Menge an kleinen Geschenken: Wappen von Land und Stadt zum Aufkleben; Ansichtskarten von daheim, auch mit Wintermotiven; kleine Bildbände; Vereins- und Landeswimpel; ausgefallene Angelhaken; rostfreie Mini-Taschenmesser sowie Luftballons für die Kinder. Ihr strahlendes Lachen - vielleicht erleben Sie es einmal selbst?

Versorgung: Auf allen größeren Inseln sind Lebensmittel vorrätig. Die Sortimente entsprechen weitgehend amerikanischem Standard. Angeln bringt eine Ergänzung des Menüs. Fragen Sie jedoch zuvor, welche Fische, da giftig, nicht zu essen sind. Wichtig: Genug Trinkwasserreserve im Boot. Der Tagesbedarf je Person liegt bei mindesten drei, eventuell mehr Litern pro Tag. Tropische Regengüsse liefern zeitweise unterwegs Nachschub.

Vorsorge: Die üblichen Impfungen gegen Diphterie, Tetanus und Polio. Ob gegen Typhus / Parathyphus - fragen Sie ihren Arzt. Die Wirkung ist umstritten. Wenn der bei Ihnen keine Antikörper gegen Tuberkulose feststellt, vorsichtshalber auch eine BCG-Impfung. Von Malaria sind die mikronesischen Inseln frei. Doch gibt es einige Erreger gegen die Einheimische, nicht aber Europäer, immun sind. So entzünden sich kleine Hautverletzungen schnell. Aus unserer Reise-Apotheke brauchten wir deshalb unterwegs vor allem Pflaster und desinfizierende Salbe zum Behandeln von Schnitten und Stichen. Und: Mittel gegen Durchfall - Zähneputzen mit unreinem Salzwasser genügte und wir hatten uns muntere Ruhrbakterien eingehandelt. Antibiotika-Tabletten ließen sie zwar nur kurze Zeit überleben, inzwischen jedoch sorgten sie für starken Wasser- und Mineralstoffverlust. Da half ein einfaches Rezept: Zwei gehäufte Eßlöffel Zucker, ein Teelöffel Salz und ein halber mit Backpulver, der Saft von zwei ausgepreßten Orangen - alles auf jeweils einen Liter Wasser, das wir mittels des mitgenommenen Filters keimfrei pumpten. Oft, viel, sehr viel trinken, das verhinderte, daß wir "austrockneten". Schließlich: Die hohe Luftfeuchtigkeit treibt den Schweiß aus allen Poren. Schwitzen zehrt an den Salzreserven des Körpers. Sie regelmäßig aufzufüllen ist wichtig. Dafür gibt es Salztabletten - normales Kochsalz reicht auch.

Wieviel Zeit haben Sie?

Sicher nicht genug. Aber wenn, dann sind acht Wochen besser als sechs und vier zu wenig. Zu wenig, um das Boot durchs Wasser verschiedener Lagunen zu paddeln, um unterschiedliche Gebiete der Südsee ein wenig kennenzulernen. Und da Sie sich unter tropischen Bedingungen bewegen, gehören schnelle Gangart und das Verlangen nach Kilometer-Tagesbestleistungen ganz rasch schon zur europäischen „Hinterlassenschaft“.

Alternativ-Planungen

Gepaddelt wird zwischen den Inseln der Hawaii Gruppe, ein Freund fuhr mit seinem Kajak in einem Tonga Archipel, der Reiseschriftsteller Paul Theroux nahm das Faltboot mit zu den Trobrianden, Salomonen, nach Fidschi und Samoa und zu anderen „glücklichen Inseln Ozeaniens“, Titel seines Buches. „Mein Südseetraum war in Erfüllung gegangen“, schreibt er über eine Insel auf der sein Zelt stand, „und auch seine Mängel hatten sich gezeigt. Der Regen oder die Moskitos waren es nicht gewesen, ich hatte mir lediglich gewünscht, daß jemand diesen Fingerhut voll Paradies mit mir geteilt hätte: Eine Frau.“

Fahren Sie also bald los - möglichst nicht allein ...

Und nun, was wir unterwegs sahen, hörten und erlebten ...

Truk - Atoll

„Wenn Sie jetzt hinaus schauen, dann sehen Sie die Datumslinie auf dem Wasser ...“ die Passagiere des Fluges Honolulu - Mikronesien - Tokio drücken ihre Nasen an die Scheiben der kleinen Fenster und einer murrt: „Da ist doch nichts ...“. Er steht auf, um die Linie auf der anderen Seite zu sichten. Bill, der Steward, grinst über den Erfolg seiner Ansage. Und beruhigt bald darauf damit, daß die dateline ja nur eine imaginäre Linie sei: „Das müssen Sie sich so vorstellen: Die Erde ist eine Kugel mit 360° einmal rum. Von Greenwich in England aus laufen zwei Leute in entgegengesetzten Richtungen auf dem Äquator entlang, jeder 180° weit. Alle 15° machen sie halt, markieren die Stelle mit einem Schild >Zeitzone< und korregieren ihre Uhren um jeweils eine Stunde. Der eine stellt sie vor, der andere zurück.So macht das jeder 12 mal und wo sie sich dann treffen, da sind sie um 24 Stunden auseinander. Ja, und an dem Punkt waren wir gerade, an der Datumsgrenze. Da mußten wir das Datum vom 17. auf den 18. Mai ändern. Bei 7 Uhr aber bleibt es. Ein Problem: Wer gestern, am 17. seinen Geburtstag feierte, dem könnten wir nun frühestens in Bombay gratulieren. Warum? Weil dort, westlich von uns, mit einem Zeitunterschied von 7 Stunden, jetzt noch der 17. ist. Jemand unter Ihnen, der Anspruch auf diesen, unseren Service hat? Nein? Glück gehabt: Weder sind wir schnell genug, noch fliegen wir nach Indien.“
Schweigen, Nachdenken in der Maschine. Dann bei den Nachbarn:
„Da bin ich also ganz plötzlich um einen Tag älter geworden. Und je weiter wir nach Westen fliegen soll ich wieder jünger werden?“

Wir sind auf dem Weg in die Südsee. Voraus ein winziges Fetzchen Land im blauen Ozean: Johnston Atoll - erste Zwischenlandung. Abschußrampen für Raketen sind zu erkennen, militärisch bewachte Fabrikanlagen und Bunker unter der Flagge mit den Stars and Stripes.

Eine Gruppe sportlich gekleideter junger Männer mit kurzem Haarschnitt gehen von Bord, Schwarze und Weiße, sowie zwei Frauen. „Die beiden haben Chancen auf der Junggeselleninsel", meint Bill, „solange da nichts passiert mit all den Kampfgasen und Atomwaffen." Kurzer Stop in Majuro, auf den Marshall Inseln. Der Regen eines tropischen Wolkenbruchs läuft von der Rollbahn in Auffangrinnen und in Unterboden-Zisternen, „die Trinkwasserversorgung der Stadt." Dann Kwatjalein, von unserem Nachbarn kurz „Kwatsch" genannt: Größtes Atoll der Welt, etwa 3 mal so groß wie der Bodensee. Radartürme, kugelförmige Bunker - „Missile Range Station" stand auf dem Flugplatzgebäude. Hier steigen die restlichen jungen Männer aus und werden von amerikanischen Offizieren in Uniform begrüßt. Auch für zwei mit Tarnnetzen umspannte Palettenladungen war dort Endstation. „Neue Meßgeräte",bemerkt Bill, „die Lagune ist Zielgebiet für Raketen. In Denver, Colorado, abgeschossen, sind sie nach 22 Minuten hier. 10.000 km - 7,5 km pro Sekunde - ist das nichts? Und erstaunlicherweise fallen sie immer genau in die Lagune und nicht auf die vor der Küste kreuzenden russischen Trawler. Fischer? Die haben mehr Antennen als Netze an Bord."

Noch eine Landung in Pohnpei, eine Stunde weiter und wir sind am Ziel: Truk. Vom Wind gewiegte Palmen, weißleuchtende Sandstrände, einzelne Inseln wie kleine Schiffe in der von dunklen Korallenriffen umgebenen Lagune. Schnelle Zoll- und Paßkontrolle, die ausgestiegenen Passagiere haben's eilig: In einer knappen Stunde wird's dunkel. Ein Hotel für die erste Nacht? Der fast schwarze Mann, den wir fragen, schaut uns prüfend an: „Kein so teures, eh?" Der Schuppen jedoch, zu dem er uns mit seinem Pick-up bringt, scheint bestenfalls eine schmutzige Absteige. Und weit weg vom Wasser. Weiter also zur „ersten Adresse", wie er die Anlage nennt - komfortabel, praktisch, teuer. Praktisch, weil wir morgen von dem Areal aus direkt mit dem Boot starten können. Aber: Was eigentlich unterscheidet solch ein Hotel von anderen Etablissements dieser Kategorie irgendwo anders auf der Welt? Die Palmen vor dem Balkon, einige lokale Souvenirs in der Halle? Die Klimaanlage verdrängt den Duft nach Blüten und Salzwasser, der uns draußen tief einatmen läßt. Egal - auch das ist anscheinend Südsee.

„Echter“ wird sie am nächsten Morgen. Der Fahrer des Kleinlasters, der uns auf der Ladefläche mit in den Ort nimmt, sieht „wild“ aus: Dickes schwarzes Haar, mit 'ner roten Schleife hochgebunden, Turnhose, Narben auf der Brust, baumelnde Ohrringe. Ob wir 'ne Dose Bier für ihn hätten? Mehrere leere kullern durchs Fahrerhaus. Entsprechend rasant seine Fahrt durch reifentiefe Pfützen vom Morgenguß. Der Ort, die Insel, alles sei Moen, Mo-en gesprochen, erklärt er. Und der Haufen Schrott da? „Krieg, kaputt, Metall, Geschäft.“ Zwischen Orchideenblüten liegt der Rumpf eines abgeschossenen Kampfflugzeuges: „Museum - Monument.“ Und die Seemine mit ihren langen Stacheln - ob die wohl noch scharf ist?

Der Ort: Einfache Häuser, viele aus Fertigteilen zusammengebaut oder aus rostigem Wellblech. Autowracks vor der Tür, Haufen mit Müll - nichts von dem, was wir an Phantasiebildern von der Südsee im Kopf mitbrachten.

Moderner Supermarkt nicht weit von einem Bauwerk aus der Periode als Truk, wie alle Karolinen Inseln, deutsche Kolonie war. Alles was wir für unterwegs brauchen, liegt in den Regalen. „Kommt per Schiff und per Flugzeug“, erzählt der Manager, ein dunkelhäutiger Einheimischer im weißen Kittel, „und wenn die Amerikaner nicht ziemlich viel subventionierten, könnten die Leute vieles nicht mehr kaufen.“ Sie zahlten als Verpflichtung, obwohl Truk und andere Inseln offiziell nicht mehr Trust Territory, Schutzgebiet, wären. Und dann ist da doch noch ein altes Haus mit geflochtenen Wänden. Und mit einer Geschichte. „Jeder dieser kleinen flachen Speere ist anders“, erzählt die Frau in dem „antiken“ Souvenirladen, „von jungen Männern unterschiedlich geschnitzte Zacken und Spitzen. Damit gingen sie abends zum Frauenhaus und steckten ihren 'lovestick“ durch die Flechtwand. Wurde er nach drinnen gezogen, so war der Freier von dem Mädchen, das den

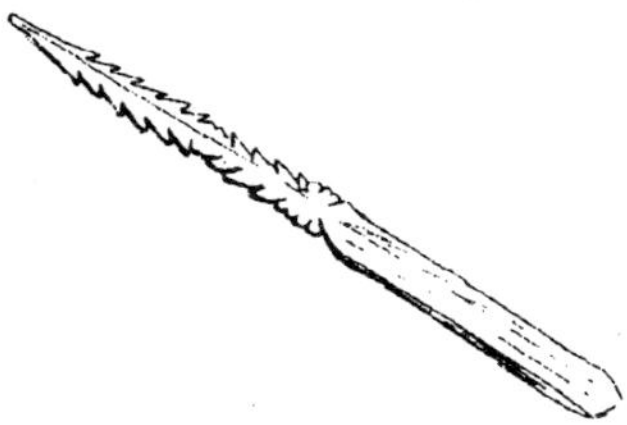

Speer hatte, akzeptiert - zum ersten Mal, oder nachdem sie die Merkmale wiedererkannt hatte." Wir kaufen einen: „Wirst Du den nach drinnen ziehen, wenn ich ihn durch die Zeltwand stecke?"

Nachmittags schieben wir Stangen und Spanten in die Bootshaut, ziehen die Spritzdecke drüber, packen Beutel und Pakete unters Deck, stecken die Paddel zusammen. Und dann schwimmt das Boot - zum ersten Mal auf Südseewasser. Die Seekarte zeigt ein Meer im Meer.

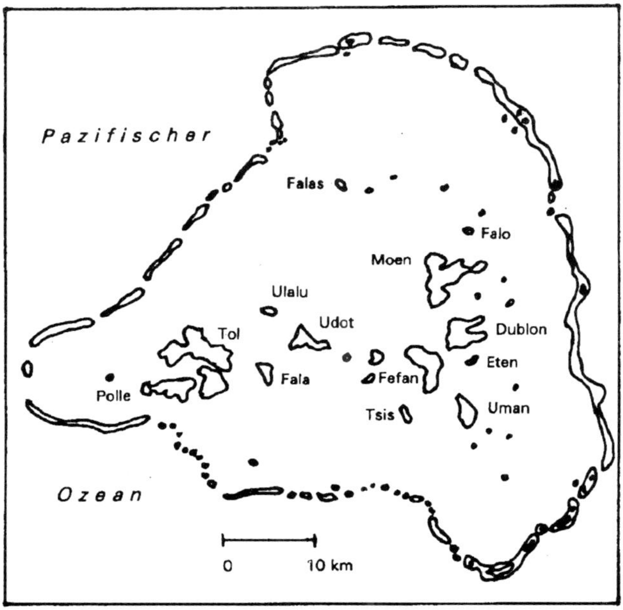

An der breitesten Stelle um die 60, sonst etwa 50 km von Riff zu Riff. Eine mehr oder weniger runde Lagune. Ein Dutzend größerer Inseln darin, eine ganze Menge kleiner, zum Teil direkt auf der Riff-Außenkante. Wuchtige, graue Felsen über dem Wasser - Dublon, eine Insel mit dem mehr als 400 m hohen Mt. Tolomen. Noch höher der Mt. Tumuital - weit weg, auf den Tol-Inseln. Die kleineren Inseln sind zum Teil flach. Nach einer guten Stunde landen wir auf einer von ihnen. Der Streifen am Ufer zeigt mit angetriebenem Müll wie hoch die Flut kommen wird. Oberhalb der Linie ist Platz fürs Zelt. Und Fliegen sind da - so viele, daß wir das Abendessen unterm Moskitonetz kochen. Und gleich nach dem Schwimmen wieder darunter krabbeln. „Gehören die auch zur Südsee?"

Morgens, bei mehr Wind, verziehen sich die aufdringlichen Viecher in den Busch. Und wir paddeln weiter. Voraus „Weiße" an Bord einer schikken Segelyacht. „Deutsche?" der Mann am Heck fragt es mit badischem Akzent - er hat wohl unsere Flagge am Heck gesehen. Eine Weile sind wir bei ihm an Bord, bei einem Missionar. „Wir machen Jugendarbeit", erzählt er, „Jugendliche sind gefährdet hier. Wir bieten ihnen in den Räumen an Land die Möglichkeit zum Miteinander, zu Spielen und sinnvoller Freizeit. Und wir bringen ihnen das Wort Gottes." Dieses Boot gehöre zur Mission, ab und zu sei es mit Freizeiten der Jugendgruppe unterwegs. Unsere Frage, welche Art von Ergebnissen die Arbeit bringe, irritiert den Pfarrer. „Wenn es keinen Sinn machen würde, hätte man ihn ja wohl nicht ausgesandt, ist die Antwort. Auch die anderen Missionare nicht, von denen es mehrere in der nächsten Umgebung gäbe. Und wegen denen müßte man sich schon was einfallen lassen. „Zur Zeit übersetzen wir die Bibel in die hier auf Truk gesprochene Sprache - fast jede Insel hat ihr eigenes Idiom." Plötzlich hat er keine Zeit mehr und wir paddeln weiter.
„Missionsarbeit als Wettbewerb um Seelen ..."
„*Muß* man nicht so sehen. Die bieten den Jugendlichen wahrscheinlich wirklich neue Anregungen und Impulse statt Bier und Zigaretten."
„Schon, aber als Mittel zum Zweck, um sie dadurch zur anderen Konfession zu bekehren. Oder härter, um sie zu ködern."
„Anfangs vielleicht. Aber wird dann der Einzelne nicht prüfen, ob er an das glauben will und kann, was ihm da gepredigt wird? Wenn er weiß, ob diese Religion ihm einen innerlichen Halt gibt?"
„Mag sein, falls er sich dazu dann frei genug fühlt. Davon aber abgesehen: Passen denn eigentlich unsere Religionen hierher? Ist es richtig, mit unserer europäischen Art zu glauben die alten, auf diesen Inseln gewachsenen Traditionen zu verdrängen? Oder sogar zu verdammen? Das muß doch zu Zwietracht zwischen zuvor homogenen Gruppen führen, zu Spaltungen. Vielleicht sogar zu religiös motivierten Kriegen, wie es sie gab und immer noch gibt."

Vor dem Besuch der Inselgruppe um Tol hatte der Missionar gewarnt: „Da sind einige Leute verrückt und schießen ab und zu. Hat schon einige Tote gegeben." Weil wir zu denen nicht gehören wollen, bleibt ein Teil des Gebietes versperrt. So führt unser Kurs gegen erfrischenden Wind weit hinaus über die nahezu offene See. Nur einzelne kleine Inseln im Rund, manchmal die auf der Karte verzeichneten Untiefen mit Korallenstöcken, gut im klaren Wasser zu orten. Wo wir abends zelten, liegt Stacheldraht unterm Sand, der bohrt ein Loch durch die Gummisohle der Sandale: „So ist das den Soldaten damals auch gegangen." Daß Truk Schauplatz des Pazifikkrieges war, zeigen Befestigungsanlagen auf Dublon und Fefan am nächsten Tag. Vor allem diese Inseln hatten die Japaner ausgebaut, nachdem sie im zweiten Weltkrieg nahezu den gesamten pazifischen Raum eroberten. Die Truk Lagune war einer ihrer wichtigsten Stützpunkte. Hier konnten ganze Geschwader geschützt vor Anker gehen, konnten versorgt und repariert werden. Gebaut wurden Flugplätze, Häfen und Werften, Depots und Kasernen. Davon sind Relikte geblieben, das meiste vom Urwald überwuchert. Die japanische Gruppe, die mit uns das Flugzeug verließ, hatte diese Stätten des Krieges zum Ziel, Veteranen und Angehörige der damals Gefallenen.

Nachmittags finden wir einen Zeltplatz - ohne Fliegen. In der Nähe spielende Kinder helfen das Boot an Land zu tragen. Sie holen Erwachsene aus dem Busch, immer mehr werden es. Die Verständigung ist mühsam, nur wenige Worte Englisch. Dafür lernen wir, daß eine Begrüßung hier „nesorannim" heißt, und daß unser Boot ein „pot" sei. Irgendwo im „Inland" befände sich ihr Dorf und ob wir nicht besser dort schlafen wollten? Die Kinder singen ein in der Kirche gelerntes Lied, eine Mutter bringt zwei Teller mit Fisch, Krabbenfleisch und Reis. Wir wären doch sicher hungrig, „echik"? Dann kommt Paul, ein Entwicklungshelfer vom amerikanischen Peace-Corps, dazu. „Ich unterrichte in der kleinen Ortschaft", erzählt er, für die vielen Kinder haben sie nicht genug Lehrer." Ja, meint er, *zu* viele Kinder, aber die wären eben so etwas wie eine Alterssicherung für die Familien. Darum würde Geburtenkontrolle wohl erst wirksam werden, wenn es ein System staatlich garantierter Renten gäbe. „Kann noch lange dauern ..." Ja, und dann ist unser Fernglas nicht mehr da, mit dem wir diese Insel kurz zuvor noch gesichtet hatten. Es lag lose im Boot. Aufregung, Suchen - weg: Betroffen, ja verstört gehen die Familien zurück in ihr Dorf. „Wir werden weiter suchen", übersetzt Paul, „vielleicht findet es sich bis morgen wieder an..."

Die Sonne ist gerade über den Horizont geklettert, da steht ein alter Mann vor dem Zelt. Graue Haare im braunen Gesicht voller Falten, verschlissene Hose und Hemd, der Rücken gebeugt. Nach verlegener Begrüßung „nesorannim - good morning", holt er ein Fernglas hinter dem Rücken hervor. Ein metallenes, großes, mit ledernem Band. Wir sollten es haben, mitnehmen, bedeutet er, ernst, gespannt. Ja, es gehöre ihm, sagt er, nach dem Krieg, nachdem die Japaner weg waren, habe er es gefunden. Es sei zwar, entschuldigt er, nicht mehr ganz in Ordnung, doch die eine Seite funktioniere noch gut. Ein Nachtglas, er benutze es beim Fischen. - So einfach mitnehmen, sein wahrscheinlich bestes und wertvollstes Stück? Aber doch, darauf besteht er, unseres sei ja, und das wäre schlimm, nicht wieder zu finden gewesen. Da werde dieses uns unterwegs vielleicht helfen: „Wenn Ihr wollt, könnt Ihr es ja meinem Nachbar, dem Theo, zurückgeben, der arbeitet auf dem Flughafen."

Gerührt von diesem Erlebnis paddeln wir langsam hinaus - zu einem anderen Teil der Lagune. Dort liegt ein Schiffswrack, vor dem Sinken noch ans Ufer gebracht. Kinder springen von rostigen Trägern und vom Deck ins Wasser, plantschen, schreien und lachen. Ein Motorboot mit Touristen tuckert vorbei, stellt etwas weiter den Motor ab. Die Passagiere binden Tauchausrüstungen um und lassen sich über Bord fallen.
„Etwa 50 große japanische Pötte liegen hier auf Grund", erzählt einer, der auf dem Boot blieb, „so wie sie die Amerikaner während eines Infernos von Luftangriff im Februar 1944 in die Tiefe bombten. Nichts wurde und wird an ihnen verändert. Geschirr steht noch auf den Tischen, Grammophon, Bordtelefone und Maschinentelegrafen sehen aus, als seien sie funktionsfähig. Gestern war ich mit einer Gruppe auf der 'Fujikawa Maru', in 30 m Tiefe. Hinter aufgerissenen Bordwänden schwammen wir an Jeeps und Flugzeugen vorbei, fotografierten die mit Korallen bewachsenen Kanonenrohre und bunte Fische in leeren

Torpedorohren. Und der 50.000 BRT Tanker, der fast senkrecht zwischen den Korallen steht: Sieht aus, wie ein mit Seeanemonen und Muscheln bewachsenes fünfstöckiges Geschäftshaus. Eines der seltsamsten Unterwasser-Museen der Welt." Für unsere einfachen Schnorchel lagen die Exponate leider zu tief.

Nachmittags entdecken wir mit Hilfe des nur halbseitigen Nachtglases „... unsere Trauminsel - auf der bleiben wir bis zum Urlaubsende!"
„Und die anderen Atollgebiete, wo wir auch noch paddeln wollten?"
„Können nicht so sein wie dieses."

Wirklich schön. Sauberer Sandstrand im Schatten hoher Palmen. Kokosnüsse und Muscheln, einige Krabben und Eidechsen, die einzigen Mitbewohner. Zweige vor dem Zelt halten den Sand draußen, vom Meer her weht eine frische Brise. Und „vor der Haustür" ein kleines Riff in dem sich Schwärme bunter Fische tummeln. Ideal. Doch Petrus, oder wie der für diese Gegend zuständige Wettermacher heißt, hat schon am nächsten Morgen was gegen die permanente Niederlassung. Am Horizont ballt er dicke schwarze Wolken zusammen, schickt erste kräftige Windstöße und plötzlich scheint es weniger reizvoll, auf diesem Eiland zu „überwintern". Eilig packen wir zusammen und paddeln los - Richtung Moen. Denn von dort geht morgen der gebuchte Flieger. Immer näher schiebt sich das Unwetter heran, immer kräftiger ziehen unsere Paddel durchs Wasser. Mit dem Kompaß hatten wir die Richtung eingepeilt, zwei kleine Insel auf dem Weg dorthin als Markierungen gemerkt und langsam werden sie größer, ziehen wir an ihnen vorbei über die weite Wasserfläche. Auf der bauen sich nun weiß bemützte Wellen auf, überholen, lassen das Boot surfen und verlangen konzentriertes Ausfahren der verschiedenen Täler. Bis die Landspitze erreicht ist, hinter der wir fast abrupt in vollständig ruhiges Wasser einlaufen. Geschafft.

Die fürs Zelten in Frage kommenden Ufer - zu nah an der Zivilisation, zu viele Leute, die anscheinend daheim kein Klo haben. Darum erneut zum Areal des Hotels und die letzte Nacht auf Truk auf nun schon ungewohnten Betten im unangenehm kalt klimatisierten Zimmer.

Morgens, bevor es zu heiß wird, „klettern" wir auf den Berg der Insel. Antennen weisen den Weg zur Radio- und Telephoniestation. „Gespräche nach Deutschland und Holland? Ich bin jetzt seit fast 20 Jahren hier und das ist die erste Verbindung die ich dorthin schalte", strahlt der operator. 50 Minuten später sprechen wir - nur die zeitliche Verzögerung ankommender Stimmen erinnert daran, daß sie ihren Weg um den halben Globus herum nehmen. - Ein einheimischer Polizist ist zum Klöhnen gekommen. Er hat seine Ausbildung in den USA erhalten, wie er stolz erzählt. Womit er hauptsächlich zu tun habe? „Messerstechereien, Schlägerei und Betrunkene. Alkohol ist ein großes Problem. Und Waffenbesitz wird eines."

Theo, den Nachbarn auf dem kleinen Flugplatz zu finden, ist nicht schwierig. Er nimmt das Fernglas schweigend und geht wieder an die Arbeit - die Ankunft der Maschine ist bereits gemeldet. Sie rollt vor das Abfertigungsgebäude und damit „kene no Truk", auf Wiedersehen. Weiterflug nach Pohnpei. Ein Fernglas wird uns dort fehlen. So fragen wir die Stewardeß ob und wo ein Ersatz zu kaufen sei. „In Honolulu ..." meint sie, von dort könnte sie uns eines mitbringen, wir müßten nur drei Tage auf sie, auf ihren Retourflug warten. Nein, kein Geld im Voraus - abgemacht. Bis wir aussteigen, hat die story von unserem Paddeln in den Atollen die Runde gemacht. „Happy canoeing, good boating", wünschen Passagiere und „paßt auf, daß man Euch nicht auch noch klaut", meint einer sarkastisch. Zuvor hatte er jeden für verrückt erklärt, der auf Pohnpei, „auf dieser mistigen Insel", Urlaub machen wolle. „Nichts ist da los, absolut nichts. Dreckige Häuser, bissige Hunde, kaum Straßen, nur Urwald und Berge. Und Leute mit räuberischen Instinkten ..."

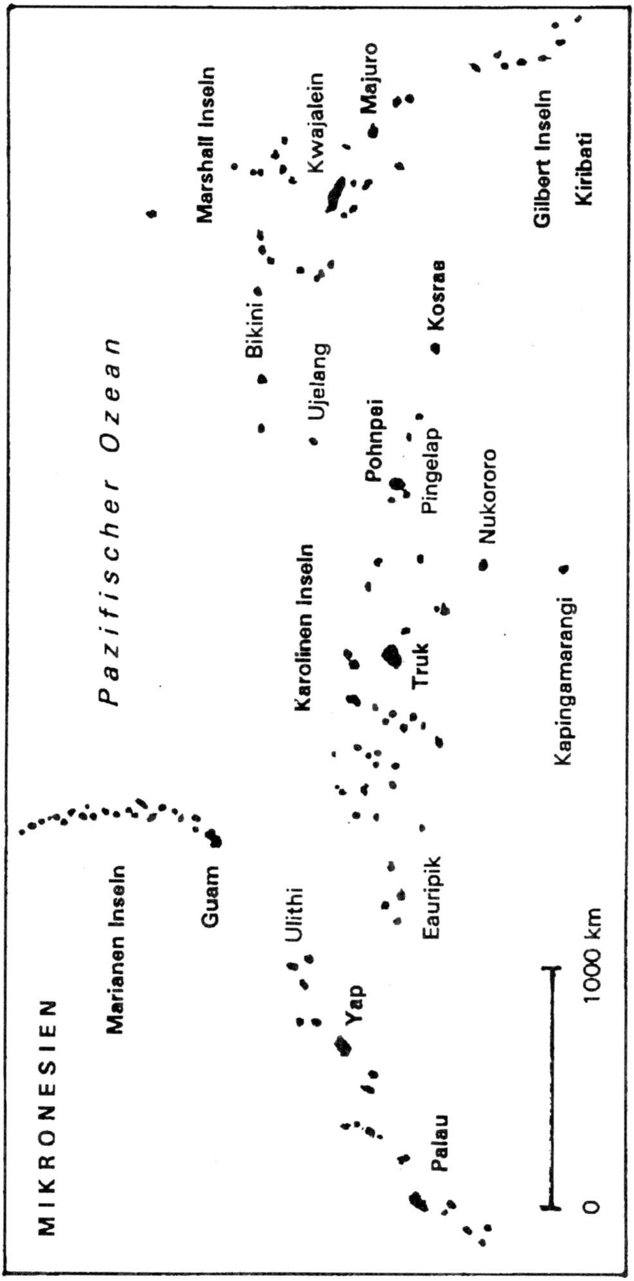
MIKRONESIEN
Marianen Inseln
Guam
Pazifischer Ozean
Ulithi
Yap
Palau
Eauripik
Karolinen Inseln
Truk
Kapingamarangi
Nukuoro
Pohnpei
Pingelap
Ujelang
Bikini
Kosrae
Marshall Inseln
Kwajalein
Majuro
Gilbert Inseln
Kiribati
0
1000 km

Kolonia

Räuber? Sollte der Mann im Flugzeug damit die Zöllner gemeint haben? Sie wühlen in Koffern und Taschen der Passagiere so intensiv, daß wir mit dem Gepäck auf dem Bootswagen unbemerkt an ihnen vorbeirollen. Anscheinend wichtigen Persönlichkeiten hängen echte Südsee-Schönheiten Kränze duftender Blüten um; im nach allen Seiten offenen Terminal bieten alte Frauen geschnitzte Dephine und Schildkröten zum Kauf; Männer, dunkel, finster blickend, beobachten die Ankommenden. Ein für den Personentransport umfunktionierter Lastwagen - das Hotel zu dem der fährt, kann nicht teuer sein. Fehlschluß: Wo wir nach mehreren Kilometern nächtlicher Zickzackfahrt bergauf, durch Schlaglöcher und mittlere Teiche, landen, da sind wir an der „ersten Adresse" Pohnpeis. Zwei Dutzend Bungalows als Hütten im Südseestil gebaut, geflochtene Wände, mit Blättern gedeckte Dächer, versteckt zwischen tropischen Bäumen die ihre Zweige im Licht kleiner Lampen wie lange, gespenstische Arme bewegen. Wasserbetten zum Schaukeln a la Taifunwellen; Propeller am Dachträger mit passender Luftbewegung ohne zu kühlen; Räucherkerzen; eine kinderhandgroße, schwarze Spinne in der Dusche; Geckos, die sich während der Jagd nach Moskitos ab und zu mit lautem „Klatsch" aus vier Metern Höhe auf den Boden fallen lassen: „Die tun hier was, um ihren Gästen Südsee life zu bieten ..."

Morgens mit dem „Hotelbus" in die Hauptstadt Pohnpeis, nach Kolonia. Mit K geschrieben, um es vom Colonia auf Yap, 2.500 km entfernt und doch noch in Mikronesien, zu unterscheiden. Beide Namen stammen aus der Zeit, in der die Spanier hier das Sagen hatten. Die kamen 1885, bauten ihre Festung „Alfonso XIII" mit Wällen und Bastionen von der nur ein Stück Mauer übrig blieb. Sehenswürdigkeit. „Ich hab' meine Probleme mit solch alten Steinen. Die erzählen mir nichts - zu wenig Phantasie. Die Geschichte von den eigentlichen Inselentdeckern dagegen, die kann ich nachfühlen. Nicht gelesen? Stell Dir vor: Da lief 1826 so 'n oller australischer Walfänger auf ‘s Riff - geschieht ihm ja recht, würden wir heute sagen. Fünf Mann, darunter zwei Iren, überlebten, trieben im Rettungsboot zu dieser Insel hin. Als sie da drüben, von hier zu sehen, durch die Einfahrt in die Lagune ruderten, da kamen ihnen die Einheimischen entgegen und: 'Volle Deckung', denn die schossen aus allen Rohren, aus Blasrohren, jedenfalls mit Pfeilen, ohne zu treffen. Man schleppte die Jungs an Land und zog sie aus, ganz. Und staunte: Sooo weiße Haut ...?! Betatschen, Schmatzen, ein Feuer - die beiden kriegten Angst: Menschenfresser? Da fiel ihnen ein, was auch heute noch eine gefährliche Situation entschärfen könnte: Sie fingen an zu singen und tanzten dazu. Mit dem Ergebnis, daß an ihrer Stelle Hunde gebraten wurden. Nackt waren sie da immer noch, bis - nun, ihre neue Kleidung wurde schmerzhaft. Denn nun tätowierte man sie, von Kopf bis Fuß. Hübsche, ebenfalls nur tätowierte Mädchen, machten das, mit scharfen Federn, mit Farbe aus zerstampften Nüssen und Kokosöl. Mehrere Wochen lang. Dann, mit Ringen, Streifen und komplizierten Ornamenten auf der Haut, waren sie salonfähig. Der eine bekam die Tochter des Königs von Nett zur Frau und auch die anderen waren gut versorgt. Eines Tages aber landeten andere Walfänger in der Lagune und machten Terror. Ob freiwillig oder nicht: Der Königsschwiegersohn und sein Freund gingen mit dem Schiff auf und davon. Ohne Frau und Kinder. Doch angeblich gibt es seitdem etliche Nachkommen dieser Ersteinwanderer auf der Insel."

„Treulose Gesellen ..."

„Schon, aber ich kann mir gut vorstellen, daß die es einfach satt hatten unter den Wilden leben zu müssen."

„Du würdest also auch türmen, obwohl Du Deine Familie da hättest?"

„Ich würde sie mitnehmen."

„Die ist aber auf der Insel zu Hause."

„ Ja dann - ich weiß es nicht. Käme darauf an."

„Worauf?"

„Du zum Beispiel würdest ja mitkommen. Und wenn nicht, na ja, wahrscheinlich bliebe ich ..."

„Nur wahrscheinlich?"

In der Stadt ist wirklich nichts los, unser Flugzeugnachbar hatte recht. Zwar soll etwa ein Drittel der circa 15.000 Insulaner hier und in der direkten Umgebung wohnen, doch nur drei größere, rotstaubige Strassen ziehen von Nord nach Süd. Nach je 20 Minuten sind sie abgewandert. Viele kleine Quer- und Seitenwege. Häuser aus Holz, Blech, Beton und Stein, besonders hohe mit zwei Stockwerken. Offene Türen, verrostete Wellblechdächer. Heiß ist es - alle halbe Stunde kaufen und trinken wir an den Kiosken Fanta, Pepsi oder Cola. In einem

Viertel frisch gestrichene, moderne Gebäude, eine uniformierte Wache am Schlagbaum: Enklave für die Regierung. Ein Glokkenturm aus der deutschen Zeit, die Kathedrale aus der spanischen. Geschäfte, Restaurants und Bars mit Produkten aus Fernost - im Kino läuft ein Western aus den USA. Hier die westliche Welt - dort, im Ortsteil Porakiet, Gesichter wie auf den Bildern Gauguins. Männer schnitzen Delphine und Mantas aus dem harten Holz der Mangroven, Mädchen flechten Muscheln zwischen Kokosgeflecht als Sterne für den Weihnachtsbaum. „Wir nennen unseren Ort nicht Porakiet sondern Kapingamarangi", erzählt eines von ihnen, „so wie die Insel, von der auch meine Eltern stammen. Deren Großeltern kamen aus Polynesien dorthin, als es da keinen Platz mehr für sie gab." Der wird hier auch knapp. Neben den, wohl auch für die Touristen erhaltenen, Häuschen aus Naturmaterial, werden neue aus Beton und mit Wellblech auf dem Dach gebaut. Fortschritt? Die Mädchen tragen Jeans und T-Shirts, nur eine alte Frau sitzt barbusig in der Sonne.

Fast frostige Kühle im klimatisierten Postamt. „Die heutigen Marken hier zu kaufen, lohnt nicht mehr", erzählt ein Tourist, ein Deutscher, „da hätten wir früher kommen müssen. Kennen Sie die story? Als vor dem ersten Weltkrieg, zur deutschen Zeit, der Briefmarkenbedarf einmal stieg und Nachschub aus der Heimat ausblieb, da schnitt der Postbeamte die Marken einfach durch und verkaufte die Hälften. Und die stehen heute im Katalog mit je 10.000 D-Mark. Sie hören richtig. -. ich wollt', ich hätte eine." Die Aufschrift seines T-Shirt fragt: „Wo zum Teufel ist Pohnpei?" Und als er sich umdreht, lesen wir auf dem Rükken: „158° 15' Ost, 6° 55' Nord".

Um Infomaterial zu ergattern zum Touristenamt. Der Chef, ein freundlicher Amerikaner, hat viel Zeit. Und eine auf deutsche Besucher abgestimmte story: „1899 verkaufte der spanische König diese Inselgruppe an Ihr Land. Er brauchte die 25 Millionen Peseten dringend, denn sein Krieg mit unserem Land, den USA, um Guam, Puerto Rico und die Philippinen, war teuer geworden. Der deutsche Kaiser schickte Beamte, Händler und Pflanzer - die haben hier zwar einiges getan, aber lange blieben sie nicht. Denn 1914 kamen die japanischen Kanonenboote.“ Trotz der mehr als 30° im Schatten trägt er einen Schlips zum formellen weißen Hemd. Seine Jacke hängt über dem Stuhl, an der Wand die Karte des „Trust Territory Of The Pacific Islands“ mit den Marianen, Yap, Palau, Truk, Pohnpei und den Marshall-Islands. Am oberen Rand der Karte Bikini, wo Atombomben mitten im Frieden detonierten. In der Ecke des Zimmers die Flagge der USA, vor der Tür, draußen, ein erbeuteter, japanischer Panzer. Der Touristenchef zeigt zu ihm und meint: „Seit 1920 hatten die das Völkerbundsmandat für die Inseln. Und in den Jahren bis zum zweiten Weltkrieg haben auch sie viel Entwicklungsarbeit geleistet, das muß man ihnen lassen. Obwohl wir Krieg gegen sie führten, ihnen die Inseln wieder abnahmen - sie sind heute gern gesehene Gäste bei uns. Leider kommen nur wenige aus Deutschland hierher. Können Sie nicht Reklame für uns machen? Tourismus ist fast unsere einzige Industrie. Eine kleine bisher zwar, aber wir hoffen es wird mehr.“ Wovon sonst die Menschen der Insel leben? „Ein großer Teil arbeitet in der Verwaltung. Sonst Fischfang und Landwirtschaft. Satt geworden isr bisher jeder. Die Probleme allerdings werden größer: Mehr Menschen und eines Tages Wegfall der US-Subventionen. Die jährlichen 66 Millionen müssen dann verdient werden. Womit?“

Wir erzählen von unserem Plan um die Insel zu paddeln: „Ich denke es sind schon mehrere Einheimische mit kleinen Booten da gerudert. Nur - Sie tun es auf eigene Gefahr.“ Auf wessen Risiko sonst? Den auf Truk gemachten Erfahrungen entsprechend, verschieben wir den Weiterflug auf ein späteres Datum: „Ohne ausreichend Zeit lohnt sich's nicht. Und wer weiß, was alles noch dazwischen kommt?“ Zunächst ist es ein tropischer Regenguß. Irgendwo unterstellen? Niemand tut das, die meisten Menschen ignorieren den Wolkenbruch. So rasch er kam, so schnell ist er vorbei - die Sonne scheint wieder und trocknet die vom Schwitzen ohnehin feuchtnassen Klamotten. Roter Schlamm klebt nun unter den Sohlen. Trocken geworden, bricht er stückchenweise ab: „Besser barfuß gehen?“ Ein Mann grüßt uns wie alte Bekannte, andere winken, als ob sie uns freudig wiedererkennen. „Haben wir die schon mal gesehen?“ Schwierig, die fremden Gesichter zu behalten. Zeigen die meisten den malayischen Ursprung, mit bräunlichem Teint, glattem bis krausem Haar - der Mann, der uns zulachte, hatte sicher einen japanischen Vater. Und wie der wohl früher, verbeugte er sich im Vorbeigehen. Der dicke, untersetzte, mit dunkler Haut und krausem schwarzen Haar dagegen hat sicher Vorfahren in Melanesien. Und Karl, Mitarbeiter im Touristenbüro, warum eigentlich hat er einen deutschen Vornamen? Vielleicht kam sein Großvater von drüben. Vielleicht auch der von Theo auf Truk? Nein bei ihm waren eher Polynesier in der Ahnentafel: „Das sind Inseln für Leute die ethnologische Studien betreiben wollen ...“

Im Hotel trocknen Neoprenanzüge, lagern Schnorchel und Preßluftflaschen. Von Bonitos, Haien und Barracudas ist bei Tisch die Rede, von mächtigen Kraken am Riff. Wo wir heute getaucht hätten? In der Stadt? Ha, ha, seeehr witzig. Daß wir mit einem Kajak losfahren wollen, halten sie auch für einen Witz, denn Hotels gäbe es doch nur in Kolonia. Und dort, das haben wir unterwegs erfahren, um die Hälfte billigere. Darum ziehen wir morgens vom „Village“ ins „Pohnpei-Hotel“. Einen Bungalow haben wir dort auch, und im Raum, um die Dusche herum, wachsen tropische Pflanzen mit duftenden Blüten.

Bill, der Steward, schrieb eine Adresse auf: „Missionar, der weiß alles über die Gegend.“ Begrüßung auf Deutsch mit unverkennbar ostpreussischem Tonfall. Edmund Kalau sitzt über einem Stapel Fotos. „Der Bau einer neuen Landepiste für unsere Flugzeuge auf Pingelap“, erklärt er, „600 Leute wohnen dort, bisher mit wenig Verbindungen zur Außenwelt. Sechs Jahre lang haben die, jeweils während der Ebbe, gemeinsam Korallengestein von Hand aus dem Meer geholt und damit einen 350 m langen Damm gebaut, mehrere Meter über dem Meeresboden.“ Auf den Bildern schleppen Frauen, Kinder und Männer die schweren Brocken, fröhlich, ja begeistert. „Eine enorme Arbeit und Leistung! Zement für den Sand dazwischen haben wir per Schiff geliefert, ein Tropenguß brachte das Wasser. Und nun werden wir in diesen Tagen den ersten Landeanflug versuchen. Er muß klappen - für einen Rückflug würde der Treibstoff nicht reichen.“ Die Flugzeuge der Mission transportieren Kranke, Schwangere, Ärzte und Arzneien, Beamte, Studenten und zahlende Gäste. Zwischendurch suchen sie nach Schiffbrüchigen und nach abgetriebenen Booten. „Wo keine Pisten sind, werfen wir nach Radioanforderung Medikamente an selbstgebastelten Fallschirmen ab. Boote fischen die dann auf. Das rettet manchmal Leben dort, wohin nur alle drei Monate oder seltener eines der fieldtrip-Schiffe kommt. Die Kosten? Wir finanzieren uns im Wesentlichen aus dem Geld, das der Staat oder Private für Personen- oder Frachtbeförderung bezahlen. Und natürlich aus Spendengeldern." Ob sich denn so viel Arbeit und Aufwand lohne? „Es wohnen Christen dort und wir bringen ihnen körperliche und seelische Hilfe. So wie mit einer schwimmenden Klinik, mit Krankenhaus, Berufsschule, Kinderdorf, hier und in den Philippinen."

Von der Terrasse aus Blick zu einem fast kegelförmigen Berg. „Der Sokehfelsen. Die Insel, auf der er steht, war einst ein Königreich. Heute ist es das Land der toten Krieger und tabu. Da liegen jene begraben, die beim Aufstand gegen die Administration starben. Das war 1910/11. Damals wollten die deutschen Beamten eine Straße um die Insel bauen lassen. Die einheimischen Sokehs waren dagegen. Als man sie zum Arbeitseinsatz zwangsverpflichtete, gab's Ärger. Und Strafen: Einem Widerspenstigen wurden die Haare geschoren. Das war schlimm, denn der Kopf gilt als heilig. Diese Verletzung der einheimischen Sittengesetze reichte - das Faß lief über und nun wurde geschossen. Deutsche Beamte kamen um und bei anschließenden Strafexpeditionen, mit Hilfe deutscher Kriegsschiffe, die melanesische Soldaten aus ihrer Kolonie Neu Guinea brachten, eine Anzahl der Sokehleute. Überlebende Aufständische wurden nach Yap deportiert, an ihrer Stelle Taifungeschädigte aus Pingelap eingesiedelt. Yap - 14 Jahre lang war ich dort als Missionar. Da kamen und kommen die Leute im Grasrock zum Gottesdienst, da bleiben alte Traditionen lebendig. Hier überrollt sie der American way of life."

Morgen liefe ein fieldtrip-Schiff aus. „400 Seemeilen Fahrt zu abgelegenen Inseln - Mohil, Nukororo, Kapingamarangi, zehn oder mehr Tage, je nach Wetter, billiger als eine Nacht im Hotel. Und während

Ärzte unterwegs nach Monaten wieder mal die Kranken husch-husch behandeln, Zähne ziehen und Beamte Standesamtdaten sammeln, während Zivilisationsmüll aus- und Kopra eingeladen wird, könntet Ihr Euch an Land umschauen: Die Ankunft des Schiffes ist stets ein Fest. Schlafen allerdings müßtet Ihr an Deck und auf Eure Sachen gut aufpassen. Da kommt gern mal was weg." Vielleicht die einzige Chance normales Südseeleben mitzukriegen. Aber: „Wir müssen vom Urlaub pünktlich zurück sein und wollen noch woanders paddeln."

„Ein ganz anderer Typ von Missionar", Kommentar auf dem Rückweg, „verglichen mit dem in Truk..."
„Kommt mir eher wie ein Manager vor. Spaß am Schaffen, am Organisieren und neu auf die Beine stellen. Handfeste Projekte statt Geschwafel. Gibt's nicht so oft im 'Unternehmen Kirche'. Sein Vorteil: So weit weg von den Oberen, da redet dem kaum jemand rein."

„Den schmalen Trampelpfad zum deutschen Friedhof hatte er gut beschrieben. „Fiel für Kaiser und Reich" steht unterm Namen auf einem Grabstein und: „Zum ehrenden Angedenken an die in den Gefechten bei Nankior und Dschokatsch gefallenen Kameraden" auf einer Tafel mit deren Namen und mit denen der vor Ponape eingesetzten Kriegsschiffe, Nürnberg, Cormoran, Planet und Emden.
„Soll man an so was erinnern? An Leute die andere Menschen unterdrückten und umbrachten?"
„Geschrieben haben es jene, die das damals anders sahen. Die glaubten, daß es Pflicht war so zu handeln. Und zu sterben. Damals für den Kaiser, woanders fürs Vaterland, für Freiheit, Demokratie ..."
„Egal also, wofür?"
„Sicher nicht. Aber was irgendwann in der Vergangenheit geschah, läßt sich schwer, oder nicht, aus unserer heutigen Auffassung heraus beurteilen. Jede Zeit ist anders, Ideale und Weltanschauungen ändern sich. Die Menschen auch."

Der Weg zum Hotel führt an einer offenen Tür vorbei, vor der mehrere Dutzend Sandalen stehen: Ausgezogen, um den Boden der Missionsschule sauber zu halten. Drinnen singen die barfüßigen Mädchen und

Jungen, lernen fröhliche Kirchenlieder, „... und dabei auch Lesen“, erklärt die junge Lehrerin, „wenn Sie morgen abend kommen, übt hier der Posaunenchor. Und übermorgen basteln wir. Alles, um den Jugendlichen Anregungen und Beschäftigung zu geben. Die meisten von ihnen sind ohne Arbeit und wissen nicht, was sie mit ihrer Zeit anfangen sollen. Dann geraten sie an den Alkohol oder sie werden kriminell. Die Probleme sind riesig. Ist nicht mehr viel geblieben von der romantischen, ruhigen und friedlichen Südsee-Atmosphäre.“

Pünktlich, zur angegebenen Zeit, schwebt am nächsten Morgen die 727 aus Honolulu über der Landepiste ein. Daß da ein Fremder auf dem Rollfeld steht und fotografiert, fällt nicht auf. Nach den Passagieren steigt „unsere“ Stewardess aus, ein Päckchen unter dem Arm: „Ihr Fernglas...“, genau das richtige und nicht teurer als daheim bezahlt, „und sobald Ihnen dieses geklaut wurde, bringe ich gern nochmals eines mit.“ Sie lacht und verschwindet zum Empfang der nach Japan einsteigenden Fluggäste.

Nun steht noch die „Show“ auf dem Programm, in einem weiten, verwilderten Gelände draußen vor der Stadt Kolonia. Einige Pfahlhütten, Palmen und Bananenbäume - das Micronesian Cultural Center. „Wir versuchen überlieferte Bräuche zu bewahren“, sagt der Leiter, Bastrock über der Alltagshose, zur Einleitung, „die ohne unsere Arbeit hier in Vergessenheit geraten würden. Zum Beispiel das Feuermachen.“ Durchs Reiben vom Rundholz in einer Rinne entsteht Hitze, sie läßt hineingebröselten Zunder aus Gras und Wurzelspitzen glimmen und der entzündet einen Ballen aus Kokosfasern. Mit ihm entfachen einheimische Männer ein Feuer unter großen Steinen. Nach einer Stunde werden sie, glühend heiß, in eine Grube gerollt und mit Taroblättern bedeckt. Auf diese legen Frauen inzwischen

geschnittene Brotfruchtstücke, Reis und Hühnerfleisch, decken das wieder mit Taroblättern ab, schütten Erde darauf und lassen das Essen darunter garen. Der überall in der Südsee bekannte Erdofen.

Mädchen haben ihre Blusen ausgezogen und sich mit Kokosöl eingerieben. Dunkle, glänzende Haut, bunte lange Röcke leuchten in der Sonne, Kränze aus frisch gepflückten Tropenblumen auf langen, schwarzen Haaren. „Je nach Art und Farbkombination drückt dieser Schmuck, wir nennen ihn 'al', Freude oder Trauer aus, Liebe oder Verehrung. Für den König zum Beispiel - oder für unsere Gäste", damit beginnt die Vorführung überlieferter Tänze. Danach Gesang von Männern, die künstlerisch geschnitzte Holzpaddel schwingen, eine Mädchengruppe trommelt auf 'nem Holzbrett dazu. Echte show für Fremde. Mit einer Überraschung: „Tänze aus der japanischen Zeit" werden angekündigt: Mädchen marschieren, schwenken in der Formation, gehorchen Befehlen. „Haben sie das den Japsen so abgeguckt", fragt ein Nachbar, „finden die das schön, oder wollen sie sich über das Zackzack lustig machen?" Mit den Gästen flüchten sie vor dem Regenguß, der die Vorstellung beendet, unter's Dach einer Hütte.

„Die Traditionen verschwinden", meint Edmund Kalau, der uns zum Abendessen eingeladen hatte, „ früher bestimmte ein Häuptling was zu machen war und der übersah auch die Folgen seiner Entscheidung. Heute wird endlos palavert, es werden faule Kompromisse geschlossen. Langfristige Perspektiven fehlen. Das liegt sicher mit daran, daß die USA diese Inseln fast vollständig subventionieren. Das soll eines Tages enden. Wo jedoch ist in der Selbständigkeit eine Lebensbasis für alle? Und kann Amerika wirklich auf seine strategischen Stützpunkte im Pazifik verzichten? Japan, Australien, Amerika und die Philippinen sind von hier aus in Reichweite." Um den Tisch herum sitzt die Familie, sitzen die Piloten der fliegenden Mission mit ihren Frauen. Serviert wird Rehbraten mit Rotkohl und hausgemachte Spätzle. „Rehe gibt's in den Wäldern hier. Ihre Geschichte: Als die ersten deutschen Beamten kamen, da vermißten sie ihre heimische Jagd. Sie motzten so lange, bis das Versorgungsschiff ein kleines Rudel Rehwild aus Bayern brachte. Das wurde ausgesetzt, vermehrte sich rasch und Kaisers Untertanen konnten von da an wieder wie zu Hause schießen, einen Schützenkönig wählen usw. Daß sie oft daneben ballerten, ja, eigentlich verdanken wir dem unseren Braten heute."

Die Frau eines Piloten arbeitet im Krankenhaus: „Für eine Festanstellung sehe ich schwarz - einheimische Kräfte haben bei der Stellenvergabe grundsätzlich Vorrang."
„Ist deren Vor- bez. Ausbildung bereits ebenso gut?"
„Nicht immer. Trotzdem werden sie bevorzugt: Einer mehr der Arbeit hat und ein Fremder weniger."
„Ist das eine generelle Tendenz?"
„Ja. Keine Zukunft für uns. Zwei amerikanische Ärzte sind deshalb gerade nach den USA zurückgeflogen, einheimische Nachfolger bis heute nicht in Sicht - für die Patienten eine schlimme Situation. So was passiert wenn Regierende eine nationale, um nicht zu sagen rassistische Politik machen."

Was die Piloten dann erzählen: Noch nicht lange her, da suchten sie zum Abwurf von Medikamenten eine bestimmte Insel. Mieses Wetter, was in den Tropen tief hängende Wolkenwirbel bedeutet. Kaum Sicht von oben. „Nichts gefunden, vorbeigeflogen, zu lange und zu weit: Für den Rückflug reichte der Sprit nicht mehr. Also runter aufs Meer. Wir waren zu siebt an Bord und konnten uns ausrechnen, daß bei drei Meter hohen Wellen eine knappe Minute Zeit zum Aussteigen blieb. Gut vorbereitet schafften wir das. Auch das Schlauchboot war draußen. Unser Flieger verschwand unterm Wasser, wir trieben über unangenehm hohe Berge und rutschten in verflucht tiefe Täler. Die einzige Hoffnung: unser Notrufsender. Ob er es tat? Später hörten wir, daß eine Air Mike Boeing seine Signale auffing, daß deren Passagiere aus allen Fenstern suchten. Vergeblich. Erst nach einer sehr ungemütlichen Nacht fand uns eine Militärmaschine, warf ein besseres Schlauchboot ab und verschwand wieder. Drei Tage später kam ein Schiff und pickte uns auf. Endlich. Dabei war das nicht lange. Wir haben mal einen Fischer gesucht und gefunden, der in seinem kleinen Boot abgetrieben worden war, ohne Wasser und ohne Verpflegung. Nach 42 Tagen wurde er durch unsere Positionsmeldung gerettet - in guter körperlicher Verfassung. Der hatte gewußt, wie man unterwegs mit Fischen und mit Regenwasser auskommt."

Fliegen in den Tropen sei ganz anders als daheim, meint Peter, der Pilot aus Deutschland. Die Tropenregen zum Beispiel, wären so hart, daß sie Farbe von der Maschine trommelten und: „Voriges Jahr fiel mein Vogel bald nach dem Start aus 20 m Höhe glatt runter - plötzlich kein Auftrieb mehr, das gibt's hier. Alle vier kamen wir unverletzt davon, krabbelten durch Bäume, auf denen das Wrack lag, zur Erde und hatten fast einen Tag durch den Urwald zu marschieren. Seitdem hab' ich was gegen Dschungel."

Vor dem Schlafengehen, beim Glas Fruchtsaft im Hotel, erzählen Tischnachbarn von neun Monaten Segeln zwischen den Philippinen und Polynesien. Jetzt suchen sie zahlende Gäste für Trips zu Atollinseln die man nur auf eigenem Kiel erreicht. Über Kosrae wollen sie nach Kiribati - unserem Ziel für den letzten Teil der Reise. „Wir haben noch zwei Plätze frei an Bord!" Mitsegeln? Verführerisch - aber: „Wozu haben wir dann unseren Plünnenkreuzer mitgenommen? Nein, morgen fahren wir mit dem los, wird Zeit ..."

Matalanim

Zehn Tage haben wir Zeit - Zeit genug, um die Insel zu umrunden. Sie ist rund, fast rund, Durchmesser 20 - 30 km. Alle Um- und Seitenwege mitgerechnet, werden es demnach weniger als 100 km Fahrtstrecke sein. So zeigt es unsere Seekarte. Was sie noch zeigt ist ein Gewirr von schroff gezeichneten Riffen, Untiefen und von weißen Flächen „dries at low water" - da fällt also bei Niedrigwasser alles trocken. Mit

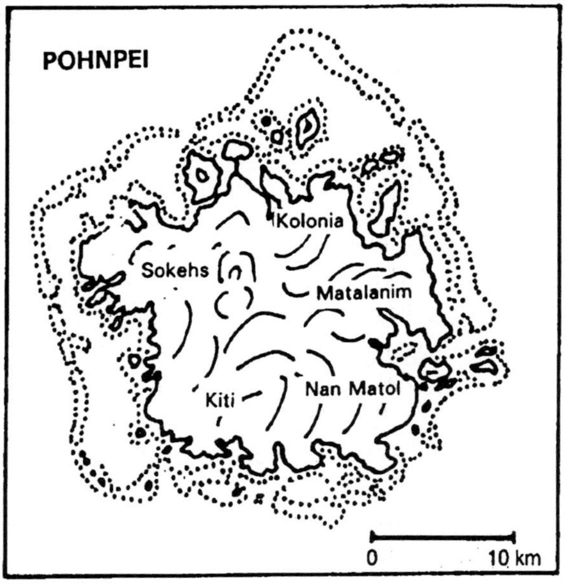

Hilfe der vom Hydrographischen Institut in Hamburg erhaltenen Tidentabelle werden wir wissen wann. Und es gibt da eine Gegend, wo es zwischen Land und Riffen ziemlich unübersichtlich ausschaut. Ob und wie man da durchkommt, das konnte uns niemand genau sagen.

Zwei Jungen spielen am Strand zu dem wir unsere Gepäckstücke ans Wasser schleifen. Mit Muscheln graben sie Kanäle und Häfen, lassen Holzstöcke schwimmen und vergessen ihr Spiel als sie helfen dürfen. Angespannte Gesichter beim Schleppen, strahlende beim Öffnen von Schnallen und Verschlüssen, dann ratlose: Was soll dieses Durcheinander merkwürdiger Teile aus Holz? „Var, var“ ruft schließlich einer, als die Haut lang und flach im Sand liegt, ein Boot! Sie reichen Stangen und Spanten, pusten Spitzenbeutel auf und wischen immer wieder Sandkörner aus dem Rumpf: Blieben die drinnen, so würden sie zwischen Gerüst und Haut wirken wie - ja eben wie Sand. Nicht weit vom Hotel entfernt haben wir diesen Platz gefunden, von der Straße her nicht einsehbar. So können wir mit unseren beiden kleinen Freunden in aller Ruhe aufbauen und einpakken. Der ältere zeigt auf einen der sechs Sterne des blauen Mikronesien-Wimpels vorn am Bug: Das sei Pohnpei, sagt er und die anderen wären Yap, Truk, Kosrae, Palau und die Marshall Inseln. Was er nicht weiß, was wir in Kolonia hörten: In absehbarer Zeit werden die beiden letztgenannten Inselgruppen unabhängig sein - zwei Sterne weniger ...

Das Boot zu packen artet in Arbeit aus. Denn im Supermarkt haben wir reichlich eingekauft - Läden wird es unterwegs keine geben. Alles ziemlich teuer, Importwaren aus USA und Japan, per Schiff oder Flugzeug importiert. Das kostet Geld. Und jetzt Schweiß, denn die wasserdichten Säcke sind schwer. Dazu das Trinkwasser und bis alles unter Deck verstaut ist, haben wir warscheinlich schon jeder ein Kilo abgenommen. Mehr Wind. Durch ein wenig Brandung kommen wir gut ab vom Land und atmen auf: Endlich wieder draußen auf dem Wasser. Und von hier aus sieht die Insel wirklich wie eine Insel aus: Ein schmaler Streifen mit niedriger Vegetation, dahinter wachsen grüne Hänge rasch zu 600 m hohen Bergen hinauf - Wald, undurchdringlicher Urwald. Dicke Wolken hängen um die Gipfel, grau, violett - dort regnet es, während wir Sonne und Wind auf der Haut spüren. Wind, der uns so kräftige Wellen schickt, daß wir die Spritzdecke zuzippen. Häuser am Ufer werden kleiner, die Windfahne des Flugplatzes verschwindet. Mit der Seekarte vor uns versuchen wir einen Weg ohne

Korallen zu steuern: Hoffnungslos - die sind so zahlreich, dicht neben und hintereinander versetzt, daß wir besser zum Wasser als auf die Karte schauen. Navigation by colours, nach Farben: Rötliches Braun und krasses Gelb heißt Vorsicht, um die Korallenstöcke herum fahren; Gelb bis Grün meint aufpassen, auch unter den Pflanzen verstecken sich vielleicht welche; Türkis, helles, vor allem aber kräftiges, dunkles Blau bedeutet freie Fahrt. Nur: Wellen machen es schwierig zu unterscheiden. „Stop, Paddel auf Grund - Stop, Stop, Korallen! Rechts rum, nein da geht die Korallenbank weiter, links ...", loten, Paddel runter, tief genug? „Weiter, laaangsam - sind durch, Glück gehabt ..."

In der Ferne der bunte Spinnaker einer Yacht - „... vielleicht die, die uns mitnehmen wollte?" Querab, über den sandigen Grund, segelt ein Manta, ein Flügelrochen, mit weniger als den laut Buch maximalen 6 m Spannweite. Von oben beschauen sich zwei Tropikvögel das seltsame Boot. Sie sind es nicht nur, sie heißen auch so. Wie große, weiße Tauben fliegen sie, kreischen schrill und erregt. Auffallend rot ihre Schnäbeln und die langen, dünnen Schwanzfedern. Vielleicht nisten sie in der Nähe? Denn sonst sind sie meist nur weit draußen über dem Ozean anzutreffen, oft hunderte Meilen vom Land entfernt. Einer schraubt sich in die Höhe, verharrt einen Moment und stößt dann spiralförmig ins Wasser. Die Beute im Schnabel, taucht er auf und startet mit schwerfällig wirkenden Flügelschlägen gleich wieder gegen den Wind.

Ein abenteuerliches Boot voraus. Einheimische im Einbaum - vier junge Leute. Zwei Frauen paddeln, die Männer winken und rufen, ganz aufgeregt über das, was ihnen da begegnet: „Wer ist hier eigentlich für wen exotischer?" Das Boot da haben die aus einem alten Urwaldstamm herausgeschlagen - durch dicke Bambus-Ausleger liegt es so sicher in den Wellen, daß der außenbords im Korb verstaute, ängstlich bellende Hund nicht naß wird. Aber wir: Ein schneller Roller kommt rüber, zur Freude der Zuschauer. Nach dieser Vorführung nehmen sie Kurs zum Land, wir die Richtung zum Außenriff.

Wie ein Ring liegt es um die Insel herum, Abstände zum „Festland" zwischen siebentausend und nahe Null Metern. Zu sehen als dünner weißer Streifen - Brandung. Eine Anzahl von Durchbrüchen zur offenen See hin, mehrere kleine Inseln in der Lagune. Je näher wir dem

Riff kommen, desto weniger Wellen - es läßt sie kleiner werden, hält sie ab. Von draußen jedoch rollen sie mächtig gegen die dicke Wand im Meer, schlagen mit Donnertosen an das Hindernis, gischten hoch auf und schicken an einigen Stellen weißschäumende Ausläufer in die Lagune. Riff - für uns war das bisher eine mehr oder minder massive Ansammlung von Korallen im Meer, geeignet zum Tauchen und um an ihm bunte Fische zu fotografieren. Das hier ist anders - eine zwanzig oder mehr Meter breite „Hochfläche“. Jenseits geht's in dieser Gegend um 450 fathoms, Faden, tief zum Meeresgrund hinab, woanders über 700. Das sind mit 1,83 multipliziert, 840 bzw. 1.300 m. Auf unserer Seite dagegen haben wir nur 40 bis 20 m Wassertiefe und an manchen Stellen erheblich weniger.

„Gut zu sehen wie die Korallen zum Licht hin wachsen.“
„Und wie sie solch ein Riff bauen. Das tun vor allem die Steinkorallen, ziemlich langsam, maximal 1 cm pro Jahr stocken die nach oben hin auf. Im Buch stand, daß sie Calciumbicarbonat aus dem Wasser nehmen und Kalk ausscheiden. Damit bilden sie Porenskelette, bauen Stützen und Träger ein und lassen in den Hohlräumen Rotalgen ansiedeln, die zementharte Krusten bilden. Was da sonst noch in dem Buch stand, ach ja, daß manche Korallenkolonien Plankton als Nahrung in einem gemeinsamen Magen verdauen.“
„Bei uns nennt man den Fiskus und die Nahrung Steuern ...“

Vorsichtig gehen wir mit dem Boot längsseit ans Riff und steigen aus. Rutschig ist's. Blaualgen haben die dort liegenden Gesteinsbrocken und abgestorbenen Korallen fast schwarz gefärbt. Unter ihnen finden wir Schnecken und Krabben, Muscheln und anderes Kleingetier. Jede Welle, die drüben mit ungeheurem Getöse gegen die Mauer rennt, hochgischtet, einen Schauer glitzernder Tropfen schickt, bringt ihnen frische Nahrung. In erster Linie das Plankton, die im Wasser schwebenden, winzigen Lebewesen. „Bist Du sicher, daß nicht eine der

Wellen rüber kommt?“ Der Boden unter unseren Füßen bebt vom Anprall der Massen: „Besser wir fahren wieder ...“

Einige Kilometer entfernt liegt etwas auf dem Riff. Näher ran: Ein Schiff. Oder vielmehr das, was früher mal ein Schiff war, ein stählernes, mit genieteten Wänden, mit Aufbauten und Einrichtungen. Geblieben ist davon nicht viel: Nur Teile des Bugs, so wie er sich, in einem Sturm vielleicht, auf das Riff herauf schob. Tonnenschwere Brecher zerschlugen Eisenplanken, die einmal stark genug waren, um den Schiffskörper zusammenzuhalten. Was noch steht, rostet. Algenbewachsene Trümmer am Grund, große, dunkle Fische: "Haie?“
„Kommen kaum je ins flache Wasser. Raus und schnorcheln?“
„Besser später ...“
Nein, „zu Hause“ fühlen wir uns noch nicht. Und zeitiger als sonst schauen wir nach einem Platz für die Nacht. Weit voraus helle Streifen unter Inseln: Dorthin, zügig paddeln und auf dem letzten Stück zum Land das Boot treideln, dann sind wir da. Herrlich weißer Strand aus feinem Korallensand. Vom Sturm einmal herauf getrieben, ein dicker Baumstamm, glattes tropisches Holz. Hinter ihm haben sich niedrige Pflanzen angesiedelt zwischen die wir unser Zelt stellen. Drüben die Berge Pohnpeis. Finster und dicht geballt stauen Wolken über dem dunklen Urwaldgrün. Aus ihnen gießt es - kein Tropfen hier. Finster jedoch ist's bald darauf auch bei uns - Nacht, innerhalb von Minuten. 18 Uhr, immer, das Jahr rund, geht die Sonne in den Tropen um diese Zeit steil unter den Horizont. 12 Stunden Dunkelheit, ein Nachteil für's Draußensein, denn jeder Tag ist damit kürzer als gewohnt. Aber wenn, wie heute, bei ausreichend Licht im Zelt der Benzinkocher summt, dann „... kannst Du das entziffern?“ Japanische Schriftzeichen auf dem Päckchen mit „Ramen“, mit Nudeln und Zutaten für Suppe oder Soße. „Da steht: Spezialgericht für hungrige Bootsleute, nach Gefühl zuzubereiten ...“ Schmeckt etwas fremd aber gut. Tagebuch schrei-

ben, lesen - draußen grollt das Meer, ein Tier kratzt am Zelt, ein Vogelschrei - oder gehört der bereits zum Traum vom ersten Paddeltag an Pohnpeis Küste?

„An der tiefen, bei Metalanim ins Land einschneidenden Bucht liegt eine Schule die Sie unbedingt besuchen sollten", hatte der Touristikmanager in Kolonia gesagt, „wenn Sie sich für Entwicklungsarbeit interessieren, dann ist die eine gute Adresse." Aber die „Adresse" finden? Auf der einen Karte gibt's in dieser Gegend einen Ort Matalanim, auf der anderen Madolenihmw, „wahrscheinlich identisch. Aber welchen Einschnitt meinte er?" Bei niedrigem Wasserstand vorsichtig über ein Riff, knapp über die Korallen, und dann müssen wir doch aussteigen. Das Boot an die Leine und wandern, über, ja über was eigentlich? Steine oder Muscheln, Korallentrümmer oder Krebse? Der Reiher weiß das, der in der Nähe herumstakst, im flachen Wasser stochert er nach Beute und läßt sich dabei nicht stören.

Die Ufer sind zugewachsen, landen wäre da kaum möglich. Dann, hinter einer Biegung, helle Dächer über niedrigen, weißen Gebäuden, ein Pier, Boote mit Außenbordern: „Sie sind hier in Tamoroi und das ist die Schule Pääts", ein dunkelhäutiger Mann in heller Hose und buntgeblümtem Hemd zeigt zum Schild: „ PATS - welcome to Ponape Agriculture & Trade School" - Ponape der alte Inselname. Schweigend geht er mit uns bergan zum zweistöckigen Gebäude der Administration. Bougainvilliabüsche mit großen rosa Blüten, sauber gehaltene Wege, irgendein Kraut das aromatisch „exotisch" duftet. Ein Mann in kurzer Hose und Buschhemd kommt entgegen: „Der Direktor", stellt unser Begleiter vor, amerikanischer Jesuitenpater, wie wir erst später erfahren. „Aus Deutschland? Dann sind Sie doppelt willkommen. Denn den Menschen in Ihrem Land verdanken wir viel." Zur Zeit sei es sehr still, Ferienzeit, „sonst haben wir jeweils 160 Jungen und Mädchen hier." Bei einer Tasse Kaffee im luftigen Aufenthaltsraum erzählt er: „Der Reihe nach. PATS ist eine Gründung unseres Ordens und wird aus Spendengeldern finanziert. Ziel: Junge Leute so auszubilden, daß sie helfen können, den schwierigen Übergangsprozess Mikronesiens zu bewältigen. Wir suchen sie auf den 2.000 Inseln aus, zwischen Palau und Kiribati - 4.500 km von einander entfernt. Sie sollen bereits Englisch sprechen und gut rechnen können, ihre Religion spielt keine Rolle. Bei uns lernen sie dann in vier Jahren im Wesentlichen drei

Dinge: Moderne Landwirtschaftstechniken für Ackerbau und Viehzucht, den Umgang mit Maschinen bezogen auf den hiesigen Bedarf und wie man mit Holz, Beton, Leitungen und mit Bauplänen umgeht. 90 % der über 50 Gebäude auf unserem Campus sind in Eigenarbeit gebaut worden. Daneben vertiefen wir die Sprach- und mathematischen Kenntnisse, integrieren den Computer ebenso wie Mikronesische Studien, damit Entwicklungen und Änderungen nicht losgelöst von Traditionen erfolgen."

Sein Vertreter, jung, Mikronesier, voller Temperament, zeigt uns Studienpläne, Schülerarbeiten, helle saubere Klassenräume und erzählt wie das alles einmal entstand. „Da gab es in New York einen Geistlichen, Father Costigan, der u.a. Feuerwachen im Hafengebiet betreute. Der bekam eines Tages den Auftrag demnächst auf dieser Insel eine Schule aufzubauen. Ideen hatte der dafür wohl, aber praktische Kenntnisse? Bei einem Besuch der Feuerwehrleute erzählte er von seinen Defizit und schon nahmen die ihn in die Mangel: Sie ließen ihn Boote fahren, Motore warten, elektrische und Schweißarbeiten machen und alle Arten von Reparaturen. Und sie sammelten für ihn altes Werkzeug, Rohre, Holzbalken, Töpfe und Pfannen ebenso, wie ausgediente Generatoren, Zementmixer nebst neuen, gespendeten Geräten. Sein Spitzname damals: Müllsammler für die Südsee. Nun, das alles wurde in Containern hierher verschifft, meist nahmen es die Schiffe gratis mit. Und dann kamen nach und nach Spendengelder, staatliche Subventionen und fachliche Hilfen. Die Schüler zahlen ebenfalls. Für jene, deren Familien das Schulgeld nicht aufbringen können, gibt es Stipendien. Nur, genug Geld haben wir nie. Ist noch so viel zu tun."

Brotfruchtbäume, Bananen- und Palmenplantagen. Ein paar Pfeffersträucher. „Schwarzer Pfeffer war mal der wichtigste Exportartikel dieser Insel. Andere Erzeuger sind zur Zeit billiger." Eine kleine Fabrik auf dem Gelände. „Hier lernen unsere Studenten mehr aus der Kokosnuß zu machen, als nur Copra. Sie kochen das Kokosöl, reichern es mit Duftstoffen an, härten und schneiden, und als

Ergebnis verkaufen wir unsere eigene Seife. Das ist angewandte Theorie, die zuvor gelernt wurde. Ähnlich läuft es bei der Schweine- und Hühnerzucht - beim Häuserbauen vom Entwurf auf dem Reißbrett bis zum Mauern und Einsetzen der Fenster. Die Jungen fahren Traktoren und reparieren sie. Und wenn sie dann nach dem Abschluß auf ihre Inseln zurück gehen, können sie dort mit ihren Kenntnissen helfen, Vorhandenes weiter zu entwickeln. Bisher ist noch keiner von ihnen arbeitslos geblieben und das heißt schon etwas in unserer Gegend. Viele machen sich selbständig und kommen ab und zu her, um sich Rat und Hilfe zu holen."

Es ist heiß, der Wind über dem Wasser fehlt. „Eine Dusche? Der kleine Pickup fährt hin." Über Sandwege holpert der in die Berge hinein. Und dort rauscht die „Dusche", ein 30 m hoher Wasserfall, „der Kapirohi". Viel Wasser, aus den dicken Regenwolken die wir sahen. Unter dem Fall ein Teich. Schwimmen, keine Korallen, kühler als im Meer, Genuß. Im Schatten eines Feigenbaumes serviert der Fahrer Brot und Früchte „... aus eigener Produktion". Bäume rauschen, Kolibris ziehen Nektar aus Frangipaniblüten. Bunte Schmetterlinge torkeln durch die Luft, halten Abstand vom Wasserfallnebel, in dem sich die Spektralfarben des Sonnenlichts sammeln: „Warum bleiben wir nicht hier?"

Dann aber sind wir doch noch rechtzeitig vor Sonnenuntergang zurück am Boot. Herzlich, ohne Aufforderung etwas zu spenden verabschiedet, fahren wir weiter.
„Wohin für die Nacht? Da unterm Matterhorn?"
„Ist der Zuckerhut ...".

Gerade gegenüber dem Schulgelände ragt er aus dem Wasser. Rot leuchtet seine Spitze in der Sonne und spiegelt im bewegungslosen Wasser der Bucht. Wir paddeln hinüber - zum zelten ist es da nichts. Ein wenig tiefer in die Bucht hinein jedoch, da finden wir ein flaches Ufer mit viel Platz für unser Haus. Irgendwo dahinter scheint es einen Weg zu geben, jedenfalls brummt dort ein Fahrzeug. Es stoppt und ein Mann kommt langsam zum Zelt. Sehr dunkel, kurzes, krauses Haar: Aus Melanesien, der Menschenfressergegend? Er hockt sich zu uns, trinkt Tee aus der Reservetasse. Schweigend zunächst, er spricht einen der vielen Dialekte Mikronesiens, kein Englisch. Aber er versteht was wir vorhaben und zeichnet im Sand auf, wie wir am nächsten Tag weiterfahren könnten. Dann geht er nach einem ausgelegten Netz schauen. Noch ein Besuch. Er führt uns zu seinem Feld in der Nähe. Mit einer Uralthacke gräbt er dort knapp aus dem Boden schauende, mächtige Knollen aus. „Yams", erklärt er, und ob wir sie nicht mitnehmen wollten? Erst als wir ihm zeigen, wie wenig Platz unser Boot hat, da nimmt er die Ablehnung nicht als Beleidigung, nickt verständnisvoll und schleift die etliche Kilos schweren Wurzeln durch die Büsche zu seinem Auto. Yams, das lesen wir später, liefert etwa 20 % ihres Gewichtes an Stärke und wird so wie Kartoffeln zubereitet und verwendet.

Lange rätseln wir beim Vergleich der Zeichnung im Sand mit unserer Seekarte. Wir wollen nach Temwen Island bzw. zum dazugehörenden Nanmatol. „Hier herum? Da ist das Riff, geht nicht. Und der Weg, den er meinte - der liegt bei Niedrigwasser trocken."
„Da müssen wir eben erst später, mit auflaufendem Wasser, losfahren. Ist doch kein Fehler?"

Nan Matol

Dort, wo gestern das Auto fuhr, zeigen Spuren im Sand fast profillos flache Reifen. Und etwas weiter, neben der Straße, schaut nur noch das Dach eines Lastwagens aus dichtem Blättergewirr. Ist er wegen eines Platten in seinen platten in den Graben gerauscht? Ranken, Schlingpflanzen - bald stört das leise vor sich hinrostende Wrack die Schönheit der Umgebung nicht mehr. Durchsichtige, glitzernde Tauperlen liegen auf Blättern und Blüten. Leicht und rot hängt ein Fransen-Eibisch am langen Stiel vom Zweig, eine Dolde mit zierlichen Staubgefäßen wie sie auch aus der Hibiskusblüte, dem nahen Ver-

wandten, ragen. Großblättrige Frangipaniblüten zwischen ihren schmalen, langen und spitzen Blättern. Eine Tauben-Orchidee, so jedenfalls wird sie hier genannt, leuchtet violett aus dem Dickicht. Inmitten scharlachroter Blüten stehen die Blätter des Feuerbaums, Flamboyant, wie ein feines Mosaik gegen den Himmel. Sie werden sich abends zusammenlegen und so „schlafen gehen". Bambus wächst hier, angeblich mit bis zu 50 cm pro Tag. „Das dicke Rohr als Ausleger mitnehmen?" Langsam wandern wir durch dieses Orchideenhaus der Natur voll faszinierender Farben und mit aufregenden Gerüchen: „Als Fachmann für Parfüms würde ich hierher kommen und diese Düfte mitnehmen."
„Ich hätte lieber einen, der mir diese ekligen Stechviecher vom Leibe hält - zurück zum Zelt ..."

Erst am späten Vormittag sitzen wir wieder im Boot. Aus der Kombination von Sandskizze und Seekarte haben wir einen Kurs bestimmt, der uns sicher über das Riff führen soll. Nach Nan Matol, dem „Pacific-Venice", als das es uns in Kolonia angekündigt wurde. Das Wasser steigt und mit nur zwei Grundberührungen erreichen wir eine kleine Hütte am Wasser. Nackte Kinder, eines von ihnen strahlend im Baumstamm-Kanu. Frauen in bunten Kleidern, dunkle, ernste Gesichtern. Sie waten zu uns, zeigen ein dickes Buch und fragen um Eintragung von Namen und Adressen. „Guestbook", erklärt die eine, die andere hat „3 $" auf einem Zettel notiert. Pro Person? Sie nickt. Eine ganze Menge. Der Obolus geht, das erfahren wir später, an den König von Matalanim, der über diesen Teil der Insel herrscht. Er kann das Betreten des heiligen Bezirkes erlauben oder verbieten. Denn wahrscheinlich, genau weiß das niemand, bauten seine Vorfahren, die 90 von Geschichten umwobenen Inseln ins Meer. Wann, warum? Aufzeichnungen darüber gibt es nicht.

Langsam paddeln wir über das seichte Wasser eines Kanals in dieses „Venedig der Südsee". Links voraus sein erstes Bauwerk: „Nan Dowas hieß das hier, Insel der Krieger, Festung und Gefängnis zugleich", erklärt der Führer einer Besuchergruppe, deren Motorboot vor uns anlegte. Etwa drei Metern lange, meist sechseckige Basaltblöcke bilden, übereinander gelegt, Mauern, die bis zu 11 m Höhe aufragen. „Das Baumaterial wurde durch Erhitzen eingeschlossenen Wassers vom Sokehfelsen abgesprengt und auf aufgeblasenen Tierhäuten hierher geflößt." Woher man das wisse, fragt jemand. Das sei eben bekannt, ist die Antwort. Eine Messung mittels Karbonmethode datiere den Bau der Anlagen ins 13. Jahrhundert zurück. Wie allerdings die damals höchstens 5.000 Einwohner der Insel eine Arbeit leisten konnten, zu der nach Schätzung von Experten mindestens viermal so viele Arbeiter über Jahrzehnte hinweg erforderlich gewesen wären - das bliebe ein Rätsel. Und dann erzählt der Fremdenführer von den Generationen der Saudeleurs, die auf diesen Inseln herrschten. Von einem, „dem Grausamen". Der ließ jeden hinrichten, der es wagte die ihm vorbehaltene Delikatesse zu verspeisen: Kopfläuse. Auch wohlbeleibte Bürger wanderten in die Kochtöpfe der Oberen - zum Tode verurteilte Gefangene fesselte man an Steinplatten und ließ sie von der Sonne rösten. „Wenn ich Sie jetzt hier stehen ließe ...", er malt das plastisch aus und freut sich über die Gesichter seiner Zuhörer. Auf den Inseln laste ein Fluch, teilt er dann noch mit. Geister bewachten sie. So wäre zum Beispiel zur deutschen Zeit ein Gouverneur, nachdem er unbefugt die heilige Stadt betreten hatte, aus ungeklärter Ursache gestorben. Darum sei es besser nun umzukehren.

„Deren Motorboot ist zu groß für die Kanäle, darum ..."

„Fahren wir weiter?"

„Warum nicht? Wir haben doch eine Erlaubnis - die Geister wissen das."

„Wissen sie das wirklich?"

Bis zum Allerheiligsten, einem Bezirk in dem es Reste eines Tores und leergeräumten Begräbnisstätten geben soll, stoßen wir nicht vor: Die Kanäle dorthin sind zugewachsen, jedenfalls finden wir keinen befahrbaren. Zu sehen wäre da auch nicht viel - frühere Funde gingen nach Leipzig ins Völkerkundemuseum. Wie aber weiter? Das aus unserer Perspektive undurchschaubare Gewirr der Wasserwege desorientiert. Wir versuchen mit den Kompaß eine Generalrichtung zu halten. Aber schon der nächste Seitenweg führt ins Nichts bzw. endet vor ineinander verwurzelten Mangroven. Ein anderer „Pfad" läßt uns an vom Ufer gestürzten Basaltbauteilen vorbeipaddeln, die zum Teil bereits wieder

von rankenden Pflanzen in die Natur zurückgeholt wurden. Mächtige Brocken. Wo dieser Kanal ins Meer mündet, da schlägt die Brandung hoch hinauf zu den Gebäuderuinen auf einer der künstlichen Inseln. Waren das einmal die in in einer Ausarbeitung beschriebenen Paläste, Zeremonienhallen oder Badehäuser? Zwischen ihnen soll es Teiche für Schildkröten und Krokodile gegeben haben, heilige Haine einer Kultur über die nichts mehr bekannt ist.
„Warum wohl haben die damals dieses Südsee-Venedig gebaut?"
„Keine Idee die nicht verrückt genug ist, um von Menschen umgesetzt zu werden. Was das an Opfern gekostet haben mag. Sinnlos."
„Und was ist mit unseren Weltraumflügen? Macht der Aufwand dafür Sinn? Vielleicht werden die Generationen nach uns ihre Köpfe darüber ebenso schütteln, wie wir über diese Inseln."
„Oder auch nicht, denn die Raumfahrt kann auf lange Sicht etwas bringen. Im Gegensatz zu diesem Werk der Saudeleurs ..."
„Hinterher weiß man immer alles besser. Fast immer, denn in diesem Fall bleibt's doch für die Wissenschaftler eine Nuß zum Knacken, das Warum jedenfalls."
„Mag sein. Aber ich glaube wir haben's gesehen ..."

Auf einem breiter werdenden Kanal umgehen wir den offen zur See gelegenen Teil Nan Matols und kommen zu einem See. Ein großes Haus an ihm - der Sitz des Königs, des Namwarki? Wenn, dann müßten wir uns während des Vorbeifahrens, als Zeichen der Ehrerbietung, im Boot hinsetzen - kein Problem, eine gegenteilige Vorschrift wäre schwieriger zu befolgen gewesen. Ob Königssitz oder nicht - eine ganze Zeit lang bleiben wir, schauen, prägen uns das Bild ein, diese Idylle inmitten des dichten Urwaldes. Netze trocknen dekorativ zwischen Pfählen; ein Mann röstet aufgespießte Fische über offenem Feuer während seine Frau gerade gewaschene bunte Hemden auf die Leine hängt; Kinder spielen Versteck hinter dicken Palmenstämmen; Hühner scharren, zwei schwarze Schweine suhlen am Ufer. Und das dort festgemachte rote Boot: Einfach schön. „Vielleicht doch die königliche Yacht?"

Wieder in der Lagune fahren wir zu einer nahen Insel denn viel Zeit bleibt nicht bis zum Dunkelwerden. „Da wohnt jemand..." Ein größeres und mehrere kleine Behausungen. „Sie können einen unserer Bungalows haben, wir vermieten sie. Wie lange wollen Sie bleiben?" Die

Insel gehört einem Japaner der auf das große Touristikgeschäft gesetzt hat. Noch ist es nicht angelaufen. Und seine Bezeichnung für die engen, dunklen Schlafkabinen ist ebenso abwegig wie der Preis den er dafür will. Für's im Zelt übernachten verlangt er auch Geld. Dafür schlafen wir in ihm besser als im stickigen Kabuff.

Wir waren bereits schlafen gegangen, da flatterte eine ganze Hühnerfamilie auf die dicken Äste des Baumes über uns und bezog dort, laut gackernd, Nachtquartier. „Sollen sie", dachten wir. Morgens jedoch haben wir die Nase voll von ihnen. Wörtlich: Das Zeltdach stinkt dank ihrer nächtlichen Verdauung und der Hahn meint, wir sollten noch vor dem Aufwachen aufstehen. Nichts da - wir haben Zeit. Denn erst gegen Mittag wird genug Wasser über dem vor uns liegenden „dries at low water" sein. Doch kaum steigt die Sonne übers Zeltdachniveau, da wird`s drinnen zu warm. Raus und ins Wasser: Kleine blaue Fische aus der Chromis-Familie werden neugierig, knabbern vorsichtig am hingehaltenen Finger und folgen uns solange, bis sie die unsichtbare Grenze ihres Reviers erreicht haben: „Ist natürlich Unsinn - aber ich habe das Gefühl, mit den Fischen hier richtig Kontakt zu kriegen..."

Einpacken. Beim Japaner gekaufte Bananen bleiben unter Deck in erreichbarer Nähe, eine Flasche mit Zitronentee ebenfalls. Aufgefüllt sind auch die Trinkwasserkanister: „Auf der weiteren Strecke werden Sie nicht viel bekommen", meint der Wirt, der sich das kostbare Naß ziemlich teuer bezahlen läßt, „ich muß es auch kaufen und hierher bringen lassen - eine Quelle hat die Insel leider nicht."

Kiti

Mit auflaufendem Wasser nach Süden. Am Riff donnert die Brandung, ein großer silberner Fisch schreckt vor uns vom flachen Grund und hechtet in tiefere Gefilde. Und dann sind wir dort, wo die Seekarte keine Orientierung mehr hergibt: Mangroven. Ihre tiefgestaffelten Wände haben sie von Jahr zu Jahr vorgeschoben und die wenigen Wege immer enger werden lassen. Mit meterhohen Wurzeln sind sie ineinander verschlungen. Lautlose Stille. Ab und zu der Schrei eines Vogels, das Platschen einer fallenden Mangrovenfrucht, dann wieder nichts. Von den Ästen hochragender Bäume hängen lange, dicke Lianen übers Wasser das dunkel, ja schwarz und tiefer scheint als es

ist. Immer mal wieder schrammen wir über unsichtbare Hindernisse. Die Brandung? Nicht mehr zu hören. Dabei könnten wir sie jetzt zur Orientierung brauchen. „Dem Kompaß nach da rechts rein ..." 100 m und: „Ende!" Zu schmal um zu wenden. Also das Steuer hochziehen und rückwärts paddelnd raus. Der andere „Pfad"? Der führt auch nicht weiter. Aber wenigstens können wir, abwechselnd mit Bug und Heck im Busch, das Boot kehren. Über uns wachsen Bäume zusammen, sperren die Sonne aus. Das Halbdunkel mit flirrenden Spiegelungen und konturlosem Rundherum macht die Such-Situation nicht angenehmer. Da aber plätschert was voraus - ein Boot, breit und flach, hoch beladen mit Mangrovenholz. Der Mann am Heck stakt es, seine Frau schaut vorn nach Untiefen. Eine gelbe Blume steckt in ihrem dunklen Haar. „Kahsalelia", lachend erwidert sie unsere Begrüßung und nickt, als wir mit fragenden Gesten in die Richtung deuten, aus der sie kamen. Sie trägt ein loses Oberteil zum engen Rock - ihr Mann ein Tuch um die Hüften gewickelt. Ohne sich weiter nach uns umzuschauen, staken sie weiter: „Die haben zu tun. Harte Arbeit so viel Holz zu schlagen ...". Auf dem gewiesenen Weg hören wir nach einer Weile das Meer wieder, leise, lauter, dann sehr laut. Und da wird's nach einer Biegung plötzlich strahlend hell vor uns: Die türkisblaue Lagune leuchtet in der Sonne, drüben am Riff der weiße Streifen Brandung. Einen Augenblick lang legen wir die Paddel hin und schauen, gefangen von der Schönheit dieses Bildes. Und erleichtert?
„Fand das zeitweise doch ziemlich eng, obwohl - na ja, jetzt, da wir draußen sind - war schon was, ganz anders, durch den Urwald ..."
„War keiner, keine Krokodile ..."
„... die wir auf Palau gehabt hätten, wo wir ja zuerst hinwollten. Wäre nichts für mich gewesen. Stell Dir vor, die schwimmen da rum und ..."

Eine ziemlich windige Ecke voraus. Denn hier endet das Riff und wir müssen über eine breite, zum Meer hin offene Passage. Und später über noch eine. Die Karte weist diese Riffdurchbrüche als „harbour", als Häfen aus. Ziemlich ungeeignete. Denn Ebbe und Flut verstärken in der Enge ihre Strömungen und ob der Ankergrund was taugt, scheint fraglich. Mit dem Fernglas schauen wir uns gut an, wo wir auf der anderen Seite wieder Deckung vor den Wellen bekommen, binden die Schwimmwesten um, machen die Spritzdecke dicht und paddeln hinaus in die hohe Dünung. Kräftiger Tidenzug. Er versetzt das Boot zum Land hin - dort wartet ein Gewirr von Korallenstöcken. Also schräg gegen den Strom halten, einen Zahn zulegen und dann sind wir auch schon drüben. „Seilfährentechnik, hat Spaß gemacht ..."

Die zweite Passage ist einfacher, die Strömung geringer. Auf dem dann folgenden Riff in der Ferne Palmen und Sandstrand. Von dort her stakt eine Familie ihr Auslegerboot, Vater, Mutter, zwei Söhne.Einer von denen spricht Englisch. Ob wir auf der Insel bleiben wollten? Ein Häuschen wäre da, in dem könnten wir schlafen: „Heute Nacht ist es schön dort, Mondschein und Sie sind allein!" Will er ein Geschäft mit uns machen? Aber nein, schüttelt sein Vater den Kopf, als wir nach der Bezahlung fragen. Ausgeglichen und ruhig dieses Gesicht, die Bewegungen des Mannes. Seine Frau schaut wohlwollend zu uns herüber, als wünschte sie sich, daß wir uns über ihre Insel freuen sollten. Nette Leute - wie anders, als der geschäftstüchtige Japaner, der uns heute früh jede Banane einzelnd auf die Rechnung schrieb. Der Junge steigt im flachen Wasser aus, um unser Boot genauer anzuschauen: Am besten gefällt ihm das Steuer. Und seinem Gesicht ist anzusehen, daß er darüber nachdenkt wie man so etwas nachbauen könnte. Dann fahren sie weiter, zu dem Dorf irgendwo hinter der Mangrovenwand. Wir zu dem Strand, der dort, wo wir landen, unberührt scheint. Keine Fußspuren. Eine

kleine Krabbe rast zu ihrem Loch und verschwindet, langsam wandert eine Muschel über den Sand - ein Einsiedlerkrebs, der sein irgendwo geklautes Haus auf dem Rücken trägt. Am Himmel kreisen Tölpelseeschwalben, helle Köpfe, dunkles Gefieder. Palmen wedeln mit sirrendem Geräusch, geben Schatten für den Platz auf den wir unser Zelt stellen. Fern rumort die Brandung: „Hier bleiben wir!"

Zur gleichen Zeit da hinter uns die Sonne untergeht, steigt vor unserem Zelt der volle Mond über eine von ihm beleuchtete Wolkenwand. In seinem Licht beginnt der Strand lebendig zu werden: Große Krabben huschen herum, Nachtreiher suchen nach Kleingetier und einmal meinen wir eine Schildkröte zu sehen - wie ein Schemen verschwindet der aus dem Wasser aufgetauchte Schild wieder von der Oberfläche. Fledermäuse oder Flughunde sausen zwischen den hohen, leicht zum Wasser hin geneigten Palmenstämmen herum, von denen ab und zu eine Kokosnuß mit dumpfem Aufprall in den Sand fällt. Es duftet süß und schwer nach Blüten und nach Meer - Südseezauber. Lange, sehr lange sitzen wir vor dem Zelt: „Werden wir uns daran erinnern, wenn daheim die Nebelschwaden ums Haus wabern?

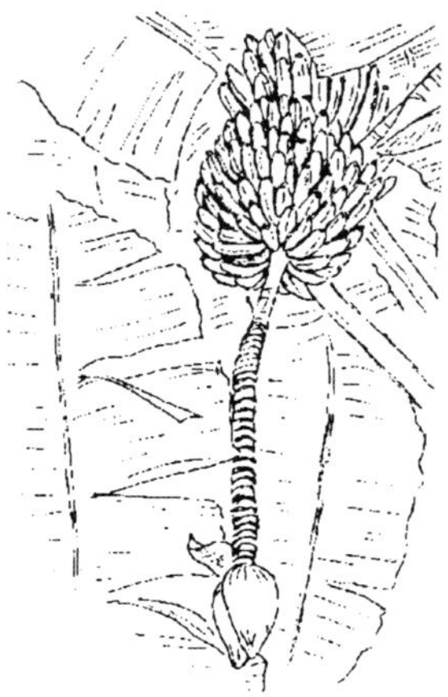

Morgens: „Essen satt ...!“ Bananen - dicke Bündel hängen an fünf und mehr Meter hohen Stauden, jetzt noch grün und ungenießbar. Reife Brotfrüchte, „... und wer würde sie runter holen?“ Zwischen dichtem Buschwerk finden wir eine verwilderte Ananas und in der Nähe des Hauses, einem Dach auf vier Pfählen, stehen Melonenbäume, Papayas - kopfgroß, etwas länglich, schmecken, vor allem mit Zitronensaft, gut. „Ob die Leute hier wissen, daß der aus dem Stamm gewonnene Saft Papain enthält? Wird in der Medizin verwendet, soll die Verdauung fördern und ist als Weichmacher für Fleisch bekannt.“
„Brauchen *wir* nicht ...“
Der Wind hat gedreht und unser Zelt in seinen Schatten gebracht. Dadurch wimmelt es dort jetzt von Fliegen. Schwärme von Fliegen, die überallhin krabbeln und kein Nasen- oder sonstiges Loch auslassen. Ekelhaft - paßt so gar nicht zur Südseeidylle! Was tun? „Dem Wind folgen ...“ Mit Sack und Pack ziehen wir hundert Meter weiter. Alles ins Boot stapeln und, weichen Sand unter den Füßen, am Ufer entlang treideln. In der nun wieder fliegenfreien Zone steht gleich wieder das Zelt. Auf dem Dach turnt eine Eidechse. Nach oben ging's gut, aber wie runter? Auf die ausgestreckte Hand? Sie schaut, springt, landet genau, und klettert über den Arm zur Schulter. Schnell mal am Ohrläppchen knabbern? Vom Schütteln irritiert verschwindet sie palmenstammaufwärts. „Warum hast Du nicht stillgehalten?“

Nicht weit vom neuen Zeltplatz führt eine Riffbrücke soweit hinaus, daß wir von dort aus beim Schwimmen gleich im Tiefen sind. In einer phantastischen Unterwasserwelt. Hunderte von Fischen in ihrem, von den Korallen gebildeten Lebensraum. Höhlen bieten Verstecke vor Verfolgern. Aber Sicherheit? Ein Drückerfisch ist gerade dabei lose Korallenstücke beiseite zu räumen um an einen Seeigel heranzukommen. Er pustet ihn aus seinem Unterschlupf, findet eine verwundbare Stelle und frißt ihn aus dem Stachelpanzer heraus. Rote Korallen die selten geworden sind; gelbbraune, wie Schweizerkäse mit Löchern darin; hübsche weiße, stachelige und zarte in violett bis rosa. Zwischen ihnen Seesterne und Wasserpflanzen, Fische, die sich diesen so angepaßt haben, daß sie von Räubern nicht entdeckt werden. Durch die Tauchmasken, still auf dem Wasser liegend, schauen wir dem Leben da unten zu, ohne es zu stören. Je länger, desto besser sehen wir wie solch ein Korallenriff zur Lebensgemeinschaft von Tieren und Pflanzen geworden ist. Zwischen den Tentakeln von Seeanemonen, Aktinien, bewegen sich Korallenbarsche, als könnten ihnen die mit starkem Nesselgift versehenen Fangarme nicht gefährlich werden. Das ist eine der bekannten Symbiosen, eine der Abhängigkeiten zum gegenseitigen Nutzen. In diesem Fall übernehmen die Fische von der Seeanemone einen Hemmstoff den diese braucht, damit sich ihre Tentakeln nicht bei gegenseitiger Berührung entladen. So ausgewiesen „gehören sie dazu“ und können sich in den Schutz dieses fleischfressenden Korallenlebewesens zurückziehen. Ihre Gegenleistung: Sie verteidigen den unfreiwilligen Beschützer gegen Angreifer. Gegen Schmetterlingsfische zum Beispiel, die gern einmal Tentakeln von Seeanemonen verspeisen.

Niemand da unten ist vor Feinden sicher. Nicht einmal die Korallen. Da sie fressen, werden sie auch gefressen. An einem vom Meeresboden wie ein Pilz nach oben gewachsenen Korallenstock sind gerade mehrere Fische am Knabbern. Schnecken machen das auch, selten aber wird es dabei für die Korallen in ihrer Gesamtheit lebensbedrohend. Außer, wenn der Dornenkronen-Seestern kommt. Der vernichtet ganze Korallenriffe. Und der Mensch? Andenkensammler brechen Korallenstämme ab und werfen sie dann an Land wieder weg: Was zuvor unter Wasser lebendig, bunt und schön war, stirbt an der Luft, wird grau und unansehnlich. Anker zerstören, schlimmer sind Umweltgifte im Wasser, durch die sich die Polypen nicht mehr gegen Krankheiten wehren können. Nun, hier ist es noch sauber. Wir atmen durch die Schnorchel, nur ab und zu tauchen wir für kurze Zeit weiter runter um besser zu sehen. Dabei gibt's Ärger: Dicke rote Striemen an der Schulter nach dem Auftauchen. „Mistvieh - hab' keine Qualle gesehen ..." Tut ganz schön weh. Nicht lange. Mit Wasser angerührtes Backpulver kommt auf die verletzte Haut, wirkt ein, inaktiviert den noch vorhandenen Reizstoff. Abwaschen und mehrfach erneuern. Danach etwas Antihistaminsalbe und der Fall ist ausgestanden.

In den weißblühenden Mangroven zwitschern Vögel, feuerrote Köpfe und Körper, schwarz die Flügel. Zuerst noch scheu, gewöhnen sie sich rasch an ihre Untermieter und picken schließlich in greifbarer Nähe feingeschnittene Stücke aus der Kokosnuß. Weniger zutraulich sind die Gespensterkrabben - quadratische Körper aus denen Augen, wie Sehrohre bei U-Booten, herausgefahren werden. Seitlicher Gang, wenn sie mit einer Geschwindigkeit, die man ihnen gar nicht zutraut, über den Strand jagen. Munter werden die erst gegen Abend. Drohend wirken ihre überdimensionalen Greifwerkzeuge, mit denen sie die Löcher unter ihren Behausungen erweitern. Nein, sympatisch finden wir die nicht. Sie uns? „Autsch ...", beim Zähneputzen , „der wollte ...", erschrocken hüpfen großer Zeh und Zangenvieh auseinander.

Wieder steht der Mond über der Lagune. Wieder sitzen wir vor dem Zelt in der warmen Tropennacht. Und wieder ist ein Tag vorüber.
„War schön heute. Leben wie Robinson Crusoe - eine tolle Geschichte. Leider eine erfundene."
„Nicht ganz, denn den Robinson hat es wirklich mal gegeben. Nur hieß der Alexander Selcraig, war ein Schotte und nicht 28 sondern nur - nur! - vier Jahre allein auf einer Insel. Auf einer vor der chilenischen Küste. Da hatte er sich aussetzen lassen, weil er Krach mit seinem Käpt'n bekam. Der war froh ihn loszuwerden, spendierte Feuerzeug und Waffen, Beil und Sägen, Töpfe, Messer und eine Bibel und segelte davon. Durch Fischen und Jagen mit Fallen und Schlingen, durch Zähmen von Ziegen und den Anbau von Gemüse, mit Bibellesen und dem Ausdenken phantasievoller Geschichten überlebte der Schotte -

allein, ganz allein, ohne den Gefährten Freitag, der nur im Buch vorkommt. Sonst aber war alles etwa so, wie es Robinson erzählt. Genauer: Wie der, der das Buch schrieb, Daniel Dafoe, so um 1700 herum. Er hatte den Alexander Selkirk, so die spätere Schreibweise seines Namens, nach dessen Rettung interviewt. Eigentlich, um mit der Geschichte vom Robinson Crusoe der Gesellschaft seiner Zeit klar zu machen, daß die freiwillige oder erzwungene Einsamkeit den Menschen zu einem besseren Individuum werden läßt."
„Tut sie das? Glaube ich nicht. Wir sind doch nicht zum Alleinsein geschaffen? Im Gegenteil, zum Zusammenleben. So wie im Organismus jede Zelle, jedes Teil des Körpers, eine Funktion hat, so doch auch in unserer Gesellschaft. Einer braucht den anderen."
„Und wo jemand nicht gebraucht wird, gibt's Depressionen. Die hatte der Schotte übrigens auch im ersten Jahr: Er sah keinen Sinn mehr im Alleinsein. Bis er den Lebenssinn darin fand zu überleben. Und das hat mich an dem Buch so beeindruckt: daß man überleben kann, wenn man nur will."
„Immer? Sicher nicht. Aber eher, das stimmt schon."

Morgens ziehen Fischer in schmalen Booten weit draußen vorbei. Zwei Silber- oder sind es Felsenreiher? stochern im Watt. Fische huschen übers Wasser, als ständen sie auf ihren Schwänzen - ihre Bewegungen erinnern an die Plätschersteine die wir als Kinder über die Wasseroberfläche springen ließen. Während der Nacht sind eine ganze Menge schöner Muscheln angelandet: „Mitnehmen ...!" Weiße faustgroße Korallensteine liegen herum, wie aus vielen Kelchen zusammengewachsen. Filigranartige, feine, durchbrochene Muster über ausgeformten Hohlräumen. „Auch mitnehmen ...!"

Mit dem Rest unseres Backpulvers hatten wir gestern abend Pfannkuchen gebacken, ohne Eier. Ohne die halten sie länger in der Hitze und schmecken sogar kalt ganz gut: Mit etwas Ketchup wie aus einem Schnellrestaurant, mit Orangenmarmelade könnten sie eine Wiener Spezialität sein. Beinah jedenfalls. Komisch: All das ist weit weg, überhaupt nicht mehr interessant. Wir sind hier und nur das zählt. Und wir haben Zeit - nichts ist eilig. Was heute nicht ist, wird vielleicht morgen sein. Wenn überhaupt. Und ist's dann wichtig? Tropenmentalität ...

So sind wir, erst als die Sonne bereits mit all ihrer Kraft vom Himmel brennt, auf dem Wasser. Nicht lange - „wo ist ein Strand zum Baden?“ Boot festbinden und langsam wandern wir ins tiefere Wasser, schon die knapp 30° der Lagune sind erfrischend. Ebener, weicher Boden unter den Füßen bis - direkt vor ihnen bewegt sich plötzlich der Sand und ein in ihm verborgener Stachelrochen hebt ab! Knapp unter der Wasseroberfläche rauscht er mit den typischen Wellenbewegungen davon, sein langer Schwanz wird vom aufgewirbelten Sand kaum verdeckt. Einen Augenblick lang stehen wir wie erstarrt vor Schreck: Das hätte ziemlich ungut ausgehen können. Denn so ein Tierchen hat's nicht gern, wenn man es aufstört oder gar drauf tritt. Dann schlägt es den Schwanz hoch, reißt mit dem messerscharfen Dorn an dessen Ende tiefe Wunden in die Wadenmuskeln, bei Schwimmern unter Umständen in Bauch oder Brust. Booten sollen Stachelrochen schon Löcher in der Bordwand verpaßt haben. Nun, dieser ist weg und wo wir vorsichtshalber mit einem Paddel stochern, liegt kein zweiter. „Also schwimmen ...“

Einige Kilometer weiter laufen drei Männer im flachen Wasser herum. Lange Hosen, Gummistiefel. Sie winken, wir fahren ran. Zwei Philippinos die auf Pohnpei, wie sie erzählen, im Auftrag einer Forschungs- und Entwicklungfirma aus Hawaii Seegras anpflanzen. „Seaweed“, erklärt der eine, sei das und werde zur Zeit auf seine Eignung für diese Region getestet. 16 solcher Versuchsfelder hätten sie bereits um die Insel herum angelegt. „Dieses Seegras soll viele Früchte bringen, die aber dürfen den Fischen nicht gut schmecken - das ist das Problem.

Es wurde besonders für diesen Zweck gezüchtet, zum Teil in Deutschland, von einem Professor Tewes aus Kiel, der mich eingewiesen hat. Von dem habe ich einiges gelernt. Zum Beipiel: Wenn die Arbeit um 6,30 Uhr beginnen soll, dann beginnt sie um 6,30 Uhr. Das läuft hier nomalerweise nicht so“ und sein Assistent ergänzt: „... da ist es dann 9 Uhr oder später.“

Die Pflanzen sind zwischen Stöcken angebunden, „damit sie von Wellen nicht mitgenommen werden." Jetzt, während der Ebbe, schauen sie aus dem Wasser, nach einer Stunde schon werden sie unter ihm verschwunden sein. Die Männer arbeiten wie in einer Plantage, säubern, ordnen, registrieren. „In einigen Wochen wird geerntet, die Früchte dann verkauft. Aus ihnen macht man Caragén, einen Stoff der für Medikamente und Lebensmittel gebraucht wird. Familien, die so ein Feld haben, verdienen damit mehr, als mit dem Verkauf von Copra. In den Philippinen ist das für viele bereits ein lohnendes Geschäft." Die beiden haben zu tun, wir paddeln weiter.
„Schon erstaunlich, daß in Kiel an solch einem Projekt gearbeitet wurde. Und daß Fachleute aus den Philippinen hierher kommen."
„Ja, und das ist nun, finde ich, eine Art von Entwicklungshilfe, die Sinn macht. Dafür eingesetztes Geld bringt was. Im Gegensatz zu dem, das Landesfürsten zugute kommt, die dann im Mercedes rumfahren."

Mit auflaufendem Wasser erreichen wir eine Ansammlung kleiner Häuser auf dem „Festland", dort, wohin die Inselbesitzer stakten und woher die Fischer kamen. Auf der Karte ist, außer „Kiti", Name des

hiesigen Stammesgebietes, nichts vermerkt. Betonböden als Fundamente, Stein- oder gestrichene Wellblechwände, aus Palmenzweigen geflochtene Dächer. Teils aber auch nur Primitivbauten in den Regenwald hineingezwängt, die kaum Schutz vor Wind und Tropengüssen bieten. Bambusroste, knapp über dem morastigen Boden, das Dach auf Pfählen. Bewohner an offenen Feuerstellen, Frauen von oben ohne bis zum lässig modischen Wickelkleid, Männer mit einfachem Lendentuch oder in bluejeans, die Kinder meist nackt. Wer wir sind, hat sich wohl schon herumgesprochen - ein junger Mann begrüßt die „Germans" auf Englisch. Er ist Lehrer, zur Zeit in den Ferien, und lädt in sein Haus ein: „Sakao trinken."

Alles wohl Verwandte, die da auf Matten am Boden sitzen. In der Mitte eine Steinplatte. Drei Männer schaben Wurzeln eines Strauches sauber und hacken die in kleine Stücke. "Piper methysticum", erklärt Joseph, der Lehrer, "eine Pfefferart." Als ein Haufen davon auf dem

Boden liegt, nehmen die drei Steine und klopfen rythmisch, abwechselnd, in schneller Folge die Wurzelstücke zu Brei. Monotoner Singsang bestimmt das Tempo und verhindert blaue Finger. Das Hämmern scheint so etwas wie eine Buschtrommel zu sein - Nachbarn kommen, grüßen „kahsalelia“ und bleiben. Mit dem Messer wird ein Stück Hibiskusbast gesäubert und nun, mit den Händen, der Brei hineingepackt. Sehr appetitlich sieht der nicht aus. Und das, was beim Auswringen des Bastschlauches herausquillt, noch weniger: Eine schleimige, bräunlich-dicke Flüssigkeit, wie Tapetenkleister. Die fließt in eine daruntergestellte halbe Kokosnußschale, wird mit etwas piel, Wasser, verdünnt und dann zum Trinken reihum gereicht. Nur das Gesicht nicht verziehen: Der Geschmack liegt zwischen Gras und faulem Modder - ein Schluck reicht zunächst. Die anderen halten sich kräftiger dran: "Ohne Sakau kein Pohnpei", rülpst einer der Männer und "mau", gut, bestätigt Joseph, solange es nicht puputa, zu viel, werde. Denn dann mache Sakao schläfrig: "Aber so - wir fühlen uns entspannter, friedlicher damit. Wenn jemand Streit mit dem Nachbarn hatte, bringt er Sakau zu ihm, sie trinken und die Sache ist vergessen." Anscheinend löst das Zeug auch die Zungen - immer lebhafter wird's in der Runde. Es geht um japanische Firmen die voraussichtlich die Straße hierher bauen werden. Resigniert sagt einer "bei uns kann das eben niemand", und ein anderer "aber unsere Leute könnten das lernen. Und dann bliebe das Geld auf der Insel." Die japanische Zeit erinnert der Großvater mit gemischten Gefühlen. Voll Schrecken die Härte bei Verstößen gegen Vorschriften, mit Bewunderung die Effizienz: "Wir holen eine Kokosnuß vom Baum und verkaufen den Inhalt als Kopra zur Ölgewinnung. Die Japsen machten das auch, aber die drehten außerdem aus den Fasern Taue, sie brannten aus den harten Schalen Kohle, sie ließen die weichen zu Erde werden und verwendeten sogar das Fruchtwasser noch für irgendwas. Und wenn bei denen ein Schiff um 10 Uhr fahren sollte, dann fuhr es um zehn. Und wie ist's heute?“

Auf einem Holzbrett liegen gekochte Taroknollen, violett, schmutzig, wenig appetitanregend. Diese großblättrige Pflanze jedoch, erwähnt Joseph, sei sehr wichtig für die Ernährung. Nicht nur wegen der nahrhaften Stärke, sie enthalte auch Metalle die gesund wären - er meint Mineralstoffe. Durch Kochen und Abgießen des Sudes würden die Teile verschwinden, die sonst im Hals kratzen - sein Räuspern verdeutlicht das.

Nicht weit vom Haus ein Grab. Statt rasch welkender Blumen wurden bunte Zeugfetzen an Leinen aufgehängt: "Tote werden bei uns oft auf dem eigenen Grundstück begraben." Nahe von unserem Landeplatz ist ein Mann dabei sein neues Boot zu bauen. „Ein uar", ein Kanu. "Heute benutzen wir Äxte aus Stahl", erzählt Joseph, „früher waren es Beile aus Muschelschalen - eines von denen hab' ich aufgehoben.

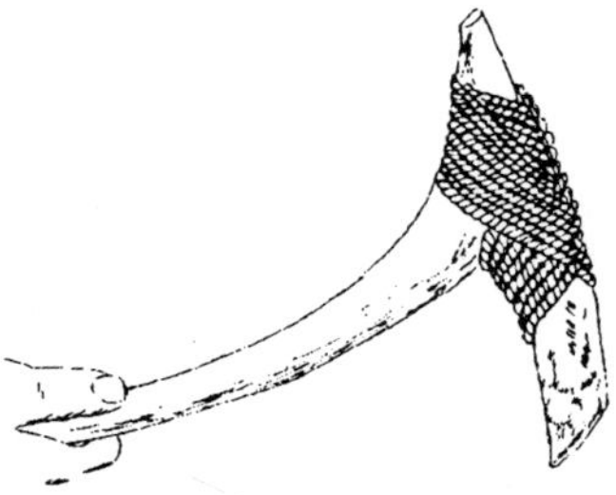

Und damals bat man noch die Götter um Erlaubnis ehe der Baum, der für den Bootsbau vorgesehen war, gefällt wurde. Denn Bäume galten als die Kinder unserer Gottheiten. Daß wir daran nicht mehr glauben, das ist zwar modern, hat aber auch böse Folgen: Niemand fühlt sich heute irgend jemand gegenüber verantwortlich für's Rauben in unserer Natur. Wenn wir so weitermachen wird das schlimme Folgen haben."

Ein Unwetter zieht draußen vorbei, Ausläufer mit Windböen bescheren uns sogar hier in der Lagune Seegang mit Schaumköpfen. Welchen Kurs steuern um frei von den Korallenstöcken zu bleiben? Wir werden versetzt, können nicht mehr erkennen wo was unter der Oberfläche lauert und gehen darum auf eine Riffinsel. Nicht so schön, wie die gestern - um an Land zu kommen, müssen wir das Boot eine Strecke weit treideln und durch dichte, weiche Wasserpflanzen waten. Einmal, zweimal holen wir Sachen aus dem Boot und bringen sie ans Land. Beim dritten Mal dann plätschert's - zurückgeschaut und: Unglaublich, da saust eine Schlange auf Verfolgungskurs durchs Wasser, querge-

streift, braun, beige, etwa 70 cm lang. Nun aber schnell! Mit dem Gepäck in der Hand und unterm Arm in weiten Sprüngen zum Ufer. Denn blitzartig sind die Sätze aus dem Tropenbuch parat: „Seeschlangen, giftig, sehr giftig, ein Antiserum gibt es nicht“. Dann ist das Vieh wieder verschwunden. Und auch, als wir das Boot holen, taucht es nicht wieder auf. Inzwischen haben wir uns beruhigt: „Die sind zwar giftig, aber ihr Maul sitzt unten an einem runden Kopf. Dadurch könnten sie nur Schmalstellen der Haut fassen, bei den Füßen in Sandalen nichts. Und meist bleiben diese originellen Tiere auch im tieferen Wasser auf dem Grund.“ Trotzdem: Mit Baden ist's an diesem Platz heute nichts mehr. Und nun wissen wir auch, warum die Philippinos trotz der Hitze dicke Gummistiefel trugen.
„Erst der Rochen heute morgen, jetzt die Schlange - leben wir nicht ein bischen gefährlich?“
„Autofahren scheint mir riskanter ...!“

Kaum haben wir alles eingeräumt, da prasseln große, schwere Tropfen vom Himmel: „Wasser, schnell ...!“ Einer spannt das Zeltdach in Falten, der andere stellt Töpfe darunter. Schneller als daheim aus dem Hahn kommt's von oben. Sauberes Trinkwasser. Für wenige Blätter und Staubteile reicht es durchs Taschentuch zu filtern. Unsere Kanister werden wieder voll: Drei Tage Vorrat. Und die Dusche gab's noch dazu.

Früh wieder unterwegs. Von der Inselseite her paddeln Einbaumboote mit Auslegern zum Riff. Das erste legt an, zwei Männer steigen aus. Mit einem Ballen Netz - das spannen sie zwischen sich ein Stück weit am Riffrand entlang. Der dritte sammelt Korallenstücke vom Boden auf und wirft sie vor dem Netz ins Wasser. Will er damit Fische, die sich zwischen den knapp überspülten Korallen aufhalten, in die Maschen treiben? Wenn, dann sind die Tiere schlau genug, um die Falle zu umgehen - fangen tun die drei jedenfalls nichts. Eine Stunde weiter - wieder Fischer. Zwei diesmal, mit derselben Methode. Nur haben sie ihr Netz über eine größere Entfernung auf dem Riff ausgelegt. Und sie werfen nicht nur Steine ins Wasser, sondern hüpfen wie Indianer beim Kriegstanz auf dem Riff herum, schlagen mit den Händen ins Wasser, toben, spritzen und schreien - „... wenn ich Fisch wäre, bekäme ich auch Angst!“ Und dann passiert etwas, was bisher in keinem Film gezeigt wurde: Sie springen in langen Sätzen zum Netz, verfolgen den ersten dort nach einem Ausweg suchenden Fisch, greifen ihn, machen ihn mit einem Biß in die Kiemen bewegungsunfähig und spüren unter Wasser nach dem nächsten, der sich noch nicht im Netz verheddert hat: Griff, Biß, weg, weiter. Ganz schnell geht das - und noch einer - der Mensch als Raubtier auf der Jagd nach Beute! Erst nachdem diese Jäger die Situation am Netz so „bereinigt" haben, sammeln sie die Fische in einen Korb, winken strahlend den Zuschauern, in jeder Hand eine Trophäe des aufregenden Fangs.

Mittags treffen wir sie wieder. Mit ihrem Boot, doppelt so lang und halb so breit wie unseres, landen sie auf der Insel, die wir für eine Pause angelaufen haben. Sehr typisch für diese Menschen: Sie tun zunächst so, als seien wir nicht da, um uns nicht zu belästigen. Wollen wir Kontakt haben, so müssen wir zu ihnen gehen. „Viel gefangen? Sah gut aus ..." Sie lachen und versuchen unsere Fragen zu verstehen. Nur: Keiner von ihnen spricht ausreichend Englisch. So läuft die Unterhaltung über Gesten und mit einzelnen Worten. „Essen?", fragt der Ältere, der zweifellos einen japanischen Vorfahren hatte. Er zeigt ins Boot, wo die am Netz erbeuteten Fische liegen, nimmt einen heraus, „ist der richtig?", meint sein Gesichtsausdruck. Ohne auf Antwort zu warten zieht er ein Messer aus dem Gürtel, schneidet das noch zappelnde Tier in vier muindgerechte Portionen. Dann beißen gelbliche Zähne unter die Fischhaut und ziehen sie mit einem knirschenden Geräusch vom Körper. In einem japanischen Restaurant hatten wir einmal rohen Fisch probiert, sashimi, und der schmeckte gut. Aber nach dieser Prozedur fehlt uns der rechte Appetit. Wir schützen vor, schon gegessen zu haben und sehen lieber zu, wie die Männer große Brotfruchtstücke aus

einer Schüssel im Boot holen, um diese mit weiteren Fischen zu verspeisen. Der jüngere zeigt eine sehr schöne Muschel: Ob wir die haben wollten? Sicher, gern, danke. Üblich ist in solch einer Situation das Gegengeschenk. Die Dollarnote statt dessen? Ernst lehnt er sie ab: Keine Bezahlung. Wir unterhalten uns eine Weile, sofern man das so nennen kann, und packen dann den Geldschein in Papier mit der Aufschrift „Erinnerung an die Deutschen". Auf Englisch, mit einer

Erklärung - so wird das Geld akzeptiert. Die beiden holen dann noch eine frische Kokosnuß, schlagen sie soweit zurecht, daß wir nur noch ein Loch öffnen müssen um den Saft zu trinken und schauen uns ohne zu winken nach.
„Wenn wir so wie die unser Essen fangen müßten?"
„... mit bloßen Füßen sausten die auf dem Riff herum, wo doch die Korallen scharf sind ..."
„Unglaublich. Was für Leute. Und nett. Gar nicht die 'Wilden', wie ich sie mir nach ihrer Jagd am Riff vorgestellt hatte."

Wir begegnen ihnen ein drittes Mal. Da haben wir gerade den Versuch, einen auf der Karte angegebenen Fluß landeinwärts zu paddeln, aufgegeben. Hoffnungslos - im dicken Morast der von den Bergen abgeschwemmten Sedimente blieben wir stecken. Vor einer offenen Pfahlhütte, zwischen die Mangroven gebaut, liegt ihr Boot neben dem anderer Fischer.

Sie laden ihren Fang aus und feilschen mit einem besser gekleideten Mann. Der Händler. Er kauft die Fische, bewahrt sie in Kästen auf Eis und bringt sie per Motorboot nach Kolonia: „Der braucht nicht auf dem Riff rumzulaufen..."
„... und verdient wahrscheinlich mehr als die Fischer ..."

Dicke grau-schwarze Wolken voraus. Eine Regenwand zieht finster und bedrohlich heran. Weit draußen in der Lagune sind wir, weit weg vom Land. Ein paar kräftige Windstöße und dann rauscht es voraus wie an einem Wasserfall, kommt rasch näher, wird lauter. Gerade haben wir die Spritzdecke dicht, da schüttet es vom Himmel. Dicke, schwere Tropfen, dicht bei dicht, Fontänen, wo sie aufs Wasser schlagen. Hart trommeln sie aufs Boot, auf Köpfe und Schultern. Sichtweite keine drei Meter. Und es ist herrlich, erfrischend, kühl, Massage und eine ganz neue Erfahrung zugleich: Eingehüllt vom Regen, isoliert

durch ihn von der Umwelt, auf dem Wasser im Wasser - ein tolles Erlebnis. Ein kurzes, denn innerhalb von nur zehn Minuten zieht die Regenfront über uns hinweg. Und gleich nach ihr wird's wieder hell, die Sonne scheint als sei nichts gewesen. - Durch eine der Lücken im Riff sehen wir das nur 6 mal 10 km kleine Atoll Ant. Mit dem Fernglas sind einzelne Bäume sowie ein Haus hinter der weißen Brandungszone zu erkennen:
„Knapp zwei Stunden und wir wären drüben."
„Falls uns der Tidenstrom nicht abtreibt - wenn der so schnell läuft, wie in dieser Passage? Und finden wir die Einfahrt ins Riff?"
Wir lassen es, zumal uns hier schon die Wellen munter schaukeln. Da draußen laufen sie zwar nur als hohe Dünung aber: „spätestens übermorgen müßten wir zurückpaddeln können. Der Countdown läuft ..."

Auf unserer nächsten Übernachtungsinsel finden wir vor den Palmen nur einen schmalen Streifen Sand zum Zelten. Knapp an der Hochwasserlinie. Doch da die Tidentabelle den üblichen Hub von etwa einem Meter im Zwölf-Stunden-Takt voraussagt, wird nichts passieren. Ein Stück Kielstreifen ist heute unterwegs bei leichter Grundberührung abgerissen und muß geklebt werden. Und das wird zum Problem: Entweder taugt unsere Gummilösung nichts mehr oder sie verweigert, weil der Untergrund nicht ganz trocken wird. Die Luftfeuchtigkeit? Schließlich geben wir auf, reißen den Streifen ganz weg und hoffen, daß wir ihn als zusätzlichen Schutz nicht mehr brauchen.

Sokehs

Morgens tuckert ein Motorboot zur Insel. Zwei Mann an Bord. Untersetzt, Oberkörper dunkelbraun, helles Lendentuch salopp geknotet, der alte. Jeans und buntes Hemd, vielleicht sein Sohn. Er steuert das Boot. Beide steigen aus, kommen zögernd zum Zelt: „Wellcome", und dann Schweigen. Sie warten, wie üblich, bis wir das Gespräch beginnen. David dem Vater, wie sich dann aus der Unterhaltung ergibt, gehört diese Insel. Auf deren anderer Seite hätte er ein kleines Häuschen und eine Quelle gäbe es auch. Wenn wir also frisches Wasser haben wollten? Gemeinsam wandern wir auf einem schmalen Pfad zwischen hohen Palmen und niederem Buschwerk mehrere hundert Meter weit näher zur Brandung am Riff. Dort soll Süßwasser sein? Abseits vom Weg ein Loch im Boden, Durchmesser eines Brunnens,

Erdwände, mit Wasser gefüllt. Mit schwarzem Wasser, auf und in ihm krabbelt's und schwimmt's. Wirklich eine Quelle? Erstaunlich, so nah am Meer. Und es stimmt wohl, das Wasser schmeckt weich, gut, keine Spur von Salz. Nur sauber ist es nicht. Langsam und mühsam pumpen wir Liter für Liter aus dem Loch, durch das Filtergerät in unseren Behälter. Damit wird das Wasser nicht nur gereinigt sondern auch keimfrei. David schaut interessiert zu, verzieht keine Miene. Obwohl er sicher denkt: „Komische Leute. Soviel Arbeit mit Wasser das wir immer einfach so trinken." Vielleicht war dieser Aufwand wirklich nicht nötig. Aber weiß man das genau?

Vater und Sohn bleiben bis zum Mittag auf der Insel, wir den ganzen Tag. Denn von hier aus könnten wir die restliche Strecke in einem Rutsch paddeln, in zwei Etappen gemütlich. Warum also gleich wieder weiter? Auf der Karte sehen wir ohnehin keine Schlaf-Inseln mehr wie diese. Und unser Gastgeber bestätigt: Diese sei die schönste. Er sitzt lange mit uns vor dem Zelt und erzählt. Sein Englisch ist gut, und wenn sich die Zeiten nicht geändert hätten, würde er auch Deutsch sprechen, meint er lachend. Denn „die Insel hat vor dem ersten Weltkrieg Leuten aus Deutschland gehört. Die Bäume hier, die haben sie gepflanzt. Und die tragen immer noch." Seine Familie lebt vom Erlös dieser Plantage. Aber nur zum Teil: „Kopra bringt nicht mehr viel. Wir ernten eintausend pounds pro Jahr und bekommen dafür noch keine hundert Dollar. Darum müssen wir fischen. Der Händler zahlt 75 cents pro pound, das ist achtmal so viel wie für Kopra. Noch fangen wir genug, denn in der Lagune können die Japaner mit ihren großen Netzen nicht arbeiten. Zu viele Korallen. Sonst sähe es düster aus."

Der Junior ist inzwischen auf einen Baum geklettert, auf Kerben, die wohl kurz nach der Jahrhundertwende in den Stamm gehauen wurden. Er wirft Kokosnüsse herunter und bringt sie zu einem im Boden stekkenden, dicken Holzstock mit Metallspitze. Auf die haut er eine Nuß, die grünen Außenschalen lösen sich dabei ab, der braune Kern erscheint. Statt nun auch den zu teilen um an die weiße Kopra zu gelangen, öffnet er mit der Machete nur einen Spalt. Der Saft dieser einen-Nuß füllt vier Becher: „Prost ...!" Dann gehen beide. Um die Mittagszeit sind sie wieder da. Mit Brotfruchtstücken auf einer schönen, großen, schwarzen, flachen Muschel serviert. „Im Fruchtwasser der Kokosnüsse gekocht," erzählt David. Schmeckt gut, nichts mehr von dem etwas penetranten Geruch, den die Brotfrucht nach dem Öffnen verströmt. Später lesen wir, daß die bis 20 m hohen Bäume etwa 75 Jahre lang Erträge abliefern. Stammen sie also auch noch aus der deutschen Zeit? Bis zu drei Ernten pro Jahr sind möglich, die Früchte bringen Stärke und etwas Eiweiß. Auch die Samen sind geröstet eßbar. „Die meisten unserer Boote werden aus den Stämmen der Brotfruchtbäume gebaut“, erzählt David, „schwere, gute Boote.“ Er geht zu unserem, hebt es an und verzieht sein Gesicht: „So leicht? Damit würde ich nicht fahren!“ Und er zeigt zur offenen See, wo ein Wolkenwirbel dicht übers Wasser zieht, grau, mit violett-schwarzem Kern. So ähnlich sieht wohl ein Taifun aus, nur größer, höher, gewaltiger. Mit 120 bis 250 kmh käme der angerast, mit Wirbeln von 150 und mehr Kilometern Durchmesser. Immerhin - das da draußen reicht schon, um über den „Verzicht“, das Nachbaratoll zu besuchen, hinwegzutrösten. Aber nicht nur das: David hatte erzählt, daß dort gerade der König gestorben wäre und daß die Wahl eines neuen zu Unruhen führte. „Ich glaube“, meinte er, „unsere Leute wissen noch nicht richtig, was sie eigentlich wollen. Viel Streit und Ärger. Ist das bei Euch auch so?“

Abends fahren die beiden zu ihrem Dorf, wir morgens durch ein Gebiet in dem die Seekarte eine Menge an Hindernissen verzeichnet: Noch mehr Riffe und in der 5 km breiten Lagune die bei Ebbe trockenfallende Bänke. So wechselt tiefes dunkelblaues Wasser mit flachem, mit sich farblich unterscheidenden Korallenstöcken knapp unter der Oberfläche. Und doch haben wir heute keine Sorge: In kurzen oder weiteren Abständen stehen Markierungen im Wasser, teils dicke Pfähle, zum Teil gemauerte Säulen: „Sieht ganz nach deutschen Erbauern aus.“ Zeitweise fahren wir ihnen nach, nutzen manchmal unseren geringen Tiefgang zu Abstechern oder zu Abkürzungen. Noch härter als vor einigen Tagen packt uns dabei in einem zum Meer führenden „channel“ die Tidenströmung. Ihr Tempo übersteigt unseres bei „voller Fahrt“ erheblich. Nur gut, daß sie uns in die Lagune rein und nicht raus drückt. Und wenn wir nicht schon sowieso schwitzten, hier kämen wir dazu. Erst nach fast einer Stunde, weiter weg von der Engstelle, läßt der Trubel nach und wir können normal weiterfahren. Da, was ist das? Rechts von uns blubbert die Oberfläche: Wenige Meter vom Boot tauchen Kopf und Panzer einer Seeschildkröte auf. Sie schaut, bleibt einen Augenblick oben und taucht schon wieder weg. Zu schnell, um nach dem Foto zu greifen. Kurz darauf wieder ein Geräusch, ein blasendes, diesmal knapp achtern, auf der anderen Seite: Nochmals die Schildkröte, ihr Altmännerkopf über dem Wasser. „Pfffuuuhhh“, macht sie vernehmlich, mißbilligend? Dann geht sie vornüber in die Tiefe, zeigt noch einmal kurz ihren schönen Schild und ist verschwunden. Schade.

Über flachem Wasser, über Sandboden, schwillt plötzlich das Wasser und zwei Rochen segeln elegant davon. Einer von ihnen hat unsere Anfahrt verschlafen: Er schießt genau genau unterm Boot hoch, bringt es mit seinen kräftigen „Flügelschlägen“ erheblich ins Schaukeln und schwingt davon. Glück gehabt! Vom Kentern waren wir zwar noch weit entfernt, wenn der aber mit seinem Stachel im Schwanz zugeschlagen hätte? Seesterne und dicke Seegurken, eine Schule silberner fliegender Fische huscht vor dem Boot hoch übers Wasser. Und dann, wieder im tiefen Fahrwasser, haben wir querab die Dreiecksflossen von zwei Haifischen. Nicht weit, dem Gefühl nach zu nah. „Haie“, hatte David gemeint, „sind hier freundlich und nicht gefährlich. Die haben so viel guten Fisch, daß sie an Menschenfleisch nicht interessiert sind.“ Wir könnten unbesorgt zwischen ihnen schwimmen. Diese beiden scheinen wirklich friedlicher Natur. Eine Weile bleiben sie auf Parallelkurs, dann werden sie schneller, drehen ab und gehen auf Tiefe. Zeit genug war gewesen, um sie zu fotografieren. In der Aufregung jedoch blieb das Weitwinkel drauf: „Da wird man nicht sehen, wie nah die waren.“
„Waren sie auch nicht. Normale Haie untersuchen manchmal so ein Boot mit der Nasenspitze, neugierig, werden aufdringlich. Greifen aber nicht an, habe ich gelesen. Harmlos!“
„Aber Haie sind nicht Haie. Die weißen zum Beispiel?“
„... schwimmen bei Australien, nicht hier. Und daß sie Faltboote attakkieren hat man auch noch nie gehört.“
„Vielleicht weil da niemand paddelt - wegen der Monster?“

Den Stangen nach müssen wir weite Umwege nehmen. Sie leiten uns durch eine enge Lücke im Binnenriff, weisen einen Weg, der nahezu im Kreis führt. Ziemlich langweilige Paddelei. Und heiß. Gut, daß zeitweise dicke Haufenwolken den Sonnenschirm ersetzen, den wir nicht haben und bisher auch nicht vermißten. Warum wohl die deutschen Pflanzer, von denen David erzählte, ihre legendären Tropenhelm trugen? Unsere Hüte blieben unbenutzt. Wind von achtern - raus mit dem Segelschirm. Den hatten wir mal gekauft, groß wie ihn Hotelportiers benützen die Gäste durch den Regen geleiten, mit kräftigem Innenleben, leicht wegzustauen. Schon ein paar Mal auf dieser Fahrt zog das Ding ganz gut, auch das Gelächter der Einheimischen auf sich. Jetzt faßt es wieder den Wind und ohne zu paddeln haben wir eine Bugwelle. Nur: der Schirm hat kein Sichtfenster. Und blind durch die Korallen? Ohne Sicht auf die Landschaft? Wir falten ihn wieder zusammen und schauen: Hoch aufragende Berge, ein bizarr geformter Kegel. All das im satten Grün vor dem breiten Gürtel aus dunkelblauem, teils türkisfarbenem Wasser. Selten nur ein Häuschen - die Straße, die um die Insel herum gebaut werden soll, reicht noch nicht bis hierher. Etwas weiter steht ein Bagger am Ufer - heute nicht in Betrieb. Gestern? Morgen?

Unsere Zeltinsel: Ein Haufen Steine, scharf, wahrscheinlich vulkanischen Ursprungs. Zwanzig Quadratmeter, flutsicher. Das „Haus" darauf steht auf vier Pfählen, hat ein durchlöchertes Palmblattdach, und einige Bretter als Boden. Den richten wir aus herumliegenden Stöcken, aus mit dem Buschmesser geschlagenen Mangrovenästen und -blättern, fürs Zelt her. Für unsere letzte Nacht dieser Inselfahrt. Morgen ist sie zu Ende und morgen sollten wir wieder landfein sein. Also wird nach dem Schwimmen, ohne Haibegleitung, Wäsche gewaschen. Im Salzwasser - kein Problem. Die Seife schäumt zwar nicht besonders, sauber aber werden die paar Klamotten, die man unterwegs nur braucht. Und dann sitzen wir am Abend wieder vor dem Zelt, sehen die Sonne untergehen und genießen die warme Tropennacht. Das Kreuz des Südens funkelt, das Wasser reflektiert den Schein unzähliger Sterne, vom Land her bringt der Wind den süßen Duft von Blüten. Wie feines Filigran stehen die hoch aus dem Wasser ragenden Wurzeln der Mangroven gegen den Himmel. Ein Nachtvogel huscht vorüber, vom Riff her dringt dumpfes Grollen.
„Menschen wie David erleben das nicht so. Für die ist das alles nicht nur alltäglich, sondern oft sicher auch feindlich: Eine Natur, der sie ihren Lebensunterhalt abringen müssen."
„Ja, romantisch finden die das sicher nicht. Ist es wohl auch nicht. Warum trotzdem für uns?"

„Illusion? Aus Geschichten genährt, angelesen? Nein, nicht nur: Für mich ist und bleibt diese Fahrt das Stück Südseeromantik, das ich erleben wollte. Dieser Abend, diese Stimmung. Die Wirklichkeit des Lebens hier - gut, daß wir auch davon etwas mitbekommen haben.“

Stetiger Wind, etwas Seegang, zügiges Fahren. Der Kurs führt jetzt nach Nordosten, über weite Strecken an Mangroven entlang die das Ufer unbetretbar machen. Keine Landemöglichkeiten. So weichen wir zum Riff hin aus, um zwischendurch im Wasser abzukühlen. Schwimmen, dann weiter. Je mehr wir uns Kolonia nähern, desto häufiger brummen Motorboote durch die Lagune. Einbäume und Auslegerboote, die gibt's hier nicht mehr. Nach einer Stunde kommt der Sokeh in Sicht, der Felsen, der zum Wahrzeichen Pohnpeis wurde. Sokehs heißt das Gebiet hier, laut Karte jedenfalls - die Schreibweisen variieren. Und da verlieren sich - oder wir? - die Markierungen. Aber aufgischtende Wellen zeigen die Lage von Riffen. „Verflucht ...“ trotzdem beinahe draufgebrummt. Wo ist die Durchfahrt nur? Ausgerechnet dieses letzte Stück unserer Fahrt wird hektisch. Um nicht den Korallen in die Tentakeln zu laufen, müssen wir quer zu den Wellen bleiben, wenn eine anrollt zu ihr hin ankanten, sobald sie durch ist mit den Paddeln abstützen und zur anderen Seite hin das Gewicht verlagern. Das funktioniert ganz gut nur macht ein Boot wie unseres, mit fast flachem Boden, das nicht unbegrenzt mit. Es hat zwar eine hohe Anfangsstabilität - würden wir es aber zu sehr auf die Seite legen, dann - ein auf Kiel gebauter Seekajak kann mehr Schieflage vertragen. Wie beim Endspurt gehen die Arme schnell vor und zurück, die Paddel helfen dem Steuer beim kurzen kurven um Hindernisse und dann „da, das ist die rote Windfahne vom Flugplatz“, deutlich auszumachen. Dorthin! Die Seekarte zeigt noch zwei Riffe davor, aber irgendwie finden wir den Durchschlupf zwischen ihnen, schaukeln nochmal tüchtig und landen an einem schmalen Streifen

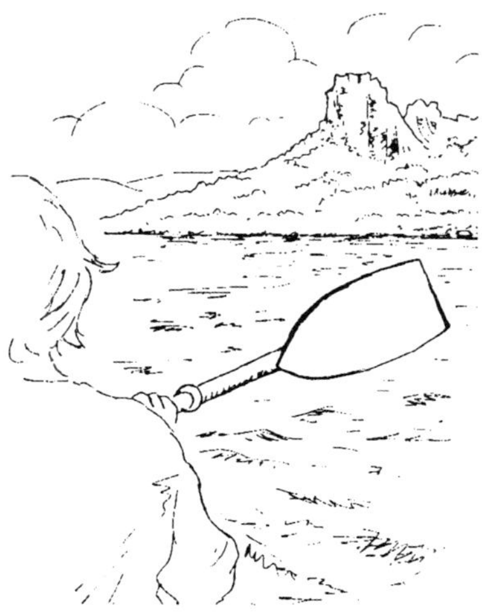

Sandstrand. Steile bewachsene Uferböschung. Aussteigen, den Hang hinauf, nachschauen: „Wir sind direkt an der Landebahn. Und viel Platz ist da zum Abbauen."

Drüben, auf der anderen Seite leuchtet weiß das Terminal: Fünf Stunden bleiben bis zum Abflug. Viel Zeit. Wir packen aus, bringen die wasserdichten Säcke, die Taschen und Beutel an Land, das Boot und die Paddel. Auf einer Wiese ziehen wir Spanten und Stangen aus der Bootshaut - die trocknet während des Einpackens. „Achtung ...!" eine Maschine der fliegenden Missionare schwebt ein. „Ob die schon aus Pingelap kam? Aufpassen - wenn wir das Gepäck auf dem Bootswagen zur Halle rollen ..." Gerade sind wir soweit, da brummt über die Rollbahn ein roter Pick-up, „Aufsicht" steht drauf. „Jetzt gibts Ärger ..." Der einheimische Mann jedoch, der aussteigt, ist nach der ersten Frage schon sichtbar verwirrt: Das da, das Gepäck, das soll ein Boot gewesen sein? Mit dem um die Insel herum, ohne Motor, und nun zum Flugzeug? „Los, los", sagt er, „alles aufladen." Doch noch bevor wir die Packstücke auf sein Auto wuchten können, setzt von der anderen Seite her eine Boeing 727 zur Landung an. „Schnell, weg hier...", schreit der Aufsichtsbeamte, fährt seinen Wagen fast den Hang hinunter und nimmt volle Deckung. Der Jet aber rollt nicht einmal ganz bis zu uns, wendet und motort zurück zur Halle. „Haben Sie davon gehört?", fragt unser Helfer, „solch eine 727 verunglückte am Ende der Rollbahn auf Yap. Glücklicherweise wurde nur eine Person verletzt. Darum hatte ich Angst um Sie." Wann das passierte? „Vor eineinhalb Jahren ..." Komfortabel fährt er uns bis vor den Schalter der Flugabfertigung. „So ein Service - wie wäre die Geschichte in Deutschland gelaufen?"

Fast pünktlich, um 17 Uhr 30, hebt die Air Mike Maschine ab. 1.500 km bis nach Majuro. Spät abends werden wir dort sein, warten, weiterfliegen. Unten verschwindet das Riff mit seiner weißen Brandung, das Braun und Grün der Korallenbänke : „Da irgendwo stand das Zelt, da zog unser Boot seine Spur. Heute morgen noch ..."

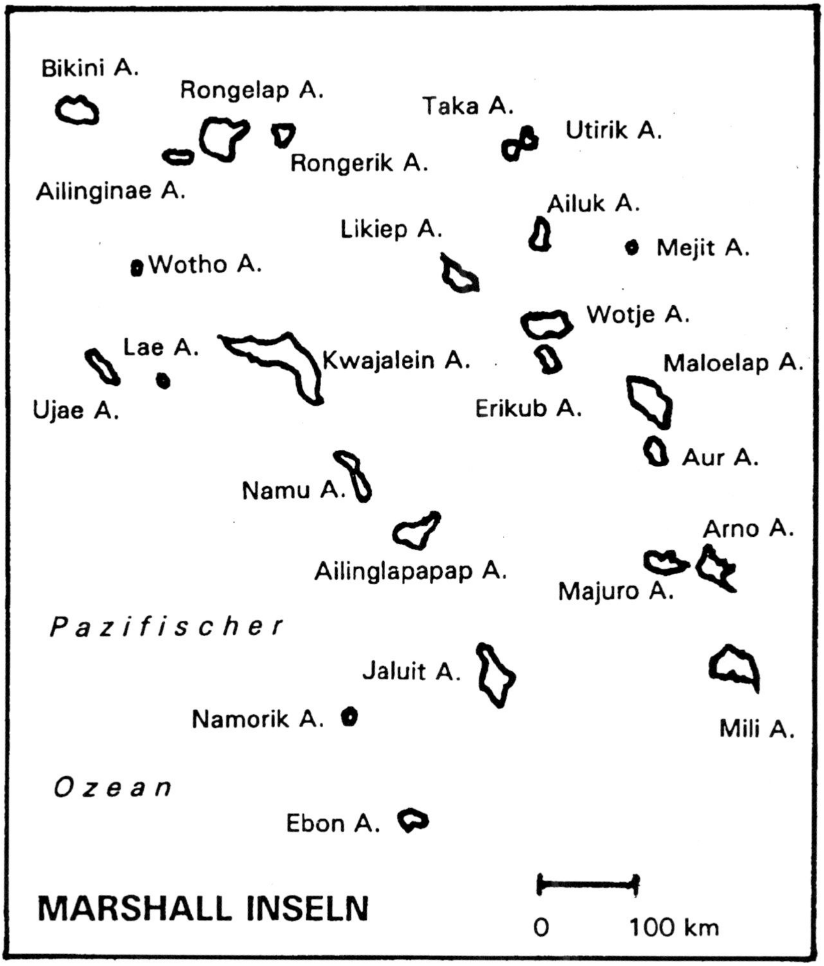

In solch einem Archipel von Atoll zu Atoll zu paddeln - nach dem Betrachten der Entfernungen fiel diese Idee ins pazifische Wasser. Ein paar Tage Wartezeit, mit Boot und Zelt blieben wir *innerhalb* des Majuro Atolls, und eine Maschine der Air Nauru nahm uns an Bord ...

Einige Fotos von dieser Südseefahrt

Südsee

Eine der Trauminseln

Begegnung

im Korallenwatt

„Wollt Ihr sie ?"

Gästebuch Nan Matol

und der Junior-König

Wer ist für wen

exotischer?

Eine Insel für drei Tage

Besuch auf der nächsten ...

Schlammspringer

Gespensterkrabbe

und Korallen

Hier durchfahren

... da ist alles zu

Zwei Dächer sind besser als eines

Wasserfiltern -mühsames Geschäft

Schönheiten der Atoll-Inseln

Spuren

des Krieges

im Pazifik

1941 - 45

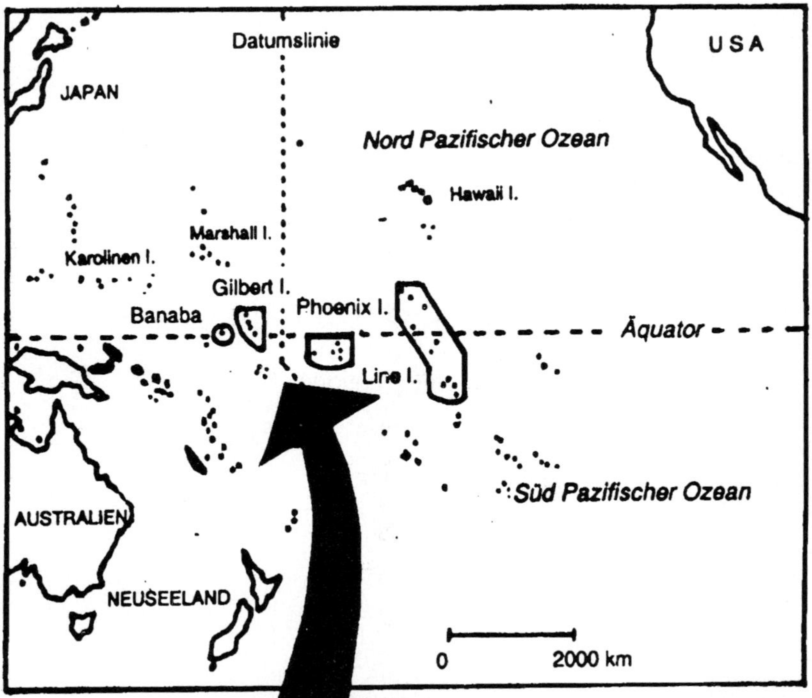
Datumslinie
USA
JAPAN
Nord Pazifischer Ozean
Hawaii I.
Marshall I.
Karolinen I.
Gilbert I.
Banaba
Phoenix I.
Äquator
Line I.
Süd Pazifischer Ozean
AUSTRALIEN
NEUSEELAND
0
2000 km

Kiribati

Seite	und dort . . .

Die Gilbert Islands

sie sind eine der Atoll- Inselgruppen, die zum Staat Kiribati gehören. Gesprochen wird dieser Name „Kieriebaß“, so als Wort vom englischen Namen in die eigene Sprache, die nur 13 Buchstaben gebraucht, übernommen. Die anderen Gebiete: Phoenix- und Line Islands sowie die Insel Banaba - alles zusammen sind es 33 Archipele auf denen rund 72.000 Menschen wohnen. Das Gesamtgebiet ist riesig - Deutschland hätte etwa 10 mal darin Platz. Nur: An Land bleibt weniger als für Berlin. Sicher - diese Stadt hat ein Vielfaches an Einwohnern. Die allerdings haben auch genug Trinkwasser - auf vielen der Inseln fehlt das. Und darum sind sie längst nicht alle nutzbar - für die Besiedelung nicht und nicht für den Anbau der Nahrung gebenden Planzen. Nur Fische gibt es noch genug.

Die ursprünglichen Bewohner sollen aus Melanesien und aus Süd-Ost-Asien eingewandert sein, im 13. Jahrhundert aus Samoa. Aber erst etwa 500 Jahre später wurden die Inseln von spanischen Seefahrern entdeckt, im 18 ten kartographiert, im 19 ten von „Blackbirders“ heimgesucht, die große Teile der Bevölkerung zur Arbeit nach Fidschi, Australien und Hawaii verschleppten. Das hörte auf, nachdem das Gebiet 1892 englisches Protektorat wurden - die nun geltenden Gesetze verboten den Sklavenhandel. Seit 1916 gehörten die Gilberts als Kronkolonie zum Britischen Commonwealth - bis zur Unabhängigkeit 1979. Während des zweiten Weltkrieges waren sie zeitweise von japanischen Truppen besetzt.

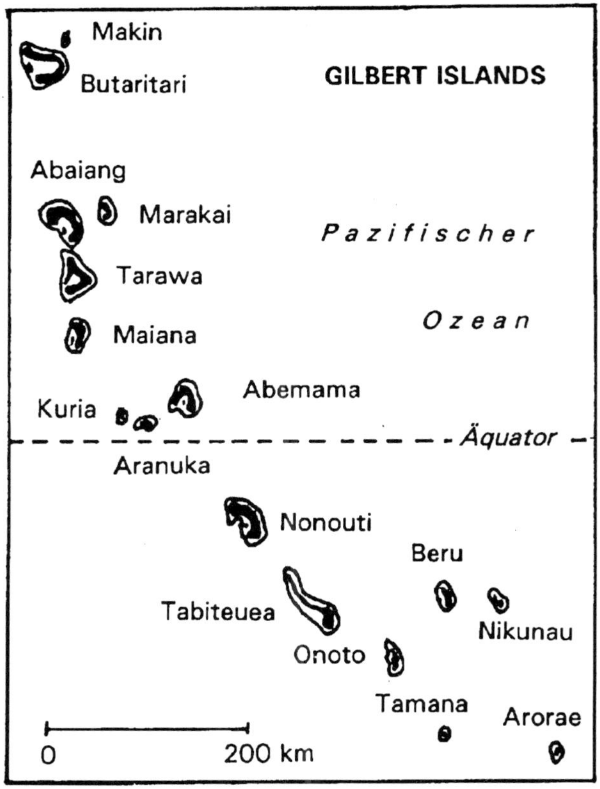

Geographisch ist Kiribati ein Teil Mikronesiens. Die Informationen auf den Seiten 207 - 216 gelten also auch für hier. Weitere finden Sie im Bericht über unsere Fahrt. Daß während der aus dem Paddeln nicht viel wurde - wir kamen sowohl zur falschen, als auch zur richtigen Zeit: Falsch, weil während der rund einen Woche gemischte Tiden liefen, solche, bei denen einige Tage lang der Unterschied zwischen Hoch- und Niedrigwasser kaum merkbar blieb. Breite Streifen vor den Inseln fielen für längere Zeit trocken und zwangen zu nicht immer angenehmen Wattwanderungen. Richtig - aus dem Besuch eines Dorfes wurde das, was man sich für eine Südseefahrt wünscht: Einblick in das Leben der Menschen, Gespräche mit ihnen und - aber lesen Sie selbst

was wir da unterwegs hörten und erlebten ...

Tarawa

Anflug - ein schmaler Streifen Land zwischen Meer und Lagune, Straße, Autos, Häuser. Die Maschine setzt auf und rollt aus. Das erste: Die vom Wind straff gezogene Fahne des Staates Kiribati - rot, blaue Meereswellen mit weißem Gischt, die aufgehende Sonne und über ihr ein Fregattvogel - schön! Das zweite: Schlange stehen. Zöllner durchforsten akribisch Koffer und Taschen. Bei den Japanern vor uns dauert das 30 Minuten. Wir sind gleich fertig: Solche Riesenpakete, auf zwei Rädern verschnürt, übersteigen die Wühlkapazität der Beamten. Und Eindruck Nr. 3: „Ich komme in etwa einer halben Stunde ..." der Fahrer des Lasttaxis, den wir für eine Fahrt nach Betio anheuern wollten, verschwindet im Restaurant und bleibt dort. Wir stehen in der Sonne und schmoren. Nur noch *ein* anderes Auto auf dem Parkplatz, ein privater pickup. Sein Fahrer will gerade weg, sieht uns, kommt, fragt und: „ Steigen Sie ein, ich bringe Sie zur Fähre." Unterwegs ergibt sich, daß er Arzt und - Gesundheitsminister ist, gerade zurück von einer Reise nach Taiwan. Auf halbem Weg, in Bairiki der Hauptstadt, biegt er zu seinem Haus ab. Neu gebaut, am Wasser, westlich eingerichtet. Aber: Statt auf Stühle setzen er und seine Frau sich neben uns auf die Bodenmatte. „Cheers ..." eisgekühlter, frisch gepreßter Mangosaft zur Begrüßung. „Unser Land ist nun zwar seit einigen Jahren souverän", meint er, „doch wir gehören nach wie vor zum britischen Commonwealth. Und das ist auch ganz gut so, denn wir brauchen die Hilfe der Engländer. Sie waren die ersten, die hier etwas aufbauten. Sie retteten uns vor den Blackbirder, vor Sklavenjägern, die viele unserer Einwohner nach Peru verschleppten. Unsere Gilbert Islands - nach dem englischen Kapitän benannt der sie entdeckte, blieben dann englisch." Er zeigt eine Karte der Republik: „Arme Inseln mit schlechtem Land und wenig Wasser. Wir können uns noch keine Seewasser-Entsalzungsanlagen leisten, wie man sie demnächst auf Nauru einsetzen wird. Das ist die reichste Insel im Pazifik - ihre nur 8.000 Einwohner erwirtschaften das zweithöchste Bruttosozialprodukt der Welt. Wieso? Die bauen Phosphat billig ab und verkaufen es teuer. Keine Arbeitslosen, keine Steuern. Bis zur Jahrhundertwende, dann sind die

Vorräte erschöpft. Wollten wir mehr Inseln bewohnbar machen, dann müssten wir also Trinkwasser per Schiff anfahren. Doch dafür haben wir das Geld nicht. Und weil wir bisher auch noch keine Industrie besitzen, müssen unsere Leute sehr bescheiden leben. Immer mehr Menschen auf wenig Raum. Eine der zweifelhaften Folgen unseres modernen Gesundheitsdienstes." Der Kontakt zur früheren Kolonialmacht scheint eng - Berater, Material, finanzielle Hilfe, „... demnächst besucht uns die Queen. Wenn Sie bis dahin bleiben könnten? Das wird ein großes Fest!"

Im winzigen Fährhafen übernimmt ein wartender Neuseeländer unser Gepäck in sein Auto: „Ich fahre in Ihre Richtung." Hilfsbereitschaft, die wir schon beinahe als selbstverständlich akzeptieren.
„Warum nehmen Sie uns so einfach mit?"
„Ist hier so üblich. Und hat ganz praktische Gründe: Du hilfst mir heute, ich Dir morgen. Und so wie mit Ihnen bringt es neue Kontakte. Gefällt mir, kann - bei Ihnen weiß ich's noch nicht - irgendwann mal wichtig sein. Wissen Sie: Wir alle reden viel miteinander und da läuft dadurch mehr als Radio und Zeitung bieten. Beide übrigens kümmerlich."
Er wischt sich den Schweiß von der Stirn, schaut auf die Uhr, schimpft weil die Fähre noch nicht da ist. Doch irgendwann kommt sie, ein ehemaliges Landungsboot der Amis. Passagiere, dicht gedrängt. Auf der einen Seite Mädchen in langen roten und blauen Röcken, eng anliegenden gelben, rosa und grünen Oberteilen, auf der anderen meist junge Männer in Turnhosen und T-Shirts. Schwarzes, dichtes Haar, leuchtend weiße Zähne, vergnügte Gesichter. Über die abgeklappte Rampe drängen sie an Land - wir rollen an Bord. Eine löcherige Zeltplane

bietet mehr symbolischen als effektiven Schutz gegen den plötzlichen Regenschauer. Kisten und Tonnen werden gestapelt, geflochtene Körbe, eine mit handgeschnitzten Blumenmotiven verzierte Truhe.

Verrostete Tretmobile, bunt bemalte Mopeds und blitzende Motorräder zeigen etwas vom who is who, wo sich Unterschiede weder in der Kleidung noch am Gehabe ablesen lassen. Das Schiff wird voll. Da bringt uns jemand Klappstühle, lächelt verlegen und verschwindet im Gewühl der agilen und behenden Einheimischen. Nun schauen wir nicht mehr auf sie herunter. Jack, unser Begleiter, ruft ihnen in ihrer Sprache etwas zu - sie lachen und schnell geht's von Mund zu Mund: „Zwei aus Deutschland ..."

Was wir denn an Neuigkeiten „von drüben" dabei hätten, fragt Jack, „... eigentlich leben wir hier in einer Art von Isolation. Obwohl wir aus Neuseeland noch ganz gut dran sind", meint er wie zur Beschwichtigung. Als Metereologe wurde er für drei Jahre nach Betio versetzt. „Unser Land hat in den vergangenen Jahrzehnten viele Inseln als Treuhändler verwaltet. Dadurch kennen wir die Verhältnisse in dieser Gegend nicht nur vom Hörensagen und wissen, was bei solch einem Ortswechsel auf uns zukommt. Aber die europäischen Kollegen? Die haben oft schon nach dem ersten Jahr die Schnauze voll. Das Exotische reduziert sich für sie rasch auf Primitivität und auf Leute die merkwürdig leben und idiotisch reagieren." Langsame Fahrt über türkisfarbene See, dann kommt Betio in Sicht. Wellblechschuppen, ein kleiner Hafen. „Die Insel ist Wirtschaftszentrum der Republik. Wer Arbeit sucht, kommt hierher. Und auch wer Geschäfte machen will." Und als die Landeklappe des Bootes sich senkt: „Im zweiten Weltkrieg rollten Panzer von diesem Schiff - als eines von wenigen hat es damals überlebt." Während der Weiterfahrt auf der zum Tarawa Atoll gehörenden Insel, hält Jack kurz am Strand. Zwei mächtige Kanonen

stehen da, ihre Rohre zeigen zur See. „Diese Haubitzen sollten mal das damals noch englische Singapur verteidigen, eine Festung zum Meer hin. Die Japaner aber waren clever, sie kamen von der Landseite und eroberten Singapur nebst diesen Großkalibern. Nachdem sie 1941 die Gilberts okkupiert hatten, brachten sie die Geschütze hierher. Zwei Jahre lang passierte nichts. Aber dann, im November 1943, landeten die Amerikaner. Bei der groß angelegten Landungsoperation unterlief ihnen jedoch ein Fehler: Sie hatten die Wassertiefe falsch berechnet. Ihre Landungsboote und Schwimmpanzer blieben am Riff hängen und die US-Marines hatten schreckliche Verluste als sie unter dem mörderischen Feuer der Verteidiger an Land wateten. 3.300 Tote, Verwundete, Vermißte. Trotzdem gewannen sie schließlich die Schlacht von Tarawa, wie sie seitdem genannt wird. Von den 4.700 Japanern gingen nur 17 in Gefangenschaft." Im Ort der zerschossene japanische Befehlsbunker und ein Mahnmal für die Gefallenen. Nicht weit vom Friedhof schaut der Turm eines eingesandeter Panzers aus der Erde. Landebleche, einst von den Amis zum Fahren auf den Strand gelegt, sind zu Wänden von Schweineställen umfunktioniert. „Schweine wurden registriert, für sie war eine Kopfsteuer an die Japaner zu bezahlen." Vor einer Schule üben Kinder Paradeformationen: „Hier wird gern und oft marschiert - auch ein Relikt des Krieges?!"

Und dann ist da das Schild, so wie es daheim über den Fernsehschirm flimmerte. Damals begann in Gedanken unsere Reise hierher: Lockende Südseebilder, Jungmatrosen im Ruderboot auf ruhigem Wasser, „... da könnten wir paddeln. Verrückt? Aber warum nicht wenigstens davon träumen." Dieser Traum jedoch ließ uns nicht wieder los. Wir schauten in den Atlas, fanden die Inseln als winzige Punkte im Pazifik. Wir bekamen die Adresse der Reederei, deren Offiziere vor der Kamera von ihrer Arbeit an der Merchant Marine Training School erzählt hatten, sprachen mit jemand, der gerade aus Betio zurückgekommen war und der erstaunt nachdachte: „Paddeln? Nie gehört, daß das da jemand macht. Aber warum eigentlich nicht?" Nun, jetzt also sind wir da. Obwohl nicht angemeldet, werden wir herzlich empfangen: „Kömmt man binnen", Plattdütsch, von der Waterkant. Und ganz andere Laute aus dem Radio. „Das ist Gilbertesisch, die Sprache hier. Sollte eigentlich iKiribatisch sagen - daß der Name dieser Republik zwar Kiribati geschrieben aber Kieriebaß gesprochen wird, wißt Ihr sicher - das ti ist eben ein scharfes sz. Nur eine von vielen Besonderheiten übrigens.

Und nun zuhören: Der hiesige Sender bringt gleich eine Reportage, die er vor einigen Tagen bei uns aufnahm." Ein Seemanslied klingt aus dem Empfänger, unverständliche Erklärungen, gedolmetschte Gespräche: „... jetzt sitzen oder liegen auf allen Inseln die Leute auf ihren Strohmatten, nicken bedächtig, ziehen die Augenbrauen hoch, klacken mit der Zunge und klopfen sich aus verschränkten Armen bewundernd auf den eigenen Oberarm oder auf die Schulter. So ist das hier ..." Käptn Busch grinst.

Auf dem Tisch kleine Flaggen der Hamburg-Süd Reederei, der Columbus Linie und einer englischen Gesellschaft: „Die bezahlen uns. Und wir bilden dafür Jungen von den Inseln aus. Für die Arbeit an Deck, in der Maschine und als Steward. Ein Jahr lang. Danach kriegen sie einen Job auf unseren Schiffen. Bezahlt natürlich. Nur: Die Hälfte ihrer Heuer geht auf ein Kiribati Bank-Sperrkonto. Das wird erst nach Ende des meist eineinhalbjährigen Arbeitsvertrages ausgezahlt. Was Vorteile für alle Beteiligten hat: die Jungs laufen uns unterwegs nicht weg; sie können das Geld nicht mit flotten Mädchen verpulvern sondern sie haben nach der Fahrt Startkapital für ein eigenes Boot, für einen Laden oder ein Restaurant. Und der Staat Kiribati lebt inzwischen von den auflaufenden Zinsen. Tatsächlich, von diesen und von denen aus einem bei der Bank von England angelegten 80 Millionen Dollar Kapital. Das bekam Kiribati als Entschädigung für den Abbau von Phosphat auf Banaba, bzw. Ocean Island - die Briten hatten dafür zu wenig Tantiemen, Royalties, gezahlt. Ihre Kolonie ließen sie übrigens erst selbständig werden, nachdem die Banaba-Vorräte praktisch erschöpft waren. So geht das eben: Geschäft ist Geschäft..."

Wir dürfen bleiben. Ein Gastzimmer wird für uns aufgeklart und am Abend geklönt. „Meine drei Jahre Dienst hier sind demnächst rum", erzählt der Käptn, „für uns war das eine gute Zeit. Denn wann sonst ist man als Seemann so lange mit der Familie zusammen? Und wir haben eine Menge Interessantes gesehen. Eine Gesellschaft zum Beispiel, in der es fast keine Kriminellen gibt. Passiert mal etwas, dann im Suff.

Die Polizei ist unbewaffnet und hat wenig zu tun. Ein Mord ist Gesprächsthema für Monate auf allen Inseln. So der auf Christmas Island - nicht lange her. Da erwischte ein Ehemann seine Frau mit ihrem Liebhaber und brachte beide um - das erzählen die Leute hier weniger entsetzt, als mit einer guten Portion an Bewunderung: weil der mit einem einzigen Speerstich auskam."

Spiegeleier, Bratkartoffeln, Schinken und Pudding - „das Containerschiff, das draußen auf Reede ankert, hat Nachschub aus Deutschland gebracht. Morgen geht eine bei uns ausgebildete Crew an Bord. Da sind die dann erstmal sicher vor dem buh-buh-szi. Nie gehört? Ist ein seltsamer Brauch auf diesen Inseln. Wird übrigens bubuti geschrieben, das ti wieder wie szi gesprochen, warum, weiß ich nicht. Beipiel: Einer unserer Jungs hat sich von der zwangsgesparten Heuer ein schickes Motorrad gekauft. Eines Tages erscheint sein Onkel, von einer anderen Insel, weit weg, sieht das blitzende Ding und sagt 'bubuti' zu dem Jungen, was so viel wie leihen heißt, dann muß der Neffe seine PS-Düse hergeben. Und die ist weg, meist auf Nimmerwiedersehen. Unter Verwandten kann sich der Junge dem bubuti nicht entziehen. Und im Freundeskreis ist es nicht viel anders. Darum aufpassen - sonst seid Ihr plötzlich per bubuti Euer Boot los - wäre doch peinlich, oder? Denn ob Ihr Euch dann auf die gleiche Weise anderweitig wieder etwas an Land ziehen könntet? Sehr fraglich. Bubuti hat übrigens viele Varianten. Eine wird im Verkehr mit Behörden gespielt: Briefumschlag - bubuti - und schon hat ein Betrag, ohne daß jemand von Bestechung reden kann, den Besitzer gewechselt. Und wo eine Frau bereits viele, eine andere keine Kinder hat, ersetzt das Wort den Adoptionsvertrag. Ja, so kriegen wir allerlei mit, vor allem, wenn wir auf den Inseln unterwegs sind, um dort die Schüler für den nächsten Kurs zu mustern."

Lange sitzen wir auf der zum Meer hin offenen Veranda zusammen. „Gäste aus Deutschland sind selten - schön, daß Ihr da seid. Denn was sich sonst hier an Unterhaltung abspielt, das ist immer dasselbe: Wochenendabend im Club, Parties die man mitmachen muß, zusehen, daß die Sauferei noch im Rahmen bleibt. Fast genau so, wie wir es früher übers Leben in den Kolonien gelesen hatten. Mit dem Unterschied nur, daß die Einheimischen heute den Ton angeben. Auch beim alkoholisieren.“ Wir reden über unsere weiteren Pläne - paddeln - wo am besten? „Butaritari, weit draußen im Meer, wie es der Name sagt. Das ist ein Atoll in dem sich noch nicht sehr viel durch die Zivilisation geändert hat. Mehrere unserer besten Jungs kamen von dort, bzw. wohnen da wieder. Wenn Ihr wollt, kümmere ich mich morgen um den Flug ...“

Sonnenaufgang - im Theater? Zart und vorsichtig tastet sich Licht aus weiter Ferne in die Dunkelheit des Bühnenraums, zeigt Konturen von schlanken Palmenstämmen wie Scherenschnitte, von elegant geschwungenen, bewegungslos an ihnen hängenden Zweigen; langsam heller werdend beleuchtet es die Szene, bringt Farben, dunkle, violettblaue, auf's Wasser, helle, rosa, rötliche an den grauen Himmel. Und dann plötzlich zucken wie Blitze die ersten Sonnenstrahlen über das Bild, ersetzen zarte Farbtöne durch kräftige, vergolden das Watt, holen, wie Scheinwerfer, bisher verborgene Details hervor: Einen Mann der bewegungslos im Wasser steht, die lange Angel dekorativ gebogen; das braune Segel eines Fischerbootes; dunkelrote Blüten vor der weißen Wand des Nachbarhauses. Kein Wort gehört zu dieser Inszenierung, nur das leichte Rauschen des auflebenden Windes in den Palmenzweigen.

„Das werden wir zu Hause vermissen“, meint später der Schulleiter, Kapitän Schmadel, beim Frühstück, „Tage die so beginnen.“ Kurz vor acht Uhr sind wir am Tor der Schule. Der Posten salutiert und trägt uns ins Wachbuch ein. Pünktlich mit dem Schlag einer Glocke marschieren 120 angehende Schiffsjungen auf den Hof, barfuß, im strammen Gleichschritt, bilden ein offenes Viereck vor dem Flaggenmast. Blaue Uniformen mit kurzen Hosen, weiße Marinemützen, vierstellige Nummern auf den Hemden, das Abzeichen der Schule an den Ärmeln. Ernste Gesichter, verstohlene Blicke zu uns herüber. Ein Ausbilder in weißer Uniform läßt die Fahne hissen: die Kiribatiflagge, mit Sonne, Meer und Fregattvogel. Danach Appell: Mit den Nummern werden

einzelne Jungen aufgerufen - „ihre Namen sind zu oft gleich und schwierig zu behalten.“ 4711 kam gestern zu spät vom Ausgang zurück und bezieht eine Verwarnung, 8815 hat dreckige Fingernägel und wird zum Nachrapport bestellt. „Pünktlichkeit, Ordnung und Sauberkeit - auf den Inseln bedeuten die nicht viel. An Bord aber hängt davon fast alles ab. Darum der Drill hier und strenge Disziplin.“ Wegtreten in die Klassenräume. In einem wird Seefahrts-Englisch gebüffelt, im anderen sind angehende Mechaniker dabei einen Generator in Stand zu setzen: „Der fand sich im japanischen Befehlsbunker, wo er Jahrzehnte lang rostige Ruhe hatte. Noch ein paar Tage und der summt wieder.“ An einer Bar üben Stewards in spé das Mixen von Cocktails: „Wenn die zurück sind von der Reise, wissen sie, was Gäste von ihnen im dann vielleicht neu eröffneten Restaurant erwarten.“ Sauber und aufgeräumt die Schlafräume mit Doppelstockbetten, das Waschhaus und die Servicezimmer, in denen einheimische Frauen Uniformen bügeln: „...zweimal pro Woche gibt's frische. Das alles kostet die Jungen nichts, sie bekommen zu freier Kost und Logis ein Taschengeld und am Wochenende zeitlich begrenzten Ausgang. Anfangs schlaucht sie der Betrieb ziemlich. Aber dann macht es den meisten Spaß. Vor allem, weil sie der Arbeitslosigkeit entrinnen und Zukunftschancen sehen. Probleme die wir mit ihnen haben: Alkohol und wieder Alkohol. Wer dabei erwischt wird, fliegt sofort.“

Wir werden morgen fliegen, der Käpt'n hat alles arrangiert. Auch ein Hotelzimmer, näher zum Flughafen. Er bringt uns zur Fähre, drüben erwartet uns ein vorbestelltes Lasttaxi. Für ‘ne Tasse Kaffee stoppen wir an einem Restaurant, das zwei Deutsche in Bairiki betreiben. „Mit dem hier haben wir uns unseren Südseetraum erfüllt“, erzählt der jüngere, „aber der ist ausgeträumt, endgültig. Die Verkaufsverhandlungen laufen gerade. Warum? Mit diesen Leuten kann man nicht leben und schon gar nicht arbeiten. Die, die wir als Kellner engagiert haben, erscheinen nicht, wenn sie am Tag zuvor genug Trinkgeld kassierten. Egal ob wir dann Hochbetrieb haben oder nicht. Handwerker, die eine Arbeit anfangen, bringen sie nicht zu Ende. Das meiste müssen wir selber tun. Und das in *dem* Klima. Schluß damit jetzt, ab nach Hause. Nie wieder Tropen!" Später setzt sich der ältere zu uns. Probleme, so wie er sie sieht: „Die Menschen hier haben immer Zeit - uns rennt sie davon. Und wenn wir etwas planen, dann mit einem Ziel, mit einem Datum, weil es ja fertig sein soll. Das verstehen die nicht. Das wollen sie auch nicht. Die denken anders und darum können viele uns nicht leiden. Und wenn sie dann unter sich in ihrer Sprache reden, dann ist's ganz aus."

„Geht das vielen Europäern hier so?"

„Den meisten. Sonderlinge, wie ein Engländer zum Beispiel, ausgenommen. Der zog sich noch nach 40 Jahren jeden Abend zum Essen um, setzte sich auf den Stuhl und an den Tisch, band die Serviette um und dinierte mit Messer und Gabel. Normal? Ja, aber währenddessen krochen seine vier Frauen nebst unzähligen Kindern auf dem Boden um ihn herum und aßen mit den Fingern. Im britischen Club, er war und blieb dort Vorstand, schimpfte er auf seine schmutzige Familie und auf die Frauen, die er doch nicht habe einfach wegschicken können, was regelmäßig mit fröhlichem Gelächter quittiert wurde. Vor zwei Jahren ist er gestorben."

Vor Sonnenuntergang bummeln wir vom Hotel aus in der Umgebung. Hütten, geflochtene Wände, teils offen. Als wir vor der ersten stehen bleiben, bittet uns ein junger Mann in gutem Englisch herein. Matten auf dem Boden, hoch drüber das mit Palmenblättern gedeckte luftige Dach. Auf einer Seite Koffer gestapelt. „Das ist's wie wir leben", sagt er halb stolz, halb entschuldigend. Im bunten Lendentuch hockt er in der Mitte des Raumes, die Beine untergeschlagen, dunkler Wuschelkopf, klare, ernste Augen. Er ist arbeitslos. „Zu viel getrunken, oft weggeblieben von der Arbeit, gefeuert. Jetzt will mich keiner mehr, obwohl ich mit dem Trinken Schluß gemacht habe." Seine Frau arbeitet in einem Laden und verdient das Geld zum Leben. Ihre Mutter kurbelt per Hand die Nähmaschine am Boden und flickt Wäsche. Was er weiter machen werde?

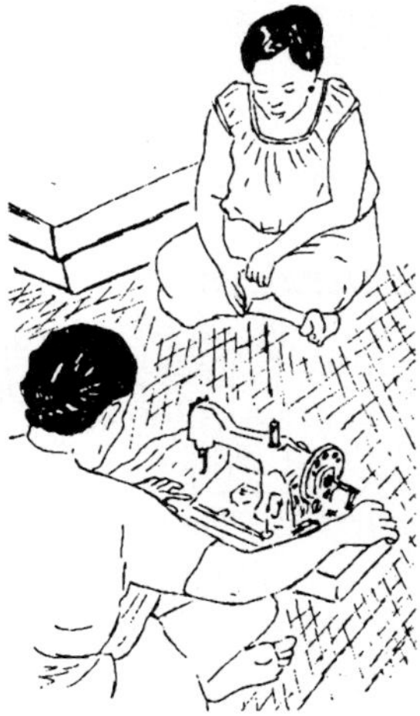

„Vielleicht gehe ich auf die Insel zurück, von der ich komme und pflanze wieder Taro.“ - In der Nachbarschaft flechten Frauen Matten aus schmal geschnittenen Blättern der Nipapalme. Unglaublich, wie sie aus dem Durcheinander der langen Streifen farblich hübsche Muster zustande bringen. Kinder haben leere Bierdosen auf die Straße gestellt und spielen mit Stöckchen Zielwerfen. Am Rand eines Weges niedrige, kleine Schlafhütten armer Leute: Vier Pfähle, Holzboden, Blätterdach. Eine junge Frau steht da, wie die anderen sehr einfach gekleidet. „Zuerst ist's immer eine Umstellung im Urlaub hierher zurückzukommen“, meint sie, nachdem wir uns eine Weile unterhalten haben, „aber dann gefällt mir das einfache Leben wieder. Keine Sorge um Eigentum, Menschen die freundlich zueinander sind. Und: Ich bin hier zu Hause.“ Was sie beruflich täte? „Bin Computer-Assistentin bei meinem Mann in unserer Firma auf Papua Neu-Guinea.“ Mehr als 3.000 km entfernt ...

Kurz vor dem Hotel wartet, inzwischen ist es dunkel geworden, ein Mann auf uns. Es ist der Arbeitslose, der in seine Hütte eingeladen hatte. „Ich bin froh, daß Sie vorbeikommen“, sagt er, „ins Hotel zu gehen, hätte ich mich geschämt.“ Er hat zwei Kokosnüsse vom Baum geholt, sauber geschält und gibt sie uns. Weil wir zu Gast bei ihm waren und er nichts anzubieten hatte? Weil wir Fremde sind, denen man traditionell Wegzehrung gibt? Mit einem kurzen Gute-Nacht-Gruß taucht er in die Dunkelheit. Und wir in den totalen Kontrast zu ihm und zu seinem Leben: Um ein flackerndes, offenes Feuer sitzt die hiesige weiße Gesellschaft auf der Hotelterrasse. Am Spieß geröstetes Fleisch, ein üppiges Angebot von Beilagen und Desserts. Bier, viel Bier. Das alles zu saftigen Preisen: „Scheint so, als ob die Einheimischen zwar regieren - das Geld aber verdienen die da ...“

Butaritari

„Unser Hotelbus fährt nur zu internationalen Flügen ...“ Kein Problem: Das erste vorbeikommende Auto hält und nimmt uns mit. Nette Leute - ganz in Gegensatz zum Hotelpersonal, das nur noch spurt wenn anständiges Bakschisch winkt. Air Tungaru steht auf den Flugscheinen, „... der alte Name für die ehemaligen Gilbert Islands“, erklärt uns der Manager, waschechter Engländer, „eine airline mit Tradition und fortune“. Auf das kürzliche Flugverbot für seine Linie, wegen schlechter

Wartung der Maschinen, sprechen wir ihn besser nicht an. Er aber uns auf die drei schweren Packstücke. „Die Ladekapazität unserer Flugzeuge ist begrenzt und ich weiß nicht ...“ Sein Assistent addiert fieberhaft Zahlenkolonnen auf einer ausgerissenen Heftseite, verrechnet sich, wiederholt die Prozedur während sein Chef, „ich bin alter Tropenmann ...“ hatte er gesagt, geduldig zuschaut. Ergebnis - es reicht wahrscheinlich noch. Um das jedoch ganz genau zu wissen, müssen wir mitsamt Handgepäck auf eine Waage steigen, die sonst wohl Kisten und Säcke taxiert. Danach sind wir endgültig akzeptiert und können einsteigen. Das individuelle Gewicht bestimmt nun, wo wir in der Maschine zu sitzen haben: Die weniger Kilos links vor einem dicken Inselbewohner werden durch unsere auf der anderen Seite ausgeglichen. Aber: „Weiter nach vorn“, werden wir aufgefordert und auch andere Passagiere müssen aufrükken, „noch weiter ...!“ Solange, bis ein Fluggast sarkastisch fragt, ob denn in diesem Flieger auch die Pilotensitze von Passagieren zu besetzen seien. Daß unser schweres Gepäck im Heck der Maschine der Grund für diese Umverteilung ist, der englische Pilot mit weißen Kniestrümpfen unter kurzer Hose und Buschhemd nimmt es gelassen. Er überwachte das Beladen der nagelneu aus Spanien gelieferten Casa

und packte selbst mit zu. Fertig? Er setzt sich an den Steuerknüppel des bullig wirkenden Hochdekkers, neben ihm als Co-Pilot ein junger, sehr dunkler Einheimischer. Der werde ihn demnächst ablösen, hatte der Manager erzählt, „so nach und nach übernehmen die alles. Manches können sie, anderes nicht. Na ja, und dann müssen wir wieder einspringen.“

Start in den frühen Morgen. Von der tiefstehenden Sonne angestrahlt, die Inselstreifen Tarawas unter uns, kurz darauf das dunkle Blau des Ozeans. Und dann überfliegen wir in wenigen hundert Metern Höhe Abaiang. Ein typisches Atoll, fast geschlossener Landstreifen um die Lagune herum.
„Darwin hat mal eine Abhandlung über diese Ringinseln geschrieben. Vor zigtausend Jahren, meint er, sei da jeweils ein Vulkanberg gewesen. Der Berg wäre dann abgesunken, so langsam, daß die Korallen um ihn herum, stets im für sie ausreichend belichteten Bereich, blieben wo sie waren. Weil es sich um einen nach oben spitz zulaufenden Berg handelte der versank, wurde der Abstand zwischen Land und Korallen immer größer. Und nachdem schließlich alles unterm Wasser verschwunden war, da gab es eben nur noch die Korallen als Außenriff mit der Lagune in der Mitte."
„Und wie erklären sich Atolle mit Inseln in der Lagune, so wie Truk und Pohnpei?"
„Vorausgesetzt, die Theorie stimmt, dann wären das die letzten Berggipfel auf dem Weg in die Tiefe."
„Feine Aussichten für ihre Bewohner ..."

Die da unten leben auf Korallengrund der immer wieder nachwächst. Dunkelgrüne Plantagen, kleine Häuschen zwischen hohen Bäumen. Gischtender Schaum wo die Brandung von der Seeseite her gegen das Riff rollt, ruhiges Wasser über weißem Sand in der Lagune. Vom hellem Türkis geht es ins dunklere Blau über. An flachen Stellen sind V-förmig angelegte Fallen zu erkennen, in denen sich bei ablaufendem Wasser die weniger wachen Fische einfinden. Tiefblau die schmale Einfahrt ins Atoll. So gut wir sie aus der Vogelperspektive in ihrem winkligen Verlauf erkennen - vom Boot aus wäre sie sehr viel schwieriger auszumachen. Eine Segelyacht schaukelt in hoher Dünung. Und dann voraus, als helle Schneise zwischen dunklem Bewuchs, die Landepiste von Butaritari. Rumpelnd holpern die Räder unseres Vogels über den Naturpfad, von dem, das hören wir später, gerade noch dort grasende Schweine verjagt werden konnten. Eine elegante Kehrtwendung und wir rollen zurück zum „Tower", einem Palmblattdach auf vier Pfählen, von Gestalten umlagert, die alles andere als vertrauenerweckend aussehen. Robert Louis Stevenson, der einst mit dem Schiff auf der Insel gelandete englische Schriftsteller, schilderte sie als rauh, manchmal grausam und dem Kanibalismus kaum entwachsen. Einige der dunklen Gesichter schauen so aus als seien keine 100 Jahre seit dieser Beschreibung vergangen. Beim ersten freundlichen Zunicken jedoch öffnen sich verschlossene Lippen, die Mundwinkel verziehen sich zu einem breiten Grinsen. „M-a-u-ri", sagen sie, Willkommen. Muskulöse, dunkelbraune Männer, die nur ihr buntes Lavalavatuch um die Hüften geschlungen tragen. Frauen, deren lose fallende Blusen zum Lüften, oder wenn der auf der Hüfte getragene Junior Hunger hat, einfach hochgeschoben werden, suchen im ausgeladenen Gepäck nach Kartons mit ihrem Namen.

„Habt Ihr die Post für uns?" fragt einer der beiden Weißen, die im Schatten des Tower warteten. Der Engländer, der sie uns in Bairiki gab, schien den „Kurierweg" für zuverlässiger zu halten, als die Inselpost. Ja, wir haben sie und damit auch das „come on" von den Männern, die uns kurzerhand in ihr Quartier mitnehmen. Das schon auf den Bootswagen verzurrte Gepäck kommt nebst Passagieren auf den Anhänger, die geländegängige Dreirad-Honda zieht ihre Fracht brummend durch tiefe Wasserlöcher im Weg: „Butaritari bekommt den meisten Regen der ganzen Region", bemerkt Mike lakonisch dazu. Stop in einem abgegrenzten Areal mit mehreren Zelten: „Unser Camp - willkommen." Seit zwei Monaten schon sind Mike und seine vier Kollegen hier und „wir bleiben noch eine Weile." Sie sind Neuseeländer und arbeiten im Auftrag ihrer Regierung als Reef Blasting Team. „Das ist so eine Art Entwicklungshilfe. Die kostet den Leuten hier nichts, hilft ihnen aber ein bischen." Die Aufgabe des teams? „Ihr wißt sicher, daß Korallen wachsen. Nach und nach machen sie die Zugänge zu Lagunen unpassierbar. Damit sperren sie für die Bewohner den Weg zum Fischen im Meer und den Versorgungsschiffen die Hafenkais in der geschützten Lagune. Wir sprengen Kanäle in die Riffe

durch die man wieder rein- und rausfahren kann. Darauf sind wir spezialisiert." Traktor mit Schaufel, Kompressor und Generator auf dem Platz, in einem Zelt Bohr- und Schweißgeräte sowie Taucherausrüstungen. Im anderen ein für uns gedeckter Tisch: Eisgekühlter Fruchtsaft, frischer Fisch, Zwiebeln, Taro, Cracker, Käse und Papayas - herrlich! Dann bereiten sich die Männer wieder auf die Arbeit vor: „Im sandigen Teil ist's einfach: Sprengladung, Knall und etliche Meter Passage sind tief genug, um auch bei Niedrigwasser durchzufahren. Im Riff wird's komplizierter. Da müssen wir unter Wasser bohren, uns mit den Korallen und manchmal auch mit Haien amüsieren. Die abzuwehren ist nicht immer ganz einfach." Dazu haben die Männer Stöcke, die bei Berührung dem Tier einen elektrischen Schlag versetzen, „ ... meist reicht das."

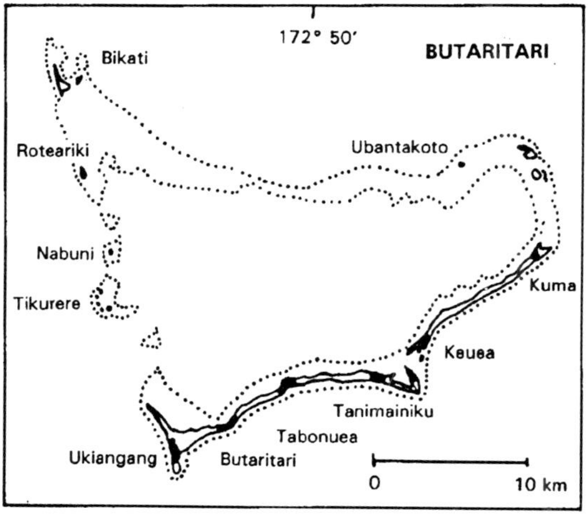

35 km Insel, 800 m an der breitesten Stelle. Der Ort Butaritari ist klein. Schön die Allee mit hohen Brotfruchtbäumen, sehr einfache Häuser bzw. Hütten. Schilder wie „Government", Regierung, und „Police-Station" sind für Amtsgebäude die wesentlichen, wenn nicht einzigen Unterscheidungsmerkmale. Einkäufe im „Warehouse", einem Wellblechbau. Und da treffen wir noch einen Weißen. Er kauft von den Fischern deren Fänge und exportiert sie nach Australien und Neuseeland: „Fische gibt's genug hier", meint er, „reicher Segen, wenn mal am Riff gesprengt wurde. Nein, gut ist das nicht, muß aber sein. Und die passen auch auf, daß nicht zu viel Brut kaputt geht." Tiefes Hafenwasser entlang dem Weg, der zur Kings Wharf führt, zum Landeplatz des früheren Königs - überall sonst liegt das breite Watt noch trocken. Die Neuseeländer bringen uns zu einem steil

abfallenden Strand, wo wir den Schatten hoher Palmen haben. „Von hier aus könnt Ihr los. Und wenn Ihr in Seenot seid, meldet Euch ...“

Eine Gruppe von Jungen schaut zu wie wir auspacken und das Boot aufbauen. Einer von ihnen klettert rasch, barfuß und ohne Hilfen, die 2o Meter eines Stammes hinauf, schneidet mit dem Messer zwei Kokosnüsse ab, wirft sie herunter, bringt sie und öffnet sie für die Gäste. Trotz der Hitze ist ihr Saft herrlich kühl und erfrischend geblieben. Ein alter Mann, dazu gekommen, zeigt zum nahen, hoch aus dem Wasser ragenden Rumpf eines ausgebrannten Flugzeuges: „Bomber“, sagt er und mit einem dazu gerade ausreichenden englischen Vokabular, „Krieg. Schlechte Zeit in Butaritari. Viele Menschen tot. Japaner böse, sie ...“, seine Geste mit dem langen Buschmesser ist unmißverständlich. Er hätte für die Besatzer arbeiten müssen, an einem Graben, so lang wie eine Palme hoch, je drei Mann breit und tief, der sei auf der Insel noch zu besichtigen. „Alle Männer Butaritaris da peng peng und begraben, beinahe“, sagt er, damit die Japaner deren Frauen hätten heiraten können, „dadurch viele japanische Kinder, alles dann japanisch.“ Überlebt habe er, wie die anderen, nur, weil die Amerikaner die Insel gerade noch rechtzeitig eroberten. „Ob er die Geschichte wirklich glaubt?“

Weit wollen wir heute nicht mehr fahren. Wir legen ab und paddeln an der Küste entlang westwärts. Der Karte nach hört dort die Straße später auf bzw. führt vom Wasser weg, was einen ruhigen Platz für die Nacht versprechen würde. Wenig Wind. Von hoch oben senkt ein Fregattvogel seine Flughöhe, schwebt näher und bleibt eine Weile knapp neben dem Boot. Ein weiblicher, am weißem Kopfgefieder zu erkennen: „Der von der Kiribati-Fahne?!“ Zwei Meter Spannweite - fast ohne Flügelschlag zieht er hoch, segelt weiter und hält Ausschau nach einem lohnenden Fang. Den jagt er mit Vorliebe anderen Seevögeln ab, scheucht sie so lange, bis sie die gerade aufgenommene Beute fallen lassen, die er geschickt auffängt. Bald ist er außer Sicht und wir schauen uns weiter die Küste an. Sehr einladend sieht sie nicht aus: Mangroven, überall Mangroven. Bis wir dann hinter ihnen ein Stückchen Strand finden. Da stinkt es, verfault, moderig. Und Fliegen. Und hungrige Mücken - so schnell als möglich verkriechen wir uns unter das Moskitonetz des Vorzeltes.

„Und diese Mistinsel findet der Schulungs-Käpt'n besonders reizvoll?"
„Der kennt sie nur vom Land her!"
„Was wir da bisher gesehen haben - vielleicht war er woanders?"
„Morgen weiter. Wenn's so bleibt, dann fliegen wir früher zurück!"

Tabonuea

Morgens sinkt unsere Laune auf den absoluten Tiefpunkt: Vor uns dehnt sich jetzt das auf einen Kilometer Breite „angewachsene" Watt. Braun, matschig, abgestorbene Korallen, Löcher und zum Teil tiefe Rinnen. Kaum passierbar. Wie lange nicht? Die Tidentabelle zeigt für diese Tagen nur minimale Unterschiede zwischen Ebbe und Flut. Ungewöhnlich - also werden wir warten müssen. Jedenfalls solange, bis der „Weg" zum fahrbaren Wasser nicht mehr ganz so weit ist. Auf der Karte, die wir in Tarawa bekamen, ist nicht gut zu erkennen, ob das Watt an der Lagunenküste überall auf dieser Breite trockenfällt. Wenn, dann bleibt die Zeiteinteilung schlecht. Denn morgens könnten wir nicht früh los und haben nur die heiße Zeit zum Paddeln.
„Schöne Aussichten - die haben da was empfohlen. Nichts für uns ... „
„Abwarten. Und inzwischen schauen wir uns mal das Watt an."
Eigentlich eine ganz interessante Landschaft. Viel mehr begehbarer Sandboden als erwartet. Wo das Wasser in kleinen Teichen stehen blieb, finden wir Fische, die bei Einsetzen der Ebbe den Rückzug in die Lagune versäumten. Würden Seevögel hier unterwegs sein, sie hätten ein reiches Angebot. Aber da sind keine - warum eigentlich nicht? Muscheln - nicht aus dem Boden zu lösende, relativ kleine Exemplare der Tridacna, die sich mit Sekretfäden fest im Untergrund verankern. Ihre gezackten Lippen warten auf Plankton als Nahrung. Wie sie, versuchen Krebse diese Kleinstlebewesen des Meeres abzufiltern. Seesterne mit unterschiedlich langen Armen warten auf das Zurückkehren der Flut, ebenso wie der Rochen, der sich in einer gerade noch vom Wasser bedeckten Sandmulde eingewühlt hat. Hier können wir ihn in aller Ruhe anschauen - leichtes Flattern ab und zu zeigt das fast runde „Segel" - ein Stachelrochen also. Wenn er schwimmt, dann bewegt sich sein Flossensaum wellenartig. Dieser hat weni-

ger als einen Meter Durchmesser - es gibt größere. Die mit den spitz zulaufenden Flügeln, die Adlerrochen zum Beispiel, doppelte Spannweite von dem da im Sand. Und noch ein bischen legt der Teufelsrochen oder Manta zu - bis 6 m - auch mit Flügeln. Aber dem begegnet man selten über flachem Grund. - Unglaublich schnelle Krabben jagen durchs Gelände, geschickt um Hindernisse herum. Und dann beginnt das Wasser den tiefer liegenden Teil des Watts zu überspülen: „Bis dahin können wir tragen und dann treideln. Weiter?!"

Nach Westen zu endet die Insel bald. Auch dort zugewachsene Ufer. Wir drehen um und fahren weit ab von Land und Untiefen zurück. Aus der Ferne sehen wir Butaritari, das helle Gebäude, das auf der Karte mit „Atoll-Produkte Fabrik" bezeichnet ist: Die Neuseeländer schüttelten die Köpfe, als sie das sahen. Dann wieder Mangrovenküste. Heiß, verdammt heiß, sogar auf dem Wasser. Wo gibt's Schatten? Dort - eine Reihe niedriger Palmen hinter sauberem Sandstrand. Zwei Jungen schauen unserer Landeanfahrt zu, „laaangsam - Vooor-Sicht ...". Keine Korallen. Aussteigen. Die beiden waten uns entgegen und wollen helfen, das Boot vorn und hinten hochheben, um es an Land zu tragen: So schwer? Zu viert schaffen wir es über den sandigen Boden gerade so weit heraus, daß es bei höherem Wasserstand später gleich wieder flott wird. Später? Erstmal unter die Palmen. Kühl, kühler jedenfalls, obwohl die Schweißperlen immer noch rollen. Zweige zeichnen feine Schattenmuster auf den Sand, durchbrochen von violett blühenden, am Boden kriechenden Pflanzen. Mehr Wind auf dem leicht ansteigenden Ufer zwischen niedrigem Buschwerk. Und dort gibt's einen ebenen Platz mit Blick hinaus zur Lagune: „So was kriegen wir heute nicht mehr woanders. Morgen weiter? Hier ist's schön!" Die Jungen schauen eine Weile zu wie wir auspacken, dann verschwinden sie über einen schmalen Trampelpfad in der Richtung, in der wir vom Wasser aus einige Unterstände, Dächer auf Pfählen, sahen. Wir schwimmen, tauchen und „Besuch!"

Zwei Frauen. „Mauri..." sagen sie zur Begrüßung, reichen mehrere Kokosnüsse und setzen sich in einigem Abstand vom Zelt auf den Boden. „Wir wollen Euch nicht belästigen", heißt das, „aber was Ihr da tut, das das wüßten wir doch ganz gern." Eine zeigt mit Armbewegungen an, daß wir mit unserer Behausung hier willkommen seien, die andere ruft eines der inzwischen gekommenen Kinder vom Zelteingang zurück. Hübsche, ausdrucksvolle Gesichter. Dann erscheint ein jüngerer Mann, legt mit ruhiger Gebärde einen ganzen Armvoll Papayas neben das Zelt und geht wieder. Immer mehr Kinder. Im Halbkreis sitzen sie um das Zelt herum, lachen und werden plötzlich ganz still: Ein Ballon! Immer größer, noch mehr pusten, ein Knoten und - wer bekommt ihn? Gab es in Marokko Schlägereien, ja Schlachten um unsere Luftballons, hier wandern die roten, blauen und gelben Mitbringsel von Hand zu Hand, von einen zum anderen. Kein Streit, kein Ärger. Einige Kinder können etwas Englisch: „Von wo kommt Ihr - wohin - wie lange ...“ die üblichen Fragen. Sie hätten eine Schule in ihrem Ort, der Ta-bo-nu-e-a heiße - jede Silbe mit einem Vokal sprechen sie getrennt aus, wie das bei fast allen Sprachen Ozeaniens so üblich ist. Wir sollten ins Dorf kommen, dort wohnen. Erwachsene nicken dazu und zeigen die Richtung. Daß wir lieber hier bleiben wollen, verstehen sie nicht so recht. Bald darauf bringt die eine der Frauen, die inzwischen weggegangen war, eine geflochtene Matte: Auf der sollten wir sitzen und nicht auf dem Boden. Und wir versuchen uns daran zu erinnern, daß es diese Art der Gastfreundschaft Fremden gegenüber auch in unseren Breiten einmal gegeben hat. Das aber ist lange, sehr lange her.

Hunger. Aber denen was voressen? „Wir backen Pfannkuchen - für sie und für uns.“ Daraus wird eine richtige Show. Der Halbkreis verengt sich, beim Anspringen des Kochers wird er wieder weiter, beim Brutzeln der Pfanne zieht er sich erneut zusammen. Und als wir dann klein geschnittene Probestückchen, mit Zucker bestreut, zum Kosten anbieten, da werden sie ohne Schubsen und Drängelei vom Teller genommen. Riechen, Kauen, ernste Kommentare die wir leider nicht verstehen. Schmeckt's nicht, oder ist es Rücksichtnahme auf unseren wahrscheinlichen Appetit, daß beim zweiten Durchgang der Teller nicht mehr leer wird?

Gezählt 34 Kinder und Erwachsene - doch dann sitzt plötzlich nur noch ein alter Mann mit uns vor dem Zelt - Te-e-ka-na, früher einmal Postbeamter in Tarawa. Langsam und überlegt drückt er sich auf Englisch aus. Zunächst versucht er die Neugier der vielen Besucher zu entschuldigen: „Gäste sind bei uns immer etwas Besonderes. Und ihr seid vom Wasser her gekommen, das hat einige an die Geschichte erinnert, die uns unsere Eltern erzählten, denen ihre Eltern und so weiter zurück in der Zeit. Es ist die Überlieferung, daß es Geister gäbe, weiße Geister. Da sie aus dem Reich Matang stammten, wurden sie I Matang genannt. Auf unserer Nachbarinsel, auf Makin, würden sie eines Tages landen, das war vom Magier vorausgesagt worden. Ja und eines Tages kamen sie wirklich, so wie Ihr. In einem Segelschiff, wie es nie vorher gesehen worden war. Das ankerte in der Bucht und dann riefen die Einwohner von Makin 'es bekommt Kinder' - als kleine Boote vom großen ablegten und zum Strand ruderten. Waren das die weißen Geister? Nein, Menschen waren es, vor denen die Leute Angst hatten. Menschen in Kleidern, während hier doch jeder nackt war. Die ihre Füße in Hüllen verbargen wie Krabben sich in Muscheln verstecken. Und so wie Ihr Eure Luftballons heute, so brachten diese Menschen auch allerlei Neues mit. Etwas zum Beispiel, das weißen Schaum machte, wenn es naß wurde. Die Leute bissen davon Stücke ab und bekamen Bauchschmerzen. Das wird heute noch erzählt. Und darum haben einige der Alten vorhin die anderen vor Eurem Essen gewarnt.“

Als es schon dunkel ist, erzählt Teekana immer noch Geschichten. Von Seeleuten, die der Frauen wegen landeten, diese manchmal für einige Tage an Bord mitnahmen, wieder auf der Insel absetzten „wenn alle zufrieden waren“, und sie mit Tabak bezahlten. Von untreuen Ehefrauen, denen zur Strafe die Nase abgebissen wurde, sofern nicht die beteiligten Männer miteinander kämpften und der Überlebende die Frau behielt. Von einem Weißen, der als Händler auf Butaritari blieb und vier Frauen hatten, „... ebenso viele wie der König. Ja, damals konnte jeder mehrere Frauen haben. Heiratete zum Beispiel ein Mann die älteste Tochter, dann kam die jüngere oft mit zu ihm. Doch dann haben zuerst die Missionare und später die Engländer das verboten.“ Es klingt so, als bedauere er es. Er lädt uns ein, morgen das Dorf zu besuchen: „Ihr seid unsere Gäste. Und wenn Ihr heute Nacht vom Regen naß werdet“, er befühlt den Zeltstoff, „dann findet Ihr ein besseres Dach bei uns im Ort.“ Damit verabschiedet er sich: „Szabo“, das, wie er zuvor erklärte, Tiabo geschrieben werde.

Über uns der flirrende Sternenhimmel mit dem Kreuz des Südens. Zwei Ratten huschen vor dem Zelt zu den Palmen hin.
„Die nagen Kokosnüsse auf, die runtergefallen sind. Klettern sogar nach oben zu den noch nicht reifen, vorhin gesehen ..."
„... dann kommen sie auch an die Vogelnester ran und fressen die Eier. Darum also gibt's so wenige Vögel hier."
„Und deshalb die vielen Fliegen. Ekelhaft viele. Gehen mir auf die Nerven. Na mal sehen, ob's morgen im Dorf auch so ist.."

Gesang weckt. Einer der Jungen, die uns gestern halfen, marschiert singend am Zelt vorbei. An seiner Hand baumeln zwei leere Kokosnußschalen die oben runde Löcher haben. Immer noch singend klettert er auf eine hohe Palme. Mit dem Fernglas sehen wir es genau: Da ist ein Ast, der normalerweise Früchte trägt, abgesägt worden und mit Bändern umwickelt. Der Junge schabt an ihm mit seinem Messer herum, schneidet hinein und steckt ein schmales Blatt in die Schnittstelle. Die leere Kokosnuß hängt er darunter, das Blatt führt in deren Öffnung: Eine Verbindung für den austretenden Saft, ähnlich wie beim Abzapfen von Gummi? Ein zuvor dort hängendes Gefäß nimmt er mit. Ständig singend wiederholt er die Arbeit bei

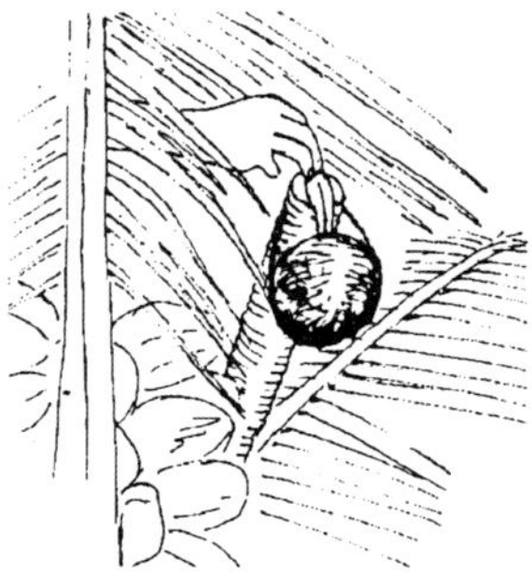

einem zweiten Baum und trudelt dann langsam zu uns, zum Zelt. To-u-a-te-ke, so hatte er seinen Namen buchstabiert, zeigt auf die beiden bis obenhin mit Flüssigkeit gefüllten Behälter: „Probieren?" Na, dieser Palmensaft, den er Toddy, auch Karewe nennt, schmeckt ziemlich streng. Mit Wasser verdünnt - schon besser. Eine Weile macht sich der

Junge am Ständer mit Behältern zu schaffen, dann wandert er, wieder singend, davon. Traditionell, das erzählt uns später jemand, gehören diese Lieder zur „Toddy-Ernte". Ihre Texte seien mündlich überliefert, den Inhalt aber verstehe niemand mehr.

Im Dorf treffen wir Touateke wieder. In seinem Elternhaus läßt er uns einen Sirup probieren: „Auch Toddy", erklärt er, „aber kochen, dick machen, dann Ka-mai-mai." Süß und lecker.

Sauren Toddy gäbe es nicht. Erst nach einer Weile kapieren wir, daß damit fermentierter Palmensaft gemeint ist, der zu Alkohol wird. - Wir hatten das Zelt zugemacht und waren über den schmalen Pfad dorthin gewandert, wo wir vom Wasser aus die Unterstände gesehen hatten. „Das sind Wohnhäuser ..." und wirklich: Unter den mit Blättern gedeckten Dächern, auf jeweils kräftigen Palmenstämmen, wird gewohnt.

Die das Dach tragenden Pfeiler stehen auf Korallensteinen, mehrere kreuzweise übereinander liegende Stämme tragen den Boden des Hauses. Etwa einen Meter über dem Erdboden ist er Sitz- und Liegefläche zugleich, mit geflochtenen Matten, manchmal mehrere übereinander. Kleider hängen unterm schattigen Dach, auf den dicken Längs- und Querbalken der Konstruktion liegen zusammengerollte Hemden, Tücher, Hauswäsche, Decken und Schlafmatten neben Säcken mit Vorräten. Die Einrichtung der Häuser ist fast überall gleich: Einige aufeinander gestapelte Koffer und eine Truhe aus Holz, meist mit geschnitztem Muster verziert. Mehr nicht. In einer Ecke zusammengeräumt, emaillierte und Blechteller, Löffel, keine Gabeln, ein großes Messer, eine Schüssel, Plastikbecher und ein großer Alu-Teekessel mit Deckel. Kochtöpfe und schwere Pfannen stehen neben den Feuerstellen im Freien. Überall qualmen da offene Holzfeuer, nicht immer unter vor heftigen Tropenregen schützenden Überbauten. Frauen, einige ohne die sonst getragene Oberbekleidung, schrubben Fische, holen Wasser aus dem nahen Wasserloch. „Zwei Brunnen, aber nur einer mit Wasser zum Trinken, der andere für's Waschen", erklärt Bwe-bwe-ka-ne, der Vater des Toddyboys. Er begleitet uns weiter.

Männer lassen die Beine von der Hausplattform baumeln, nackte Kinder hängen sich strahlend an unsere Hände. Ruhe - eine Atmosphäre der Gelassenheit liegt über dem Platz, um den in unregelmäßigen Abständen die Häuser stehen. Lächeln, Zuwinken wo wir auftauchen. „Mauri" sagen nun auch wir. Seine Aufgabe als Fremdenführer nimmt Bwebwekane ernst: Tabonuea hätte 46 Häuser, te-u-ma, erzählt er, etwa 200 Einwohner und drei ka-a-in-ga. Das seien die großen Familien die gemeinsame Vorfahren hätten und in denen deshalb nicht untereinander geheiratet werden dürfe. Diesen Familien gehöre das Land, vom Ozeanriff, ma-ran, bis zum Lagunenrand, na-ma, mit allen Bäumen und natürlich auch den Häusern. Er führt uns zum Unimane, dem „Old Man" des Dorfes, einem dicken älteren Mann. Wir seien Gäste, sagt auch der und ob wir nicht doch besser ein gerade leerstehendes Haus im Ort beziehen wollten? Vor dem, das er uns

zeigt, sitzt eine Frau auf der Erde und zieht grüne Pandanusblätter so zu Knoten zusammen, daß Reihe für Reihe eine neue Matte daraus wird. Hätte sie es für uns räumen sollen? Etwas weiter ein Mädchen, das bei uns noch zur Schule gehen würde. Mit dem Messer raspelt es das weiße Fleisch einer Kokosnuß, „für ihr Baby", erklärt Bwebwekane, „ist sehr gut. Früher wurde aus Kokosfleisch auch Öl für Lampen gemacht. Heute gibt's Kerosin - viel besser. Und das da", er zeigt zu einer Gruppe von Frauen. die von ihrer Arbeit kaum hochgucken, „wird Ka-bu-bu." Wir verstehen, daß da die reife Frucht der Pandanus zu einem Mehl verarbeitet wird, das sich lange als Vorrat hält. - Im „Market", in einem kleinen Schuppen, liegt etwa ein Dutzend Artikel aus, Zucker darunter und Seife, Tabak, Zündhölzer sowie Kaugummi und Coca Cola. „Wir brauchen nicht viel", meint Bwebwekane, „das meiste haben wir selbst oder wir tauschen es ein. Fische zum Beispiel gegen Kleiderstoffe. Nur Geld ist immer knapp."

Abends sollten wir zum „Twist" kommen, damit verabschiedet Bwebwekane sich. Bis dahin haben wir Zeit, Zeit zum Schwimmen und und zum Notieren der Eindrücke.
„Ein Dorf in den die Menschen noch so leben wie eh und je."

„... vom Ladensortiment mal abgesehen. Und neben einem Haus stand ein Motorrad."
„Trotzdem: Verglichen mit dem was wir bisher sahen. ist das einfach eine ganz andere Welt. Bleiben wir noch einen Tag?"
Still, wortlos, stellt ein Junge schüchtern ein Glas mit Zucker neben das Zelt. Andere Kinder legen Papayas und kleine Kokosnüsse dazu und eine offensichtlich sehr arme Frau bringt in ihrer abgedeckten Keramikschale Taro und getrockneten Fisch. Fürs Abendessen sagt ihre Geste. „Warum verwöhnen die Leute uns so?"

Und das bleibt so: Als wir im Dunklen den von einer Kerosinlampe erhellten Dorfplatz finden, stehen da zwei Stühle. Die einzigen. Kaum sitzen wir, da werden uns von hinten Kränze auf die Köpfe gelegt, rote, weiße und gelbe Blüten, sorgsam ineinander geflochten, frisch, mit herrlichem Duft. Die meisten Dorfbewohner tragen jetzt am Abend solch einen Schmuck im dichten, schwarzen Haar. Lange, bunte Röcke und lose Oberteile bei den Frauen, die Männer in knielangen Hüfttüchern mit nacktem Oberkörper. Zu westlicher Musik aus einem uralten Bandrecorder tanzen einige Jugendliche „Twist", wie sie das nennen, trippeln, Boxbewegungen, kein Körperkontakt. Einige T-Shirts mit Aufschriften wie „Independence Kiribati 1979" oder „Mini South Pacific Island Competition, Samoa". Was für ein Wettbewerb? „Findet alle paar Jahre statt, Singen, Tanzen, traditionelle Spiele," Teekana, der alte Mann vom ersten Abend, zeigt zu einer Gruppe kleiner Kinder, „die wollen in ein paar Jahren da mitmachen und Euch jetzt zeigen, was sie schon können: Die story vom Fischen bei Nacht, mit Licht und mit Speeren, eine alte, sehr alte Geschichte." Schüchtern zuerst, dann temperamentvoll, tanzen die Kleinen. Aber es sind keine Tanzschritte wie wir sie kennen, kein Hin- und Herbewegen in der Formation oder mit Figuren. Jeder bleibt auf seinem Platz. Arm- und Kopfbewegungen und auch die Füße zeigen jedoch, wie da unter Wasser nach Fischen gesucht, nach ihnen gestochen wird. Dazu der Text des melodischen Liedes. Strahlende Gesichter beim Applaus. Und dann steht jemand auf und fragt: „Wie tanzt Ihr in Deutschland?" Wir holen die Kinder, stellen sie, die vor Neugier, Angst und Erwartung zappeln, zu zweit nebeneinander in einer Reihe auf und: Polonaise. Erst beim Herummarschieren fallen uns nach und nach Hüpf-, Kriech- und Tanzschritte wieder ein. Immer länger wird die Schlange. Erwachsene schließen sich an, das halbe Dorf ist auf den Beinen. Weiß leuchten die Zähne aus lachenden, dunklen Gesichtern. Schreie, Kreischen und Klatschen. Wir werden mit unseren Namen gerufen, lernen die für uns fast gleich aussehenden Na-ni-ma-kin von Ka-ki-a-bu-ra zu unterscheiden und schwitzen: Über 30 Grad im Schatten der Nacht, 90% Feuchtigkeit in der Luft und 100% in der Kleidung. Aber es hilft nichts - noch einmal! Bis wir schließlich erschöpft aufgeben und zum Zelt zurückstolpern. Aus der Ferne tönt immer noch „Twist".

„Wird Polonaise der neue Insel-Hit?"

„Wenn, dann gibt er Völkerkundlern späterer Generationen, die nach dem Ursprung von Tänzen forschen, Rätsel auf."

„... die nie erfahren, daß *wir* hier waren. Weißt Du noch die Geschichte von den irischen Schiffbrüchigen auf Pohnpei? Wegen ihres Tanzens wurden sie aufgenommen, bekamen Frauen ...

„Oho - eine Südseeschönheit für Dich?"

Sonntagmorgen. Es klingt wie Kirchenglocken: Im Dorf bearbeitet ein junger Mann die freihängende rostige Preßgasflasche mit dem Stück Eisen, das den Klöppel der Glocke ersetzt - die Kirche ruft ihre Anhänger in die Ma-ne-a-ba, ins Dorfgemeinschaftshaus. Etwa 20 m lang und halb so breit. Ein Dach in dieser Größe lastet schwer auf massiven Kokospalmenpfählen, hoch, schön geflochten, in einer Bauweise, die ohne Verwendung von Nägeln oder Schrauben auskommt. Nach allen Seiten hin ist das Gebäude offen, auch Im übertragenen Sinne: „Mane heißt zusammenkommen und aba sind die Leute - hier treffen wir uns, diskutieren, schlichten Streitigkeiten, reden über politisches, darüber,was gebaut oder angebaut werden soll", lernen wir von Ro-ni-ti, dem Mann, der neben uns zur Maneaba geht. „Mehr als die Hälfte hier sind katholisch, die anderen Evangelische, Adventisten und Anglikaner", erzählt er, „und es gibt dazu noch eine Gruppe Bahai, Leute die an eine gemeinsame Religion glauben. Früher? Früher hatten wir Geister auf der Insel, gute und böse. Aber was heißt früher - die sind heute noch da. Nur glauben viele nicht mehr an sie." Vor etwa 100 Jahren wären Missionare auf die Insel gekommen, inzwischen seien die meisten wieder weg. Sie hätten Schulen eingerichtet und versucht den alten Glauben durch das Christentum zu ersetzen. „Aber das funktioniert ja nicht immer. Und dann helfen uns wieder die Geister."

Heute ist Gottesdienst in der Maneaba, ein katholischer. Auf dem Tisch im Innenraum liegt die Bibel, für beide großen Religionen dieselbe. Männer sitzen auf den Matten am Boden, heute alle mit Hemden, die Frauen in schönen, bunten Kleidern. Manche mit Babies die auch während der Andacht an der Brust zu essen bekommen. Daß sie

zwischendurch schreien stört niemand, auch den Pfarrer, einen einheimischen Laien, nicht. Seine Predigt ist lang, wird ab und zu vom Singen der Gemeinde unterbrochen. Fröhlichere Lieder als bei uns, manche schließen Gebete direkt mit ein. Von den umliegenden Häusern her verfolgen wahrscheinlich andersgläubige Bewohner die Handlung. „Verschiedener Glaube bringt eine Menge Streit", Roniti scheint zu keiner der Konfessionen zu gehören, „vor allem, wenn es ums Geld geht. Die Katholiken wollen eine Kirche bauen, die anderen nicht. Und keiner kann in der Maneaba, wo alle wichtigen Entscheidungen fallen, einfach überstimmt werden, denn das ist bei uns nicht üblich. Es muß solange debattiert werden, bis Einigkeit erzielt ist. Darum steht die Kirche noch nicht. Und eigentlich brauchen wir ja auch keine neben der Maneaba."

Am Debattieren sind auch die Chefs der drei Kaainga. Sie hocken beim Dorfoberhaupt, zu dem wir am Nachmittag gehen um uns zu verabschieden. Denn morgen wollen wir mit dem Boot wieder weiter. Vom Dach der großen Hütte hängt eine Tafel herunter: Fotos, Postkarten und so exotische Bilder wie schneebedeckte Berge und Autostau in Sidney. Warum wir schon wieder weg wollten? Und wofür der Geldschein wäre, den wir als Dank, als Spende für das Dorf, in ihre Mitte legen? Daß sie darüber selbst entscheiden sollten, schafft offensichtlich Probleme. Vielleicht wird die unerwartete Gabe nächstes Thema in der Maneaba sein? Nun, nach inzwischen gelerntem „ko-ra-ba", danke, gehen wir zurück zum Zelt, um für morgen vorzubereiten.

Nicht lange und eine Abordnung aus dem Dorf erscheint: Wir möchten doch bitte nochmals in das Haus des Unimane, des Old Man, kommen. Eine ganze Menge Menschen sitzt jetzt dort unterm Dach auf der Plattform, steht draußen rundherum. „Hereingebeten", schenkt die

Hausfrau Tee aus einem großen Kessel, Relikt aus der englischen Zeit, in Plastiktassen ein. Zwei Jungen klimpern auf selbst gebastelten Gitarren, dicke, schwere Kästen, dünner, aufgeleimter Resonanzboden, die Saiten an handgeschnitzten Holzstücken gespannt. Aus dem Geklimper werden Rhythmen und aus ihnen Lieder, wie wir sie bisher noch nie gehört haben. Mehrstimmig, manchmal schrill und schnell, dann getragen und melancholisch: Südsee! Der Chef hat eine Trillerpfeife. Ein Signal von ihm und das Lied stoppt abrupt. Er macht einen Witz, „just to make the people happy", wie ein Nachbar übersetzt, die Leute lachen, ein weiterer Pfiff und aus einigen Worten des Vorsängers wird wieder dieser unglaubliche Sound. Wir sollen ein deutsches Lied zum besten geben: Was kann das werden, verglichen mit den temperamentvollen, fast wilden Rhythmen? Kinder krabbeln zwischen Musikanten und Sängern herum. Eines besonders schön angezogen, mit Blütenkranz auf dem Kopf: „Hat seinen ersten Geburtstag heute", ezählt Ki-a-ki-a, der Nachbar, und auch, daß nur der gefeiert werde. Kein weiterer mehr. Das bedeutet: Wer ein Jahr alt geworden ist, hat es geschafft, der kommt auch weiter durch. Und dann hält der „Präsident", wie der Übersetzer den Old Man nennt, eine Rede, eine lange Rede an sein Volk, das sich rund um das Haus herum versammelt hat. Kein Wort zu verstehen, aber, den Blicken der Zuhörer nach geht es um uns. Unfreundlich, da wir vielleicht etwas falsch gemacht haben? Freundlich wegen der Spende? Die wird wohl jedenfalls erwähnt - denn die Umstehenden nicken uns anerkennend zu. Auch sagt er, daß wir schon wieder weg wollten. Aber, der Dolmetscher soll das fragen, ob wir nicht noch einige Tage bleiben könnten, um - unsere Tänze der Mädchengruppe des Dorfes beizubringen. Die würde dadurch vielleicht demnächst die Inselmeisterschaft gewinnen.
„Wollen wir? Mit dem Weiterpaddeln ist's dann nichts mehr."
„Aber wann wird uns so was wieder geboten? Und verglichen mit dem, was wir vom Fieldtripschiff aus gesehen hätten ..."
Applaus, als wir „Ja" sagen. Nach weiteren 20 Minuten Rede dolmetscht Kiakia, daß an jedem der Tage die wir bleiben, die drei kaainga abwechselnd für unsere Verpflegung sorgen werden. „Sehr nett,

aber wir haben ja auch bisher schon von den freundlichen Menschen hier Speisen, Früchte und Getränke bekommen ...", das übersetzt Kiakia triumphierend dem Dorfchef. Unüberhörbarer Unterton: Gastfreundschaft funktioniert bei uns auch ohne Weisung von oben. Und das kommt beim Volk an. Doch dann protestieren wir. Denn den Eltern sei gesagt worden, ihre Kinder dürften uns nicht dauernd am Zelt besuchen: „Sie sollen nur kommen!" Das will unser Dolmetscher zunächst nicht an den Boss weitergeben - offenbar gehört es sich nicht, ihm zu widersprechen. Als er es dann doch tut, sind die Reaktionen unterschiedlich: Frauen haben wir anscheinend mehr auf unserer Seite, Männer sind auf der des Unimane. Nun, jedenfalls soll morgen bereits die erste Tanzstunde stattfinden - um 14 Uhr in der Maneaba: „Haben wir bis dahin ein Programm?"

Vor dem Zelt surren Fliegenschwärme - sie stört weder Rauch noch unser Zeug zum Einreiben gegen Mücken, die vor allem abends, bevor die Sonne glutrot im Meer versinkt, aggressiv werden. Also unters Moskitonetz, warm aber ruhig. Und Ruhe brauchen wir jetzt. Wie war das doch damals, in der Tanzstunde und bei Feten? Und was davon eignet sich hier? Auf einem Blatt Papier zeichnen wir Figuren, Formationen für eine Gruppe, legen die Reihenfolge und Übergänge fest in der Hoffnung, daß das alles etwa zu der Musik vom quakenden Rekorder paßt. Wir entwerfen und verwerfen und als es dunkel geworden ist, probieren wir draußen, vor Zuschauern sicher, die neue Tabonuea Atoll-Choreographie. Eine Mischung aus Polka, Marsch- und Volkstanz mit Einlagen, die eine Jury daheim entweder rot sehen oder blaß werden ließe. „Dieses nicht - und das anders ..., - im Schlaf noch verfolgen uns Dreh- und Wechselschritte, Formationen die durcheinander geraten: Lampenfieber ...

Morgens marschiert wieder Touateke singend vorbei um Saft einzusammeln. Und bald darauf klappert Geschirr - drei Mädchen auf dem Weg zum Zelt - die versprochene „Vollpension" läuft: „Te-a-ma-ra-ke", Essen, sagen sie und servieren süßen Tee mit Kondensmilch, Brotfrucht gebacken als Toast dazu, kleine Bananen, direkt vom Baum, die süßer und gehaltvoller sind als unsere, deren Marken wir bereits vergessen haben. Und für jeden von uns einen Kranz aus bunten, duftenden Blüten. Lachend, aber zögernd setzen sich die Mädchen auf die Matte vors Zelt. Etwas Englisch sprechen sie, doch es dauert eine

Weile bis der Abstand zu uns alten Leuten, als solche sind wir auf den Inseln generell Respektspersonen, schrumpft. Eine wedelt Fliegen mit dem Palmenblatt von unseren Tellern, eine andere schenkt Tee nach, aus dem Kessel, der bei uns im Museum einen guten Platz bekäme. Ob wir Kinder, te-te-i, hätten, wollen Sie wissen. Daß die aus einer früheren Ehe stammen, das interessiert sie: „Wo ist dann die erste Frau geblieben?“ Wie es denn bei uns wäre, wenn geschieden würde? Bei ihnen keine Probleme, sagen sie. Die Frau gehe mit den Kindern zur Familie der Mutter zurück. Ob der Mann dann bezahle? „Wofür?“ fragen sie ganz erstaunt. Sie sind 15, 16 und 18 Jahre alt - alle verheiratet. Mit Jungen, die nur wenig älter sind. Ka-u-a-i heißt die jüngste, Ka-ki-a-va die nächste und Ti-a-ra die älteste, wobei deren erste Silbe wieder wie Sz ausgesprochen wird. Sie hat noch kein Baby. Darum werde sie demnächst eines adoptieren, von einer Verwandten, die gerade schwanger geworden sei. Doch, die müsse zustimmen, das sei so Sitte. „Bubuti?“ Sie nickt. Sie würde bei der Geburt dabei sein und dann das Kind nach seinem ersten Geburtstag für sich haben, „sobald es selbst essen kann.“ Ob ihr Mann damit einverstanden sei? Welch seltsame Frage! - Mann = te-ma-ne bringen sie uns bei und te-a-i-ne die Frau. Analog seien te-te-i-ni-ma-ne der Junge und te-te-i-na-i-ne das Mädchen. Unser Boot sei ein te-wa, Betonung auf der zweiten Silbe und da draußen, das sei ta-ri, das Meer, mit viel te-ang, Wind und te-ika, Fisch. Sprachunterricht. Den Mädchen, nein, den jungen Frauen, macht er ebenso viel Spaß wie uns. Sie versuchen Zungenbrecher wie Fischers Fritze fischte frische Fische nachzusprechen und probieren wie das auf Gilbertese, so nennen sie ihre Sprache, nicht iKiribati, zu sagen wäre. Es klingt noch schwieriger.

Mit zwei Frauen, die am Strand entlang gehen, ins Dorf. Die Schule sollten wir uns anschauen. Zwei Pfahlhäuser unter hohen, mit Blättern gedeckten Dächern. Diese jedoch mit Wänden aus dünnen, senkrechten Bambusstangen. In jedem Haus eine Klasse. Die Großen sitzen auf Stühlen, haben Schulbücher auf den Tischen vor sich und eine Wandtafel mit Aufgaben zum Errechnen von Gleichungen. „Wir unterrichten auf Englisch und in Gilbertese“, informiert die Lehrerin, eine Frau aus dem Dorf. Vor ihrer Kollegin im anderen Gebäude hocken die ABC-Schützen auf Matten am Boden vor ganz niedrigen Tischen. Diese Lehrerin erzählt gerade - Tiara, die dazugekommen ist, übersetzt - die Geschichte von Te Bo-ma-te-ma-ki, vom Himmel und der Erde, die einmal fest miteinander zusammenhingen. „Na-re-a-u der Schöpfer sah sie unter sich im All dahintreiben und wurde neugierig. Er stellte sich auf das Gebilde und wollte hineinschauen. Singend schlug er mit seinem Schwanz zunächst ein Loch hinein, fand etwas Sand und Wasser darin und formte aus beidem einen Stein, Na A-ti-bu. ‘Vermähle Dich mit der Leere', sagte er und so wurde Nareau der Weise in Te Bomatemaki geboren. 'Mir ist es zu eng hier drinnen' stöhnte der, 'was kann ich tun?' Nareau der Schöpfer ließ ihn den Deckel etwas anheben, Geister, die drinnen saßen, halfen ihm und so trennten sich Himmel und Erde. Doch noch war nicht alles fertig. Nareau der Schöpfer rannte in alle Richtungen, hieß die Geister den Himmel auch dort anheben und so entstanden die Himmelsrichtungen Nord, Süd, West und Ost. Ganz dunkel war es überall. Da fragte der Weise den Schöpfer um Rat: 'Töte Deinen Vater Na Atibu', sagte der, 'und werfe sein eines Auge an den östlichen Himmel' - daraus wurde die Sonne. Das andere Auge, an den westlichen Himmel geworfen, formte den Mond. Und aus den Rippen, die in der Mitte des Himmels in tausend Stücke zersprangen, bildeten sich die Sterne. Durch Hände und Beine, in alle vier Himmelsrichtungen verstreut, entstand das Wetter, gutes und schlechtes. Und das Land? Die Innereien verwandelten sich in Inseln. Samoa war die erste, auf der nun die Geister wohnten. Aber als es zu viele wurden, wanderten sie aus und schufen neues Land, Tungaru und unser Butaritari. So wurde aus Te Bomatemaki die Welt.“

Daß kleine, ganz nackte Kinder während dieses Unterrichts über die Tische krabbeln: „Kinder scheinen hier alles zu dürfen, sogar schlafen gehen, wann sie wollen.“
„Sind sie deshalb so unbändig lustig und ungehemmt?“
„Weiß nicht - unsere sogenannte antiautoritäre Erziehung hatte nicht diesen Effekt.“
Und so ganz ohne Leitung sind sie hier doch nicht. Schon bei den nur kleinen Gruppen, das beobachten wir seit gestern, kommandieren

„Häuptlinge" - ältere, die sagen wo's lang geht. Und die Vorbildfunktion wirkt - kleine Jungen begleiten ihre Väter bei der Arbeit, dem Ernten von Kokosnüssen und beim Roden von Flächen mit stachligem Gestrüpp. Mädchen pflücken mit ihren Müttern im Busch bunte Blumen und helfen ihnen den Kopfschmuck für die Tanzstunde zu fertigen: Zwischen großem Zeh und Hand spannen lange, aus Blättern gedrehten Schnüre. Geschickt werden sie ineinander geflochten und mit Blüten besteckt. Herrlich leuchten die in der Sonne. Und durch die hohe Luftfeuchtigkeit bleiben sie lange frisch.

Kurz vor 14 Uhr sind wir an der Maneaba. Die Tanzstundengruppe? Niemand da. Nur zwei Frauen sitzen auf Matten im Schatten. Nach einigem Palaver schickt die eine ihr Kind los, um die Mädchen zu holen und nach und nach trudeln drei, vier ein. Zu wenige für unser Programm. Nach einer halben Stunde sind es dann acht und die wollen wirklich etwas lernen. Wir machen vor und begeistert ahmen sie nach, zur sich immer wieder wiederholenden Musik vom Tonband. Als das einmal aufhört und sich der Sender einschaltet „... und jetzt hören Sie Nachrichten", dreht ein Mädchen ihn ab: Kein Interesse - auch bei uns nicht mehr. Nach unseren Maßstäben sind die meisten Mädchen zu dick - hier macht sie das begehrenswert. Sie stampfen auf die Matten, barfuß, schaukeln in den Hüften, lachen, juchzen und bald tanzen sie die erste Sequenz allein. Figuren und Schritte passen sie ihrem Temperament an, finden schwungvolle Übergänge und wollen mehr, länger, noch einmal. Und das bei der Hitze! -

Zwei begleiten uns nach der Strapaze zum Zelt wo bereits das Abendessen eingetroffen ist: Curry-Huhn, gekochte Brotfrucht und junge Kokosnüsse voll erfrischendem, kühlen Saft. „Nein", sagt Mi-ri-a, eines der Mädchen, als wir sie darauf ansprechen, „Hunger hat niemand bei uns. Zu essen haben alle genug. Auch wenn man krank ist oder keine Arbeit hat." Die Familie sorgt dafür? Beide nicken. Wir fragen, ob nicht durch die vielen Kinder eines Tages Platz und Essen auf der Insel knapp werde. „Ja", meint Te-an-gi-ra, das andere Mädchen, „das ist so. Die Regierung schickt schon Leute, die über Familienplanung reden. Nur: nach unserer Religion ist vieles davon nicht erlaubt." Ob das immer so war? „Nein, früher hatten die Menschen hier ihre eigenen Methoden, so eine Art Massage und Medizin aus Pflanzen. Einige alte Frauen wissen noch davon. Und damals starben auch mehr Kinder an Krankheiten - heute ist das besser." Beide möchten Kinder und natürlich würden sie heiraten. Am liebsten gingen sie dann nach Tarawa, „da ist mehr los als hier im Dorf ..."

Abends, und nicht nur dann, passieren Bewohner der am nächsten gelegenen Hütten das Zelt auf dem Wege zur Lagune. Die ersetzt ihnen das Klo. Zum Schwimmen und Waschen nehmen wir darum noch weitere Wege in Kauf, in der Hoffnung, daß die natürliche Selbstreinigung des Meeres dort funktioniert. Strapaziert jedoch wird sie: An mehreren Stellen stehen Klohäuser am Ufer: Natürliche Wasserspülung, bei Flut jedenfalls. Und die Zahl der Bewohner, multipliziert mit ... lieber nicht nachrechnen!

Nachts klatscht ein tropischer Guß aufs Zelt - spült die draußen hängenden, frisch gewaschenen Hemden nochmals durch, läßt uns um die Haltbarkeit des Überdaches bangen und hält uns lange wach. Dabei ist frühes Aufstehen angesagt: „Mitkommen zum Fischen?" hatte gestern Anterea gefragt. Da das Männersache ist, kann nur einer mit: „Muß sowieso dableiben wegen der Tanzstunde. Sind ja schließlich nicht zum Vergnügen hier ..."

Die Fischer versammeln sich in der Maneaba, „wie an jedem Morgen." Der Old Man sitzt vor. Er ist gewählt, Amtsdauer unbegrenzt, Neuwahlen aber jederzeit möglich. So jedenfalls hatte Anterea es erklärt, der jetzt befriedigt feststellt: „Wir haben viel Zeit, die Boote sind noch nicht fertig." Gemeint damit ist: Sie liegen noch auf Grund und es wird noch dauern, bis die Flut sie freigespült. Diskussion, langsam, mit vielen Pausen - Schweigen gehört anscheinend dazu. Worum es geht? „Wir besprechen was mit dem heutigen Fang geschehen wird. Das vereinbaren wir jedesmal, nachdem alle darüber einer Meinung sind. Manchmal behält jeder das, was er im Boot mitbringt; oder wir verkaufen alles an die Händler in Butaritari und teilen das Geld auf die Familien auf. Heute, so ist gerade beschlossen worden, wollen wir das Ergebnis aus dem Verkauf für den Bau eines Hauses verwenden, das 47te wird es sein."

Dann schleppen wir geflochtene Körbe, dicke Masten und das schwere, aus vielen Stücken Plane zusammengenähte Segeltuch durch's jetzt noch nicht knietiefe, badewannenwarme Wasser zu den Booten. Elegante Boote - sechs bis acht Meter lang, hochbordig, 50 - 60 cm schmal. Holzplanken auf Spanten gedübelt, nirgends Schrauben, Nieten oder andere Metallteile. Ausleger auf nur einer Seite. Er hängt an mit Bändern verbundenen Lattenträgern, scheint beweglich und zerbrechlich - der Fischer, der sich auf ein Dreiecksbrett zwischen den Trägern stellt, beweist das Gegenteil. Bug und Heck haben die Boote nicht bzw. beide sind gleich scharf geschnitten. Das lange Ruder zum Steuern, kann vorn oder hinten, auf beiden Seiten, eingehängt werden. Der jüngste von uns fünfen an Bord, Na-bo-u-a, wriggt das Boot in tieferes Wasser. In den Holzteller, der in der Mitte des Bootes befestigt ist, stellen nun zwei Mann den schweren Mast mit dem Segel dran. Etwa 45° neigt er sich nach vorn, so daß die lange senkrechte Spiere an die das Dreiecksegel gelascht ist, in eine Aussparung an der Spitze des Bootes eingesetzt werden kann. Von dort ragt sie schräg nach oben, noch über die Halterung am Mast hinaus. Eine zweite Spiere, am Segel befestigt, hängt auch an der Bootsspitze und dient als Rah. „Wo vorn ist, bestimmt der Wind", erklärt Anterea, „er muß von *der* Seite kommen, auf der wir den Ausleger haben."

Das Boot nimmt Fahrt auf - Taue knirschen. Taue? Abenteuerlich dünne Leinen, mit denen das Segel am biegsamen Mast hängt. Daß der lose in dem Holzteller steht - anscheinend genügt es, obwohl die Masthalterungen, aus Palmenfasern geflochten, nicht gerade solide aussehen. Aber: Unter mächtigem Zug im Segel rauschen wir mit weißer Bugwelle hinaus in die Lagune, so ausgetrimmt, daß der Ausleger nur selten die Oberfläche berührt. Ein Mann führt die Rah an langer Leine, ein anderer das Steuer. Rasch sind wir außer Sicht vom Land. Wie nun schon gewohnt die Beine unter den Körper geschoben, hocken wir auf Lattenrosten, mit denen der Bootskörper in Bordwandhöhe abgedeckt ist. Die Fischer haben aus Pandanus geflochtene Helme auf, in der Form etwa, wie wir früher Hüte aus einem Blatt Zeitungspapier falteten. Einige tragen T-Shirts, andere einfache, saubere Hemden, dazu Lavalavas oder kurze Hosen. Sie wirken entspannt, einer singt, die anderen summen mit.

Mindestens fünf Stunden lang soll heute gefischt werden. Mitten in der Lagune, wir haben etwa 30 m Wasser unter dem Kiel, geht's los. Naboua wirft einen dicken Korallenstein an langer Leine über Bord, den Anker, und hält an ihm das Boot auf der Stelle. Die anderen suchen aus ihren Körben Leinen und Haken und - Köder, lange Octopusbeine. Die nehmen sie zwischen die Zähne, reißen sie in kleine Stücke und befestigen jeweils zwei bis drei von ihnen mit einem Bleigewicht am langen Haken der an dünner Leine über Bord fliegt. Warten. Während der ersten zwei Stunden beißen nur zwei kleine Fische an. Kein Grund zu Ärger oder Unruhe. Die Männer unterhalten sich leise miteinander und harren geduldig. Einer von ihnen hievt ein Schraubdeckelglas am Band aus dem Inneren des Bootes hoch und nimmt dicke, fast schwarze Tabakstiele heraus. Er legt sie aufs Deck, schneidet mit dem Messer kleine Stücke ab, zerreibt sie zwischen den Fingern, und rollt die Brösel in hellbraune, trockene Pandanusblätter. Mit Spucke zusammengeklebt: Eine Zigarette. Sie anzuzünden dauert lange bei dem frischen Wind. Dann jedoch gelingt das Anrauchen und nun wandert der Glimmstengel von Mund zu Mund. Ihn von vorn nach achtern und wieder nach vorn zu geben, wird zu meiner wichtigsten Aufgabe an Bord. Plötzlich fliegt er ins Wasser: Vom kräftigen Ruck an einer Leine bekommt das Boot kurz Schlagseite, die Männer gleichen aus und Hand über Hand zieht Anterea die Schnur nach oben. Schon tief drunten ist durch das glasklare Wasser ein bulliger und quirliger Fisch auszumachen. Hochgeholt verpaßt er mir mit der Schwanzflosse 'ne Ohrfeige, dann muß er im Inneren des Bootes sein Leben zu

Ende zappeln: Daß das Tierquälerei ist, kommt den Fischern nicht in den Sinn. Stumpft man der Kreatur gegenüber ab, wenn sie in der eigenen Vorstellung zu nichts anderem mehr wird, als zu einem Stück Nahrungsmittel?

Von nun an hängen in kurzen Intervallen Fische an den Haken. Rosa und rote, grüne und gelbe. Einer bizarr geformt, fast schwarz, der andere schneeweiß. Dicke Hängebäuche, Stachelhäute, Fransenflossen. Aus dem Kielraum des Bootes tönt ihr Schlagen gegen die Planken. Etwas Wasser haben sie dort jetzt, denn das Boot nimmt, lebhaft schaukelnd, ab und zu eine Welle über. „Pumpen". Da sind ein ziemlich dickes Plastikrohr und ein Holzstab mit flexibler Scheibe am Ende. Der wird ins Rohr gesteckt und mit Schwung nach oben rausgezogen: angesaugtes Bilgenwasser schießt über Bord. Einmal, zweimal und dann - husch, schwuppt ein Fisch auf diesem Weg wieder in die Freiheit. Glück gehabt. Der nicht, der kurz darauf an Bord kommt. Dem beißt Naboua kräftig in die Kiemen, zieht ihm mit den Zähnen die Haut vom zappelnden Körper und verteilt das rohe Fleisch als Mittagsmahlzeit. Frisch jedenfalls ist es. Dazu gibt's trockene, geröstete Brotfrucht und den Saft aus Kokosnüssen. Gegessen wird während der Arbeit, keine Pause. Der ganz große Brocken an der Angel aber bleibt aus: „Kürzlich hatten wir einen Hai an der Leine, etwa drei Meter lang. Der zerschlug uns zwei Planken", Anterea zeigt auf einen eisernen Spieß der an Deck befestigt ist, „mit dem da haben wir ihn schließlich fertig gemacht. Viel Fleisch!" Daß es bei solch einem Rendezvous vor einigen Jahren einen Toten gegeben hat, erzählt er später. Den hatte das Biest von Bord gewischt und seinen gefräßigen Kollegen unter Wasser überlassen.

Rückfahrt. 70 - 80 Fische haben wir an Bord.

Der Mast steht diesmal mit dem Segel auf der anderen Spitze des Bootes, denn der Wind hat seine Richtung nicht geändert. Unsere Besatzung ist zufrieden: „War ein guter Tag“, sagen die Gesichter, die während des Fangens eher angespannt aussahen. Jetzt zeigen sie wieder ihr Lachen und dann singen die Männer. Ein Lied, von Anterea komponiert und getextet, wie einer der Fischer erzählt. Schrille Stimmen, vom Wind zerfetzte Worte - wo bin ich? Ist das alles nicht nur ein Traum oder ein Film? Klatsch, der Wasserschwall einer Welle in die das Boot tief eintaucht - alles wirklich, diese Männer mit ihren geflochtenen Helmen, das schmale, lange Boot, das unter dem geflickten Segel pfeilschnell durchs aufgewühlte Meer fegt. Zwei Mann legen sich gerade auf die Platte über dem Ausleger hinaus, um gegen den Winddruck auszugleichen. Und dann kommen die Palmen rasch näher, die Küste und die exotischen Häuser. Am Ufer steht jemand der winkt ...

„Heute kamen die Mädchen nur 20 Minuten später zur Tanzstunde, und eigentlich ist's ganz gemütlich so: Niemand hat's hier eilig...“ Zu zweit bummeln wir ins Dorf, wo ein Teil der angelandeten Fische von Frauen aufgeschnitten, ausgenommen und auf einem Brett zum Trocknen in die Sonne gelegt wird. Fliegen, überall Fliegen. Auf der Kniewunde eines Kindes hocken sie dicht an dicht, auf den Fischen schon sowieso. „Mao Tse Tung hat einmal jeden einzelnen Einwohner seines Chinas aufgefordert sieben Fliegen an jedem Tag zu töten. Nur sieben - das reichte um mit ihnen fertig zu werden. Wäre das nicht ein Rezept für hier?“ Der Old Man, dem Anterea das übersetzt, wiegt bedächtig den Kopf und meint, die Idee sei gut und man werde sie diskutieren.
„Glaubst Du daran, daß etwas passiert?“
„Wenn, dann müßten alle Leute auf der ganzen Insel mitmachen - ob das funktioniert? Die tun doch nicht einmal etwas energisch gegen die Ratten. Einmal im Jahr, das hörte ich heute, kommt ein Mann von der Regierung und legt Gift aus. Erfolg: Da drüben läuft schon wieder so ein Vieh, ohne daß jemand auch nur einen Stein nach ihm wirft.“
„Warum nicht? Zu bequem?“
„Eine Kokosnuß kostet bzw. bringt ja kaum etwas - zu essen ist noch genug da. Die Verluste machen also nicht viel aus. Und an die Fliegen haben sie sich anscheinend gewöhnt. Daß die Krankheiten übertragen - es gibt ja Medizin. Ärzte kommen übrigens auch ab und zu hierher.“

Kinder waren tagsüber am Zelt - ein ganzer Schwarm kommt jetzt wieder mit dorthin. Im Pulk sitzen sie vor dem Eingang, gespannt und zappelig. Und dann folgt endlich die vorangekündigte Frage: Ob sie wiederholen wollten, was sie am Vormittag gesungen hätten. Mit leiser Stimme beginnt ein Mädchen, langsam, getragen, dann fallen andere ein, sie singen mehrstimmig, einige springen auf, unterstreichen den Text des Liedes mit Gesten. temperamentvoll und begeistert. Kiribati-Songs die sie in der Schule lernten und andere aus der Kirche. Warum nur haben wir kein Aufnahmegerät dabei? Aber: Sie wollen Gegenleistungen, unsere Lieder. Was jedoch hat der gelbe Wagen hier zu suchen, auf dem jemand beim Schwager vorn sitzt? Oder der Vater, der ein Wandersmann war? Na ja, die Kinder finden sogar das noch ausreichend um zu klatschen: „Höflich sind sie ..."

Heute sind es Frauen einer anderen Kaainga die das Abendessen bringen. Lecker, was alles aufgetischt wird - ist da ein Wettbewerb der Familiengruppen im Gange? Gebackener Fisch, Kürbis weich gekocht und mit braunem Zucker bestreut, und Taro. Die hier wachsende Art wird babai, gesprochen po-po-i, genannt. Schmeckt mit einiger Phantasie wie Kartoffeln. „Viel Arbeit", die Frauen beschreiben, wie sie nur einige Wurzeln der Pflanzen aus der feuchten Grube schneiden und den Rest gegen's Austrocknen schützen. Mit uns zusammen essen wollen sie nicht, das sei nicht vorgesehen, sagen sie sinngemäß.

Kurz vor Sonnenuntergang Spaziergang ins Dorf. Hier werden die frisch angelandeten Fische neben der offenen Feuerstelle geputzt, dort

schneidet ein Mann die vom neugedeckten Dach herabhängenden Blätter so, daß Ein-, Aus-, und Durchblick wieder hergestellt sind. Jeder sieht hier jeden und alles: „Ob die das nicht stört?" Ka-ki-a-no, der heute mit auf dem Fischerboot war, erzählt in seinem Haus von der Fahrenszeit auf einem deutschen Handelsschiff. „Gut - gleiches Essen wie Kapitän, Kabine allein." Unterschied zu hier? „Keine Frau ...", seine liegt auf der Matte und stillt ihr

Baby. Ob er das dichte Moskitonetz auch aufgehängt habe, um so etwas wie eine Zimmerwand zu haben? Er tut so, als habe er nicht verstanden und wir fragen nicht weiter: Individualität scheint kein gutes Thema. „Wie lange wird das so bleiben?“

Gehen wir durch den Ort, so sind wir nicht mehr die fremden Sonderlinge, sondern als Mitbewohner auf Zeit akzeptiert. Zwangloses Klönen in einer Hütte, eine Tasse heißen, süßen Tee trinken, in der anderen. Kinder holen uns, um etwas zu zeigen oder erproben ihr Englisch. Heute sind drei Jungen am Zelt, sie bleiben, nachdem die Frauen der dritten Kaainga das Frühstück gebracht haben. Setzen wollen sie sich zunächst nicht: „German boys would sit down?“ fragt einer, ob denn deutsche Jungen das tun würden? Schließlich hockt sich einer auf 'ne Kokosnuß, der andere auf die Matte und der schüchternste auf den dafür angebotenen Rucksack - auf dessen äußersten Zipfel. Ganz vorsichtig berührt er den Arm neben sich - „er wollte mitkommen, da er noch nie weiße Haut gesehen hat“, entschuldigt das der Älteste. Und er fügt hinzu, „dark skin is bad skin“, was eigentlich heißen will, daß es schlecht sei, eine dunkle Haut zu haben. Bilder aus der Geschichte dieser Inseln huschen vorbei: Weiße Walfänger, die dunkelhäutige Frauen vergewaltigten; Weiße die aus Südamerika kamen und hier dunkle Sklavenfracht an Bord nahmen; Kolonialbeamte in der Uniform ihrer weißen Macht.

„Wir meinen, daß die Zeiten, in denen nach Hautfarben unterschieden wurde, vorbei sind. Denn bei uns weißen Leuten gibt es, ebenso wie bei Euch, neben gescheiten Leuten auch dumme, neben guten die schlechten. Das hat nichts mit der Hautfarbe zu tun.“

„Aber die Weißen können mehr, sie haben Flugzeuge, große Schiffe und viel Geld - wir nicht ...“

„Weil sie das Glück hatten früher als ihr gute Schulen zu haben, mehr zu lernen. Das beginnt jetzt bei euch. Und in der Historie war es oft so, daß Völker, die anfingen sich zu entwickeln, andere überholten. Solche Völker die faul wurden, weil sie schon alles hatten. Die, so nennen wir das, degenerierten. Ihr fangt gerade an, habt einen neuen Staat gegründet. Eure Menschen wollen etwas erreichen, Ihr seid jung und könnt nun lernen...“

Der Junge schaut skeptisch, vielleicht zu Recht. Denn hier ist zwar so viel mehr lebendige Vitalität als bei uns, die Chancen aber, um ihr zum

raschen Durchbruch zu verhelfen, sind sehr begrenzt: Geld für noch bessere Ausbildung fehlt, und die Erfahrung aus dem Zusammenspiel der Kräfte in Wirtschaft und Weltgeschehen. Sein Gesicht hellt sich auf, als wir erzählen, wie sich die Europäer in die Sonne legen um braun zu werden: „Bei uns zeigt eine dunkle Haut an, daß man viel draußen ist, nicht nur in der Stadt, wo die Luft mit dem Gestank von vielen Autos krank macht. Unsere Menschen möchten so natürlich leben wie ihr hier auf den Inseln. Daß das gar nicht so einfach ist, werden wir ihnen erzählen. Denn auch wir sind ja hierher gefahren, um von eurer Lebensweise etwas zu lernen. Und unsere Haut ist dabei dunkel geworden - zu Hause wird man uns darum beneiden."
Ob er die Zusammenhänge versteht die eigentlich zu kompliziert sind um sie in ein paar Sätzen zu erklären? Selbstsicherer als beim Kommen jedoch verabschiedet er sich und seine kleinen Freunde: „Bis heute Abend ..."

Unser letzter Abend im Dorf. Für ihn hatte der Old Man ein „Fairwell-dinner" in der Maneaba angesagt. Alle seien eingeladen. Und er hatte einen jungen Mann als Dolmetscher bestimmt, der sich deshalb bei uns einfindet: „Ich heiße Kim", stellt er sich vor, das sei die Abkürzung für Ki-ma-ra-i-a. Nach Ausbildung auf der Marineschule in Tarawa hat er gerade seine erste Fahrenszeit auf einem Schiff der Hamburg-Süd hinter sich und nun drei Monate bezahlten Urlaub vor einem nächsten Törn. Er will wissen, was er für uns auf dem Fest übersetzen müsse, was wir erzählen wollten.
„Wieso erzählen?"
„Ja, der Old Man hat gesagt, Ihr würdet heute Abend eine Rede über Deutschland halten."

Aha - das ist neu. Offensichtlich gehören wir bereits so weit zur Gemeinschaft, daß wir in auf diese Weise übermittelte Direktiven von oben einbezogen werden. Aber wieso eigentlich nicht: Wir durften hier zuschauen - nun sollten wir uns dafür revanchieren. Kim hätte am liebsten die Rede jetzt schon komplett zum Vorlesen. Warum sein, wie es scheint, Lampenfieber, da das Englisch, das er spricht und versteht, doch fürs Dolmetschen ausreichen sollte? „Ich werde heute Abend bei Ihnen sitzen", sagt er, „dort, wo sonst nicht mein Platz ist..." In der Maneaba gäbe es eine bestimmte Sitzordnung und sein bo-ti sei eben nicht da, wo die Matte für den Old Man und dessen Gäste läge. „Ich

habe schon mal erlebt, wie einem jüngeren Mann gesagt wurde: Wer bist Du, der Du zu uns sprechen willst - wir haben mehr Kokosnüsse gegessen als Du.“ Trotz unserer Versuche ihn damit zu beruhigen, daß ja wir redeten und er nur übersetze, geht er sichtlich nervös.
„Was wollen die wissen? Und wie stellen wir es dar?“
„Fischen in Deutschland - darüber lief doch neulich ein Fernsehfilm.“
„Deutsche Geschichte, der letzte Krieg zum Beispiel...“
„... interessiert sie nicht.“
„Aber ein bischen Geographie, dazu brauchen wir eine Karte.“
„Gut, die können wir noch zeichnen.“
„Politik? Staat? Wirtschaft?“
„Viel zu kompliziert.“
„Kompliziert - ja - wieviel komplizierter unser Leben als ihres ist - einfach einen Tagesablauf schildern mit Auto und Werkstatt, mit Büro und Computer, Einkäufe im Supermarkt, Steuerabrechnung, und wie wenig Zeit und auch Geld schließlich übrig bleibt.“
„Können die sich das vorstellen, wenn wir es beschreiben? Glaube nicht - kann es selbst ja kaum noch.“
„Erzählen wir einfach, wie kaputt unser Land war, wie es aufgebaut wurde und in was für einer Umgebung wir heute leben. Vielleicht auch noch, was unsere Arbeit ist und warum wir hierher kamen. Etwas von dem, was wir dem Jungen vorhin versuchten zu sagen. Kurz. Und dann sollen sie fragen ...“

Die dritte Tanzstunde dauert nicht lange. Einmal weil die Formation ganz gut klappt, vor allem aber: Die Mädchen wollen für heute Abend üben und uns nicht dabei wissen. So haben wir Zeit um in Ruhe das Boot auseinander zu nehmen, um seine Haut, Stangen und Spanten einzupacken. Wie am ersten Abend sitzt Teekana, der alte Mann, dabei und schaut zu. Schaut hinaus zur Lagune über die lautlos ein Fischerboot segelt.
„Gut zu wissen, daß es diese friedlichen Inseln gibt.“
„... auf denen viel gestritten, gekämpft und getötet worden ist“, erwidert er. „Die Männer einer Kaainga zogen zum Dorf der benachbarten, raubten Frauen und wurden oft beim Vergeltungskrieg dann umgebracht. Nein, friedlich war das während der vergangenen Jahrhunderte hier nicht. Und auch jetzt noch ist oft Streit zwischen den Menschen. Meist um Land, da es von früher keine Aufzeichnungen über das

Eigentum gibt. Ein Arzt, der einige Zeit regelmäßig zu uns kam, hat mir mal erzählt, daß er auf den Inseln ebenso viele psychiatrische Probleme finde, wie in seinem England. Zu viele Menschen. Sie leben zu eng aufeinander. Und das wird von Jahr zu Jahr schlimmer." Familienplanung? „Der dafür zuständige Minister hat sieben Kinder. Und unsere Männer verbieten ihren Frauen jede Vorsorge, aus Eifersucht, weil sie dann ja ohne Folgen mit einem anderen Mann - nein, bei uns nicht." Und was wird daraus? „Ich brauche es nicht mehr zu erleben - aber die Kinder, die werden wohl auswandern müssen und es schwer haben, sehr schwer."

Zu 18,30 Uhr sind wir eingeladen, eine Stunde später beginnt das Fest. Ein dickes Seil im Mund, turnt ein Junge zur Deckenkonstruktion der Maneaba hinauf, zieht es über einen Dachbalken und an ihm eine Kerosinlampe in die Höhe. Sie beleuchtet ein malerisches Bild: Um das Rechteck des überdachten Raumes herum hocken die Männer, dunkel und ernst, teils mit bloßem Oberkörper und Lavalavas. Hinter ihnen ihre Frauen in den leuchtend bunten Blusen und langen Röcken, ähnlich schöne Blütenkränze im Haar, wie sie uns aufgesetzt wurden; dazwischen schlafen Säuglinge, krabbeln nackte Kinder - die ältere Jugend bleibt im Hintergrund. Ein großer Gecko läßt sich von der Decke fallen, verliert dabei die gefangene, dicke, schwarze Spinne, die rast quer über die Matten und verschwindet zwischen Beinen und Töpfen. Jede Familie hat ihr Essen mitgebracht - Hunde und Katzen umkreisen leckere Düfte: Mit den Händen wandern Hühnerbeine und Brotfrüchte, Babai und Papayastücke in die Münder. Tee wird ausgeschenkt und mit dem Buschmesser eine Kokosnuß geköpft.

Beginnen durften sie damit aber erst, nachdem der Unimane und wir aufgegessen hatten.

Eine Stunde ist rum, Töpfe, Teller und Kessel sind leer. Nun füllt sich der Innenraum: Mädchen und Jungen, mehrere mit weiß bemalten Rücken oder Gesichtern. Einfach nur so als Schmuck? Hat es mit dem Wunsch nach weißer Haut zu tun oder mit den I Matang? Außer den bereits gesehenen drei selbstgebastelten Gitarren sind zwei moderne dabei. Und ein Schlagbaß: Meterhohe Sperrholzkiste, von oben ein Stock darin, von dessen Ende ein Band zum Boden gespannt. Dumpfe Zupftöne, Anschläge von den Saiten der Klampfen und sofort setzt das Singen ein: wild, ekstatisch, schrille Passagen der Frauen, gutturaler Wechselgesang der Männer. Ein Lied, ein zweites und ein drittes, alle von Anterea, dem Fischer, Komponist und Texter. Die erste Tanzgruppe stellt sich auf, Mädchen buntgekleidet, die Jungen mit dem um die Hüften geschlungenen Tuch. „Wie wir fliegende Fische mit der Hand fangen", erklärt Kim uns den Tanz. Die Füße bewegen sich auf

der Stelle, die Arme der Tanzenden schwingen herum, mit den Händen greifen sie nach der Beute im Takt des dazu gesungenen Liedes. Wieviele Strophen es hat? Sechs, acht, vielleicht auch zwölf. Der nächste Tanz ist anders, zuerst noch ruhig. Nur Köpfe und Schultern bewegen sich im Takt. Was das darstellt - Kims Erklärung geht im Gesang unter - der wird immer wilder, erregter: Hände schlagen auf den Boden, nackte Füße stampfen im Takt der Gitarren, heisere Rufe, ein Vorsänger, Frauen fallen als Chor ein.

Dann urplötzlich Ruhe. Von draußen weht süßer Blütenduft herein: Die zweite Tanzgruppe, „unsere" Mädchen. Blau-weiße und rot-weiße Röcke, gleichfarbene BH's und dicht geflochtene Blumenkränze im Haar, um den Hals und als Gürtel. Sie bleiben auf der Stelle, wiegen sich in den Hüften und singen ein getragenes Lied. Danach Tamure und Kakibanako, zwei Tänze die, Kim meint das, so bekannt seien, wie Walzer oder Tango, die er auf seiner Schiffsreise hörte. Danach wieder Lieder. Schweißperlen auf den Stirnen der Musikanten. Denn jetzt, zwei Stunden vor Mitternacht, ist es unter dem Dach der offenen Maneaba so warm, wie bei uns an einem schönen Sommertag daheim. Und von daheim sollen wir nun erzählen. Langsam, damit unser Übersetzer folgen kann. Aber er kann nicht. Er ist so aufgeregt, daß ihm die Worte im Hals stecken bleiben. Unser alter Freund Teekana hilft ihm, ohne den Eindruck zu wecken, Kim habe versagt. Und nachdem wir die gekürzte Übersicht zum Besten gegeben haben, folgen die Fragen. „Warst Du auch im Krieg? Hast Du geschossen? Auf wen?“ Damit fängt es an. Dann: „Was war der Grund für die Scheidung und wer wollte sie?“ - „Wo sind die Kinder jetzt“ und: „Stimmt es, daß Ihr hier seid, um braun zu werden?“ Was immer wir irgendwann und -wo erzählten, im Dorf hat es die Runde gemacht. Und nicht anders als überall sonst, interessiert auch hier das intime Privatleben von „Prominenten“ am meisten. Doch was wir dann von unseren Fischern erzählen, daß sie nach Grönland fahren, so weit wie nach Neuseeland, daß ihre Schiffe kleine Fabriken sind, die den Fang unterwegs bereits verarbeiten - das geht unter die Haut. Unsere dazu gezeichneten Skizzen werden weitergereicht, von einer Gruppe zur anderen. Einer sagt: „hätten wir nur solche Schiffe...“

Draußen plätschern Wellen gegen die vor der Maneaba auf den Strand gezogenen Boote. Zwischen ihnen schreiten vier Mädchen ins Licht der im Wind schaukelnden Lampe: „Das sind die sehr alten Kostüme unserer Insel“, flüstert Kim. Schön sehen sie aus: Zum Riri, dem schwarzen Rock aus Kokosfasern ein weißes Oberteil, darüber eine rot, weiß und grün gestickte Schärpe, Muscheln am Gürtel, aus Blumen und Blättern gefertigter Schmuck auf Unter-und Oberarmen. Im schwarzen Haar über dunklem, ernsten Gesicht ein Strahlenkranz, rot und goldgelb, kunstvoll aus Blüten und Zweigen geflochten. Wirklich schön. Gemessen, ja feierlich, tanzen die Mädchen. Langsam bewegen sie sich zum leisen, vielstimmig gesungenen Lied:

I okitaba tengai n okikiria
Imwin te mamananga te mamaewe
Be e anoai uringam, e buritai tangiram
Taunamo aban Tamau au Karo

„Die Geschichte eines Fischers“, erklärt Kim, nun wieder sicher, da der Old Man neben ihm eingeschlafen ist, „von jeder Fahrt ziehen Erinnerungen und Sehnsucht ihn zurück nach Taunamo, dem Haus seines Vaters auf einer Insel.“

Morgen fahren *wir* nach Hause. Abschied von der Südsee, von diesen Menschen und ihrer Insel. Ihre Lieder klingen uns noch in den Ohren als wir langsam und nachdenklich zurück zum Zelt gehen. Das Mondlicht über dem Wasser - wie eine breite Brücke, die in unsere Welt hinüber führt. In eine so ganz andere Welt ...

Was dann kam, zählte nicht mehr. Bis auf das Päckchen, das etwa ein Jahr später im Briefkasten lag, als wir von einer Paddeltour nach Hause kamen. Klein, handgeschriebene, unvollständige Adresse, keine Briefmarke. Ein Tonband darin. „Wenn Ihr uns eines schickt, dann werde ich versuchen die Lieder für Euch aufzunehmen", hatte Anterea am letzten Abend im Dorf gesagt. Und da sind sie: die hellen, hohen Stimmen der Frauen, die dunklen, sonoren der Männer. Leises Kindergequäke dazwischen, im Hintergrund ein Hahnenschrei. Und plötzlich sind wir wieder in Tabonuea, auf dem Südsee - Atoll, bei Teangira, Touateke, Tiara, Kiakia, Naboua, Kakiano, Kim und den anderen. Mehrere Abende müssen sie zusammengesessen haben, um für uns zu singen. Und wie ist das Päckchen in unseren Briefkasten gelangt? Hatte es ein Schiffsjunge mitgenommen der uns besuchen wollte? Wir haben es nie erfahren, obwohl seitdem die Post regelmäßig Briefe von und nach Kiribati bringt. Im letzten stand: „Mehrere Familien gingen weg aus Butaritari, zu anderen Inseln, wir haben keinen Platz mehr."

Änderungen also dort, wie überall auf dem Globus? Die Bilder aber bleiben, Bilder aus einer ganz anderen Welt -

hier sind einige . . .

Anflug - ein Kiribati-Atoll

Morgenappell

Marine Trainings Schule Betio auf Tarawa

Butaritari

Faltbootaufbau

Fahrtenwandern bei Ebbe

und Wanderfahrt

Warum steht das Haus überm Wasser?

Tabonuea

Palmen liefern 's Baumaterial

Maneaba

Kirche

Schule

Fischen in der Lagune

Singen

Spielen

Tanzstunde

Brotfrucht

Taro

Ein Fest

zum Abschied

Wohin?

Diese beiden Bücher
geben Ihnen die Antwort
mit weiteren Anregungen für Ihre Wanderfahrten.

Auf den nächsten Seiten finden Sie Einzelheiten.

Lockende Ziele für Boot und Zelt

sie liegen jenseits der Grenzen und doch fast vor der Haustür. Denn erreichbar sind sie mit nur kurzen Flugstunden, aber auch mit dem Auto. Und die Fahrten sind „machbar“, geeignet um neue Erfahrungen im Umgang mit Salz- und Süßwasser zu gewinnen.

Ostsee-Schären - unzählige von ihnen liegen im Gebiet zwischen Helsinki und Mariehamn, der Hauptstadt Ålands, einer autonomen Region im Bottnischen Meerbusen. Und genau dorthin führt die Wanderfahrt - von einer Insel zur anderen. Was Sie dabei sehen und erleben können, erzählt der Bericht. Vor allem aber auch, wie solch eine Fahrt vorzubereiten und womit im Einzelnen unterwegs zu rechnen ist.

Baltenflüsse - bis vor nicht langer Zeit waren sie für uns tabu - in Zukunft könnten die Gewässer Estlands und Lettlands auf der Liste Ihrer künftigen Reiseziele ganz vorn stehen. Denn unverfälschte Natur gibt es dort ebenso wie Menschen die viel Interessantes zu erzählen haben. Sie treffen die unterwegs in ihren Booten, beim Wandern.

Odysseus' Inseln - Homer hat sie geschildert - Sie sollten dort gewesen sein. Zunächst einmal in Gedanken folgen Sie den Spuren des Odysseus zu seiner Heimatinsel Ithaka. Von Korfu aus, über Epirus und Levkas, und weiter nach Kefalinia und Zakintos, zu den anderen Inseln des Ionischen Archipels. Vom Boot aus sehen und erleben Sie das Land und seine Menschen anders. Wie?

Türkische Küste - die Fahrt an ihr entlang führt in die Sonne, zu Stränden die noch nicht von der Tourismuswelle überflutet sind. An Stellen, die eben nur mit dem kleinen Boot zugänglich sind. Und Sie erleben Menschen, geprägt von anderer Mentalität und Religion. Wie begegnen die Ihnen? Und wo finden Sie etwas aus der Antike zurück? Was für solch eine Küstenfahrt wichtig ist, ergibt sich aus Text, Bildern und Karten. Damit Sie sich auf Ihre Tour gut vorbereiten können.

Das Buch hat 328 Seiten, davon 32 mit Farbfotos. Mehr als 100 Handzeichnungen und Kartenskizzen. Erhältlich im Buchhandel, in Sport- und Campinggeschäften sowie beim Deutschen Kanu-Verband.

Ladenverkaufspreis DM 38 ISBN 3 - 980 1220 2 - 6

Abenteuerliche Ziele für Boot und Zelt

Mit diesem Buch unternehmen Sie Wanderfahrten an der kanadischen Sonnenscheinküste, paddeln in die Fjorde der Rocky Mountains und erleben eine großartige Natur. Sie begegnen vielen verschiedenen Menschen und Tieren in der Landschaft zwischen Bergen und Meer. Und Sie lernen u.a. wie man mit den Gezeiten zurecht kommt, welche Überraschungen, andere als daheim, die für Sie parat haben.

Durch den hohen Norden Ontarios führt Sie eine einsame Paddeltour zu zwei abgelegenen Indianer-Reservaten. Wie die Nachkommen der Ureinwohner Amerikas heute leben, das erfahren Sie auf dieser Fahrt. Auch wie es ist, weit weg von der Zivilisation vom Flugzeug abgesetzt zu werden um für eine begrenzte Zeit lang mit der Natur allein zu sein.

Ob es auf dem Ohio, einem der großen Ströme Amerikas, auch einsam sein kann? Zeitweise ja, erstaunlicherweise. Inmitten einer reizvollen, abwechslungsreichen Landschaft. Dieser Fluß lohnt sich für Ihre Planung. Was Ihnen unterwegs begegnen kann, und wie Sie sich dann zurechtfinden, das lesen Sie in diesem Beitrag.

Ganz anders Mexikos Baja. Eine in weiten Abschnitten nur vom Wasser aus zugängliche Küste. Ein Gebiet in dem riesige Walherden überwintern, Hochzeit halten und ihre Jungen gebären. Felsgebirge auf einer Seite der über 1000 km langen Halbinsel, flache Strände und Lagunen auf der anderen. Für Fahrten mit dem kleinen Boot etwas ganz Besonderes. Vielleicht sogar ein Höhepunkt - auch für Sie?

Und dann das Island Hopping in den Bahamas. Von einer Insel zur anderen, zu unbewohnten unter der karibischen Sonne. Dazu bedarf es keiner besonderen Erfahrungen im Fahren auf dem Salzwasser. Denn die Abstände zwischen den Cays sind nicht groß. Wo und Wie genau? Lesen Sie das im Erfahrungsbericht.

Das Buch hat 340 Seiten, davon 44 mit Farbfotos. Mehr als 100 Handzeichnungen und Kartenskizzen. Erhältlich im Buchhandel, in Sport- und Campinggeschäften sowie beim Deutschen Kanu-Verband.

Ladenverkaufspreis DM 38. ISBN 3-980 1220 3 - 4

ADRESSEN-ANHANG

1. Info-Bank für Kanu-Wanderer
   Joachim Hermann
   Egmatingerstr. 11
   85653 Aying-Dürrnhaar
   Tel. 08102-3200

2. Geo Center ILH
   Schockenriedstr. 44
   70565 Stuttgart
   Tel. 0711-7889340
   Fax 0711-7889354

3. Bade & Hornig
   Stubbenhuk 10
   20459 Hamburg
   Tel. 040-3748110
   Fax 040-36400

4. Eckart & Meßtorf
   Rödingsmarkt 16
   20459 Hamburg
   Tel. 040-3748420
   Fax 040-378028

5. Deutscher Kanu-Verband eV
   Berta-Allee 8
   47055 Duisburg
   Tel. 0203-721065
   Fax 0203-341924

6. Bundesamt für Seeschiffahrt
   und Hydrographie
   Bernhard-Nocht-Str. 78
   20359 Hamburg
   Tel. 040-31901
   Fax 040-31905000

7. Salzwasser-Union
   Hans-Jürgen Staude
   Guttmannsring 65
   21079 Hamburg
   Tel. 040-7635195

8. Otto v.Stritzky & Marja de Pree
   Im Birkenfeld 13 A
   65779 Kelkheim-Eppenhain
   Tel. 06198-8657

Die letzte Adresse für den Fall, daß Sie uns schreiben oder anrufen wollen, mit Fragen, Anregungen oder Kritik zu diesem Buch. Wir würden uns darüber freuen.

Ahoi und gute Fahrt!

INHALT **SEITE**

* = Seiten mit Karten

Der Deutsche Kanu-Verband

kennen Sie ihn? Er vertritt Sie und Ihre Interessen im Kanusport. Genauer: 19 Landesverbände, 1.250 Kanuvereine und Einzelmitgliedergruppen tun es, mit insgesamt rd. 110.000 Mitgliedern. Sind Sie bereits dabei? Sollten Sie nicht dazugehören?

Warum? Weil wir alle zusammen besser dafür sorgen können, daß unsere Gewässer natürlich, unverbaut und sauber bleiben, Übernutzungen vermieden werden und so möglichst viele Gewässer auch künftig für unseren Sport nutzbar sind. Wir können gemeinsam die Sicherheit und Ausrüstung von Booten verbessern und durch Kurse mehr Freude an unserem Sport haben. Der DKV organisiert und fördert all das, für und im Namen der Mitglieder. Und er informiert sie über das aktuelle Geschehen am und auf dem Wasser. Daß Mitglieder Gastrecht auf mehr als 800 verbands- und vereinseigenen Campingplätzen haben, versteht sich von selbst.

Die DKV-Wirtschafts- und Verlags GmbH, das Service-Unternehmen des Verbandes, veröffentlicht unter anderem ein in der Welt einzigartiges Flußführersystem, das über fast alle mit kleinen Booten befahrbare Gewässer in Europa informiert. Mitglieder erhalten diese Wanderführer zu Vorzugspreisen, ebenso wie Flußkarten, eine sorgfältige Auswahl an Kanuliteratur, Kalender und auch Videos zu Lehrzwecken. Über die DKV-GmbH erscheint auch **Kanu Sport**, die verbandseigene Monatszeitschrift mit aktuellen Informationen für Kanusportler und Fahrtenvorschlägen für Wasserwanderer. Außerdem werden die drei bundeseigenen Campingplätze des DKV, Bodensee, Edersee und Teufelsmoor, über sie bewirtschaftet.

Wo ist der nächste Verein in Ihrer Nähe? Oder wollen Sie einem der regionalen Verbände als Einzelmitglied angehören? Fragen Sie uns nach Einzelheiten dazu. Wir freuen uns darauf.